国际组织学

知识论

FUNDAMENTALS OF THE SCIENCE OF
INTERNATIONAL ORGANIZATION

刘莲莲 著

社会科学文献出版社
SOCIAL SCIENCES ACADEMIC PRESS (CHINA)

目　录

前言　国际组织研究的学科化初探 …………………………………… i

第一部分　绪论

第一章　国际组织研究 ………………………………………… 3
第一节　国际组织实践与研究议题的拓展 ……………………… 4
第二节　国际组织研究路径的科学化 …………………………… 11
第三节　国际组织理论的体系化 ………………………………… 21
第四节　当前国际组织研究的评述与展望 ……………………… 31

第二章　国际组织科学 ………………………………………… 35
第一节　"国际组织学"内涵概述 ……………………………… 36
第二节　发展国际组织学的必要性 ……………………………… 39
第三节　国际组织学的历史进路 ………………………………… 42
第四节　国际组织学之未来面向 ………………………………… 48

第二部分　概念

第三章　术语·研究领域 ……………………………………… 63
第一节　国际组织理念的产生 …………………………………… 64

第二节 "国际组织"指称的使用 …………………………………… 67
第三节 "国际组织"术语的确立 …………………………………… 73
第四节 国际组织研究领域的形成 …………………………………… 75

第四章 特征·研究对象 …………………………………………… 81
第一节 学界认知国际组织特征的历史脉络 ………………………… 82
第二节 学界对国际组织特征的认知现状：统一性与差异性 ……… 90
第三节 国际组织一般特征的判断依据 ……………………………… 99
第四节 国际组织的一般特征辨析 …………………………………… 102

第五章 定义·理论范畴 …………………………………………… 110
第一节 基本特征和派生特征的联系和区分 ………………………… 112
第二节 国际组织的基本特征之辨 …………………………………… 114
第三节 国际组织的基本特征与学科理论范畴 ……………………… 119

第三部分 视域

第六章 时间域·发生论 …………………………………………… 143
第一节 国际组织的历时性：从历史必然论起步 …………………… 146
第二节 国际组织的历时性关系：从历史必然论到历史唯物主义 … 151
第三节 国际组织学的历时范围：从历史唯物主义到历史制度主义 … 158

第七章 空间域·构成论 …………………………………………… 163
第一节 空间域的构成方式：个体、整体与结构之辨 ……………… 164
第二节 20世纪国际组织研究的空间域：国际政治理论的结构观 … 173
第三节 国际组织学的空间域：从再造"国际社会"展开 ………… 180
第四节 超越感性的"国际社会"：国际组织学的系统与结构 …… 196

第八章 价值域·价值论 …………………………………………… 203
第一节 社会科学的价值域 …………………………………………… 204
第二节 国际组织学的价值域 ………………………………………… 211

第三节　国际组织研究中的价值判断……………………………… 218
　第四节　中国立场的国际组织价值研究……………………………… 224

第四部分　范式

第九章　本体论……………………………………………………………… 237
　第一节　学界对国际组织本质的不同主张…………………………… 238
　第二节　国际组织本质的判断方法…………………………………… 256
　第三节　国际组织的主体地位之辨…………………………………… 258
　第四节　学科视野下的本体论：从"主体地位"走向"主体性"…… 265
第十章　方法论……………………………………………………………… 277
　第一节　主客体类别判断：从国家本位到国际组织本位…………… 281
　第二节　主客体关系判断：从个体主义到结构主义………………… 285
　第三节　变量及变量关系判断：从观念结构主义到方法论结构主义… 290
　第四节　国际组织学的场域："态""质"之分……………………… 293
　第五节　国际组织学的场域本质：场域禀赋………………………… 297
　第六节　国际组织学的场域边界与外部关系………………………… 304

结　论　国际组织研究的学科化进路…………………………………… 309

参考文献…………………………………………………………………… 318

前言 国际组织研究的学科化初探

本书旨在提出国际组织研究的学科化这一命题,并对完成这一任务的思路和方法做初步探讨。本书提出这一命题是基于四项背景性认知:一是国际组织实践的蓬勃发展;二是国际组织学术研究的繁荣;三是国际组织研究的学科化探索具有必要性和可行性;四是发展国际组织学对当代中国国际组织研究和多边外交实践的重要意义。

国际组织是国际社会组织化程度加深的产物。国际组织的产生意味着国家间交往脱离了自发状态,超越法制化的初级阶段而开启了组织化篇章,是人类社会发展史上的又一次质变。当前距离欧洲建立的第一个现代政府间组织"莱茵河航运中央委员会"已经有两个世纪之久,距离国际社会建立第一个全球性安全组织"国际联盟"也已过百年。200年来,世界政治风云变幻,国际组织的数量、规模、机构、功能持续增长。当今世界,国际组织不仅拥有化解国家纷争、促进国际合作的功能,还在金融、发展、贸易、环保、卫生等攸关人类福祉的领域扮演着重要的角色。人们不时就当代国际组织是否发挥着应有的积极作用所提出的诘问,恰恰印证了国际组织在当今国际社会中不可或缺的地位。

实践的发展推动了学术研究的繁荣。19世纪以来,各国逐步建立国际组织相关研究机构、发行学术期刊、开设课程、出版教材和专著,培养国际组织实务人才和学术共同体。研究者依托国际法学、国际政治学、组织社会学的学科知识体系解释国际组织相关现实问题,推动国际组织理论研究的发

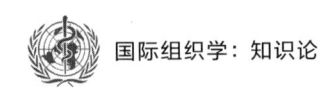

展。截至21世纪初期，国际组织研究已经覆盖了包括国际组织的产生、形态、活动、功能在内的全部领域，并在各个维度都开展了严肃而深入的学理探讨。相关著述卷帙浩繁，为人们理解国际组织、解决多边合作的难题留下了宝贵的知识财富。经验研究的发展促使理论探索的升级。冷战结束后，国际组织作为一个独立研究领域的显著性已得到学界的肯定，国际组织研究体系化、学科化的条件日趋成熟。

遗憾的是，尽管国际组织研究在20世纪发展迅速，但国际组织学的承诺却始终未能实现。早在20世纪初期，以瑞士学者皮特曼·波特（Pitman B. Potter）为代表的学者就开始呼吁将国际组织研究视为政治科学的新分支。美国法学家路易斯·索恩（Louis B. Sohn）更是将国际组织视为一门国际宪法色彩很强且处于成长之中的学科，在《国际组织学的成长》一文中重点使用"国际组织学"（the Science of International Organization）这一概念。罗伯特·基欧汉（Robert O. Keohane）在《联合国大会的实体化》一文中指出，国际组织应是一个具有独立理论价值的研究领域。然而，受制于实践的进度和学科范式的藩篱，他们的倡议未能得到学界的普遍响应。20世纪80年代新功能主义的式微和自由制度主义的兴起使作为一个研究领域的国际组织被边缘化，进而成为国际机制等中心概念的子概念。为此马丁·罗切斯特（J. Martin Rochester）在1986年发表的《国际组织作为一个研究领域的兴起与衰落》一文中对国际组织研究的百年兴衰做了梳理和原因分析，并不无遗憾地表示："国际组织学的承诺未能如愿实现。"[1]

21世纪的今天，在保守主义、逆全球化成为时代关键词的背景下，我们再探国际组织研究的学科化这一命题，并不是为了追逐某种潮流，而是因为国际组织所具有的多边性、程序性、常设性特征赋予了它独特的学理气质和知识逻辑，非其他学科体系可以包容和替代。如英国教育家肯·罗宾逊（Ken Robinson）所言，潜藏在人们大脑里的学科范式像一个"问题生产机"

---

[1] J. Martin Rochester, "The Rise and Fall of International Organization as a Field of Study", *International Organization*, Vol. 40, No. 4, 1986, pp. 777–813 at 795.

一样，塑造着人们提出问题的方式，而人们提问的方式又决定了知识产出的内容。以英国脱欧这一事件为例。国际政治视角的研究者可能关心"英国脱欧的国际因素是什么"这一问题，进而从国际权力格局寻找答案；国内政治视角的研究者可能更关心"英国脱欧的国内因素是什么"，进而从英国政党政治、利益团体、社会问题等方向寻找答案；国际法视角的研究者则更关注"英国脱欧面临着怎样的法律程序和法律后果"，进而从国际及国内法律体系中寻找答案。然而如果我们从国际组织本位来提问，研究者将关注"英国脱欧的欧盟因素是什么"，进而从欧盟的宗旨目标、成员构成、组织架构、决策机制等结构性要素中寻找答案。再以安理会改革为例。国际政治视角的研究者会关注安理会改革与国际权力格局变更的关联性，国际法视角的研究者会关注安理会改革与国际规范的关联性，而从国际组织视角提问的研究者则会关注安理会改革与联合国宗旨与安理会职能的关联性。如果我们希望获得系统解释国际组织的产生、形态、活动、功能等知识，就需要一套帮助我们从国际组织本位出发去提出和解答问题的范式，就需要国际组织学。

实践中一种常见的质疑之声认为：国际组织研究具有强烈的实践应用导向，过度理论化会导致"务虚"倾向，湮没了研究的社会目的。值得说明的是，国际组织学本身所具有的理论纵深和国际组织实体的强实践性并不矛盾，就好像法学、社会学等社会科学知识体系的高度理论性和研究对象本身的强实践关联性并不矛盾一样。我们追求国际组织研究的学科化、致力于发展国际组织学这一尝试并非要背离国际组织的实践特性去坐而论道，恰恰在于实践的蓬勃发展要求知识界为其提供全方位的、精细化的智力支持。国际组织学不是偏离了实践的"务虚"，而是更精确、更系统的"务实"。从这种意义上，只有两种理由可以否定发展国际组织学的必要性：一是国际组织缺乏现实上的重要性，政策界并不需要高度精确而系统化的知识便足以应付实际需求；二是国际组织缺乏科学上的显著性，其特征和规律已被现有社会科学支系完全包容和解释。这两者都已被过去几十年来的国际组织实践和理论研究所证伪。

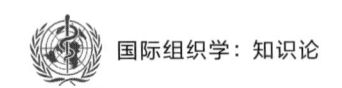

实践中还有一种质疑之声认为：国际组织只是多边合作机制中的一种，以它为中心发展专门的学科理论，其覆盖范围过窄，可能忽视国际论坛等合作机制的重要性，不能满足现实的知识需求。这是对国际组织学的误解。逻辑学表明，一个概念的外延越窄，内涵越深，反之亦然。国际组织学以国际组织为研究对象，依托国际组织开展理论创造活动。尽管国际组织的外延比多边合作机制要窄，但国际组织学所涵盖的知识范围包含国际组织的多边性、程序性、常设性等特征所衍生而来的多条线索，囊括多边主义、国际法治、国际主体性等多个理论范畴，进而为人们理解国际论坛等多边合作机制提供支持。

中国学者在国际联盟建立100周年之际探讨国际组织研究的学科化这一议题，具有重要的现实和理论意义。中华人民共和国自20世纪70年代以来日益积极地参与国际组织事务，在全球治理中的角色不断趋于中心化。角色的转变使我们在政策上需要更全面、更深远的布局。为响应国家对外战略的整体需要，近年来包括北京大学在内的国内数十所高校和研究机构在国际组织人才培养机制建设上的探索成效显著，已经建立起国际组织与国际公共政策的相关学科、学院、系所和研究机构，学术建制不断趋于完备。但多边外交人才培养是一项宏观的、复杂的工程，需要系统的学科知识体系提供支撑。这使得推动国际组织研究学科化成为中国学者的一项重要任务。

在发展国际组织学的道路上，中国学者必须独立前行，不能片面地依赖西方的答案。一方面，尽管国际组织研究在西方学界起步较早，20世纪以来西方学者也在不断探讨国际组织研究学科化的重要性和可行性，但这项工作在技术层面并未完成，国际学界尚不存在现成的答案。另一方面，当代中国在全球治理中的独特身份决定了它在多边场合有自己的诉求，需要提出自己的方案，这是西方学界不可代劳的。此外，西方学界在国际组织研究上存在一些天然的局限性。尽管作为国际组织根基的多边主义实践发端于西方，但欧洲模式的多边主义和美国模式的多边主义存在很大差异。这种差异为相互镜鉴、查漏补缺提供了可能。然而西方学界因为历史原因，在理论叙事上更多地强调二者的一致性而非差异性，这在为西式"多边主义"披上合法

前言　国际组织研究的学科化初探

性外衣的同时，也增加了从理论层次反思二战结束后国际秩序的难度。基于此，中国学者有必要从 21 世纪中国多边外交的实际需要出发，对 21 世纪以来的多边外交实践进行类分，更深刻地认识国际组织的本质，为研判中国的国际组织政策方案提供学理支撑。

罗马非一天可以建成。国际组织学科知识体系建设是一项长期的工程，需要几代人的共同努力。既有的研究成果为这项工作奠定了基础。过去数十年来，中国国际组织研究在多边外交的引领下，经历了从注重信息收集和对策研究向对策与理论并重的发展转变，以及从西方成果评述到自命题研究的发展与转变。自中华人民共和国恢复联合国合法席位以来，梁西等老一辈学者便踏上了探索国际组织研究教学方法的征程。20 世纪 90 年代，以饶戈平、余敏友为代表的国际法学者即对国际组织法的地位做过探讨和规划，国际组织法课程持续开设，相关教材不断再版。以王杰、王逸舟、秦亚青、郑启荣为代表的国际政治学者，在 20 世纪末 21 世纪初也开始探索中国国际组织研究的学科化之路。进入 21 世纪后，中国学者日益频繁地开展对国际组织一般理论问题的自命题研究，学术机构、报刊也积极地发挥设置议题、引导学术争鸣的能动作用。于永达、张丽华教授更是分别在各自编著的国际组织教材中使用"国际组织学"的称谓。但整体上看，既有成果仍存在着议题分散、理论化和体系化不足、跨学科交融程度不足的问题，更少有学科化视角的讨论。

在人类社会步入 21 世纪第二个十年的时间节点上，中国学者有必要继续推进这一项工程。笔者侥幸忝列当前国际组织教学和学科建设的队伍之中，谨以本书在该方向上做出一点尝试，以此抛砖引玉。本书名为《国际组织学：知识论》，是计划中的国际组织学前沿探索系列的首部，旨在对国际组织研究的发展历程、学科建设、研究对象、知识结构、理论范式等基本问题做一个框架性的阐述。笔者前期研究中发表的论文[①]体现了对本书议题

---

① 《国际公共政策研究与范式创新》《国际组织理论：反思与前瞻》《国际组织中大国否决权的规范价值探析》《国际组织研究：议题、方法与理论》等。

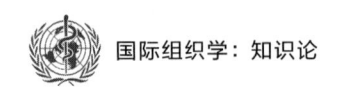

的一些初步思考。

本书的主体篇章结构分为绪论、概念、视域、范式四个部分。

第一部分（绪论）分为"国际组织研究"和"国际组织科学"二章。"国际组织研究"一章回溯了19世纪中后期以来国际组织理论研究的发展历程；"国际组织科学"一章界定了国际组织科学的内涵，回溯了20世纪以来皮特曼·波特、路易斯·索恩、罗伯特·基欧汉等学者发展国际组织学科知识体系的尝试及成果，探讨了发展中国视角的国际组织学的必要性、可行性及几个重点理论方向。

第二部分（概念）分为"术语·研究领域""特征·研究对象""定义·理论范畴"三章。"术语·研究领域"一章回溯了自1967年苏格兰法学家詹姆斯·洛里默（James Lorimer）首次使用"国际组织"（International Organization）这一称谓以来，该称谓在学界逐渐发展为一个专门术语的历史进程，分析了该过程和国际组织研究领域形成的关联性。"特征·研究对象"一章指出界定国际组织的一般特征对明确国际组织学研究对象的重要意义，梳理了20世纪以来学界在该问题上缺乏统一认知的现状，进而从国际组织学作为社会科学分支的社会性出发，指出应当依据"回应社会关切""填补理论空白"这两大标准来确定国际组织概念所指涉的对象范围。"定义·理论范畴"一章在前章基础上，从国际组织学作为社会科学分支的科学性出发，讨论了区分国际组织的基本特征和派生特征，指出科学定义国际组织是发展国际组织学的基石，讨论了区分国际组织基本特征和派生特征的意义和方法，指出多边成员、协定程序、常设机构这三项国际组织概念的构成要素，以及多边主义、国际法治、国际主体性这三项国际组织学的基本理论范畴。

第三部分（视域）分为"时间域·发生论""空间域·构成论""价值域·价值论"三章，讨论国际组织研究提出问题的视角，以及国际组织学科知识体系的组成部分。其中，"时间域·发生论"一章从时间视角讨论应当研究哪些以及如何研究国际组织的历时性问题，其知识成果构成国际组织发生论；"空间域·构成论"一章从空间视角讨论应当研究哪些以及如何研究国际组织的共时性问题，其知识成果构成国际组织构成论；"价值域·价值论"一章从价值视角讨论应当研究哪些以及如何研究国际组织的效用价值问题，其知识成果构成国际组织价值论。

第四部分（范式）分为"本体论""方法论"二章。"本体论"一章综述了学界关于国际组织本质的"主体说""工具说""机制说"这几类主要观点，指出当代国际组织本体论研究的重心应从主权国家本位转向国际组织本位，从"国际组织是否具有主体资格"的定性判断转向"国际组织主体性测量及其因果机制"相关的定量研究。"方法论"一章探讨了既有国际政治理论范式在支持国际组织研究上的两个重大局限，指出国际组织学的理论范式在主客体关系判断上应从国家本位走向国际组织本位，在主客体关系判断上从个体主义走向结构主义，从观念结构主义走向方法论结构主义，注重对主客体多边关系网络的型构并捕捉其动力学法则。该章进一步主张引入社会学的场域概念，从场域的形态、本质、边界三个角度来描述国际组织相关主客体关系型构，并试着引入场域禀赋这一概念来指代不同场域的动力学法则。

和其他社会科学支脉的确立历程一样，推动国际组织研究学科化的过程必然困难而复杂，也充斥着争议和差错。在国际组织学科知识体系尚处于探索阶段的此刻，本书在内容上并非要向读者呈现一套解释国际组织的产生、形态、活动、功能等相关问题的完备知识体系，而是旨在与读者进行一场关于如何创造国际组织学科知识体系的对话。笔者出版本书的初衷也并不是源于已经形成了完全成熟的思考，而是在意识到这个议题如此重要的前提下，希望与学界同仁分享自己就此的初步认知。书中的许多观点还需要进一步琢磨，概念部分的历史史料还需要进一步完善，视域部分关于时间域、空间域、价值域的分类是否完备，关于发生论、构成论、价值论的提法是否准确也有待进一步商榷。基于对这一工作的重要性和挑战性的认识，笔者抱着学习和探索之心敬呈这部难避疏漏之作，以祈方家的鞭策指正。

2020 年 12 月 31 日于燕园

第一部分 | **绪论**

第一章　国际组织研究[*]

内容提要

- 国际组织研究整体上遵循着"新实践—新问题—新方法—新理论"的逻辑顺序
- 可以划分为初创期、发展期、成熟期三个阶段
- 议题：从国际组织内外部关系研究到国际组织本位研究
- 方法：从经验/唯理主义到实证主义，从多学科方法到跨学科方法
- 理论：从国际政治学/国际法学/社会学支脉到新理论意识

学术研究的繁荣未必导向学科化，却是后者的必要条件。为此在国际组织研究学科化这一目标导向下，首先有必要立足既有国际法律文献资料和理论研究成果，综述19世纪至今国际组织实践推动研究议题拓展和方法创新、经验研究推动理论研究升级的历史进程，检讨当前国际组织学科知识体系化方向上取得的成绩和不足，并基于此探讨构建中国视角的国际组织学科知识体系所需要解决的关键问题。

---

[*] 本章部分内容以论文形式在《国际政治研究》2021年第2期《国际组织研究：议题、方法与理论》一文发表。

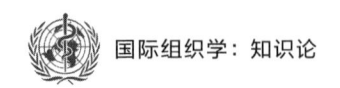

第一节　国际组织实践与研究议题的拓展

和其他社会科学支脉研究一样，国际组织研究整体上遵循着"新实践—新问题—新方法—新理论"这一逻辑顺序。19世纪至今，国际组织在数量、机构、功能上全方位发展，不断为学界提出新的研究课题。我们可以依据时间线索，从初创期、发展期、成熟期三个阶段来观察国际组织实践的发展历程及其对国际组织研究的推动作用。

一　初创期的实践与研究主题

国际组织研究的初创期是指19世纪中后期至20世纪40年代，其间国际组织在经济社会领域和国际安全领域相继产生，学界开始关注其作为新兴社会现象的一般特征和规律。

1815年，第一个现代意义的国际组织——莱茵河航运中央委员会成立，此后欧洲其他河流成立了类似的河川委员会。19世纪中后期，国际电信联盟、国际邮政联盟相继在欧洲各个社会生活领域出现。截至1910年，世界范围内已有40多个国家间行政组织。[①] 和经济社会领域相比，国际安全领域的组织化步伐相对缓慢。尽管欧洲哲学家关于建立一个"世界政府"应对战争的构想已达数世纪之久，但直到1920年国际联盟建立，才真正将这一理想变为现实。

国际行政组织和国际安全组织在这两个领域的实践为学界提出了两类研究课题。一方面，国际电信联盟等国际行政组织具有自发性、灵活性、专业性特征，它们数量较多，功能各异，形式多样。实践常常先于学者的理念而存在。研究者可以运用经验数据对其做案例分析和分类研究，总结国际组织

[①] L. S. Woolf, *International Government: Two Reports*, George Allen & Unwin Ltd., 1916, pp. 158–162; Michael Wallace and J. David Singer, "Intergovernmental Organization in the Global System, 1815–1964: A Quantitative Description", *International Organization*, Vol. 24, No. 2, 1970, pp. 239–287 at 250.

机构、活动、功能的一般特征。为此20世纪初期出现了一大批以国际行政组织为主要研究对象的教材和专著。美国威斯康星大学教授保罗·芮恩施（Paul S. Reinsch）在《国际公共联合会：它们的工作和组织》一书中以通信、经济、刑事、科技等国际合作领域为线索描绘了国际组织群像图；[①] 英国政治学家莱纳德·沃尔夫（Leonard S. Woolf）在《世界政府：两份报告》一书中将33个国际机构分为四类，并探讨了各类机构组织形式和功能的差异；[②] 美国政治学者诺曼·希尔（Norman L. Hill）在《国际行政》一书中从国际组织的机构设置切入，探讨国际组织对成员国的规范、协调、行政和信息供给职能。[③]

另一方面，国际联盟及相关机构的产生、形态、功能带有显著的设计性、稳定性、规范性特征，学者常常将古典自由主义理论及17—19世纪欧美宪政经验作为分析国际联盟及相关机构的依据，探讨国际组织的目标、结构、功能及其关联性。[④] 苏格兰法学家詹姆斯·洛里默于1884年出版的《国际法学会：独立政治共同体法律关系论纲》[⑤]，德国政论家冯·康斯坦丁·弗朗茨（Von Constantin Frantz）于1879年出版的《作为社会、国家、国际组织指导原则的联邦制》[⑥]，德国法学家沃尔特·舒金（Walther Schücking）在20世纪初出版的《世界组织》《海牙会议国际联盟》[⑦]，英国学者约翰·霍布森（John A. Hobson）在1915年出版的《朝着国际政府前进》[⑧]，美国政治

[①] Paul S. Reinsch, *Public International Unions: Their Work and Organization*, Ginn and Company, 1911, p. 4.

[②] L. S. Woolf, *International Government: Two Reports*, George Allen & Unwin Ltd., 1916, pp. 98, 158 – 162.

[③] Norman L. Hill, *International Administration*, McGraw-Hill Book Co., 1931.

[④] 房乐宪：《欧洲政治一体化：理论与实践》，中国人民大学出版社2009年版，第18~36页。

[⑤] James Lorimer, *The Institutes of the Law of Nations: A Treatise of the Jural Relations of Separate Political Communities*, W. Blackwoods and Sons, 1884, Vol. I, pp. 194, 213, 215 etc; Vol. II, pp. 190, 216 etc.

[⑥] Von Constantin Frantz, *Der Föderalismus, als das leitende Prinzip für die soziale, staatliche und internationale Organisation unter besonderer Bezugnahme aus Deutschland, Tritisch nachgewiesen und konstruktiv dargestellt*, Franz Kirchheim, Mainz, 1879.

[⑦] Walther Schücking, *Die Organisation der Welt*, LeiPzig A. Kröner, 1909; Walther Schücking et al., *The International Union of the Hague Conferences (1911)*, Clarendon Press, 1918, p. vii.

[⑧] John A. Hobson, *Toward International Government*, George Allen & Unwin Ltd., 1915.

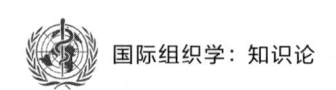

家弗朗西斯·鲍斯·塞尔（Francis Bowes Sayre）1919年出版的《国际行政的试验》①，纽约大学教授克莱德·伊格尔顿（Clyde Eagleton）1932年出版的《国际政府》②等著作，都大量借鉴欧美国家的宪政主义思想设计或分析国际安全机构。

此外，部分学者运用历史视角在宏观层面分析了国际组织产生的原因。美国社会活动家杰西·胡干（Jessie Wallace Hughan）在1923年出版的《国际政府研究》一书中采用历史视角研究从原始社会到20世纪初国际政府的发展脉络。③哈佛大学法学教授艾德蒙·莫尔（Edmund C. Mower）在1931年出版的《世界政府》一书中将国际政府视为国际关系的制度化形式并探讨其演进过程。④

整体上，初创期的国际组织研究开始探索国际组织机构、活动的一般特征和规律，并运用宪政主义思想设计和评估"世界政府"的功能绩效，并在人类历史的大背景下探讨国际组织产生的环境因素。这一时期的学者深受古典自由主义的影响，先验地规定了国际组织的"世界政府"属性，将国家视为国际社会中的自在主体并肯定其自然理性，认为国际组织是国家同意并进行主权让渡的结果。相关研究未充分讨论国际组织产生的社会条件和政治基础及其本质属性，只是概括地将国际组织描述为人们被动回应社会经济发展的产物或人类社会发展的自然结果。

二 发展期的实践与研究主题

国际组织研究的发展期是指20世纪50—80年代，其间国际组织迅速增长扩容，组织化程度不断加深，国际组织产生的本质属性、环境要素及与主权国家的关系等基本问题被广泛讨论。

二战结束后非殖民化浪潮使民族国家数量大增。1945年在《联合国宪

---

① Francis Bowes Sayre, *Experiments in International Administration*, Harper & Brothers Publishers, 1919.
② Clyde Eagleton, *International Government*, The Ronald Press Company, 1932, pp. 82 – 86.
③ Jessie Wallace Hughan, *A Study of International Government*, Thomas Y. Crowell Company, 1923.
④ Edmund C. Mower, *International Government*, D. C. Health and Company, 1931, pp. vii – xii.

章》签字的国家有51个，1965年已增至115个。[1]新独立的国家加入联合国等国际组织后大大改变了这些组织的代表性和力量对比，并重新塑造其行为模式。其中最为标志性的事件是1963年第18届联合国大会决议应发展中国家要求进行机构改革，非常任理事国数量从6个增至10个。[2] 与此同时，众多主权国家在国际社会中形成各类利益共同体，要求建立各类新型国际组织。据《国际组织年鉴（1964—1965）》统计，1909年世界范围内仅有37个政府间国际组织，到1964年这一数量已经增加至179个，非政府组织的数量则增至1718个。[3] 欧洲共同体、东南亚国家联盟等区域性组织，国际原子能机构等功能性组织，北大西洋公约组织、石油输出国组织、77国集团、联合国贸发会议等联盟性组织都是这一时期的产物。国际组织数量、机构、类型的发展加速了国际组织生态网络的形成，为研究者提供了丰富的素材。20世纪40年代，学者开始围绕国际组织这一中心概念组织研究活动，联合国世界和平基金会创办了专门学术期刊《国际组织》（International Organization），[4] 布鲁塞尔国际协会联合会和国际商务局联合出版了《国际组织年鉴》，为国际组织研究提供全面系统的数据信息。[5]

研究议题上，国际联盟的破产使学者认识到了国际组织和"世界政府"存在本质差异，同时注意到了社会环境和政治基础对国际组织产生的重要影响，人们开始意识到在探讨"国际组织应该怎样"之前需要先解决"国际组织是什么、为什么"等问题。为此，在这一时期相关学者就国际组织的本质展开了辩论，并普遍加强了对国际组织产生的社会动力和政治基础，以

---

[1] Pitman B. Potter, "Contemporary Problems of International Organization", *The American Political Science Review*, Vol. 59, No. 2, 1965, pp. 291 – 304 at 291.

[2] A/RES/1991（XVIII），https：//www.un.org/zh/ga/18/res/，最后访问日期：2019年6月18日。

[3] UIA, *Yearbook of International Organizations 1964 – 1965*, p. 423.

[4] "Cambridge University Press's Introduction", https：//www.cambridge.org/core/journals/international-organization，最后访问日期：2018年10月22日。

[5] UIA官网，https：//uia.org/yearbook，最后访问日期：2018年10月22日。

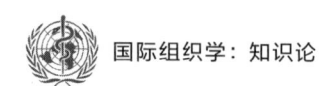

及国际组织形态与功能的论证性研究。大卫·米特兰尼（David Mitrany）[①]、厄恩斯特·哈斯（Ernst B. Haas）[②]、斯坦利·霍夫曼（Stanley Hoffmann）[③]、约瑟夫·奈（Joseph S. Nye）、罗伯特·基欧汉[④]等学者探讨了国际组织的本质及其产生的政治社会基础。其中，功能主义者强调国际组织产生的社会基础，将国际组织视为用以实现人类功能性目标的产物；现实主义者将国际组织视为国家追求自身利益的工具；自由制度主义者则将国际组织视为国际制度的组成部分。英尼斯·克劳德（Inis L. Claude，JR.）在1956年出版的《铸剑为犁：国际组织的问题与成绩》一书中基于主权国家理性探讨了国际组织的性质和作用。[⑤] 厄恩斯特·哈斯[⑥]、罗伯特·基欧汉[⑦]等在一体化理论项下讨论了国际组织独立于主权国家而存在的自主性；罗伯特·考克斯（Robert W. Cox）和哈罗德·雅各布森（Harold K. Jacobson）等研究了国际组织决策的影响因素；[⑧] 亨利·谢默思（Henry G. Schermers）[⑨]、美国学者弗里德里克·柯吉斯（Frederic L. Kirgis, Jr.）[⑩]等则从法理视角研究了国

[①] David Mitrany, *A Working Peace System: An Argument for the Functional Development of International Organization*, Royal Institute of International Affairs, 1943.

[②] Ernst B. Haas, "International Integration: The European and the Universal Process", *International Organization*, Vol. 15, No. 3, 1961, pp. 366–392.

[③] Stanley Hoffmann, "Obstinate or Obsolete? The Fate of the Nation-State and the Case of Western Europe", *Daedalus*, Vol. 95, No. 3, 1966, pp. 862–915.

[④] Robert O. Keohane & Joseph S. Nye, "International Interdependence and Integration", in Fred I. Greenstein and Nelson W. Polsby, *Political Science: Scope and Theory*, MA, Addison-Wesley Pub. Co., 1975, pp. 363–377.

[⑤] Inis L. Claude, JR., *Swords into Plowshares: The Problems and Progress of International Organizations*, Random House, 1956.

[⑥] Ernst B. Haas, *Beyond the Nation State: Functionalism and International Organization*, Stanford University Press, 1964.

[⑦] Robert O. Keohane, "Institutionalization in the United Nations General Assembly", *International Organization*, Vol. 23, No. 4, 1969, pp. 859–896.

[⑧] Robert W. Cox and Harold K. Jacobson, eds., *The Anatomy of Influence: Decision Making in International Organization*, Yale University Press, 1973.

[⑨] Henry G. Schermers, *International Institutional Law*, A. W. Sijthoff, 1972.

[⑩] Frederic L. Kirgis, Jr., *International Organizations in Their Legal Setting: Documents, Comments and Questions*, West Publishing Co., 1977.

际组织的机构和功能。

整体上,发展期的国际组织研究较之初创期取得了两个方向上的发展:研究范围上,这一时期产生了海量的以联合国、欧共体、国际货币基金组织等具体机构为对象的经验研究;理论深度上,这一时期学者开始脱离初创期孤立地关注国际组织机构本身的研究模式,开始在更广泛的视野下探讨国际组织外部环境中的社会性、政治性等要素对国际组织产生与发展的影响,以及内部结构中组织与成员国的互动关系。由于冷战这一大时代背景凸显了政治因素对国际组织的影响力,理性主义国际政治理论的兴起又助推了这一浪潮,这一时期相关的研究普遍强调成员国的能动性及对国际格局的塑造作用,对国际组织的能动性的关注和论证较少。

三 成熟期的实践与研究主题

国际组织研究的成熟期是指 20 世纪 90 年代至今的 30 多年时间,国际组织作为全球治理的载体,从各个学科体系的边缘地位回到了学界视野的中心,其作为国际行为体的独立性、能动性及其活动的合规性日益受到学界的重视。

冷战结束后,国际组织在数量、机构、功能上都有了突破性发展,能动性进一步增强。1991 年《欧洲联盟条约》的签订使欧洲共同体向欧盟转变,其成员数量迅速增加,职能从经济拓展到货币、外交领域,决策机制也从全体一致转向附条件的多数决。[1] 1994 年,关贸总协定历时 7 年的乌拉圭回合谈判落幕,世界贸易组织建立,业务领域从货物贸易拓展到服务贸易和贸易相关知识产权保护,组织机构上建立了有力的争端解决机制。[2] 国际组织在全球治理中的能动性也大幅度增强。国际货币基金组织、世界银行和美国财政部于 1989 年推出"华盛顿共识",指导拉美国家和东欧转轨国家的政治经济改革;同一时期,联合国在维和行动、人权保护等议题上也

---

[1] 〔比利时〕尤利·德沃伊斯特、〔中国〕门镜:《欧洲一体化进程——欧盟的决策与对外关系》,门镜译,中国人民大学出版社 2007 年版,第 45~50 页。

[2] WTO, https://www.wto.org/english/thewto_e/history_e/history_e.htm, 最后访问日期:2019 年 6 月 22 日。

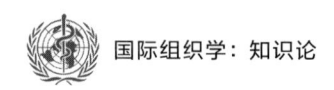

日趋主动。① 相应地,以联合国、欧盟、世界银行、国际货币基金组织、世界贸易组织等具体国际组织为研究对象的学术活动更加繁荣,相关出版物卷帙浩繁,对国际组织一般特征和规律的理论探索也发展迅速。

鉴于国际组织的本质及其产生的社会动力和政治基础已在此前得到充分论证,这一时期相关研究的重心转向了国际组织的主体性,进而探讨国际组织的机构和职能与其自主性、规范建构和扩散能力的关联性,以及由此带来的官僚化、滥用权力、腐败问题。玛莎·芬尼莫尔(Martha Finnemore)在《国际社会中的国家利益》一书中以联合国教科文组织为例,分析了国际组织传播国际规范、塑造国家身份和利益的动态过程。② 肯尼思·阿博特(Kenneth W. Abbott)等关注到国际组织因组织化带来的中心性和独立性,使其获得了有别于其他国际制度的独特功能。③ 鲍勃·雷纳尔达(Bob Reinalda)通过分析国际官僚机构内部的经验传承说明了国际组织保持独立人格的力量之源。④ 迈克尔·巴尼特(Michael N. Barnett)和玛莎·芬尼莫尔等从国际组织的官僚机构特征中探讨国际组织的自主性。⑤ 戴维·莱克(David A. Lake)等则认为国际组织的自主性来源于国家授权,而自主性的价值在于克服集体行动困境。⑥ 兰德尔·斯通(Randall W. Stone)则反过来

---

① 何银:《发展和平:联合国维和建和中的中国方案》,《国际政治研究》2017 年第 4 期,第 12~13 页;John Gerard Ruggie, "Multilateralism: the Anatomy of an Institution", *International Organization*, Vol. 46, No. 3, 1992, p. 62。
② [美]玛莎·芬尼莫尔:《国际社会中的国家利益》,袁正清译,上海人民出版社 2012 年版,第 121~137 页。
③ Kenneth W. Abbott and Duncan Snidal, "Why States Act through Formal International Organizations", *Journal of Conflict Resolution*, Vol. 42, No. 1, 1998, pp. 3–32.
④ Bob Reinalda, *Routledge History of International Organizations: From 1815 to the Present Day*, Routledge, 2009, p. 9.
⑤ [美]迈克尔·巴尼特、玛莎·芬尼莫尔:《为世界定规则:全球政治中的国际组织》,薄燕译,上海人民出版社 2009 年版,第 29 页。
⑥ David A. Lake and Mathew D. Mccubbins, "The Logic of Delegation to International Organizations", in Darren G. Hawkins et al., *Delegation and Agency in International Organizations*, Cambridge University Press, 2006, p. 343.

分析了权力政治对国际组织自主性的限制。[1] 部分国际组织法学者则开始研究国际组织权力运作和政治决策缺乏民主制约和问责机制带来的问题,[2] 以及制度路径依赖带来的官僚化顽疾。[3]

整体上,19 世纪中后期至今的国际组织研究具有显著的实践驱动型特征。国际组织数量、种类、功能的增加及实践经验的积累为国际组织研究提供了丰富的议题。研究者在探索国际组织特征和活动规律的过程中,开始对国际组织的本质、社会条件、政治基础、组织形态、决策机制、自主能力等要素进行论证性研究。当前学界的国际组织研究在范围上已经覆盖了国际组织产生、形态、活动、功能的全问题领域,在深度上已囊括了国际组织社会性、政治性、法律性、组织性在内的全理论范畴,并在各个维度都有严肃深入的学理探讨。

第二节　国际组织研究路径的科学化

研究议题的拓展推动了研究方法的创新。早期的国际组织研究者对国际行政组织、"世界政府"及其产生的历史必然性的关注带动了经验主义、唯理主义和历史主义这三种路径的产生,相关成果以描述性、规范性分析为主。20 世纪中期以后,社会科学领域掀起了科学化浪潮,学界开始注重基于实践经验和逻辑论证的实证主义研究。国际政治学、国际法学在社会科学方法论变革和对理想主义的反思思潮中迎来了研究方法的重大转向,进而为作为其下游的国际组织研究提供了理性主义、功能主义、国际立宪主义和分析实证主义等相互并立的多学科研究路径。冷战结束后,国际组织作为一个研究领域的独特性日益凸显,传统的多学科路径在解释新兴的国际组织现象

---

[1] Randall W. Stone, *Controlling Institutions: International Organizations and the Global Economy*, Cambridge University Press, 2011, p. 2.

[2] 陈一峰:《全球治理视野下的国际组织法研究——理论动向及方法论反思》,《外交评论》2013 年第 5 期,第 114~116 页。

[3] Oran R. Young, *International Cooperation: Building Regimes for National Resources and the Environment*, Cornell University Press, 1989, p. 62.

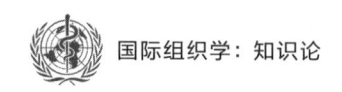

上难以为继。学界开始试图打破学科藩篱互借互鉴,国际政治学、国际法学和社会学的跨学科研究日益受到推崇。

一 研究路径的早期探索

早期国际组织的研究集中在对国际电信联盟等国际行政组织的案例研究、对"世界政府"的规划设计以及对国际组织产生的历史必然性的探讨上。与议题相适应,这一时期相关研究的方法也可以分为经验主义路径、唯理主义路径和历史主义路径三种类别。

所谓经验主义路径是指当时部分学者着眼于已实际存在的国际行政组织,主张通过感性观察和数据收集,归纳总结国际组织的一般特征和规律。例如保罗·芮恩施在《国际公共联合会:它们的工作和组织》一书中旗帜鲜明地展示了经验研究意识,指出研究者应立足经验样本,价值中立地分析国际组织原理及其与主权国家的关系,避免夸大其社会功能。[1] 诺曼·希尔也试图摆脱对国际组织管理细节的探讨以寻求普遍性,他不满足于保罗·芮恩施从经济、社会等具体合作领域观察国际组织的感性视角,而是希望在国际组织的本质上有更多发现。[2] 基于经验主义的研究强调减少先验假设的干扰、注重对实在数据的分析判断,相关研究成果的描述性大于论证性。

所谓唯理主义路径是指部分学者基于对国际和平与安全问题的关注,基于对国际社会的理想蓝图这一套先在的规范从事"愿景式研究"。他们的分析带有强烈的唯理主义色彩,常常将圣·皮埃尔(Saint Pierre)的欧洲邦联思想和伊曼努尔·康德(Immanuel Kant)在《永久和平论》中的联邦主义思想作为分析国际联盟及相关机构的依据,主张依照国家宪政结构来设计

---

[1] Paul S. Reinsch, *Public International Unions: Their Work and Organization*, Ginn and Company, 1911, pp. 143 – 168.

[2] Norman L. Hill, *International Administration*, MaGraw-Hill Book Co., 1931; "Philip C. Jessup's Book Review of International Administration (Norman L. Hill)", *The American Journal of International Law*, Vol. 26, No. 4, 1932, p. 910; "Benjamin H. Williams's Book Review of International Administration (Norman L. Hill)", *Journal of Political Economy*, Vol. 40, No. 3, 1932, p. 429.

第一章 国际组织研究

"世界政府"。邦联主义和联邦主义倡导的立宪目标和结构存在很大区别，但二者的根本诉求都在于建立准"世界宪法"，因此其在政治学视野下对应着国际政治学的理想主义思潮，在法学视野下则可以合称为国际立宪主义。[①] 前述洛里默、舒金、鲍斯、伊格尔顿等学者的著作，都是该研究路径的范例。历史主义路径则是指杰西·胡干等学者采用历史的视角分析国际社会的组织化历程，将国际联盟的产生视为人类社会发展的必然趋势，相关研究成果也常常是描述性大于论证性。

初创期国际组织研究确立的经验主义、唯理主义、历史主义这三种路径对国际组织研究具有奠基性意义。然而上述三种路径的研究都受到实践经验和基础理论发展不足的双重制约，存在较大的局限性。尽管保罗·芮恩施、诺曼·希尔等学者都主张运用经验数据来分析国际组织机构、功能的一般特征，但基于经验主义的研究必须建立在大量经验样本的基础之上，而早期的国际行政组织总量不过数十个，运行时间短，制度化程度低，研究者能得出的结论非常有限，诺曼·希尔即明确指出探求国际组织的本质需要建立在更丰富经验研究基础上，非一夕之功。以国际联盟为对象的研究则完全缺乏比较归纳的条件。[②] 基于唯理主义的研究所能发挥的功能也非常有限。20 世纪初期社会科学方法论仍处于探索之中，国际政治理论尚处于萌芽状态，组织社会学也未充分发展，研究者无法定义国际组织的外部环境和内在逻辑，对国际组织机构和功能的解读常常依赖古典自由主义关于自然状态、社会契约等的假设性前提，用"愿景"代替现实。历史主义者试图从社会变迁中解释国际组织产生的时代原因，但这一时期的视野过于宏观，只能泛泛而谈国

[①] 国际立宪主义的直接渊源是皮埃尔和康德的论著，其基本主张是将林立的主权国家和民族主义视为战争根源，要求通过国家权力让渡和设计"世界宪法"来建立一个超民族的准联邦政府或邦联政府。〔德〕伊曼努尔·康德：《永久和平论》，何兆武译，上海人民出版社 2005 年版，第 19 页；John McCormick, *Understanding the European Union: A Concise Introduction*, Palgrave Macmillan, 2008, pp. 15 - 21；房乐宪：《欧洲政治一体化：理论与实践》，中国人民大学出版社 2009 年版，第 18~36 页。

[②] Norman L. Hill, *International Administration*, MaGraw-Hill Book Co., 1931; "Philip C. Jessup's Book Review of International Administration (Norman L. Hill)", *The American Journal of International Law*, Vol. 26, No. 4, 1932, p. 910.

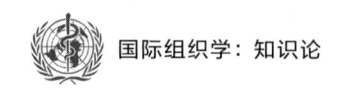

际组织在人类发展史上产生的原因,而不能深入具体的社会领域从政治环境和组织形态探讨国际组织的生命力。因此,这一时期相关研究成果整体上都缺乏科学性,对于人们建立或改革国际组织缺乏现实的指导意义。

二 实证主义与多学科路径

20世纪中期开始,研究者不再满足纯粹经验主义的描述性研究以及纯粹唯理主义关于国际组织本质的假设性规定,而是试图基于实证经验对国际组织的产生、形态、活动、功能等问题予以论证。这种对旧理论路径的反思和对新理论路径的探求集中体现在爱德华·H. 卡尔(Edward Hallett Carr)1939年出版的《20年危机(1919—1939):国际关系研究导论》[1]、大卫·米特兰尼1943年发表的《有效运转的和平体系》[2]、皮特曼·波特1965年发表的《当代国际组织的问题》[3] 等作品中。同一时期,国际政治学、社会学、国际法学等上游学科在社会科学方法的科学化浪潮中,逐渐形成各自的概念体系,进而在早期的理想主义和国际立宪主义之外为国际组织研究提供了功能主义、理性主义和法律分析实证主义三大新理论路径,国际组织研究自此进入了以实证主义为基础的多学科路径时期。

功能主义路径包含功能主义、新功能主义两个类别,其理论目标在于解释国际社会组织化的社会动力以及形态和功能的关联关系。[4] 该理论路径在扬弃早期经验主义和历史主义视角的基础上,深刻反思了当时盛行的国际立宪主义强调国际秩序的人为设计属性,忽视其环境基础的局限。功能主义采用方法论整体主义和历史主义视角,强调社会基础和公共目标对国际制度的

---

[1] Edward Hallett Carr, *The Twenty Years' Crisis, 1919 - 1939: An Introduction to the Study of International Relations*, Macmillan and co., limited, 1939.

[2] David Mitrany, *A Working Peace System: An Argument for the Functional Development of International Organization*, Royal Institute of International Affairs, 1943.

[3] Pitman B. Potter, "Contemporary Problems of International Organization", *The American Political Science Review*, Vol. 59, No. 2, 1965, pp. 291 - 304.

[4] 正如前面将邦联主义和联邦主义合称为国际立宪主义,以及下文将现实主义和自由主义统称为理性主义,以米特兰尼为代表的功能主义和以哈斯为代表的新功能主义在本书合称为功能主义。——笔者注

影响，并基于此解释国际组织的结构和功能。大卫·米特兰尼于1948年发表的论文《世界组织的功能主义路径》论述了联邦主义解释国际社会一体化的局限，并主张从社会技术和观念变迁与国家间合作需求的因果联系中去解释国际组织产生的生命力和组织结构。① 厄恩斯特·哈斯于1964年出版的《超越民族国家：功能主义和国际组织》一书是新功能主义的代表作。和功能主义不同，新功能主义在物质性和技术性之外还强调政治精英的影响。② 菲利普·施密特（Philippe C. Schmitter）③、利昂·林德伯格（Leon N. Lindberg）④、约瑟夫·奈⑤等学者为该路径的代表人物。尽管功能主义路径主要是在国际政治学领域发展形成的，但其思想渊源来自社会学领域，理论目标和结构都具有显著的社会学烙印。

国际政治学的理性主义路径包含现实主义和自由主义两个类别，其理论目标在于揭示国家间战争与和平、冲突与合作的相互关系。⑥该理论路径深刻反思了20世纪初盛行的理想主义学派忽视国家能动性和自利性、夸大法律规范功能的问题，采用方法论个体主义和非历史视角，强调个体国家理性选择对国际政治的影响，并通过定义国家利益偏好来阐述主权国家的性质、行为和国际关系。汉斯·摩根索（Hans J. Morgenthau）、肯尼思·华尔兹

---

① David Mitrany, "The Functional Approach to World Organization", *International Affairs*, Vol. 24, No. 3, 1948, pp. 350 – 363.
② Ernst B. Haas, *Beyond the Nation State: Functionalism and International Organization*, Stanford: Stanford University Press, 1964.
③ Phillippe C. Schmitter, "A Revised Theory of Regional Integration", *International Organization*, Vol. 24, No. 4, 1970, pp. 836 – 868.
④ Leon N. Lindberg, *The Political Dynamics of European Economic Integration*, Ph. D Dissertation, University of California, Berkeley, 1962.
⑤ Joseph S. Nye, "Patterns and Catalysts in Regional Integration", *International Organization*, Vol. 19, No. 4, 1965, pp. 870 – 884; Joseph S. Nye, *Peace in Parts: Integration and Conflict in Regional Organization*, Little, Brown, 1971.
⑥ 正如前面对邦联主义和联邦主义的区分与合称，尽管在国际政治学领域现实主义和自由主义差异非常显著且内部有更为细致的类分，但在本书语境下，其理论目标和基础结构有很强的同一性，故而本书采用温特的说法将其统称为理性主义路径。Alexander Wendt, "Anarchy Is What States Make of It: The Social Construction of Power Politics", *International Organization*, Vol. 46, No. 2, 1992, p. 391.

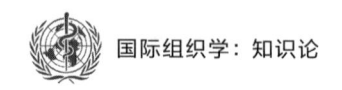

(Kenneth N. Waltz)、罗伯特·基欧汉是理性主义路径发展的代表人物。理性主义理论对国家能动性的推崇使之和国际组织理论具有天然的矛盾性。理性主义的科学化程度越高，国际组织在功能上就越被工具化，在理论结构中也就越被边缘化，直至被国际法和国际制度这一大概念所吸收。[1]

国际组织研究的法学路径起步最早，并经历了从早期的国际立宪主义到后期的分析实证主义路径的转向。如前所述，早期国际组织研究的重心之一是在主权国家之上建立"世界政府"。为此，基于自然法传统的、和国际政治学理想主义理论同源的、主张通过设立"世界宪法"来建立"世界政府"的国际立宪主义居于主导地位。这种思潮在两次世界大战致使人们憎恶国家间战争的背景下在欧洲广受推崇。除却早期的国际立宪主义论述试图为世界"立宪"，二战前后的欧洲学者、政治家也试图为欧洲"立宪"。例如，1941年意大利政治思想家阿尔蒂罗·斯皮内利和经济学家恩斯托·罗西发表《文托特内岛宣言》，呼吁欧洲大陆创立一个联邦政府以避免战争。[2] 然而国际立宪主义过于强调法律设计和结果导向，忽视社会政治环境和过程的缺陷使它在二战结束后遭到政治现实主义者、功能主义者和法学家本身的批判，实践中国际立宪主义者关于建立欧洲防务共同体、欧洲政治共同体的主张也因英、法等大国的否决而遇挫。[3]

国际立宪主义在这一时期仍具有一定的影响力。但更多学者对政治现实主义的挑战做出了回应，进而走向了两个方向。一是接纳现实主义的核心观点，重视国际组织和国际法运作的外部环境，耶鲁大学法学教授迈尔斯·麦克杜格尔（Myres S. McDougal）和哈罗德·拉斯韦尔（Harold D. Lasswell）在20世纪40年代创立的"政策定向学派"、哈佛大学法学教授艾布拉姆·蔡斯（Abram Chayes）等于20世纪60年代创立的"国际法律过程学派"、普林斯顿大学法学教授理查德·福尔克（Richard A. Falk）等创立的"世界秩序理论"学派即是这一理论思潮的代表。二是积极抵御现实主义的"侵略"，将国

---

[1] 刘莲莲：《国际组织理论：反思与前瞻》，《厦门大学学报》（哲学社会科学版）2017年第5期，第18~20页。

[2] 房乐宪：《欧洲政治一体化：理论与实践》，中国人民大学出版社2009年版，第20~22页。

[3] 房乐宪：《欧洲政治一体化：理论与实践》，中国人民大学出版社2009年版，第79~91页。

际组织和国际法运作的外部环境从研究范围中剥离，采用传统的分析实证主义方法，专注于国际法律规范的文本和概念，以此捍卫国际法的法律精义。[①]

整体上，20世纪中期以来国际组织研究在社会科学的科学化浪潮下，从初创期的描述性研究和规范性研究向依托于实证经验和逻辑论证的实证主义研究转向。具体而言，研究者依托国际政治学、社会学、国际法学的学科理论范式，在早期的国际立宪主义路径基础上，先后确立了理性主义、功能主义和法律分析实证主义三大新理论路径，开启了国际组织研究的多学科研究时代。各理论路径依据其学科特征，分别从政治基础、社会条件、法律程序等视角论证了国际组织产生的动力来源，并基于此探讨国际组织的本质、形态、决策机制、功能绩效等一般性问题。

三 跨学科研究的兴起

20世纪90年代，随着冷战的结束和全球治理议题的兴起，国际组织的角色日益积极，组织结构趋于复杂化，其作为国际行为体的身份也更加显著。由此，国际组织从国际制度、国际法的一个子类别变成了学界的直接研究对象，学界的关注重点也从国际组织产生和活动的外部环境回到了国际组织机构本身，开始探讨其作为国际行为体所具有的主体性问题，其"国际"属性之外的"组织"属性日益受到重视。在该背景下，传统的理性主义路径、功能主义路径和法律分析实证主义路径都逐渐意识到自身在解释国际组织主体性上的短板，学界开始试图打破学科概念体系的藩篱，互借互鉴，以为国际组织领域的新现象和新问题提供解释。

国际政治学领域内对理性主义路径的反思和改造集中体现在建构主义的兴起和社会学方法的应用。理性主义路径采用非历史视角及方法论个体主义，国家被视为物质利益主导下的理性行为体，在国际组织构建和活动中发

[①] 分析实证主义在20世纪初期的国际法研究中即占有重要地位，但"法制—道德主义"学派因其热烈的愿景而更具有影响力。参见徐崇利《国际关系理论与国际法学之跨学科研究：历史与现状》，《世界经济与政治》2010年第11期，第91~98页；Peter Hay, *Federalism and Supranational Organizations: Patterns for New Legal Structures*, University of Illinois Press, 1966.

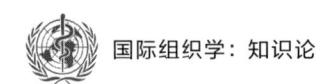

挥着决定性作用；国际组织被视为国家博弈的工具，国际组织的利益偏好和行动逻辑都被还原到国家的特征之中，未给论证国际组织的主体性留下空间。要论证国际组织的主体性，必须打破理性主义的非历史结构，肯定国际关系中的历时性要素，承认国家理性和外部环境的相互建构关系。20世纪90年代研究者开始致力于这一点。以亚历山大·温特（Alexander Wendt）为代表的建构主义学派倡导采用社会学方法，运用国家观念和国际社会文化的相互建构来解释国际格局的变化。约瑟夫·拉彼德（Yosef Lapid）、弗里德里希·克拉托赫维尔（Friedrich Kratochwil）等学者也呼吁将文化和认同等主体间要素带回国际政治理论之中。[1] 尽管建构主义缺乏理论系统性，但其试图将观念要素带回国际问题研究的目标很好地回应了当时理性主义国际制度理论的困境。具体到国际组织研究，盖尔·纳斯（Gayl D. Ness）和史蒂芬·布里金（Steven R. Brechin）在1988年发表的《架起学科之桥：探寻"国际组织"与"组织"的关系》一文中倡导在国际组织的政治学路径外引入社会学方法，挖掘组织社会学理论成果来促进国际组织理论的发展。[2] 前述芬尼莫尔、阿博特、雷纳尔达等学者的研究一定程度上沿袭了这种思路，将分析重点从国际组织的成员转移到组织结构上。[3]

对功能主义路径的反思体现在新功能主义在20世纪80年代后的沉寂、复兴、与新自由主义的整合以及后功能主义的发展上，其改造的重心在于肯定国家的主体性并将国家理性视为可以分析论证的变量。如前所述，功能主义和新功能主义过度强调功能性需求对国际组织构建和发展的决定性影响，而忽视了国家的主导作用，这使得其现实解释力和理论结构在整个20世纪70年代都遭到批评质疑。部分学者放弃功能主义路径而转向理性主义路径，部分学者则试图修正其理论结构。除了哈斯在20世纪70年代末的种种努

---

[1] 〔美〕约瑟夫·拉彼德、弗里德里希·克拉托赫维尔主编《文化和认同：国际关系回归理论》，金烨译，浙江人民出版社2003年版，第3～28页。

[2] Gayl D. Ness & Steven R. Brechin, "Bridging the Gap: International Organizations as Organizations", *International Organizations*, Vol. 42, No. 2, 1988, pp. 245 – 273.

[3] Kenneth W. Abbott and Duncan Snidal, "Why States Act through Formal International Organizations", *Journal of Conflict Resolution*, Vol. 42, No. 1, 1998, pp. 3 – 32.

力，唐纳德·普查拉（Donald Puchala）、威廉·华莱士（William Wallace）、西蒙·巴尔默（Simon Bulmer）等学者也开始引入被新功能主义忽视的国内政治，从国内、国际两个层次分析欧洲一体化进程。巴尔默于1983年发表《国内政治和欧共体决策》一文，要求解释成员国国内和欧共体两个层次的联系。① 1985—1986年《完善内部市场》的白皮书和《单一欧洲法令》的颁布再次使新功能主义获得影响力，学者重申新功能主义的部分主张，并试图加入国内政治、外部环境、国家理性等变量以弥补其不足。维尼·桑德霍尔兹（Wayne Sandholtz）和约翰·齐兹曼（John Zysman）在《1992：改写欧洲谈判》一文中重申了新功能主义的观点，同时强调国内政治和欧洲外部环境对一体化的影响。② 基欧汉和斯坦利·霍夫曼、安德鲁·莫劳夫奇克（Andrew Moravcsik）等学者将国家理性选择以及国内政治对成员偏好的塑造视为《单一欧洲法令》通过的关键，将欧共体委员会的作用置于次要地位。③ 1998年，莫劳夫奇克基于欧盟的发展状况进一步在《欧洲的抉择：社会目标和政府权力》一书中融合了功能主义和理性主义。④ 21世纪初，菲利普·施密特、莉斯伯特·霍克（Liesbet Hooghe）和加里·马克斯（Gary Marks）等学者则提出"新—新功能主义""后功能主义"等理论，突出强调国家主体性及国内政治因素，以修正新功能主义，回应新的社会现实。⑤

---

① Simon Bulmer, "Domestic Politics and EC Policy-Making", *Journal of Common Market Studies*, Vol. 21, No. 4, 1983, pp. 349 – 363 at 349.
② Wayne Sandholtz and John Zysman, "1992: Recasting the European Bargaining", *World Politics*, Vol. 42, No. 1, 1989, pp. 95 – 128 at 96, 100.
③ Robert O. Keohane and Stanley Hoffmann, "Conclusions: Community Politics and Institutional Change", in Williams Wallace, ed., *The Dynamics of European Integration*, Pinter, 1990, pp. 276 – 300 at 289; Andrew Moravcsik, "Negotiating the Single European Act: National Interests and Conventional Statecraft in the European Community", *International Organization*, Vol. 45, No. 1, 1991, pp. 46 – 48.
④ Andrew Moravcsik, *The Choice for Europe: Social Purpose and State Power from Messina to Maastricht*, Cornell University Press, 1998.
⑤ Philippe C. Schmitter, "Neo-Neo-Functionalism", in Antje Wiener and Thomas Diez, eds., *European Integration Theory*, Oxford University Press, 2004, p. 45; Liesbet Hooghe and Gary Marks, "A Postfunctionalist Theory of European Integration: From Permissive Consensus to Constraining Dissensus", *British Journal of Political Science*, Vol. 39, No. 1, 2009, pp. 1 – 23.

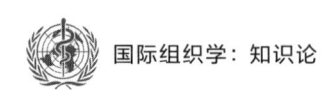

从该历史进路可以看到，新功能主义沉寂、复兴和改造的过程，本质上也是欧洲一体化研究者对功能主义的整体主义逻辑和理性主义的个体主义逻辑进行扬弃和整合的过程，其主要理论贡献在于引入国内政治、外部环境等变量来增强国家理性的"可论证性"，从而补足功能主义忽视国家理性的缺陷和理性主义片面强调国家理性的缺陷。

法学领域的方法论反思体现在学者对国际法学与国际政治学跨学科研究的倡导，理论重心在于在国际社会的整体环境中理解国际组织及相关法律规范。如前所述，冷战期间政治现实主义对国际法功能的贬抑使国际法学者不得不与之切割，放弃对国际法背景的观察和叙述，转而从法理权威出发研究国际法文本和概念。相应地，国际组织法研究也甚少讨论组织本体和外部环境，主要关注其产生、活动的法律程序和规则，并进而区分了国际组织机构法和国际组织实体法。[1] 分析实证主义路径在强化了国际法研究专业性的同时也削弱了其学理价值。而国际制度理论虽然将制度要素带回国际问题研究之中，但其国家中心主义及物质理性主义具有明显的片面性。[2] 为此20世纪80年代以后，国际政治学者和国际法学者逐步认识到跨学科研究的必要性。罗伯特·基欧汉在80年代中期即试图引入国际法原理解释遵约问题；[3] 肯尼思·阿博特在1989年的论文中提倡运用新自由制度主义理论分析国际法。[4] 2000年和2002年，《国际组织》杂志和美国国际法学会分别组织了"法制化与世界政治""国际关系的法制化"专题，意味着两个学科领域就跨学科研究的重要性达成了共识，国际政治学和国际法学进入了方法互鉴的

---

[1] 饶戈平：《本体、对象与范围——国际组织法学科基本问题之探讨》，《国际法研究》2016年第1期，第67页。

[2] 王明国：《国际制度理论研究新转向与国际法学的贡献》，《国际政治研究》2013年第3期，第133、135页。

[3] Robert O. Keohane, "Introduction: From Interdependence and Institutions to Globalization and Governance", in Robert O. Keohane, ed., *Power and Governance in a Partially Globalized World*, Routledge, 2002, p. 9.

[4] Kenneth W. Abbott, "Modern International Relations Theory: A Prospectus for International Lawyers", *Yale Journal of International Organizations*, Vol. 14, No. 2, 1989, pp. 335–411 at 335.

时期。① 然而，当国际法学者开始将国际法的社会政治环境带回其研究之中，法学本身的强技术性特征使得其很难被用来解释国际政治研究中的宏大问题，学科间交流长期呈现"理论逆差"的状态。② 在跨学科研究遭遇瓶颈之际，国际组织研究为其向前推进提供了契机。国际组织对成员国利益的固化和分配功能，③ 国际组织的权威和对成员国的约束力，成员国遵约和"退群"④ 等理论问题，都需要两个学科方法的联合与交融，国际政治学和国际法学跨学科研究逐渐找到了其可以发挥潜力的方向与路径。

第三节　国际组织理论的体系化

20世纪中后期，随着国际组织研究议题的拓展和经验研究的积累，国际组织作为社会现象的一般特征和规律逐步被揭示。然而归纳获得的知识存在固有局限，必须置于关系之中被检验和调整，以形成关于对象的精确、系统的认知。为此，国际组织研究和其他社会科学研究一样，整体上将经历从经验性知识向普遍性知识探索，最终向体系性知识发展的过程。

一　传统学科范式下的研究门类

20世纪中后期，研究者试图通过功能主义路径、理性主义路径和法律分析实证主义路径的概念体系对国际组织的产生、形态、活动、功能等相关

---

① 徐崇利：《国际关系理论与国际法学之跨学科研究：历史与现状》，《世界经济与政治》2010年第11期，第101~111页。
② Jeffrey L. Dunoff and Mark A. Pollack, "International Law and International Relations: Introducing an Interdisciplinary Dialogue", in Jeffrey L. Dunoff and Mark A. Pollack, eds., *Interdisciplinary Perspectives on International Law and International Relations: The State of the Art*, Cambridge University Press, 2012, p. 11; Jan Klabbers, "The Bridge Crack'd: A Critical Look at Interdisciplinary Relations", *International Relations*, Vol. 23, No. 1, 2009, p. 120.
③ 美国西北大学政治学系副教授赫德在2011年指出国际法学和国际关系学在国际组织研究中切入点的差异。Ian Hurd, "Choices and Methods in the Study of International Organizations", *Journal of International Organizations Studies*, Vol. 2, No. 2, 2011, pp. 8-9.
④ 王明国：《国际制度理论研究新转向与国际法学的贡献》，《国际政治研究》2013年第3期，第137、144页。

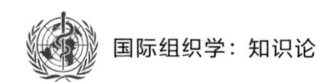

问题予以系统阐述，并由此在国际政治学、国际法学领域形成了国际制度理论、一体化理论和国际组织法理论等研究门类。

新功能主义一体化理论在20世纪60年代声名大噪。厄恩斯特·哈斯1958年出版的著作《欧洲的统一》①、1961年发表的论文《国际一体化》②和1964年出版的著作《超越民族国家：功能主义和国际组织》③确立了新功能主义一体化理论的基本结构。一体化理论主要论证了国际社会一体化的内在动力和发展逻辑。它强调技术进步、观念共识对国家国际组织政策的影响，同时围绕"外溢"概念阐述了国家间功能性合作对政治性合作的带动效果，为此国际社会将朝着一个具有综合性中央权威的方向发展。④该理论在20世纪60年代迅速发酵并引发众多学者的讨论。约翰·加尔通（Johan Galtung）指出一体化理论的重要性被低估等问题；⑤ 菲利普·施密特⑥、约瑟夫·奈⑦等学者则修改和发展了一体化理论的核心概念。其中，奈指出一体化学者应加强概念和测评方法研究，修改了哈斯的"外溢"概念并分析了"过程机制"和"一体化潜力"；施密特引入了功能性外溢（Functional Spillover）、外向化（Externalization）、政治化（Politicization）三个干预概念。

然而一体化理论片面强调国际组织的社会功能，而低估了国家主权对国际秩序的影响力。其对一体化进程过于乐观的态度使它无法解释20世纪70年代欧洲一体化受挫的现实。斯坦利·霍夫曼于1966年发表的论文《顽固的还是过时的？民族国家的命运与西欧的个案》批判功能主义关于渐进式

---

① Ernst B. Haas, *The Uniting of Europe*, Stanford University Press, 1958.
② Ernst B. Haas, "International Integration: The European and the Universal Process", *International Organization*, Vol. 15, No. 3, 1961, pp. 366 – 392.
③ Ernst B. Haas, *Beyond the Nation State: Functionalism and International Organization*, Stanford University Press, 1964.
④ 房乐宪：《新功能主义理论与欧洲一体化》，《欧洲》2001年第1期，第13~20页。
⑤ Johan Galtung, "A Structural Theory of Integration", *Journal of Peace Research*, Vol. 5, No. 4, 1968, pp. 375 – 395.
⑥ Philippe C. Schmitter, "Three Neo-Functional Hypotheses about International Integration", *International Organization*, Vol. 23, No. 1, 1969, pp. 161 – 166.
⑦ Joseph S. Nye, "Comparative Regional Integration: Concept and Measurement", *International Organization*, Vol. 22, No. 4, 1968, pp. 855 – 880.

一体化的主张，强调民族国家的主导地位，并区分了国际关系的"低政治"与"高政治"领域，认为功能主义只适合解释前者。[1] 20 世纪 70 年代，部分一体化理论的支持者开始强调国家在国际秩序构建中的主导作用并转向了理性主义路径研究。厄恩斯特·哈斯等则试图通过增加对国家能动性和国内政治的探讨来修改一体化理论，使之适应新的社会现实。这种努力集中体现在他 1975 年出版的《区域一体化理论的过时》和 1976 年发表的《动荡领域和地区一体化理论》中。[2] 2009 年初美国学者莉斯伯特·霍克和加里·马克斯在新功能主义基础上强调国内政治对一体化趋势的影响，进而发展了后功能主义理论。[3]

理性主义路径的国际制度理论由约瑟夫·奈、罗伯特·基欧汉、约翰·鲁杰（John G. Ruggie）等学者基于 20 世纪 60、70 年代对功能主义的方法论和对现实主义的理论视野的反思，在 20 世纪 80 年代综合发展而成。20 世纪 70 年代一体化理论危机的表现之一是部分学者从功能主义以国际社会为单元的方法论整体主义转向理性主义以国家为单元的方法论个体主义，理论建构从"一体化"转向独立主体间的"相互依赖"。美国经济学家理查德·库珀（Richard N. Cooper）在 1968 年出版的《相互依存经济学——大西洋社会的经济政策》一书中提出相互依存理论后，[4] 爱德华·莫尔斯（Edward L. Morse）于 1969 年将该理论引入了国际政治领域，[5] 随即引发了罗伯特·托利森（Robert D. Tollison）和托马斯·威利特（Thomas D.

---

[1] Stanley Hoffmann, "Obstinate or Obsolete? The Fate of the Nation-State and the Case of Western Europe", *Daedalus*, Vol. 95, No. 3, 1966, pp. 862 – 915 at 874.

[2] Ernst B. Haas, *The Obsolescence of Regional Integration Theory*, Institute of International Studies, University of California, 1975; Ernst B. Haas, "Turbulent Fields and the Theory of Regional Integration", *International Organization*, Vol. 30, No. 2, 1976, pp. 173 – 212.

[3] Liesbet Hooghe and Gary Marks, "A Postfunctionalist Theory of European Integration: From Permissive Consensus to Constraining Dissensus", *British Journal of Political Studies*, Vol. 39, No. 1, 2009, pp. 1 – 23.

[4] Richard N. Cooper, *The Economics of Interdependence: Economic Policy in the Atlantic Community*, Columbia University Press, 1968.

[5] Edward L. Morse, "The Politics of Interdependence", *International Organization*, Vol. 23, No. 2, 1969, pp. 311 – 326.

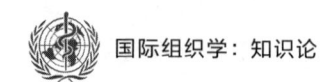

Willett）等学者对"一体化"概念和"相互依赖"概念的对照研究。[1] 罗伯特·基欧汉和约瑟夫·奈在1973—1975年发表的论文中比较并反思了当时具有影响力的摩根索政治现实主义理论和新功能主义一体化理论对国际秩序的解释力，并在1977年出版的《权力与相互依赖》一书中对国家间相互依赖理论做了系统阐述。[2]

在偏离一体化理论的方法论整体主义的同时，相关学者也反对政治现实主义过于强调权力政治而忽视制度要素的做法，并基于对二者的反思创立了国际机制理论（International Regime Theory），国际组织成为国际机制的子概念。1975年，约翰·鲁杰首次在国际政治研究中引入"国际机制"（International Regimes）概念后，[3] 厄恩斯特·哈斯[4]、奥兰·扬（Oran R. Young）[5] 等自由主义学者在20世纪80年代初都对国际机制理论做了回应和发展。1982年，约翰·鲁杰在《国际机制、交易和变迁：战后经济秩序中的嵌入式自由主义》一文中将自由主义原则与制度主义工具联系在一起。[6] 同一时期，斯蒂芬·克拉斯纳（Stephen D. Krasner）[7] 等现实主义学者也承认国际机制作为干预变量的价值，和自由主义学者一起丰富和发展了

---

[1] Robert D. Tollison and Thomas D. Willett, "International Integration and the Interdependence of Economic Variables", *International Organization*, Vol. 27, No. 2, 1973, pp. 255 – 271 at 267 – 269.

[2] Robert O. Keohane and Joseph S. Nye, "Power and Interdependence", *Global Politics and Strategy*, Vol. 15, No. 4, 1973, pp. 158 – 165; Robert O. Keohane and Joseph S. Nye, "International Interdependence and Integration", in Fred I. Greenstein and Nelson W. Polsby, *Political Science: Scope and Theory*, MA, Addison-Wesley Pub. Co., 1975, pp. 363 – 377; Robert O. Keohane and Joseph S. Nye, *Power and Interdependence: World Politics in Transition*, Boston, Little, Brown and Company, 1977.

[3] John G. Ruggie, "International Responses to Technology: Concepts and Trends", *International Organization*, Vol. 29, No. 3, 1975, pp. 557 – 583 at 571.

[4] Ernst B. Haas, "Technological Self-Reliance for Latin-America: The OAS Contribution", *International Organization*, Vol. 34, No. 4, 1980, pp. 541 – 570 at 553.

[5] Oran R. Young, "International Regimes: Problems of Concept Formation", *World Politics*, Vol. 32, No. 3, 1980, pp. 331 – 356.

[6] John Gerard Ruggie, "International Regimes, Transactions and Change: Embedded Liberalism in the Postwar Economic Order", *International Organization*, Vol. 36, No. 2, 1982, pp. 379 – 415.

[7] Stephen D. Krasner, *International Regimes*, Cornell University Press, 1983, p. 2.

第一章 国际组织研究

国际机制理论。和自由主义者不同的是,现实主义学者强调国家间关系是国际问题的首要决定因素。① 鉴于肯尼思·华尔兹 1978 年在《国际政治理论》一书阐述的新现实主义迅速以其简明性、科学性获得影响力,基欧汉采纳了其理性主义概念框架,并基于"国际制度"(International Institutions)这一中心概念发展了新自由制度主义学派。由于国际制度包含国际机制、国际组织、国际惯例三种形式,其理论视域比国际机制理论更为广泛。②

国际制度理论探讨了作为国际组织上位概念的国际制度产生的社会条件和政治基础、制度结构和功能的关联性,以及国际制度与国家理性的互动关系。然而国际制度理论的直接对象是国际制度而非作为其下位概念的国际组织,为此其关注重点在国际组织、国际机制、国际惯例等制度类别的共性上,而无法对国际组织的"组织"属性做深入讨论,这使得它无法对国际组织基于"组织"特性而产生的历史演进性、自在性、主体性等特征做出解释。③

国际组织法学的发展则是法律分析实证主义路径自然发展的结果。20 世纪中期国际政治的变局影响了人们对国际组织外部环境的认知,但对法学路径的概念和方法并未形成根本性的冲击,而这一时期国际组织实践的发展则为国际组织法研究提供了丰富的素材。国际法学者强调国际组织的法律相关性,并从微观和宏观两个层次开展国际组织法研究。微观层次的国际组织法研究将每个国际组织视为自给自足的法律系统,研究者重点关注联合国、世贸组织、欧盟等具体国际组织的法律活动,并基于此细分为国际人权法、世贸组织法、欧盟法等具体研究课题;宏观层次的国际组织法研究则在整个国际法律秩序的大背景下观察国际组织与国际法的互动关系,以及国际组织的法律人格等理论问题。④ 1962 年,英国国际法学者克

---

① Stephen D. Krasner, "Structural Cause and Regime Consequences: Regime as Intervening Variables", *International Organization*, Vol. 36, No. 2, 1982, pp. 185 – 205 at 186; Stephen D. Krasner, *Structural Conflict: The Third World against Global Liberalism*, University of California Press, 1985, p. 28.
② Robert O. Keohane, *International Institutions and State Power*, Westview Press, 1989, pp. 3 – 4.
③ 刘莲莲:《国际组织理论:反思与前瞻》,《厦门大学学报》(哲学社会科学版),第 16~17 页。
④ 参见 José E. Alvarez, *International Organizations as Law-Makers*, Oxford University Press, 2005;饶戈平主编《国际组织与国际法实施机制的发展》,北京大学出版社 2013 年版。

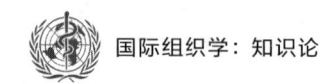

拉伦斯·威尔弗雷德·詹克斯（C. Wilfred Jenks）出版了《国际组织法》一书，从公法和私法法理讨论国际组织的内部结构和外部关系；[①] 1963 年，德里克·威廉·鲍维特（Derek W. Bowett）出版了《国际制度法》一书初版；[②] 1972 年，谢默思出版了《国际机构法》一书初版；[③] 1977 年，美国学者柯吉斯出版了《国际组织的法律设定：文件、评论和问题》一书。[④] 这些著作在国际组织法领域大都被反复再版，具有持久的影响力。该发展过程中，国际组织法教学书逐渐形成了介绍国际组织的组织架构、议事规则、法律执行、外部关系、法律地位等基本要素的基础结构。

综上，20 世纪中后期的国际组织研究开始依托国际政治学、社会学、国际法学的理性主义、功能主义和法律分析实证主义分析框架，试图对国际组织现象与活动予以系统的解释，相应地形成了以国际组织为主要研究对象的一体化理论、国际制度理论、国际组织法理论等研究门类。然而受制于传统学科的学术任务和概念体系，各个研究门类在解释国际组织现象与活动相关问题时都暴露出不同程度的局限性。

其一，国际政治学、国际法学作为独立学科，其理论范式首先要服务于学科任务，在解释国际组织现象与活动时存在视野盲区。例如，一体化理论主张社会发展和政治精英的务实主义是一体化的根本动力，并用"外溢"效应来阐述一体化进程扩散和深化的过程。其方法论的整体主义使其在证明一体化进程的必然性时，无法解释不同时代和领域内一体化进程的差异。为此，其在解释 20 世纪 70 年代的现实时遭遇挫折，其"外溢"概念的模糊性也遭到批判。[⑤] 与之相对，国际制度理论基于国家个体的物质理性来阐述国家行为与国际制度的相互塑造关系，然而其对国家个体自由意志的过度推崇使其能够解释国家为何

[①] C. Wilfred Jenks, *The Proper Law of International Organizations*, Stevens & Sons Limited, 1962.
[②] Derek W. Bowett, *The Law of International Institutions*, F. A. Praeger, 1963.
[③] Henry G. Schermers, *International Institutional Law*, A. W. Sijthoff, 1972.
[④] Frederic Kirgis, *International Organizations in Their Legal Setting: Documents, Comments and Questions*, West Publishing Co., 1977.
[⑤] 房乐宪：《新功能主义理论与欧洲一体化》，《欧洲》2001 年第 1 期，第 14~15 页。

合作，却无法解释国家为何选择这种或那种制度形式及组织结构。①国际组织法学重点关注国际组织的法律维度而放弃了对国际组织本体的社会性和政治性的解释，理论目标相对单一。例如，国际组织的主体资格在国际组织法学项下是一个关键概念，但国际组织法学常常先验地规定了国际组织的法律主体资格，或仅关注其法律程序要素，而未对其行为能力的力量源泉进行论证。②

其二，国际组织概念被各个学科的中心概念吸纳，成为基础理论体系中的边缘概念，常常片面强调重视国际组织的国际性或法律性，而忽视其组织性。在国际制度理论中，国际组织被国际制度这一总概念所吸收和定义，例如基欧汉将国际组织界定为"多层次的联系、规范和制度"，而未讨论其组织属性对其独立性、主体性带来的影响，以及对成员国互动关系的特殊影响。③ 一体化理论将国际组织视为超国家政体，强调整体性概念关系而无法充分探讨国家间政治对国际组织的塑造作用。④国际组织法学则直接将国际组织视为国际法的附属概念，认为其是国际法的产物和创造者，但未考虑到国际组织的社会功能和政治要素对国际组织的属性和造法能力的影响。⑤ 国际组织概念的边缘化使得它在各个学科中都得不到精确的界定，相应地，其特征和规律也得不到完整的诠释。

其三，多学科路径在为国际组织研究提供多种选择的同时，也使得国际组织的特征被各个学科体系"肢解"。20世纪80年代国际制度理论中的"国际制度"在内涵上已和国际法非常接近，但两个学科体系概念和方法的

---

① 刘莲莲：《国际组织理论：反思与前瞻》，《厦门大学学报》（哲学社会科学版），第18~20页。

② Henry G. Schermers, *International Institutional Law*, 2nd edition, Sijthoff & Noordhoff, 1980, p. 774.

③ 〔美〕罗伯特·基欧汉、约瑟夫·奈：《权力与相互依赖》，门洪华译，北京大学出版社2012年版，第56页。基欧汉认为国际组织和其他制度类型的区别在于其更明确的目的性。Robert O. Keohane, *International Institutions and State Power: Essays in International Relations Theory*, Westview Press, 1989, pp. 3-4.

④ Ernst B. Haas, "International Integration: The European and the Universal Process", *International Organization*, Vol. 15, No. 3, 1961, pp. 366-392.

⑤ Henry G. Schermers, *International Institutional Law*, 2nd edition, Sijthoff & Noordhoff, 1980, pp. 11-12.

封闭性客观上阻碍了学科间成果的互通与共享。① 再例如，一体化理论因为不注重分析民族国家的主体性，无法解释一体化过程的各种变数，而不得不基于"外溢"概念衍生出"环溢"（Spill-around）、"强化"（Buildup）、"紧缩"（Retrench）、"溢回"（Spillover）等一系列附属概念来描述一体化进程的各种可能性，并将"外溢"细分为"功能性外溢""技术性外溢""政治性外溢"等不同类别。与之相对，国际制度理论缺乏对国家间利益关联关系的论述，而只是采用"相对收益""绝对收益"的模糊二分法来解释国家在不同场景中的选择。② 换言之，虽然各学科研究路径的相互独立推动了国际组织研究的发展，但其相互间的孤立使得国际组织研究无法形成一个统一的概念框架。③

二 跨学科研究与新理论意识

20世纪80年代，很多国际组织学者在国际制度理论获得压倒性影响力的背景下放弃原来的理论轨道，国际组织研究逐渐步入瓶颈期。④ 其原因是多方面的：一是冷战使学界对国际战争与和平的关注超过了对国际合作的关注，国际组织也自然受到冷遇；二是这一时期对国际组织本体特征和活动规律的经验研究仍在发展阶段，发展国际组织理论的根基还不扎实；三是国际组织理论的发展与国际政治学、国际法学、社会学理论的发展成熟存在时间差。在上游学科范式尚未发展成熟之际，国际组织理论的体系化进程也难以推进。此外，国际政治理论的迅速发展也使理性主义路径遮盖了功能主义路径和法学路径的光芒，《国际组织》杂志一度成为国际政治理论争鸣的前沿

---

① 刘志云：《国际机制理论与国际法学的互动：从概念辨析到跨学科合作》，《法学论坛》2010年第2期，第54~60页。
② 秦亚青：《权力·制度·文化：国际关系理论与方法研究文集》，北京大学出版社2005年版，第109~110页。
③ 〔美〕莉萨·马丁（Lisa L. Martin）、贝斯·西蒙斯（Beth A. Simmons）：《国际制度的理论与经验研究》，载〔美〕彼得·卡赞斯坦等编《世界政治理论的探索与争鸣》，秦亚青等译，上海人民出版社2006年版，第111页。
④ J. Martin Rochester, "The Rise and Fall of International Organization as a Field of Study", *International Organization*, Vol. 40, No. 4, 1986, pp. 777–813 at 803.

阵地。

随着冷战的结束和全球治理议题的兴起，国际组织再次回到学界的视野中心。国际组织研究者纷纷认识到多学科路径的局限性，跨学科研究的呼声高涨，除了一体化理论、国际制度理论、国际组织法学的自我反思和修正之外，① 以国际组织为主要研究对象的多边主义理论、全球治理理论也发展迅速。②

以约翰·鲁杰为代表的学者在一体化理论、国际制度理论的发展历程中做出过贡献，并基于对理性主义国际制度理论在方法论上的局限性的认知，致力于创建多边主义理论来解释冷战结束后的国际现实。鲁杰明确设定了其研究领域的边界，强调国际组织的多边性和实体性，将共产国际等不具有多边性的国家间组织机构排除在理论视野之外，认为"国际组织的学者们从来就没有把这一组织体系作为研究对象"，同时区别了多边对话合作机制和多边组织，认为后者是由投票和一致同意的普遍化决策规则所定义的一种独特制度。基欧汉也参与了多边主义理论的发展并做出贡献。③

另一部分国际制度学者则将视野从国际政治转向了全球治理，将国家间相互依赖发展为全球相互依赖，进而讨论全球问题、全球正义等整体性概念。科林·海伊（Colin Hay）在《政治科学的新方向：回应一个相互依存世界的挑战》一书中指出，全球相互依赖要求国际社会寻找新的治理模式、构建新的治理体系以塑造和传播全球正义观念。④ 奥兰·扬等学者在《机制理论和全球治理探索》等一系列著述中探讨了全球治理时代的新理论、新

---

① Alexander Thompson and Duncan Snidal, "International Organization: Institutions and Order in World Politics", in Boudewijn Bouckaert and Gerrit De Geest, eds., *Encyclopedia of Law and Economics*, Edward Elgar Publishing, 2011, pp. 309 – 336 at 326.
② 组织转向和治理转向的论述参见王明国《国际制度理论研究新转向与国际法学的贡献》，《国际政治研究》2013年第3期，第131~151页；多边主义理论的论述参见秦亚青《多边主义研究：理论与方法》，《世界经济与政治》2001年第10期，第9~14页。
③ 〔美〕约翰·鲁杰：《对作为制度的多边主义的剖析》，载约翰·鲁杰主编《多边主义》，苏长和等译，浙江人民出版社2003年版，第15、40页。
④ Colin Hay, "Introduction: Political Science in an Age of Acknowledged Interdependence", in Colin Hay, ed., *New Directions in Political Science: Responding to the Challenges of an Interdependent World*, Palgrave Macmillan, 2010, p. 12.

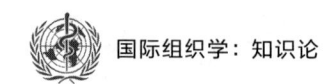

方法、新概念问题。① 基欧汉则论述了全球化的不充分性所带来的理论问题。② 该理论潮流之下，一些中外学者开始倡导建立以全球性问题为研究对象的专门学科——全球学，并对其概念、范畴和理论路径做了论述。③

与此同时，国际组织法研究的方向发生了重要转变，并开始致力于确立国际组织法学的次级学科地位。一方面，传统国际组织法研究对国际组织持乐观态度，强调国际组织的功能和国家向国际组织的赋权，相应产生了具有积极价值导向、推崇国际组织功能的立宪主义和注重价值中立的分析实证主义路径。21世纪以来，法学界越来越关注国际组织的官僚化、责任缺失等问题，研究重心转向国际组织行权的合规性和权力控制，进而发展出宪政主义、全球行政法学说和公权力学说等新的理论视角。④

另一方面，学者不再将国际组织法界定为国际公法的部门，而将其视为可以和传统国际法竞争的新学科。在国际法领域，将国际组织法视为一个新兴领域或学科的观点早已有之。例如，1968年美国法学家路易斯·索恩即在作品中将国际组织学视为一门国际宪法色彩很强且处于成长之中的学科；⑤ 北京大学饶戈平教授、武汉大学余敏友教授也早在20世纪90年代即对国际组织法的地位做过探讨和规划。⑥ 但该议题在学界真正形成影响力则是进入21世纪后的事。2004年，《国际组织法评论》杂志创立，为国际组

---

① Oran R. Young, *Governance in World Affairs*, Cornell University Press, 1999; "Regime Theory and the Quest for Global Governance", in Alice D. Ba and Matthew J. Hoffmann, eds., *Contending Perspectives on Global Governance: Coherence, Contestation and World Order*, Routledge, 2005.
② Robert O. Keohane, "Power and Governance in a Partially Globalized World", *American Political Science Review*, Vol. 95, No. 1, 2001, pp. 1 – 13.
③ 蔡拓：《全球学：概念、范畴、方法与学科定位》，《国际政治研究》2013年第3期，第1~22页。
④ 陈一峰：《全球治理视野下的国际组织法研究——理论动向及方法论反思》，《外交评论》2013年第5期，第123~125页。
⑤ Louis B. Sohn, "The Growth of the Science of International Organizations", in Carl Deutsch and Stanley Hoffmann, eds., *The Relevance of International Law: Essays in Honor of Leo Gross*, Harvard University Press, 1968, pp. 328 – 353.
⑥ 余敏友：《二十世纪的国际组织研究与国际组织法学》，《法学评论》1999年第2期，第4~16页。

织法学理论探讨提供了专门平台。① 2010 年,德国学者阿明·冯·波格丹迪(Armin von Bogdandy)在论文中强调全球行政法是一个新的研究领域乃至新学科。② 2011 年,谢默思等在其第五版的《国际机构法》中反复将国际组织法的体系性位置界定为国际法的次级学科。③ 当前,国际法学界已普遍认同这一观点,但对于国际组织法这一中心概念的内涵以及国际组织法的研究对象等问题尚未形成共识。饶戈平教授对国际组织法学的研究对象、范围等问题的共识和分歧做了全面的梳理,并系统阐述了自己的主张。④

第四节 当前国际组织研究的评述与展望

综上,国际组织研究整体上遵循着"新实践—新议题—新方法—新理论"这一发展逻辑。其一,实践的发展为研究者提出了新的理论课题。19 世纪中后期至今,国际组织实践的繁荣促进了经验研究的发展,学界的国际组织研究已经覆盖了包括国际组织的产生、形态、活动、功能在内的全部领域。其二,知识需求的增加促进了研究方法的科学化。20 世纪中期以后,国际组织研究在批判地继承早期经验主义和唯理主义路径的基础之上,结合实证经验对国际组织的产生、形态、功能等问题予以论证,这一时期发展而来的功能主义路径、理性主义路径和法律分析实证主义路径都体现了这种实证主义理念。其三,经验研究的发展促使理论研究的升级。随着国际组织的一般特征和规律被不断发现和阐述,其作为一个独立研究领域的显著性日益凸显。学界开始致力于将国际组织研究相关理论成果体系化,在同一理

---

① 饶戈平:《本体、对象与范围——国际组织法学科基本问题之探讨》,《国际法研究》2016 年第 1 期,第 63 页。

② Armin von Bogdandy, "General Principles of International Public Authority: Sketching a Research Field", *German Law Journal*, Vol. 9, No. 11, 2008, pp. 1909 – 1939 at 1918.

③ Henry G. Schermers and Niels M. Blokker, *International Institutional Law*, 5th edition, A. W. Sijthoff, 2011, p. 27.

④ 饶戈平:《本体、对象与范围——国际组织法学科基本问题之探讨》,《国际法研究》2016 年第 1 期,第 69 ~ 72 页。

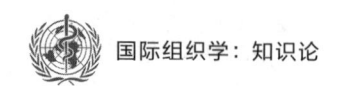

论框架下对国际组织的产生、形态、活动和功能予以统一的解释。20世纪中后期多学科研究路径下的一体化理论、国际制度理论、国际组织法学理论的发展都体现了这种体系化的新理论动向。然而这些新理论方向并不以国际组织为直接研究对象,属于国际组织的关联理论而非国际组织理论本身,其对国际组织的产生、形态、活动、功能等问题的阐述仍不完整。

发展独立的国际组织理论是现阶段国际组织研究的重要任务之一。冷战结束以来,学界在该方向上取得了以下重要进展。其一,国际组织研究自20世纪90年代开始迎来新的繁荣,成为众多理论著述的直接研究对象。其二,学界对国际组织特征和规律的探索已覆盖国际组织本体和活动的全领域,积累了关于国际组织产生的社会基础、政治博弈、机构设计、身份地位、功能绩效等核心理论问题的大量著述。其三,理性主义路径、功能主义路径和法学路径在变化的现实中不断自我革新和相互交融,跨学科研究的重要性被广泛认可,学界在国际组织研究领域有了显著的理论创新意识。然而国际组织理论体系化这一学术目标还远未实现。既有国际组织研究存在以下三方面的短板,客观上制约了其理论知识的体系化。

一是发展独立国际组织理论的学术意识尚不充分。尽管20世纪90年代以来,各理论路径都受到了一定程度的质疑,例如吉林大学张丽华教授、西南财经大学张小波副教授、图宾根大学沃尔克(Volker Rittberger)教授等都讨论了该问题并提出应对方法,[1] 瑞士学者皮埃尔·德·塞纳尔克朗(Pierre de Senarclens)分析了机制理论解释国际组织的局限性,主张建立新的研究计划,[2] 韩国学者田镒旭分析了国际组织研究范式的转变及未来趋势,[3] 但整体上仍趋向于通过对概念重新定义或增补新概念的方法修正既有

---

[1] Volker Rittberger et al., *International Organization: Polity, Politics and Policies*, Palgrave Macmillan, 2006, pp. 13, 23, 63;张丽华主编《国际组织概论》,科学出版社2015年版,第32页;张小波:《国际组织研究的发展脉络和理论流派争鸣》,《社会科学》2016年第3期,第39页。

[2] 〔瑞士〕皮埃尔·德·塞纳尔克朗:《规制理论与国际组织研究》,陈思译,《国际社会科学杂志》(中文版)1994年第4期,第15~24页。

[3] 〔韩〕田镒旭:《探索国际组织研究Paradigm的演变》,《国际政治研究》2000年第4期,第41~47页。

理论，而未能突破传统学科的藩篱，既有国际组织研究的主体仍是以传统学科为单位的多学科研究。①

二是跨学科研究目标不清晰、深度不足。尽管20世纪90年代以来学界关于开展国际政治学、社会学、国际法学跨学科研究的呼声日益强烈，但跨学科研究本身是一个宽泛的概念，不同学者对其目标和路径有不同的解读。② 整体上学界对于跨学科研究的学术目标究竟是在知识交流层次、方法论借鉴层次还是创建新理论层次，尚未充分讨论。目标不清导致路径不清。现实中各种跨学科研究尝试通常止于前两个层次，而未能站在创建国际组织理论的视角，系统梳理需要跨学科方法加以解决的理论关节点。③

三是尚未形成理论目标趋同、方法互惠互通的学术认知共同体。综合托马斯·库恩（Thomas Kuhn）、伯卡特·豪兹纳（Burkart Holzner）、哈斯父子（Ernst Haas & Peter Haas）、鲁杰等学者的论述，认知共同体具有共享的因果信念、学科范式、科学观、行为准则和理论愿景。学术认知共同体既是知识创造和传播的中坚力量，也是新研究门类或学科的合法性源泉。④学术认知共同体的形成离不开一个兼具现实价值和理论价值的研究领域，也离不开研究中心、定期学术会议、专门学术期刊提供思想交流和观点证明的平台。20世纪至今，布鲁塞尔国际协会联合会定期发布的《国际组织年鉴》一直是国际组织研究的信息集散地，《国际组织》《国际组织评论》等学术期刊对确立国际组织研究的时代主题、激发学术争鸣、培养学术共同体具有

---

① 刘莲莲：《国际组织理论：反思与前瞻》，《厦门大学学报》（哲学社会科学版），2017年第5期，第21页。
② 周朝成：《当代大学中的跨学科研究》，中国社会科学出版社2009年版，第28~44页。
③ 周朝成：《当代大学中的跨学科研究》，中国社会科学出版社2009年版，第93~137页。
④ 相关论述参见 Thomas Kuhn, *The Structure of Scientific Revolution*, University of Chicago Press, 1962; Burkart Holzner, *Reality Construction in Society*, Schenkman Pub. Co., 1972; Ernst Haas et al., *Scientists and World Order: The Uses of Technical Knowledge in International Organizations*, University of California Press, 1977; John Gerard Ruggie, "International Responses to Technology: Concepts and Trends", *International Organization*, Vol. 29, No. 3, 1975, pp. 570–583 at 569–570; Peter Haas, "Introduction: Epistemic Communities and International Policy Coordination", *International Organization*, Vol. 46, No. 1, 1992, pp. 1–35 at 3。

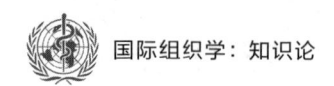

重要的推动作用。然而从国际社会整体视角来看，国际组织理论在整个社会科学谱系中的分量仍显不足。尽管20世纪90年代以后国际组织的全球影响力已大幅度提升，但地缘政治、民族问题、宗教问题仍在很大程度上主导着国际格局的走向。此外，国际组织问题的理论纵深、国际政治学和组织社会学、国际法学等学科泾渭分明的学科体系，使得以开展理论创新为目标的跨学科研究并非易事。这从主客观两方面限制了国际组织学术共同体的发展和形成。[1]

综上，世界范围内国际组织研究整体上遵循着实践驱动和科学法则驱动这两条线索。从实践层次看，19世纪中后期至今，国际组织在数量、规模、类别、功能上的持续发展促进了国际组织研究的逐步繁荣。该过程中研究议题不断丰富，方法日趋多样化，人们对国际组织的认知日益丰富。从科学视角看，随着经验研究的积累，学者渐渐观察到国际组织作为一个知识领域的独特性，并运用多学科研究路径不断探索其在产生、形态、活动、功能上的一般特征和规律。20世纪中后期以来，越来越多的学者认识到发展独立国际组织理论的必要性，进而开始探讨实现这一目标的方向和路径。

---

[1] 参见基欧汉在20世纪90年代的跨学科研究经历。〔美〕罗伯特·基欧汉：《局部全球化世界中的自由主义、权力与治理》，门洪华译，北京大学出版社2004年版，第15页。

第二章　国际组织科学

内容提要

- 国际组织科学又称国际组织学，是指以国际组织的产生、形态、活动、功能为论述对象的知识体系
- 学术研究进程与实践知识需求决定了发展国际组织学的可行性与必要性
- 知识结构及其在社会科学中的体系性位置决定了国际组织学的内外部关系
- 四个待决问题：精确定义国际组织、既有成果的再概念化、确定跨学科研究的具体目标和着力点、构建理论争鸣平台及培育学术共同体

和经验研究、中观理论研究相比，国际组织研究学科化的步伐较为缓慢。这种状态和国际组织研究的整体历史发展阶段是相适应的。20世纪90年代以来，跨学科研究和新理论构建意识逐渐兴起，国际组织作为一个研究领域的独立性不断彰显，突破多学科研究路径对国际组织研究的桎梏、推动国际组织研究成果的系统化的条件逐渐成熟。而这项工作对于同时是现代国际多边体系后来者和重要参与者的中华人民共和国而言具有尤为重要的意义。

国际组织学：知识论

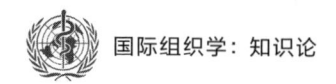

第一节 "国际组织学"内涵概述

"国际组织学"这一称谓在中外文献中有较长的历史，但始终未得到普遍的应用，为此有必要在开篇厘清这一概念。本书所称"国际组织学"在语意上等同于国际组织科学或国际组织科学理论，即英文语境中的"Science of International Organization"。它在内容上指的是以国际组织的产生、形态、活动与功能为论述对象的、具有内在逻辑的知识体系，是对国际组织发生、构成和价值相关必然性问题的表达。它在形式上则以一套内涵明确且具有相互关联关系的概念群为载体，国际组织概念在该概念群中居于中心地位。

国际组织学不等同于国际组织相关知识的松散集合，其所阐述的内容具有知识性、学理性和体系性这三重特征。知识性是指国际组织学阐述的是关于国际组织实体产生、形态、活动与功能的知识，这使它在内涵上有别于作为规训制度和学术组织的学科。[1] 学理性意味着国际组织阐述的是经过理性思维加工的知识，性质上有别于由感性渠道获得的经验信息数据。体系性意味着国际组织学呈现的是依据科学法则被赋予逻辑秩序的知识，范围上不仅包含了揭示国际组织局部特征和规律的命题陈述，也包含它们彼此的关系及表达方式。

国际组织学所阐述的内容属于国际组织知识的组成部分，但它的范围要小于后者。和其他社会科学领域相似，国际组织知识谱系也可以分为阐述具

---

[1] 学界一般在三种意义上使用学科一词：一是作为专门化的知识体系；二是规范知识体系与训练学习者的规训制度；三是以学科为基本要素，由相同学科背景的人组成的学术组织（周朝成：《当代大学中的跨学科研究》，中国社会科学出版社2009年版，第15、27页）。后两种意义上的学科和科学概念相去甚远，关键在于区分国际组织科学和第一种意义上的国际组织学科。有学者认为学科是具有内在逻辑的知识体系，是科学发展到成熟阶段的产物，具有特殊的研究对象、完整的理论体系、公认的专门术语和方法论、有代表性的人物和经典著作等。严格意义上的成熟科学外观上似乎与此并无二致，然而二者的区别在于国际组织科学强调的是知识的必然性和体系性本身，使用者更注重知识的本质，而国际组织学科强调的是必然性、系统性知识的社会位置，使用者更注重知识的效用和传播。

体国际组织特性的经验性知识、阐述国际组织局部特征和规律的规律性知识，以及阐述国际组织特性及其相互关系的体系性知识。体系性知识在内涵上等同于本书所称的"国际组织学"。

体系性知识的发展根植于学者对经验性知识、规律性知识的创造，同时它高度抽象、精确和系统的特性又使它比后二者更为重要。学者的知识创造活动整体上都将经历从经验性知识向规律性知识探索，最终向体系性知识发展的过程。当具体的国际组织现象进入人们的视野，人们通过感性观察和数据分析获得关于该具体国际组织现象的经验性知识，进而赋予它社会意义。随着数据和经验的积累，人们开始透过现象的杂多性总结国际组织的一般特征和规律，从而获得关于国际组织群体的规律性知识。经验研究主要依赖实践的驱动，规律探索上取得的重大进展则既和现实需求有关，也和人们认识与改造世界的主体意识密不可分。如康德所言："知识热衷于规律，发现了规律，它便感到满足。"[1] 科学家不断追求"消除偶然性，实现统一"的根本动力就在于普遍性知识通过描绘事物的共相揭露其本质和必然性，进而成为解释新现象并预测未来的工具。[2]

从知识创造的过程来看，国际组织学起源于对现象的概括，却不止于概括本身。知识有粗糙和精确之分。受制于个人的视野和能力，研究者所掌握的经验样本并不完备，经由概括所掌握的普遍性知识适用范围和条件都不明确，为此其对相关知识的认知可能是模糊的，适用可能是轻率的。人们生活中的大部分"偏见"，常常可以归咎于他们基于有限样本所获得的粗糙的规律性知识。[3] 由于人们对知识的精确程度的需求取决于求知的目的，社会实践不完全排斥粗糙的知识。[4] 然而和日常生活相比，学术研究对知识的精确

---

[1] 〔德〕康德：《逻辑学讲义》，许景行译，商务印书馆2010年版，第9页。
[2] 〔英〕杰弗里·M.霍奇逊：《经济学是如何忘记历史的：社会科学中的历史特性问题》，高伟等译，中国人民大学出版社2008年版，第5页。
[3] 这种不精确性可以在归纳推理的本质中得到解释。参见〔德〕H.赖欣巴哈《科学哲学的兴起》，伯尼译，商务印书馆1991年版，第62~78页。
[4] 关于知识需要达到怎样的精确程度才足够，参见 Luis Villoro, *Belief, Personal and Propositional Knowledge*, Rodopi Bv Editions, 1998, Chap. 7。

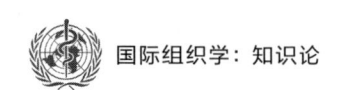

性需求要高得多。对此米歇尔·德·蒙田（Michel de Montaigne）曾有过论述："从经验中产生的比较总是有缺陷的、不完善的。然而，人们在某个地方把各种比较连接起来，从而使定律成为有用的，并通过某种歪曲的、勉强的和偏颇的解释使之适用于我们的每一件事实。"学术研究要力图避免这种"歪曲的、勉强的和偏颇的解释"，以实现准确的解释和预判。① 过去几十年中，曾被视为当然适用的某些理论对国际组织活动轨迹的预测失败，也证实了粗糙知识的贻害。这是由普遍性知识的固有局限所决定的。当知识单元处于游离状态而非关系之中，它们便无法获得自省和自我纠正的能力。国际组织研究也需要保持这种对粗糙知识的警惕性。为此，人们基于有限样本、通过归纳和概括获得的规律，必须置于关系之中被检验和调整，形成关于国际组织群体抽象的、系统的认知。

康德将这种存在于一套完备逻辑关系之中的、关于事物本质的系统知识称为科学。他认为只有达到科学标准的知识才具有真正的价值，因为"一切知识都存在于相互间的某种自然的联结中。在扩展知识时，如果不注意它们的这种联系，那么一切博学都无非是单纯的史诗之吟诵"。② 新现实主义开创者肯尼思·华尔兹将这种处于系统性关系之中的知识称为理论，并强调其与规律的区别。华尔兹将理论描述为"头脑中形成的一幅关于某一有限领域或范围内的行动的图画"，"描述某一领域的组织形式及其各组成部分之间的联系"。他进一步指出规律和理论产生方式的区别："规律可以被发现，而理论只能被构建。"③

参阅其他著作之后笔者得出大致相同的结论，即此所谓科学或理论是对事物必然性的系统表达，是纯粹理性的产物。④ 科学理论在内容上由其内部关系和外部关系来表征：内部关系中，作为知识单元的概念必须清楚，知识

---

① *The Essays of Michel de Montaigne*, edited and translated by Jacob Zeitlin, Alfred A. Knopf, 1936, Vol. III, p. 270, 转引自〔美〕汉斯·摩根索《国家间政治：权力斗争与和平》，徐昕等译，北京大学出版社 2006 年版，第 44 页。
② 〔德〕康德：《逻辑学讲义》，许景行译，商务印书馆 2010 年版，第 47~48 页。
③ 〔美〕肯尼思·华尔兹：《国际政治理论》，信强译，上海人民出版社 2017 年版，第 9 页。
④ 〔德〕马克斯·韦伯：《社会科学方法论》，韩水法、莫茜译，商务印书馆 2013 年版，第 26 页。

单元之间的关系必须分明；外部关系中，科学理论作为一个整体可以被放置到人类的整个知识体系中仍保持自身的特质并找到自己的位置。相较于经验性知识和规律性知识，科学理论与实践的联系十分疏离，这使得人们往往难以凭借感性经验体会到其应用价值。然而其应用价值却是真实存在的：知识只有在作为人们知性法则的逻辑高度完备的时候，才能顺利在主体之间传播。科学理论不直接为特定现象提供解释或指导，但为那些试图解释现象和制定对策的人们提供系统思维和精确交流的工具。

综上，我们可以从以下几个角度来认知和定位国际组织学这一概念：国际组织学又可称为国际组织科学，它具有知识性、学理性、体系性的特征，是国际组织知识谱系中最为抽象、精确和逻辑严密的部分。国际组织学也具有内外部关系之分。在内部关系上，国际组织学需要确立一系列内涵清楚、外延明确的概念，并明确概念间的关联性，国际组织概念在该概念体系中居于中心位置。在外部关系上，国际组织学作为一个整体需要被放置在社会科学整体的知识谱系中，明确其与国际政治学、国际法学、社会学等具有亲缘性的传统学科之间的关系。在实践应用价值上，国际组织学将为我们解释国际组织现象提供思维和交流工具，但不直接提供对现象的解释，也不直接提供应用对策。例如，国际组织学将告知我们国际组织形态和功能之间的关系，从而帮助我们解释联合国安理会和大会在结构上的差异，进而为改革安理会或大会提供思路，但国际组织学本身不回答安理会和大会的结构是怎样的，以及安理会是否应当改革这类问题。后者需要人们运用国际组织学的基本知识并结合实际情况加以分析方能得出结论。

第二节 发展国际组织学的必要性

随之而来的问题是：国际组织研究是否有向着学科化方向发展的必要。本书的答案是肯定的。对当今的世界以及中国而言，发展国际组织科学理论既具有可行性，也具有必要性和紧迫性。

如前章所述，自1815年欧洲国家签订《维也纳会议最后议定书》、建立莱茵河航运中央委员会至今，国际组织已有200多年的历史。200多年来，各类国际组织不断发展成熟，在国际事务和全球治理中展现出蓬勃的生命力，并不断推动学术研究的发展创新。19世纪中后期至今，世界各国逐步建立国际组织研究机构、发行学术期刊、开设课程、出版教材和专著，培养国际组织实务人才和学术共同体；研究者依托国际政治学、国际法学、社会学的概念体系论述国际组织的特征和规律，推进国际组织理论研究的发展。在该过程中，国际组织作为一个研究领域的重要性已得到了学界的公认，丰富的经验研究和一般理论研究成果也为发展国际组织科学奠定了坚实的基础。然而受制于实践进度和学科藩篱，国际学界在该领域尚未形成一个成熟的科学知识体系。21世纪的今天，尽管全球治理体系持续面临着种种挑战，但总体上和平与发展仍是世界的主题，国际组织正在并将继续在各个领域扮演重要角色，国际社会对国际组织科学知识体系的需求将与时俱增，相关条件也将日益充分。

就中国而言，当今中国在多边外交中的角色正在发生转型，客观上要求我国健全国际组织学科建制、发展中国视角的国际组织科学。国际组织起源于欧洲，是西方资本主义经济和自由主义意识形态的产物。这种制度上的一致性、文化上的趋同性使得英国、美国、法国等西方国家在国际组织的建立、运作中一直占据主导地位，西方国家的国民在适应国际组织机制和文化上具有天然的优势，西方国家的教育工作者和学者在国际组织知识创造和人才培养上也一直走在世界前列，各类国际组织因此成为西方国家维护国家利益、推行自身全球治理理念的平台和工具。中国的情形则有所不同。在历史上很长时期内，国际组织对于中国国民来说是较为陌生的外来概念。19世纪中期中国被迫打开国门、参与西方主导的国际秩序后，在其中一直扮演着被动跟随者的角色，话语能力和话语权都非常有限。中华人民共和国成立后，与联合国国际秩序的关系经历了一个缓慢发展变化的过程，中国对联合国体系的态度从新中国成立初期的排斥抗拒到20世纪70年代的谨慎接触，再到80、90年代的积极参与，以至21世纪的全面融入，其发展变化过程和中国改革开放的步伐、综合国力的发展脉络大体上是一致的。

党的十八大以来,中国的多边外交步入了全面发展的新阶段。一方面,中国自20世纪70年代以来在世界舞台上的位置逐渐从边缘走向了中央,日益积极地参与多边外交和全球治理。中国在联合国、世界银行、国际货币基金组织的出资份额和投票权跃居世界前茅,在多边外交中的角色也逐渐从普通参与者向重要参与者,甚至国际秩序的改革者和倡导者转变,顺利承办了G20峰会、上合组织峰会等重要多边会议,主导筹建了新开发银行、亚投行等多边国际机构,"一带一路""共商共建共享""人类命运共同体"等新兴全球治理概念被写进联合国官方文件。中国在全球治理中地位的中心化和角色的多元化要求中国在国际组织相关多边外交政策上具有更为全面、更为深远的布局。与多边外交实践的发展进度相比,我国多边外交战略逐渐暴露出短板。人才储备不足、理论知识储备不足等问题正严重制约着我国在多边外交中发挥更积极的作用。中国在国际组织中的代表性与中国的出资份额严重不匹配的问题已经非常严峻。

另一方面,党的十八大以来我国高校和研究机构在国际组织人才培养上的探索发展迅速,已呈现规模化趋势。多边外交决策和人才培养非常重要,同时又非常复杂。放眼世界,早在19世纪末20世纪初期,西方发达国家已经在逐步建立国际组织教育和研究机构、发行学术期刊、开设课程、出版教材和专著,以及培养国际组织实务人才和学术共同体。我国在起步上比西方国家晚了近一个世纪,同时因为政治文化的差异,国人在适应国际组织工作氛围上面临的困难又比西方人多得多。要突破种种不利条件,尽快赶上西方国家的步伐,需要我们的政府部门投入更多的人力物力和政策支持,也需要高校和研究机构奋起直追,共同推动多边外交人才培养和学术研究的发展创新。多边外交决策和人才培养需要系统的学科知识体系予以支持,发展国际组织学成为我国国际组织研究中一个重要而紧迫的课题。

既有中国视角的国际组织研究为开展这项课题奠定了基础。过去数十年来,中国国际组织研究受到多边外交步伐的影响,经历了从信息收集和对策研究向对策与基础理论研究并重、从西方成果评述到自命题研究的发展与转变。1971年中华人民共和国恢复联合国合法席位以来,梁西等老一辈学者

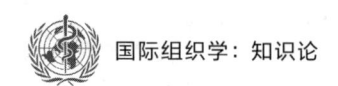

便踏上了探索国际组织研究教学之路的征程。20世纪90年代，以饶戈平、余敏友为代表的国际法学家即对国际组织法的地位做过探讨和规划，国际组织法课程持续开设，梁版、饶版《国际组织法》教科书不断更新和再版。① 在国际政治学领域，渠梁、韩德于1989年主编了《国际组织与集团研究》一书。② 2001年中国人民大学出版社出版了名为《国际组织概论》的教材。③ 以王逸舟、秦亚青为代表的学者在20世纪末21世纪初也开始致力于脱离对具体国际组织的分析和对西方理论成果的评述，探索中国国际组织研究的科学化之路。④ 进入21世纪后，中国学者日益频繁地开展对国际组织一般理论问题的自主性研究，学术机构、报刊也积极地发挥设置议题、引导理论争鸣的引领作用。党的十八大以来，多边外交上升到我国国家战略的高度，大大促进了国际组织研究的开展、知识的传播和学术共同体的形成。在步入21世纪第二个十年之际，中国学者已经具备了完善国际组织理论知识体系、发展国际组织科学的条件。

第三节　国际组织学的历史进路

国际组织学作为社会科学支脉的社会性，使其发展受到实践的指引，以及经验研究、规律研究的制约。一方面，实践的充分发展、经验研究和规律研究的充分积累是国际组织科学得以发展的必要条件。另一方面，经验研究和规律研究的积累不必然导致国际组织学的产生。国际组织学作为社会科学支脉的科学性，使其必须是学者在明确的学术意识支配下、遵循科学法则从

---

① 余敏友：《二十世纪的国际组织研究与国际组织法学》，《法学评论》1999年第2期，第4~16页。
② 渠梁、韩德主编《国际组织与集团研究》，中国社会科学出版社1989年版。
③ 叶宗奎、王杏芳主编《国际组织概论》，中国人民大学出版社2001年版。
④ 王逸舟：《中国与国际组织关系研究的若干问题》，《社会科学论坛》2002年第8期，第4~13页；王逸舟主编《磨合中的建构：中国与国际组织关系的多视角透视》，中国发展出版社2003年版；秦亚青：《多边主义研究：理论与方法》，《世界经济与政治》2001年第10期，第9~14页。

事创造性活动的产物。

为此,国际组织学的发展必须实现外部关系和内部关系两个层次的科学化:外部关系上需要学界将发展国际组织学视为明确的学术目标,致力于明确国际组织知识成果在整个社会科学知识体系中的地位问题;内部关系上需要学界基于既有理论成果确立国际组织科学的研究对象、核心概念、方法及理论范畴,致力于系统呈现这一问题领域内的抽象形态和因果关系。20世纪的国际组织研究者在这两个方向上做出了重要的贡献,为国际组织学的发展奠定了基础。

一 国际组织学的外部关系

外部关系上,学界发展国际组织科学理论的呼声早已有之。20世纪20年代,国际联盟的建立带来了国际组织研究的第一波高潮,瑞士学者皮特曼·波特等学者开始试图从科学和学科发展的视角,在社会科学中为国际组织研究定性、定位。1922年,波特在《国际组织研究导论》一书中将国际组织视为在过去20多年发展而来的、隶属于政治科学的一个新兴研究领域(a New Field of Study),国际组织这一术语的重要性足以和历史上国际法(International Law)、国家法(Law of Nations)比肩。在该书中,波特试图整理出一个有序的国际组织知识体系,展示国际组织概念与国际交往(International Intercourse)、国际政治(International Politics)、国际法(International Law)等概念的联系。[①] 1935年,波特在《国际组织的分类》(上、下篇)中指出国际组织研究理论化程度不足的问题,再次指出"国际组织"这一概念的使用是政治科学上的重要进步,并试图给予国际组织概念一个科学的定义。[②] 1949年,查尔斯·马丁(Charles E. Martin)在对波特的《国际组织研究导论》一书的书评中使用了"国际组织科学的属性"

---

① Pitman B. Potter, *An Introduction to the Study of International Organization*, 3rd edition, The Century Company, 1928, p. 3.
② Pitman B. Potter, "The Classification of International Organizations I", *American Political Science Review*, Vol. 29, No. 2, 1935, pp. 212 – 224.

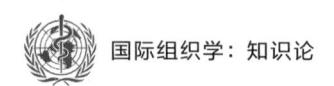

（the Nature of the Science of International Organization）这一表达法——这是迄今为止笔者查阅到的最早的关于"国际组织学"这一术语的使用。①

20世纪60年代，国际组织实践和研究的重大进展使国际组织研究的先行者们开始再次探索发展国际组织科学知识体系的可能性。1968年，美国国际法学家路易斯·索恩在《国际组织学的增长》一文中重点使用"国际组织学"这一概念来描述国际组织理论知识体系，指出国际组织学是政治科学的分支，且包含了日益浓厚的国际宪法色彩。他将国际组织学称为一门在过去百年发展而来的"新科学"，在追溯国际组织学的发展历史时试图将重心放在系统探讨国际组织问题的学术专著上，并试图将以具体国际组织或国际组织某个侧面的特征或规律为对象的研究排除在外。②

1969年，罗伯特·基欧汉在《联合国大会的实体化》一文中指出国际组织作为一个研究领域缺乏系统理论这一问题，并认为造成该现象的原因不在于缺乏案例研究或定量方法，而在于学界在该领域缺乏理论化、概念化的认识。他试图基于"制度化"（Institutionalization）这一基础概念来建立一个关于国际组织本体特征的概念体系。③在基欧汉《联合国大会的实体化》一文的语境中，国际组织研究在实然层面是当时的区域一体化理论的一个子领域，在应然角度是一个具有独立理论价值的研究领域。不过基欧汉的关注重心在于如何确立基础概念框架，而不在于对国际组织理论整体做一个定性。为此他将"制度化"视为国际组织领域的中心概念，并对其区分性（Differentiation）、耐受性（Durability）和自主性（Autonomy）这三重属性做了详细论述，但并未使用"国际组织学"这一称谓，甚至未在严肃意义上使用"国际组织理论"的表达法。

---

① Charles E. Martin, "An Introduction to the Study of International Organization by Pitman B. Potter", *American Political Science Review*, Vol. 43, No. 4, 1949, pp. 838 – 840.
② Louis B. Sohn, "The Growth of the Science of International Organizations", in Karl Deutsch and Stanley Hoffmann, eds., *The Relevance of International Law*, Schenkman Publishing Company, Inc., 1971, pp. 328 – 353.
③ Robert O. Keohane, "Institutionalization in the United Nations General Assembly", *International Organization*, Vol. 23, No. 4, 1969, pp. 859 – 896 at 863.

第二章　国际组织科学

尽管20世纪70年代的国际组织研究发展迅速，但皮特曼·波特、路易斯·索恩等学者关于构建国际组织科学的倡议并未得到学界的普遍响应。80年代，新功能主义的式微和自由制度主义的兴起使作为一个研究领域的国际组织被边缘化。尽管这一时期的国际组织经验研究和规律研究仍旧欣欣向荣，但其理论价值已经大受贬抑，鲜有人再提及国际组织学这一概念或试图建立国际组织的科学理论，而更多地将其称为"国际组织研究（Study）"或"国际组织领域（Field）"。[①] 1986年，马丁·罗切斯特在《国际组织作为一个研究领域的兴起与衰落》一文中对国际组织研究的百年兴衰史做了梳理和原因分析，并不无遗憾地表示："国际组织学的承诺未能如愿实现。如罗伯特·基欧汉所言，国际组织领域因缺乏系统和可验证的理论而丧失活力。"[②]

20世纪90年代后，政治学领域鲜有再提及国际组织学、国际组织科学理论等概念，也很少再探讨国际组织知识体系在社会科学中的地位问题。尽管不少国际组织研究者都认识到了功能主义、现实主义或自由制度主义作为国际组织理论范式的局限性，但通常主张通过修改变量、引进新方法等途径来改变现状，而较少再像20世纪30年代的皮特曼·波特、20世纪60年代的路易斯·索恩和罗伯特·基欧汉那样，将其视为一个独立的科学理论领域，从整体层次进行概念和理论创新。

与之相对，在国际法学领域，国际组织法学的概念迅速传播和发展。越来越多的学者不再将国际组织法界定为国际公法的部门，而将其视为传统国际法的次级学科甚至可以和传统国际法竞争的新学科。2004年，《国际组织法评论》杂志创立，为国际组织法学理论探讨提供了专门平台。[③] 2010年，德国学者波

[①] Jonathan Knight（1971）、J. Martin Rochester（1986）、Robert W. Cox（2009）等仍显犹豫，主要将其称为"国际组织研究（Study）"、"国际组织研究领域（Field）"。J. Martin Rochester, "The Rise and Fall of International Organization as a Field of Study", *International Organization*, Vol. 40, No. 4, 1986, pp. 777–813.

[②] J. Martin Rochester, "The Rise and Fall of International Organization as a Field of Study", *International Organization*, Vol. 40, No. 4, 1986, pp. 777–813.

[③] 饶戈平：《本体、对象与范围——国际组织法学科基本问题之探讨》，《国际法研究》2016年第1期，第63页。

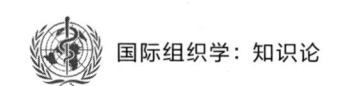

格丹迪在论文中强调全球行政法是一个新的研究领域乃至新学科。[①] 2011年，谢默思等在其第五版的《国际机构法》中反复将国际组织法的体系性位置界定为国际法的次级学科。[②] 当前，国际法学界已普遍认同这一观点，但对于国际组织法这一中心概念的内涵以及国际组织法的研究对象等问题尚未形成共识。饶戈平教授对国际组织法学的研究对象、范围等问题的共识和分歧做了全面的梳理，并系统阐述了自己的主张。[③] 然而由于国际组织法学一早将其研究对象收缩到了国际组织的法律维度，回避了对国际组织本质的论证，也与国际组织产生和发展中的社会政治要素做了切割，这使得其现有理论结构本质上是国际组织视角的"法学理论"，而非法学视角的"国际组织理论"。

二 国际组织学的内部关系

内部关系上，如前所述，国际组织科学理论需要确立以国际组织为中心的核心概念体系、理论范畴和方法路径。和国际政治学、国际法学等传统学科知识体系必须首先明确国际政治、国际法等中心概念一样，国际组织学必须首先界定国际组织这一中心概念，以确定理论指向的客体范围。而和传统学科不同的是，国际组织科学理论研究的对象是有形的社会实体，其概念源于实践经验而非纯粹的理念。为此，明确界定国际组织概念的过程至少包括三个逻辑上递进的步骤：一是基于经验研究成果，认识到国际组织实体作为一种集体现象所具有的现实意义和理论价值，并采用"国际组织"这一术语来指代它们；二是明确"国际组织"的一般特征，即确立国际组织的本体论，使概念的外延和内涵趋于清晰化，为知识共同体识别国际组织实体并了解其特征和规律提供依据；三是基于科学知识法则，在科学理论的视野下明确"国际组织"概念的中心地位并给予它一个精确且逻辑完备的定义，

[①] Armin von Bogdandy, "General Principles of International Public Authority: Sketching a Research Field", *German Law Journal*, Vol. 9, No. 11, 2008, pp. 1909 – 1938 at 1918.

[②] Henry G. Schermers and Niels M. Blokker, *International Institutional Law*, 5th edition, A. W. Sijthoff, 2011, p. 27.

[③] 饶戈平：《本体、对象与范围——国际组织法学科基本问题之探讨》，《国际法研究》2016年第1期，第69~72页。

第二章 国际组织科学

使其能够传承学界既有研究成果，衔接国际组织科学理论的基本范畴、路径方法，以共同构成一个完整的知识体系。

20世纪，国际组织研究者实现了国际组织概念的术语化和清晰化，即处于前述第一和第二个步骤，但第三个步骤尚未实现。19世纪70年代至20世纪中期，"国际组织"一词经历了被创造、推广，并最终取代了国际协会、国际联合会、国际办公室、世界政府等其他竞争性词语，成为国际机构的通称和专称的发展历程，国际组织学的中心概念"国际组织"（International Organization）实现了术语化，由此确立了国际组织这一研究领域。20世纪中期理想主义破产，国际组织研究在放弃了理想主义"世界政府"的本体论假设后，从思想上解决了"国际组织不是什么"的问题，但对于"国际组织是什么"，即国际组织的本质，学界仍未给出明确的答案。20世纪50—80年代多学科研究路径下功能主义路径、理性主义路径、法律分析实证主义路径争鸣的一个重点即是寻找新的国际组织本体论。不同理论路径受制于自身的学术目标和概念体系，对其视野下的国际组织做出了不同的本体论规定，并以此为基础来界定国际组织的外延和内涵。[1] 进入20世纪90年代后，随着全球治理的兴起和国际组织研究的累进，国际组织本体的特征和活动规律被不断揭示，多学科研究路径的本体论假设开始受到质疑，跨学科研究开始受到推崇。然而在国际组织科学理论意识和跨学科研究的目标尚不明确的背景下，国际组织的本体论和概念界定始终无法得到论证，前述第三个步骤仍未实现。与之相应，学界也就不能将国际组织科学理论的基本范畴和理论路径整合到同一概念体系之中。[2]

---

[1] 进入20世纪70年代，国际组织研究逐渐被国际制度研究取代。戴维·埃利斯（David Ellis）认为，在组织理论下运作是国际组织研究被国际制度研究取代的关键因素。而事实上，国际政治学作为国际组织学的上游学科，在其未成熟时很难产生完备的国际组织理论。David Ellis, "The Organizational Turn in International Organization Theory", *The Journal of International Organizations Studies*, Vol. 1, No. 1, 2010, p. 16.

[2] 莉萨·马丁与贝斯·西蒙斯等学者曾对国际组织研究缺乏统领性概念框架的现象进行描述。〔美〕莉萨·马丁、贝斯·西蒙斯：《国际制度的理论与经验研究》，载〔美〕彼得·卡赞斯坦等编《世界政治理论的探索与争鸣》，秦亚青等译，上海人民出版社2006年版，第111页。

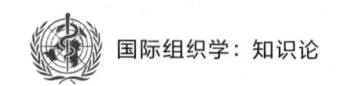

综上，尽管皮特曼·波特、路易斯·索恩、罗伯特·基欧汉等学者在20世纪中叶便开始强调构建国际组织理论、发展国际组织学的意义和前景，但在冷战的时代背景下，这种科学意识超越了国际组织实践的进度和前期研究的积累水平，先行者们的倡议在学界未得到充分响应，无论在国际组织知识的内部关系上还是外部关系上，都没有形成全面、稳定、统一的认知，学界在该领域至今尚未形成成熟的科学知识体系。随后几十年，国际组织制度化程度不断加深，实践经验日益丰富，基于国际组织案例的经验研究、规律研究不断积累。政治学领域的功能主义、现实主义、新自由制度主义、建构主义等理论流派，以及国际法领域的国际组织法理论在不断发展成熟和交流互鉴的过程中，逐渐解决了国际组织研究中长期悬而未决的国际组织本体论问题，从而为发展国际组织科学理论、构建国际组织学扫除了理论障碍。

第四节 国际组织学之未来面向

综合国内外理论研究现状和中国国际组织研究的组织方式，当前发展国际组织学需要解决四个方面的重要问题：给予国际组织一个科学的定义，对既有多学科路径的理论成果进行再概念化，确定跨学科研究的具体目标和着力点，搭建理论争鸣的平台、培育学术共同体。

一 给予国际组织一个科学的定义

学界对待抽象概念的态度与其对待理论前景的看法直接挂钩。"国际组织"是国际组织学的中心概念，其外延直接决定国际组织学的研究范围，其内涵则直接决定了国际组织学的理论纵深。遵循科学法则，给予国际组织概念一个逻辑完备的定义，对于发展国际组织学具有根本性意义。一方面，国际组织概念的外延决定了国际组织理论的研究范围。和国际政治、国际法等概念不同的是，国际组织是客观实在物，其概念是经验性的而非理念性的。[1]

---

[1] 〔德〕康德：《逻辑学讲义》，许景行译，商务印书馆2010年版，第89~90页。

为此需要确立一套稳定、直观的界分标准来识别国际组织实体、排除他者，从而将知识创造者和受众统一在相同的视野中。为此国际组织概念需要能够帮助知识受众识别国际组织实体、区分非国际组织实体，这对于知识的创造、传播、使用至关重要。另一方面，国际组织概念的内涵决定了国际组织学的理论深度。系统的理论与精确的概念相辅相成。国际组织概念的每一个特征要素都需要具有理论辐射功能，回应、对接和支撑国际组织研究的理论范畴，以确保整个知识体系的系统化。

国际组织概念在 20 世纪中期的术语化与国际组织研究领域的形成过程密切联系在一起。20 世纪中后期的国际组织研究者在推动国际组织研究科学化的过程中，开始试图从理性主义、功能主义、法律分析实证主义等不同学科路径归纳国际组织的基本特征。该过程中，国际组织的多边性、机制性、常设性等一般性特征被不断发现和讨论。然而由于不同学科路径对于国际组织本体论假设存在差别，其对国际组织本质特征的认识也很难统一。目前相关成果至少存在三方面技术性问题。一是未明确国际组织一般特征的判定标准。既有文献中学者常常基于自身的判断界定国际组织的特征，而未对界定的依据说明和论证。这使得作为研究对象的"国际组织"内涵和外延不能统一，阻碍国际组织科学知识体系的形成。二是未区分国际组织的基本特征和由此演绎而来的派生特征，常常在定义中混用二者。逻辑上，国际组织的基本特征和派生特征分别承担着帮助人们识别研究客体，知解被识别客体这两种不同的功能。前者决定知识的范围，后者则决定了知识的内容。杂糅的概念使两方面的知识功能都被削弱。三是未在系统理论的视野下论证国际组织基本特征的完备性。从横向视角来看，国际组织的基本特征决定了相关科学知识的覆盖范围，派生特征则决定了相关科学知识的内容；从纵向视角来看，国际组织基本特征对应着国际组织学的基础理论范畴和方法路径。在国际组织概念未得到清晰完备的定义的情况下，人们无法据以识别和知解国际组织实体，国际组织学的理论范畴也处于模糊的状态。

相应地，我们需要在构建国际组织学的视野下来探索问题的答案。从外部关系来看，国际组织科学在社会科学谱系中存在的意义和位置决定了国际

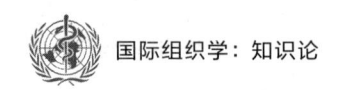

组织实体的范围,进而为确定国际组织的一般特征提供了标准。一方面,系统的理论与精确的概念相辅相成。发展国际组织科学的意义在于为国际组织实践中的理论难点提供解释。现阶段国际组织研究具有三个层次的理论难点:国家个体性和社会性的对立统一问题,国际社会权力属性和规范属性的对立统一问题,国际组织工具性和主体性的对立统一问题。为此,国际组织学所确定的对象范围需要能够涵盖和凸显上述理论难点,以确保整个国际组织知识体系可以为上述核心理论难点提供解释。另一方面,国际组织科学需要妥善处理与关联学科的关系,尽可能覆盖知识空白,同时避免越俎代庖,造成智力工作的浪费。

从内部关系来看,国际组织科学作为社会科学分支所需要满足的科学性标准为我们区分国际组织实体的基本特征与派生特征、明确相关概念的表达方式提供了标准。单元层次上,国际组织的各个基本特征需要具有原始性、直观性,为知识受众识别国际组织实体提供依据;而国际组织的各个派生特征需要具有演绎性、分析性,为知识受众理解国际组织实体所具有的禀赋提供内容。关系层次上,国际组织的各个基本特征需要相互独立和衔接,共同构成一个完备的概念;各个派生特征需要和基本特征衔接且相互协调一致。系统层次上,国际组织基本特征和派生特征所共同构成的国际组织概念需要具有理论辐射功能,明示或默示地回应、接洽、支撑整个国际组织理论体系,以确保整个知识体系的科学化。总体上,发展国际组织学的首要任务,是需要基于国际组织科学作为社会科学分支的"社会性"来确立其研究对象的范围和所需知识的类别,并基于其作为社会科学分支的"科学性"来确定概念内部特征的内容和表达方式,给予国际组织一个精确的、逻辑完备的定义。

二 对既有多学科路径的理论成果进行再概念化

对既有理论研究成果进行再概念化和再术语化,使国际组织科学理论获得自身的系统性和独立于既有多学科路径的显著性。20世纪以来,国际组织的社会动力、政治博弈、制度理性、规范功能等中层次理论重点是各时期、各学科学者共同关注的课题。例如，历史上国际法学者、国际政治学者从不同视角解释了国际组织产生的动态过程。立宪主义将国际组织的产生视为各成员国建立"世界宪法"的过程，功能主义将国际组织的产生视为对社会公共需求的表达和回应，理性主义则强调国家利益偏好对其制度选择的影响。再例如，法律分析实证主义从条文和法理的一致性去解释国际组织的制度理性，功能主义着眼于制度结构和组织目标的适配性，理性主义则将其置于权利分配和权力结构的协和之中。

各个理论路径都贡献了一些有价值的变量关系，但都存在一些学科界限造就的"盲点"。例如，国际组织的法律主体资格是国际组织法学的逻辑起点，但国际组织法学仅关注国际组织获得法律人格的程序，而较少讨论法律人格的社会和政治基础。理性主义对国家理性的推崇使其无法论证国际组织的主体资格问题，尽管它常常认可这一点。功能主义的"外溢"概念解释了国际组织自主性形成的动态过程，但该概念宽泛而模糊，且不能囊括所有现状。为此学者不得不将其细分为"功能性外溢""技术性外溢""政治性外溢"等亚类型，并衍生出"环溢""强化""紧缩""溢回"等多种情况。然而这种细分概念和派生概念具有解释功能而缺乏预测功能，理论价值便打了折扣。这些"盲点"根植于20世纪中后期多学科路径这一研究模式之中。国际政治学、社会学、国际法学等传统学科在长期发展中形成了独特的学科术语和措辞。这在塑造学科文化的同时也强化了范式壁垒，成为新兴领域研究的障碍。[①]

要突破学科范式的藩篱、消除"盲点"，需要系统梳理各路径的理论成果，并基于此进行再概念化（Reconceptualization）和再术语化（Reterminologization）。在学科亲缘关系较近、范式通约性较强的学科之间，常常可以通过概念移植和概念的重新界定来促进跨学科研究、实现理论创新，这一过程即"再概念化"过程。例如，经济学的理性选择、公共品、

[①] 周朝成：《当代大学中的跨学科研究》，中国社会科学出版社2009年版，第78~80、91页。

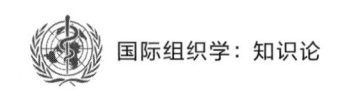

相互依赖等概念被移植到政治学领域后，只需被重新定义即可发展为新的理论概念。然而有些概念差异显著，很难直接移植，学者必须梳理这些分属不同学科但内涵有重叠的概念，将普通词语术语化或创造新的术语加以表达，进行"再术语化"。而要发展知识体系，还需运用一种全景式的眼光协调这些分散的概念和术语，将其置于一个统一的结构之中。① 唯有如此，国际组织学才能够获得社会科学理论的"科学性"所要求的内部系统性和外部显著性。

此处试举一例。新功能主义一体化理论的"外溢"概念旨在表达制度的扩展性，而其项下"功能性外溢""技术性外溢""政治性外溢"等细分概念则表达了制度扩展性在不同领域的强弱急缓之别，"环溢""强化""紧缩""溢回"等派生概念则表达了制度扩展方向的不确定性和可逆性。② 与之相对，理性主义路径从国家理性观察国际合作，进而笼统地采用"相对收益"与"绝对收益"、"低政治"与"高政治"等二分法来定义国家在不同场景中的利益偏好。③ 尽管上述两个路径都对国家在不同场景中的合作前景做类型化，但二者不同的术语体系使其无法对话，这时便需要做再术语化处理。

如果在国际组织学的视野下引进社会学的"场域"概念和经济学的"合作困境"概念，便可以很大程度上整合功能主义和理性主义的理论成果。国家间的"合作场域"将个体理性置于合作的领域特征之中，从而使理性主义对个体偏好的强调和功能主义对整体目标的强调统一起来。事实上，温特建构主义对"霍布斯文化""洛克文化""康德文化"的三分法，以及对和平共存、互利共赢、命运与共的三分法，本质上讨论的就是合作场

---

① 周朝成：《当代大学中的跨学科研究》，中国社会科学出版社2009年版，第94～97页。
② John McCormick, *Understanding the European Union*, Palgrave Macmillan, 2009, pp. 9 – 11; Philippe C. Schmitter, "A Revised Theory of Regional Integration", *International Organization*, Vol. 24, No. 4, 1970, pp. 836 – 868 at 845.
③ Stanley Hoffmann, "Obstinate or Obsolete? The Fate of the Nation-State and the Case of Western Europe", *Daedalus*, Vol. 95, No. 3, 1966, pp. 862 – 915 at 874; 秦亚青：《权力·制度·文化：国际关系理论与方法研究文集》，北京大学出版社2005年版，第109～110页。

域和利益关联结构的问题。① 而"合作困境"概念包含了国家个体的合作性与自利性的矛盾统一关系,也隐喻着国际合作对制度工具的需求和对具体类型的选择。② 据此,国际组织发展的逻辑在宏观层次将被表述为技术变革、观念变迁、国内政治等要素塑造了国家间合作场域特征,由此产生相应的合作需求与合作困境,进而依赖某种制度工具来化解困境、促成公共目标。微观层次的国际组织制度设计逻辑将被表述为:特定合作场域催生不同的合作目标(如和平共存、互利共赢、共同命运)和不同性质的合作困境(如安全困境、协作困境、"公地悲剧"),进而需要不同的组织工具加以应对(如"大国协调型"组织、"专家型"组织、"论坛型"组织)。由此,"合作场域—合作困境—制度选择"的变量关系不但能整合功能主义和理性主义关于国际组织产生逻辑的叙事,还能连贯地展示"外溢"各子概念和派生概念的动态过程,并在理论解释力之外赋予其预测力。

三 确定跨学科研究的具体目标和着力点

跨学科研究对于发展国际组织学的重要性已毋庸置疑,然而其具体目标和着力点却有待明确。鉴于跨学科研究本身是一个存在歧义并被普遍误读的概念,瑞士学者皮亚杰关于"多学科研究""跨学科研究""超学科研究"的递进式界定,有利于我们认识这一问题。皮亚杰将多学科研究界定为学科间的信息互通,不会改变或丰富学科知识本身;跨学科研究是学科间一定程度的整合,其结果将使学科知识结构得到丰富和发展;而超学科研究则是学科互动的最高形态,"不仅涵盖了专门研究项目之间的互动与互惠,而且将这些关系置于一个没有学科边界的完整系统之中",其结果是新学科范式的

---

① 刘莲莲:《国际公共政策研究与范式创新》,《学术月刊》2017年第6期,第89~90页;〔美〕亚历山大·温特:《国际政治的社会理论》,秦亚青译,上海人民出版社2014年版,第244~301、339页。

② "合作困境"是一个已被充分论证的概念,且可以被细分为安全困境、协调困境等子类型。刘莲莲:《国际组织理论:反思与前瞻》,《厦门大学学报》(哲学社会科学版)2017年第5期,第22页。

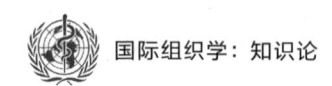

产生。①在发展国际组织学的语境下讨论跨学科研究，其根本目标应当是后者，即通过对传统学科范式的改造与创新，发展新的理论范式。

此外，跨学科研究需以既有多学科研究成果的"交汇点"和"盲区"为着力点，且和前述概念改造的任务联系在一起。例如，学界一向很重视对国际组织治理权限的研究，各种理论路径分别从实证、理念和规范的角度论证了国际组织的权力来源。制度主义强调制度路径依赖对成员选择的锁定，建构主义强调国际组织对成员观念和偏好的塑造，分析实证主义则强调成员通过签订条约对国际组织赋权以及国际组织通过条约解释自我赋权。②同一现象在不同领域分别被表达为制度性权力、规范性权力、合法性等概念。跨学科研究应着力于不同路径的理论"交汇点"和"盲区"，综述并重新表达。

四 搭建理论争鸣平台、促进学术共同体

此外还需要学界搭建理论争鸣平台、促进学术共同体的发展。如前所述，发展国际组织学离不开可供学术争鸣和知识传播的研究机制，以及理论目标趋同、方法互惠互通的学术共同体。我国的国际组织研究自20世纪70年代发展至今，在理论化、建制化上已取得了重要成就。但由于起步较晚且受制于学科壁垒，目前不同学科关注的议题还较为分散，对话缺乏深度。弥补该短板既有待时日的积累，又需要主动地创造条件。

纵观西方国际组织研究的发展历程，学术共同体的发展常常依托于各类组织机构，也离不开定期学术会议、专门学术期刊提供观点汇聚和理论争鸣的平台。20世纪发展至今，布鲁塞尔国际协会联合会定期发布的《国际组织年鉴》一直是国际组织研究的信息集散地，《国际组织》《国际组织评论》等学术期刊，对确立国际组织研究的时代主题、激发学术争鸣、培养学术共同体具有重要的指示意义。饶戈平教授早在1993年便指出了建立会议机制、

---

① 周朝成：《当代大学中的跨学科研究》，中国社会科学出版社2009年版，第31页。
② 参见饶戈平、蔡文海《国际组织暗含权力问题初探》，《中国法学》1993年第4期，第96页。

搭建信息平台对于国际组织理论发展的重要意义。在可预见的未来，中国国际组织学要得到实质性发展，也有待类似信息平台、知识汇聚与传播平台的助力。

发展国际组织学这一任务是中国的多边外交需求融汇世界理论知识前沿的结果。20世纪70年代至今，中国国际组织研究经历了历代学者的奠基、反思和探索，不断成熟和科学化，为建立完整的知识体系打下了坚实的基础。站在当前的历史节点上，中国的国际组织研究应逐渐从实践驱动阶段转向科学法则驱动阶段，在发展国际组织科学的视野下科学定义国际组织这一中心概念，明确国际政治学、国际法学、社会学跨学科研究的具体目标和着力点，系统梳理诸多学科路径的理论成果，并基于此进行概念的移植、术语的创新，进而建立一个充分回应现实需求又逻辑完备的理论知识体系。该过程离不开众多学者长期的探索和协力，也离不开各个学术机构、报刊以及会议、专题、研究中心等形式搭建可供理论争鸣和知识传播的学术平台。

第二部分 | **概念**

如康德所言，一切知识具有双重关系，其一与客体有关，其二与主体有关；着眼于前者，知识与表象相关联；着眼于后者，知识与普遍性意识相关联。[①] 当人们对客体的表象从个体走向普遍，便产生了关于客体的概念；当人们对客体的认知从个别主体走向集体，便产生了关于客体的认知共同体。国际组织概念是对国际组织实体的表象。其产生和发展过程对于国际组织学的发展具有基础意义。这种意义既与客体相关，也与主体相关。从客体视角看，国际组织概念具有三方面的知识功能：它规定了国际组织学的客体范围，为人们区分国际组织与非国际组织提供了标准；它阐明了国际组织的一般特征，使人们能够据以理解国际组织的属性和活动规律；它本身具有一定的逻辑秩序，使人们能够对国际组织的产生、存在、活动与功能予以系统的理解。从主体视角看，学者对国际组织概念所指涉客体范围的共识度，体现了学界是否普遍认同国际组织作为一个研究领域的社会意义；学者对国际组织概念一般特征的共识度，体现了学界是否普遍认同国际组织作为一个研究领域的目标和任务；学界对国际组织概念内部秩序或基本范畴的共识度，则体现了学界是否普遍认同国际组织作为一个独立学科知识体系的价值和理论前景。

为此，我们既需要从客体视角观察学者对国际组织的表象是如何从个体走向普遍，也需要从主体视角观察学者对国际组织概念的认知是如何从个人观点发展为学界共识。前者是衡量研究理论深度的依据，后者则是衡量研究领域内认知共同体发展程度的依据。我们在本部分也将从客体和主体两个角度观察国际组织概念指称的客体范围趋于确定、内容趋于清晰、逻辑趋于完备的发展过程。

---

① 〔德〕康德：《逻辑学讲义》，许景行译，商务印书馆2010年版，第32页。

第二部分 概念

概念范围的确定性是指人们在使用"国际组织"这一指称（而非"国际协会""国际政府"等其他指称）来指代客体时，他们清楚地意识到了该指称在客观世界中所指代客体的范围。事物是由普遍的相似性和差异性构成的，概念是对客体共相的表达。人们将抽去哪些差异而将它们的共性置于同一个概念之中，是理性思维的一个重要步骤。在社会科学中，人们开展这一步骤的依据是由客体的社会意义所决定的，而社会实践和人们的价值诉求共同塑造着客体的社会意义。为此，从国际组织研究发展的历程来看，确定"国际组织"这一名词指称的客体范围并非一蹴而就，而是一个循序渐进的过程。当国际组织现象出现时，学者出于认知社会现象的本能，通过比较、反思和抽象创造概念，并用特定的指称来指代该概念。但在较长时间之内，该指称所表象的客体范围对学者个体而言并不清晰，对学者集体而言则并不统一。当越来越多的学者在回应社会实践的过程中，逐渐稳定地使用"国际组织"这一指称来指代确定范围的客体，则意味着他们认识到了这类客体作为社会现象所具有的同质性。这时一个新兴的研究领域也就逐渐形成了。

概念内容的清晰化是指人们在使用概念时，清楚地意识到了概念所指涉的客体的特征。康德曾言："我们只能通过特征来认识事物。"[①]如果说概念指称范围的确定意味着学者同意他们需要通过认识某类事物的共同特征来获得知识，概念内容的清晰化则是学者创造知识这一过程本身。人们对国际组织特征的认知既受到实践发展阶段的制约，也受到主体视角的影响。方法上，依托实践经验的人可以通过概括归纳法获得事物的特征，依托先在理念的人则可以通过演绎法获得特定概念范畴内的事物的特征。事物差异的普遍性使得这两种求知方式都有出现差错的可能。但这种理论上的差错是由人类认知世界的能力具有局限性所决定的，而不是方法本身的错误。人们对特征的认知并非一蹴而就，而将随着实践数据的丰富而不断克服样本的局限性，同时随着交流争鸣而克服个体视角的局限性。理论上说，人们对国际组织特

---

① 〔德〕康德：《逻辑学讲义》，许景行译，商务印书馆2010年版，第57页。

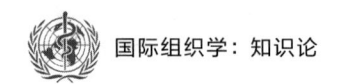

征的认知可以永无休止地深入下去；而事实上，人们的认知是否足够清晰则是由求知的目的所决定的。当认知程度能够满足求知的目的，概念的内容便达到了清晰的标准。因此，学界对国际组织概念的清晰化的需求取决于实践中的知识需要。

概念逻辑的完备性又可称为概念内外部关系的秩序性，是指人们在使用概念时，清楚地意识到了概念作为一个特征复合物的内部关系，以及作为一个整体的外部界限，从而使各种特征要素处于井然有序的状态。这既是由概念作为社会科学知识单元的特性决定的，也是由概念联结主客体的功能所决定的，同时还是由概念联结知识创造者和知识使用者的功能所决定的。事物的特征可以分为原始特征和依附于原始特征的派生特征。确定事物的原始特征对于知识的传播和使用十分重要。那些不可还原的原始特征的集合，构成了概念的本质。它们具有恒定性，因而能够用来区分一个概念和其他概念，帮助知识受众指认客体，并进一步获得关于客体的知识。而确定事物的派生特征对于求知本身十分重要。为此，我们必须清楚事物原始特征和派生特征之间的关系，赋予它们纵向的序列，使概念使用者能够快速高效地了解其关注的对象。国际组织概念是国际组织学的根基，其内部逻辑秩序对应着国际组织学整体的逻辑秩序。从这种意义上，构建国际组织科学这一学术目标对国际组织概念的逻辑完备性提出了最高的要求。

从知识的本质来看，概念是纯粹理性的产物，但社会需求塑造着人们发挥纯粹理性的方向。学者的国际组织研究既嵌入社会生活的情境之中，又嵌入学界从事社会科学探索的过程之中。为此，其界定国际组织概念的过程既受到研究客体的社会意义的指引，也受到研究主体的学术任务的约束。就前者而言，学者对国际组织内涵的界定是由国际组织的社会价值所规定的，特定时期人们对国际组织的社会意义的认识决定了他们界定事物特征的思路。例如，20世纪初期的理想主义学者将国际组织视为可以维系世界秩序的公共权威和准国际政府，20世纪中后期的功能主义学者和理性主义学者将国际组织视为实现特定社会目标和政治目标的工具。就后者而言，学者对国际组织外延的界定受到国际组织研究的学术任务的约束。学者为了弥补知识空

第二部分　概念

白,同时避免重复劳动,常常需要在整个社会科学知识体系中去定位国际组织研究,界定国际组织实体的范围。为此,我们看到国际政治学者倾向于从国家间多边合作机制的视角切入去界定国际组织的外延,多边论坛性组织常常被纳入其中;国际法学者则倾向于从国际组织的法律属性来界定国际组织的外延,更重视国际组织的法律人格和造法功能。

从知识创造的逻辑顺序来看,概念指称的客体范围趋于确定、内容趋于清晰和逻辑趋于完备的过程分别对应着学界用统一的术语指称客体、对客体特征和规律的认知不断深入、求知的学术任务不断明确的过程。学者创造一个科学的国际组织概念,需要依据概念指称的统一化、内容的清晰化、逻辑的完备化几个步骤依次进行。当学者在相互交流的过程中,逐渐趋于统一地使用"国际组织"这一指称来指代同一范围的客体,意味着学界普遍认识到了这类客体所拥有的社会价值,认为其应当并统一在一个概念之下,进而发展为一个新的研究领域。当学界对国际组织的特征达成了高度的共识,意味着一个拥有统一的理论目标、观点和方法的认知共同体已经形成。当学者对国际组织概念的内部秩序达成了共识,意味着一个成熟且得到公认的国际组织学科知识体系趋于形成。从知识创造的历史脉络来看,该过程则充满了重合和反复。但可以确定的是,学界是否能够给予国际组织概念一个逻辑完备的定义,并就此取得共识,是国际组织学科形成的基本条件。历史上"国际组织"这一称谓从被个别学者使用至被整个学界用来统摄国际机构全体的过程,"国际组织"的特征随着经验研究的积累不断被认知和调整并为学界所公认的过程,学界对"国际组织"的定义逐渐打破学科壁垒趋于统一的过程,为我们认知国际组织学的发展历程和现状提供了线索。

为此,本部分将在"术语·研究领域""特征·研究对象""定义·理论范畴"三章中对国际组织概念指称范围的确定性、概念内容的清晰化、概念逻辑的完备性做一一介绍,分别探讨国际组织术语的使用和研究领域的形成过程,学界对国际组织特征的认知状况及共识度,国际组织学视野下国际组织概念内外部秩序的应然状态及判断依据。

第三章 术语·研究领域

内容提要

- "国际组织"一词于1867年首次为学界使用
- "国际组织"一词经历了从众多称谓之一到成为通称和专称的发展过程
- "国际组织"发展为通称和专称意味着"国际组织"术语的确立
- "国际组织"一词的术语化意味着国际组织研究领域的形成

所谓术语（Terminology）是指特定学科领域内的专家用来表达特定概念、旨在交流和传播专业信息的专业词语。随着科学研究的发展和不同学科领域的交叉重叠，人们对专业领域内信息传递的准确性要求越来越高，为此需要术语来帮助专家快速、准确地交流并向用户传播信息。术语是沟通学术共同体内部关于特定概念的认知的桥梁。[①] 当前"国际组织"（International Organization）这一术语在国际问题领域已是耳熟能详。然而历史上"国际组织"这一称谓从被学者创造使用到发展为学界所公认的、用以指代国际机构

[①] Conference of Translation Services of European States ed., *Recommendations for Terminology Work*, 2nd edition, Media Center of the Confederation CH – 3003 Berne, http://www.cotsoes.org/sites/default/files/CST_ Recommendations_ for_ Terminology_ Work.pdf, p. 1.

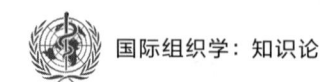

群体的专门术语经历了近一个世纪的时间。逻辑上看，这一过程的发生包含四个步骤：国际组织实体集体性地出现；国际组织实体共同的社会意义和理论属性为学者所觉知；学者将觉知的国际组织"共相"用专门称谓的形式表达出来；学术共同体普遍使用该专门称谓表达该类事物。最后一个步骤的完成意味着"国际组织"这一指称术语化的完成。它意味着学界实现了两个层次的统一：客体层次对国际组织实体的范围和共同属性具有了统一的认知；主体层次就运用"国际组织"这一指称来共同指代该类实体达成了共识。

第一节　国际组织理念的产生

学界普遍将1815年成立的莱茵河航运中央委员会视为最早的现代意义的国际组织。欧洲在17—18世纪逐渐形成了关于航运自由的国际规则。1804年，法国与哈布斯堡王朝签订协议，就莱茵河航运管理开展合作，并在美因茨建立了共管机构。1814年5月签订的《巴黎条约》第5条规定了莱茵河航运自由原则。① 1814—1815年的维也纳会议进一步确立了欧洲各国航运自由与公平原则。根据《维也纳会议最后议定书》的规定，荷兰、比利时、普鲁士、法国和瑞士于1815年6月9日建立了莱茵河航运中央委员会，其宗旨是保障莱茵河及其支流的航运自由和安全。该机构内，各国基于全体一致的方式决策，斯特拉斯堡下设常务秘书处。② 此后欧洲各国又分别于易北河、多瑙河等航道设立了类似的委员会。③ 19世纪上半叶的国际组织主要产生于国际航运领域，是少数欧洲国家基于平等协商建立并用以维护国际河流航运自由、公平和安全的管理协调机构，范围相对狭小，功能也较为单一。④

---

① Bob Reinalda, *Routledge History of International Organizations*, Routledge, 2009, p. 28.
② https://www.ccr-zkr.org/11010100-en.html，最后访问日期：2020年8月15日。
③ Clyde Eagleton, *International Government*, The Ronald Press Company, 1948, pp. 161-164；王志坚、邢鸿飞：《国际河流法刍议》，《河海大学学报》（哲学社会科学版）2008年第3期，第93页。
④ 雷建锋：《大湄公河合作开发与综合治理——兼论国际水法理论的发展》，《太平洋学报》2014年第8期，第54页。

第三章　术语·研究领域

19世纪后半叶，第二次工业革命带来新的国家间合作需求。1865年，法、德、俄、意、奥等20个欧洲国家在巴黎签订《国际电报公约》，建立国际电报联盟（International Telegraph Union），该机构于1932年更名为国际电信联盟（International Telecommunication Union）。[1] 1874年，22个国家在伯尔尼签订《伯尔尼条约》，成立邮政总联盟（The General Postal Union），该机构于1878年更名为万国邮政联盟（Universal Postal Union），负责国际邮政事务。[2] 国际贸易合作促进了社会管理领域的合作。自1851年第一届巴黎国际卫生大会至第一次世界大战爆发前，世界范围内成立了多个国际卫生机构。[3] 其中美洲国家国际卫生局（后更名为泛美卫生局，Pan-American Sanitary Bureau）于1902年在华盛顿成立，[4] 国际公共卫生办公室（International Office of Public Hygiene）于1907年在巴黎成立，[5] 共同构成了世界卫生组织的基础。截至1910年，欧美社会已经产生了40多个国际行政机构。[6]

和经济社会领域相比，国际安全领域的组织化步伐较为缓慢。尽管欧洲哲学家关于建立一个国际政府应对战争问题的构想已达数世纪之久，但早期的思想家们倾向于构建一个大一统的共同体或家长式的政府来管理社会。例如，但丁在《论世界帝国》中即主张建立一个大一统的世界帝国来保障和平；1305年，法国思想家皮埃尔·杜布瓦（Pierre Dubois）在《收复失地》一书中建议基督教国家构建一个大的同盟来维护和平。但丁和杜布瓦对世界

---

[1] 国际电信联盟官方网站：https://www.itu.int/zh/about/Pages/default.aspx，最后访问日期：2021年1月18日。
[2] 万国邮政联盟官方网站：https://www.upu.int/en/Home/，最后访问日期：2021年1月18日。
[3] 《国际联盟卫生组织与两次世界大战期间的抗疫合作》，《光明日报》2020年4月13日，https://wap.peopleapp.com/article/rmh12715470/rmh12715470，最后访问日期：2021年1月18日。
[4] https://apps.who.int/iris/bitstream/handle/10665/82405/cwha551.pdf?sequence=1&isAllowed=y.
[5] https://www.who.int/archives/fonds_collections/bytitle/fonds_1/en/.
[6] L. S. Woolf, *International Government*, George Allen & Unwin Ltd., 1916, pp. 158–162; Michael Wallace and J. David Singer, "Intergovernmental Organization in the Global System, 1815–1964: A Quantitative Description", *International Organization*, Vol. 24, No. 2, 1970, pp. 239–287 at 250. 由于界定国际组织的标准存在差别，不同学者的统计结果也存在差异，但大致维持在40~50个。

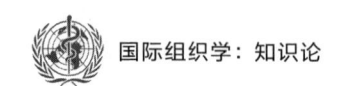

政府的形态和功能带有浓重的整体主义思想，忽视了国家主权的牢固性，和现代意义的国际组织相比存在很大差异。17世纪开始，思想家们在对国际政府的设想中逐渐意识到国家的存在，并将国家视为世界性组织或政府的权力来源，国家主权观念和自下而上的分权观念逐渐结合在一起，现代意义的国际组织观念逐渐形成。1603年，法国国王亨利四世及大臣苏利构想了一个由15个基督教国家组成的欧洲邦联，各国委派代表组成理事会作为该邦联的管理机构。法国作家埃默里克·克吕瑟（Émeric Crucé）在1623年发表的《新大西国》（*The New Cyneas*）修正了亨利四世的思想，认为该邦联也应囊括非基督教国家，并倡议构建永久性仲裁法庭来解决国家间争端。1693年，英国基督教徒威廉·佩恩（William Penn）在《展望欧洲现在与未来和平》一文中主张欧洲国家按照财富比例组成"欧洲议会"，各国按财富比例分配代表席位，裁减军备，并按照3/4多数的原则表决。① 1813年，法国大主教圣·皮埃尔发表《欧洲永久和平计划》，主张在欧洲构建一个永久联合国来维护和平，对于各国领土和条约义务非经3/4绝对多数表决不得变更。该机构将拒绝加入者视为公敌，而加入后不遵约者则将受到集体行动的惩处。卢梭进一步主张由联邦议会或法庭来解决争端。② 康德在《永久和平论》中提出了和平联盟思想，认为民主国家间可以建立国际和平共同体，各国信奉自由的道德基础是该联盟存续的根基。③

在19世纪中后期动荡的国际环境之下，理论家关于建立"世界政府"（World Government）的讨论日益热烈和具体。20世纪初，以美国总统伍德罗·威尔逊（Thomas Woodrow Wilson）为代表的理想主义学派兴起。该理论将古典政治学的人性论应用到国家上，相信国际层面可以形成高度统一的道德观和舆论，该公共道德和舆论可以替代权力成为约束国家行为的力量。

---

① William Penn, "An Essay towards the Present and Future Peace of Europe", The *American Peace Society*, 1912, pp. 13 – 17.
② 于永达编著《国际组织学》，清华大学出版社2006年版，第28~30页；张丽华主编《国际组织概论》，科学出版社2015年版，第41页。
③ 〔德〕伊曼努尔·康德：《永久和平论》，何兆武译，上海人民出版社2005年版，第19页。

国际组织作为超国家机构，是该世界秩序的载体，一个普遍的国家间联盟可以通过集结和传播前述公共道德观念和舆论削弱权力政治，实现世界和平。① 如果说 1910 年成立的海牙常设仲裁法院（Permanent Court of Arbitration）是该方向上的初步尝试，那么 1920 年国际联盟的建立则进一步将理想变成了现实。随后 20 余年，以国际联盟为中心的国际组织群落共同以"世界政府"的形象活跃在国际事务中。

第二节 "国际组织"指称的使用

尽管学界关于国际组织的构想已有几百年的历史，首个现代意义的国际组织早在 1815 年也已经产生，但此后约一个世纪的时间内，国际法律文件并不使用"国际组织"（International Organization）的称谓，而是用"国际委员会"（International Commission）、"国际协会"（International Association）、"国际公共联合会"（International Public Union）、"国际办公室"（International Office）、"国际事务局"（International Bureaux）、"国际政府"（International Government）来命名特定国际机构。学术著作在概括指代这类机构时，也鲜有使用国际组织，而更倾向于将之称为国际委员会、国际协会或国际公共联合会等。②

据现有文献记载，"国际组织"一词最早出现在 19 世纪 60 年代。1867 年 5 月 18 日，苏格兰法学家詹姆斯·洛里默在爱丁堡皇家艺术院的演讲《相对平等原则在国际组织中的应用》中率先使用"国际组织"这一名称。③ 此后十余年间，他分别在论文、致美国历史学家托马斯·巴尔

---

① 徐崇利：《国际关系理论与国际法学之跨学科研究：历史与现状》，《世界经济与政治》2010 年第 11 期，第 90~91 页。

② Volker Rittberger et al., *International Organization: Polity, Politics and Policies*, Palgrave Macmillan, 2006, p. 5; Pitman B. Potter, "The Classification of International Organizations I", *The American Political Science Review*, Vol. 29, No. 2, 1935, pp. 212 – 224 at 214.

③ 演讲题为 "Application of the Principle of Relative, or Proportional, Equality to International Organisation", *Transactions of the Royal Society of Edinburgh*, Vol. XXIV, 1867。James Lorimer, Robert Flint, Gustave Rolin-Jaequemyns, *Studies National and International*, Edinburgh William Green and Sons, 1890, p. 226.

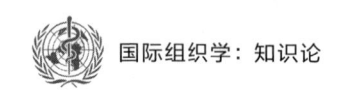

奇（Thomas Willing Balch）的书信中多次使用"国际组织"一词，认为只有建立特定形式的"国际组织"才能使中立国家依约进行武装干预，以维系国际和平。① 1884年，洛里默又在其经典著作《国际法学会：独立政治共同体法律关系论纲》（上下册）中多次用国际组织指代国家间机构。该书随即被译为法文在欧洲大陆传播。② 而他在设计欧洲内部的国家间组织时也一定程度上预见了国际法院和国际联盟的诞生。③

同一时代的欧洲大陆学者也开始使用"国际组织"这一称谓。德国学者冯·康斯坦丁·弗朗茨在19世纪70年代开始在《作为社会、国家、国际组织指导原则的联邦制》等德文作品中使用"国际组织"（Internationalen Organisation）来指代国家间机构，并将其与联邦主义思想联系在一起。④ 德国公法学家格奥尔格·耶里内克（Georg Jellinek）在其著作《国家统一论》

---

① 论文参见 James Lorimer, "Proposition d'un Congres International, Base Sur le Principe de Facto", *Revue de Droit International et de Législation Comparée*, Vol. 3, 1871, p. 1, at p. 4. 信件中提及："I am convinced that can be done only be the help of some form of international organization which shall render it possible to bring the armed intervention of neutral nations to bear on them". Thomas Willing Balch, *International Courts of Arbitration*, Philadelphia Allen, Lane and Scott, 7th edition, 1916, p. 41.

② James Lorimer, *The Institutes of the Law of Nations: A Treatise of the Jural Relations of Separate Political Communities*, W. Blackwoods and Sons, 1884, Vol. I, pp. 194, 213, 215 etc; Vol. II, pp. 190, 216 etc. 洛里默作品的法文版本参见 James Lorimer & Ernest Nys, *Principles de Droit International*, C. Muquardt, 1885.

③ James Lorimer, Robert Flint and Gustave Rolin-Jaequemyns, *Studies National and International*, Edinburgh William Green and Sons, 1890, pp. 58–61.

④ 例如弗朗茨1878年和1885年完成的作品：Von Constantin Frantz, *Der Föderalismus, als das leitende Prinzip für die soziale, staatliche und internationale Organisation unter besonderer Bezugnahme aus Deutschland, Tritisch nachgewiesen und konstruktiv dargestellt*, Franz Kirchheim, Mainz (1879); Von Constantin Frantz, *Deutschland und der Föderalismus*, Hellerau, Hellerauer Verlag Jakob Hegner, 1917, p. 157. 瑞士学者皮特曼·波特在追溯国际组织一词的起源时认为弗朗茨使用"国际组织"一词可能是受到了洛里默作品的影响（Pitman B. Potter, "Origin of the Term International Organization", *The American Journal of International Law*, Vol. 39, No. 4, 1945, pp. 803–806 at 806），这种推断未必准确。原因是二人是在不同意义上使用该词的。洛里默笔下的国际组织更强调其组织性，和世界中央政府具有近似的内涵，而弗朗茨笔下的国际组织则更强调成员的独立性和异质性，和邦联、联邦具有近似的内涵。从时间上看，弗朗茨在1851年的作品《德意志联邦》（*Von der deutschen Föderation*）中就多次使用"社会组织""内部组织"等表达方式。

第三章　术语·研究领域

中提及"国际组织"（Internationale Verwaltungsorganisation），并将之归为国家间机制的子类别。① 20世纪初期，德国理想主义学者沃尔特·舒金在《现代世界主义》《世界组织》等论著中广泛运用"国际组织"一词阐述了他对建立世界邦联的积极态度。② 可以看出，19世纪中后期学者语境中的"国际组织"的指涉客体主要是具体的、存在于理念的世界政府。

自20世纪初期以来，学者开始在更广泛和抽象的意义上使用"国际组织"这一称谓。1911年，美国威斯康星大学教授保罗·芮恩施在其著作《国际公共联合会：它们的工作和组织》中表示"国际组织已发展为一个既成事实"。③ 该作品的广泛影响力使"国际组织"这一名称在美国得到迅速传播。1919年，《国际联盟盟约》第23条建议成立和维系必要的"国际组织"来保障公平和人道的劳动权益，这是国际社会第一次在全球性法律文件中确认了这一称谓。④ 此后，国际联盟也在《国际组织工作信息季刊》《国际组织手册》等一系列工作报告中使用了"国际组织"这一名称。⑤ 而基于《国际联盟盟约》第23条成立的国际劳工组织则在名称中直接使用了这一表达法。

然而尽管"国际组织"一词在20世纪20年代已经被普遍使用，但它仅是一个称谓而已，并不拥有专业术语的地位。一方面，诸多学者和法律文

---

① Georg Jellinek, *Die Lehre von den Staatenverbindungen*, Haering, Berlin, 1882, p. 165.
② 论文例如 Walther Schücking, "Modernes Weltbürgertum", *Die Zukunft*, 1907, pp. 244 – 245；专著中关于国际组织的描述例如 Walther Schücking, *Die Organisation der Welt*, A. Kröner, 1909, p. 57; Walther Schücking et al., *The International Union of the Hague Conferences (1911)*, Clarendon Press, 1918, p. vii.
③ 原文："Yet the realm of international organization is an accomplished fact"。Paul S. Reinsch, *Public International Unions: Their Work and Organization*, Ginn and Company, 1911, p. 4.
④ 《国际联盟盟约》第23条（a）项原文："Subject to and in accordance with the provisions of international conventions existing or hereafter to be agreed upon, the Members of the League: (a) will endeavour to secure and maintain fair and humane conditions of labour for men, women, and children, both in their own countries and in all countries to which their commercial and industrial relations extend, and for that purpose will establish and maintain the necessary international organisations; …"。
⑤ 例如 League of Nations, *Quarterly Bulltin of Information on the Work of International Organisations*, 1922; *Handbook of International Organizations*, 1929。

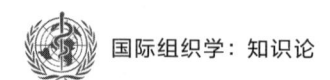

件并非在严肃的概念和术语意义上使用"国际组织"一词。"国际组织"在其语境下常常只是"国际"和"组织"联合而成的描述性短语,这两个部分可以被随意地分拆或重组为"国际协会"、"国际政府"或"世界组织"等新的短语。詹姆斯·洛里默作为使用"国际组织"一词的先驱者,在其作品中也使用了"世界政府"的提法。① 而作为该词语重要推广者的保罗·芮恩施在其著作题目中便在动态意义上使用了"组织"一词,正文中也频繁使用"世界主义"(Cosmopolitanism)和"世界组织"(World Organization)等表述方式。②

另一方面,"国际组织"一词在学术文献和法律文件中都是指国际机构众多称谓中的一种,和"国际委员会""国际协会""国际公共联合会""国际办公室""国际事务局"等表达法处于同一位阶。1907 年成立的国际协会联合会(the Union of International Associations)采用联合会(Union)来指代自身,而用国际协会(International Association)这一表达法来指代全体国际机构。③《国际联盟盟约》第 23 条使用了"国际组织"一词,第 24 条却仍旧使用国际事务局(International Bureau)、委员会(Commissions)等名称指代包括其自身在内的国际机构。④

同一时期的理想主义著作继续将国际组织视为"国际政府"(International Government)的代名词。如前所述,洛里默、弗朗茨、沃尔特·舒金等学者笔下的国际组织常常是世界政府的代称。⑤ 国际联盟建立前

---

① James Lorimer, *The Institutes of the Law of Nations: A Treatise of the Jural Relations of Separate Political Communities*, Vol. II, W. Blackwoods and Sons, 1884, p. 279.
② Paul S. Reinsch, *Public International Unions: Their Work and Organization*, Ginn and Company, 1911, p. 2.
③ UIA, https://uia.org/yearbook, 最后访问日期:2018 年 10 月 22 日。
④《国际联盟盟约》第 24 条第一款原文:"There shall be placed under the direction of the League all international bureau already established by general treaties if the parties to such treaties consent. All such international bureau and all commissions for the regulation of matters of international interest hereafter constituted shall be placed under the direction of the League…"。
⑤ 参见前述各学者著作以及 Frank Bodendiek, "Walther Schücking and the Idea of 'International Organization'", *The European Journal of International Law*, Vol. 22, No. 3, 2011, pp. 741–754; L. S. Woolf, *International Government: Two Reports*, George Allen & Unwin Ltd., 1916, p. 98。

第三章 术语·研究领域

夕,理想主义思潮在国际问题研究中占据主导地位。学者使用"国际政府"、"国际行政"(International Administration)等词语的热情空前高涨。1915年,约翰·霍布森在《朝着国际政府前进》一书中讨论了建立自治的世界政府对于实现裁军目标的必要性;① 1916年,莱纳德·沃尔夫在《世界政府:两份报告》一书中对"政府"的概念做了广义解释,表示其语境中的"国际政府"和"国际组织""国际联合会""国际办公室"含义大致相同。② 1919年,弗朗西斯·鲍斯·塞尔在《国际行政的试验》一书中分析了万国邮政联盟等国际行政组织,并类比英国宪法探讨国际联盟等机构的组织方式。③ 1923年,杰西·胡干在介绍国际政府的发展史时偶尔也用国际组织来替代表达。④

国际联盟建立后的20余年,人们对"国际政府"的热情更加高涨。1923年,杰西·胡干在《国际政府研究》一书中用"国际政府"指代一切国家间治理机制,并采用历史视角研究从原始社会到20世纪初国际政府的立法、行政、司法职能机构的发展脉络。⑤ 1931年,艾德蒙·莫尔在《世界政府》一书中将国际政府视为国际关系的制度化形式,采用历史主义视角探讨国际政府机构和功能的历史演进过程,并在国际社会的组织化这一动态意义上使用"国际组织"一词。⑥ 1925年,克莱德·伊格尔顿在国际法教师会议上倡议开设题为"国际政府"的课程,并于1932年在其所著的《国际政府》一书中旗帜鲜明地类比美国立宪前的邦联政府来解释以国际联盟

---

① John A. Hobson, *Toward International Government*, George Allen & Unwin Ltd. , 1915.
② L. S. Woolf, *International Government: Two Reports*, George Allen & Unwin Ltd. , 1916, pp. 98, 157 – 158.
③ Francis Bowes Sayre, *Experiments in International Administration*, Harper & Brothers Publishers, 1919.
④ 原文:"In the study of the present League of Nations will be regarded less as an achieved goal than as a milestone in the progress of international organization". Jessie Wallace Hughan, *A Study of International Government*, Thomas Y. Crowell Company, 1923, p. xix.
⑤ Jessie Wallace Hughan, *A Study of International Government*, Thomas Y. Crowell Company, 1923.
⑥ Edmund C. Mower, *International Government*, D. C. Health and Company, 1931, pp. vii – xii.

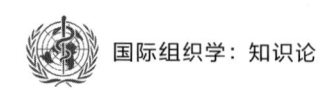

为代表的世界政府。①

  值得一提的是，瑞士学者皮特曼·波特早在1922年即指出了"国际组织"概念与当时流行的"世界政府"概念在内涵上的差异。他在著作《国际组织研究导论》第一章中指出关注超国家政府机构的重要意义，同时又指出"由于种种原因，不适宜采用众所周知的'世界政府'来指代这类机构和程序"，而应采用某个更能突出世界各国对该类机构和程序的共享性的名称，即"国际组织"。然而遗憾的是，他同时又同意"世界政府"在内涵上和"国际政府间组织"概念大体相当，"本书语境下的'世界政府'或'国际政府'概念主要用来指代国际政府间合作"。② 1935年，皮特曼·波特在《国际组织的分类》（上、下篇）中前瞻性地探讨了国际组织的科学研究问题。但在他的语境中，"国际组织"和"国际政府"几乎是可以互换的通称性概念，二者唯一的区别在于"国际政府"、"世界政府"或"世界国家"是一种更为理想化的存在。③ 到了1948年，功能主义代表人物大卫·米特兰尼在《世界组织的功能主义路径》一文的题目中使用了"世界组织"一词，而文中在主张运用功能主义路径取代联邦主义路径研究国际组织时，也并未区别"组织"和"政府"的称谓，而是将它们置于同等地位。④

---

① 原文："As to its academic purposes, it may be said that this book attempts to do for the international system what the usual textbook of American Government does for the government of the United States. It therefore takes up the history of the community of nations, its constitutional principles (fundamental principles of international law), its organization and institutions, its distribution of powers, and its current problems". Clyde Eagleton, *International Government*, The Ronald Press Company, 1932, pp. vi, 82 – 86.

② Pitman B. Potter, *An Introduction to the Study of International Organization*, 3rd edition, The Century Company, 1928, p. 3.

③ Pitman B. Potter, "The Classification of International Organizations I", *The American Political Science Review*, Vol. 29, No. 2, 1935, pp. 212 – 224 at 213.

④ David Mitrany, "The Functional Approach to World Organization", *International Affairs*, Vol. 24, No. 3, 1948, pp. 350 – 363 at 354.

第三节 "国际组织"术语的确立

二战的爆发使人们重新评估国际联盟在维系国际秩序上能力不足的问题，学者也陷入了对理想主义思潮和"国际政府"理念的反思。与此同时，当时蓬勃发展的国际组织实践和联合国体系的成功建立使人们重新审视国际机构的本质和功能。在该背景下，"国际组织"一词渐渐成为从社会经贸领域到国际安全领域的国际机构的通称，同时取代了国际协会、国际联合会、国际办公室、国际事务局、国际政府、世界国家（World State）等表达法，成为指代国际机构的专称。自此，"国际组织"一词成为一个具有学理内涵的专门术语。

这一时期的国际法律文件、学术机构和理论文献共同见证了这一转变。1945 年，《联合国宪章》序言末句称："议定本联合国宪章，并设立国际组织，定名联合国"，明确将待设国际机构定名为联合国，而其类别为国际组织。至此，"国际组织"一词正式被作为统摄具体国际机构的类概念而使用。二战结束后构想之中的国际组织如国际贸易组织（International Trade Organization）、成功建立的国际组织如世界卫生组织（World Health Organization）等，更为频繁地使用"组织"的称谓。1947 年 2 月，联合国世界和平基金会创办了专门的学术期刊《国际组织》（*International Organization*），明确为国际组织相关研究提供平台，亦在一般意义上使用国际组织概念。[①] 1948 年，布鲁塞尔国际协会联合会和国际商务局联合出版国际组织机构名录《国际组织年鉴》（*Yearbook of International Organizations*），在其中广泛收录世界各地的政府间组织、非政府组织和协会团体的名称及活动。该机构虽然自身仍保留了国际协会联合会的称谓，但开始将研究对象称为"国际组织"，并对该概念的外延做了广义的解释。国际协会联合会的发展历程，生动展示了人们逐渐理解

---

① "Cambridge University Press's Introduction", https：//www.cambridge.org/core/journals/international-organization，最后访问日期：2018 年 10 月 22 日。

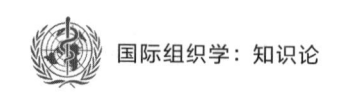

和接纳"国际组织"这一术语的趋势。①

同一时期，学界使用"国际组织"一词的频次大大增加，而以国际政府、国际行政、国际联合会等其他称谓为题的研究则大幅度减少。典型的例证是，纽约大学教授克莱德·伊格尔顿在其1932年出版的教材《国际政府》前言部分直言不讳地表示该书对于国际体系的意义可以直接类比《美国政府》一书对于美国政府的意义。该书1948年的修订版中却删去了这一表达。这反映了20世纪40年代理想主义褪色、"国际政府"与"国际组织"两个称谓在学术文献中此消彼长的态势。②

如果说其他学者的态度转变可能是环境使然而非反思的结果，那么皮特曼·波特则在1945年的《国际组织术语的起源》一文中专门研究了"国际组织"这一称谓从1867年起源至1945年的发展过程。他将1919年视为学界使用"国际组织"一词的一个分水岭，认为此前该词传播较为缓慢，之后却变得迅速。他分析了这种现象的原因，认为国际联盟建立之前的民族国家尚未准备好用国际组织的形式来解决公共问题，相应地彼时它们关注的重心在于正义、和平、秩序、人道主义等法律价值和原则。而1919年国际联盟及附属组织的建立使人们的研究更为务实地转向了对国家间机构的常设机制、组织结构的研判，国际组织的"组织"性受到了前所未有的重视。

值得注意的是，尽管皮特曼·波特在这篇文章中觉察到了国际组织与世界"联邦"或"邦联"在内涵上存在差异，但在理想主义还未遭到彻底批判、国际社会组织化趋势的走向尚不清晰的情况下，他在文末仍旧使用了"国际联邦"（International Federal State）来代称国际组织。③ 事实上，在成熟的国际政治理论出现并充分阐述国际政治对世界秩序的塑造能力之前，人们很难真正认清现实中的国际组织与理想中的世界联邦政府之间的差异。皮特曼·波特1965年在《当代国际组织的问题》一文中反思了国际组织现象

---

① UIA, https://uia.org/yearbook, 最后访问日期：2018年10月22日。
② Clyde Eagleton, *International Government*, The Ronald Press Company, 1948, p. vi.
③ Pitman B. Potter, "Origin of the Term International Organization", *The American Journal of International Law*, Vol. 39, No. 4, 1945, pp. 803–806 at 806.

的繁荣以及其在解决重大国际问题上所展示的局限性之间的矛盾，侧面论证了国际政治理论对于国际组织研究的基础性意义。[1]

综上可见，洛里默、弗朗茨、舒金等学者在19世纪发明并使用"国际组织"这一称谓时，主要是用它来指代一个存在于他们理念中的"世界政府"。保罗·芮恩施等经验主义者则在类概念意义上使用"国际组织"来统摄当时已次第出现的国际行政组织。该称谓在20世纪越来越多地出现在学术文献和国际法律文件之中，是学界在不断比较、反思的过程中自然选择的结果。尽管这一时期越来越多的学者在一般意义上使用"国际组织"一词，但整体上缺乏对该词内涵的认知。直到20世纪中期以后，"国际组织"一词的使用才逐渐实现了两方面的突破。一是指代对象的统一性，即"国际组织"不再是国际行政组织或国际政府概念的代名词，而成为统摄国际联盟为代表的国家间机构的类概念。二是指代方式的排他性，即"国际组织"一词在学界的自由选择中打败了其他竞争性称谓，成为国际机构的专称，进而成为国际问题研究领域一个具有理论意义的专门术语。

第四节　国际组织研究领域的形成

20世纪40年代，"国际组织"一词发展为国际机构的通称与专称，是国际组织科学研究启程的重要标志。而这两方面突破在国际组织研究的科学化历程中具有不同的象征意义。学界对国际组织作为一个新兴问题领域的社会意义和研究价值所形成的共识，是"国际组织"一词在学术文献中统一当时客观存在的国际行政组织和存在于理念中的世界政府的根本原因；而学界对国际组织的国际性和组织性这两大本质特征所形成的认知和共识，是"国际组织"一词在学术文献中取得排他性地位的根本原因。

一方面，当"国际组织"不再是简单的代称，而成为包含国际行政组

---

[1] Pitman B. Potter, "Contemporary Problems of International Organization", *The American Journal of International Law*, Vol. 59, No. 2, 1965, pp. 291–304.

织和世界政府理念在内的国际机构的通称,这意味着学界对国际机构的认知从经验的认知上升为理念的认知,而"国际组织"一词的内涵也从事物个体的特性发展为事物集体的共同抽象特征。学者从经验的、特定的知识创造转向理念的、普遍的知识创造的过程,是国际组织科学意识觉醒中的重要环节。自此其获得的知识便具有了解释现实的能力。[1] 为此,诺曼·希尔1931年在《国际行政》一书中摒弃感性经验的标准,而依据国际机构的性质分类,并指出国际行政缺乏集中性(Centralization)的缺点,被评论者视为国际组织研究的重大进步,因为它"给予了一个杂乱的话题以组织性"。[2] 而皮特曼·波特1935年在《国际组织的分类》上篇中评述了该现象,认为学界开始超越对"伦敦会议""多瑙河协会"等个案的认知而使用"国际组织"这一一般性概念,是政治科学发展史上最重要的进步之一。[3]

而就"国际组织"一词所指代的客体而言,国际电信联盟等行政类机构和被誉为"世界政府"的国际联盟曾被视为不同的概念分类研究。用"国际组织"一词指代国际行政组织,原因在于当时国际行政组织已经在社会生活领域中大量出现,在形态、功能等要素上呈现多样性,学者试图透过该多样性观察其共性,理解国际行政组织在产生、形态、活动、功能等方面的一般特征和规律。而学界用"国际组织"一词来指代存在于人们理念之中的"世界政府"的原因在于19世纪末20世纪初,垄断资本主义、殖民主义、民族主义引发国际格局的剧烈变动,威胁到各国人民的生存与安全。

---

[1] 刘莲莲:《国际公共政策研究与范式创新》,《学术月刊》2017年第6期,第85页。

[2] 原文:"He has thus given an organized treatment of what otherwise seems to be a chaotic subject. It is not the first time that the task has been performed; but continual developments in the field have made it highly desirable that a volume of this sort should be brought out"。"Book Review of Benjamin H. Williams, Reviewed Works: International Administration by Norman L. Hill", *Journal of Political Economy*, Vol. 40, No. 3, 1932, p. 429; "Book Review of Philip C. Jessup", *The American Journal of International Law*, Vol. 26, No. 4, 1932, pp. 910–911.

[3] 原文:"The emergence of the concept of international organization as such, above the specific cases or embodiments thereof, constitutes a step in advance—indeed one of the most important in the history of political science"。Pitman B. Potter, "The Classification of International Organizations I", *The American Political Science Review*, Vol. 29, No. 2, 1935, pp. 212–224 at 214.

为此，人们寄希望于一个承担超国家政府职能的国际公共权威来维护国际秩序。世界政府是人们基于国家治理的经验而进行朴素类比和想象的产物，它不真正地来自实践，也未在真正意义上投入实践。国际联盟在这种理念的支配下建立了，但它的实际形态和功能与设想存在很大的差别。然而设想本身反映了对秩序的需求以及对宪政经验的应用。从这种意义上，"世界政府"的构想也是具有进步意义的。

当"国际组织"概念统摄了当时存在于经验之中的国际行政组织和存在于理念之中的国际政府，意味着学界认识到无论是存在于客观世界的国际行政组织还是存在于理念的国际政府，都具有相同的社会意义和学术价值，可以归于同一抽象概念之中。如杰弗里·M.霍奇逊所言，现实事物的关系是由普遍的差异性和普遍的相似性组成的，所有科学都需要处理事物之间"相同"和"不同"的问题。[1] 如果一项理论涉及的事实层面太大，在概括的过程中便要做大幅度的简化，从而使得出来的结论偏离社会真实太远，解释能力不足。而如果事实层面太小，解释的对象太过单一，其对于现实的指导意义又非常有限。[2] 为此，人们在确定研究范围的过程中必须追求二者的最佳平衡点。如若不当，学者提供的知识便是康德所称的"粗糙的知识"，赖欣巴哈的"假解释"，以及蒙田所称的"歪曲的、勉强的和偏颇的解释"。[3] 确定最适宜研究对象范围的标准是由认知目的所决定的。当人们用国际组织这一上位概念来统一国际行政组织和国际政府概念时，昭示着学界认为二者的社会价值和本体特征所体现出来的同质性，其思维中已经形成了一幅以国际机构为主体，由国际社会、国际秩序、国际公共行政、国际法等核心概念构成的基本图画，国际组织正是作为人类社会生活的一个新兴活动

---

[1] 〔英〕杰弗里·M.霍奇逊：《经济学是如何忘记历史的：社会科学中的历史特性问题》，高伟等译，中国人民大学出版社2008年版，第14页。

[2] 对于这种一般理论的解释力和普遍适用性之间的内在矛盾，欧内斯特·内格尔（Ernest Nagel）曾表达为"广度与强度的反面变化原则"（principle of the inverse variation of extension with intension）。Ernest Nagel, *The Structure of Science*, Routledge and Hackett Publishing, 1961, p.575.

[3] 刘莲莲：《国际公共政策研究与范式创新》，《学术月刊》2017年第6期，第86页。

领域——国际社会中的秩序供给者和管理者的形象被创造和使用的。从秩序供给的领域来看，它是国家政府在国际维度的对照物；从秩序供给的形式来看，它是国际惯例、国际契约等概念在国际法这一大范畴内的对照物。[①] 政府机构和国际法分属于传统政治学和国际法学研究的对象，二者相对成熟的发展为国际组织研究奠定了基础。学界在创造国际组织这一概念时，可以借鉴传统政治学和国际法学的智力成果解释或设计国际组织的形态和功能。前者提供关于主权国家和政府本质的知识，后者则解决政府构建过程中的效率和公平正义问题。为此，早期的国际组织研究多是由政治学者和国际法学者开启的。直到 21 世纪的今天，国际组织研究的方法和重心虽已几经变革和调整，但早期学界在创造国际组织概念时所设定的这一基本问题领域并未发生根本的变化；政治学领域和国际法学领域的国际组织研究也始终最为活跃。

另一方面，当"国际组织"这一名词不再是国际机构实体众多代称中的一个，而是取代了国际委员会、国际协会、国际公共联合会、国际办公室、国际政府等其他称谓，在学术文献和法律文件中成为国际机构的专称，这意味着学界不但认识到国际机构是可以置于同一概念之下的研究对象，而且对其本质特征已形成了较为明确的认知——他们开始看到国际组织的"组织"性，同时也重新阐释了它的"国际"性。

对国际组织"组织"性的认知是学者用"组织"取代其他表示方式的原因。如前章所述，早期的国际组织研究分为国际行政组织研究和国际政府研究，国际组织在上述两个领域内都只是代名词之一，而不具有专有名称地位。在国际行政组织研究领域，常用的代名词有联合会、协会、事务局、办公室等。在国际政府研究领域，"国际政府"一词居于更为核心的地位，而"国际组织"一词则常常作为其代名词而存在。从语义上看，"国际联合会"

[①] 保罗·芮恩施在其著作《国际公共联合会：它们的工作和组织》的标题和正文中，都强调人类社会生活组织化是合作需求的自发产物，国际组织既是国家组织结构在国际维度的对照物，又和国际条约一样规范着国家间合作，且因为更严密的制度结构而是一种高级合作模式。Paul S. Reinsch, *Public International Unions: Their Work and Organization*, Ginn and Company, 1911, pp. 140–144.

"国际协会"等称谓偏重于强调国际机构成员的聚合性、目标的公共性,"国际办公室""国际事务局"则偏重于强调国际机构本身的常设性、事务性,内涵都较为单一。与之相对,"国际组织"在语义上暗含着国际机构产生的历时性、组成部分的多元性、组成方式的有序性、整体形态的统一性等内容。① 当学界在20世纪20年代以后逐步趋向于用"国际组织"一词取代其他称谓来指代国际行政组织,表明学者已经认识到这类机构的一般特征已超越了"联合会""协会""事务局""办公室"等文辞的涵盖能力,"组织"能够更准确地描绘他们关注的客体性质。这意味着学者在国际组织的"国际"性之外,发现了其"组织"性。

而当人们用"国际组织"一词来取代"国际政府"或"世界政府"的表达方法时,则表明人们真正认识到国际社会和国内社会的本质差异,从而重新界定了国际组织的"国际"性内涵。"政府"一词则偏重于中央机构的权威性以及创设型秩序供给模式。早期学者对"国际政府"概念的推崇暗含着他们的世界观,即学界已经觉知国际社会与国家社会的差异,但由于缺乏成熟的国际政治理论来界定国际社会和主权国家,人们未能认识到这种差异的根本性,期望国际社会套用国家社会的经验,国际组织概念和国际政府概念在内涵上也大致相同。如前所述,早在1922年,瑞士学者皮特曼·波特即觉察到了"国际组织"概念与当时流行的"世界政府"概念在内涵上的差异,并在著作《国际组织研究导论》第一章中指出和"国际政府"相比,"国际组织"是国际机构更为适宜的代名词。不过当时的历史社会条件决定了他未能深入研究"国际组织"与"国际政府"在内涵上的本质差别,为此在随后的20多年内,"国际政府"和"国际组织"(尤其是"国际政府间组织")在波特的著作中的含义大致相当。②

---

① 例如保罗·芮恩施在其著作的标题和正文中,多次使用国际公共联合会的"组织"及"机构"(Organs)等表达法。Paul S. Reinsch, *Public International Unions: Their Work and Organization*, Ginn and Company, 1911, pp. 140, 144.

② Pitman B. Potter, *An Introduction to the Study of International Organization*, 3rd edition, The Century Company, 1928, p. 3; Pitman B. Potter, "The Classfication of International Organizations I", *The American Political Science Review*, Vol. 29, No. 2, 1935, pp. 212–224 at 213.

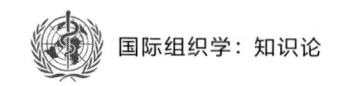

当学者逐渐用"国际组织"取代"国际政府",尤其是 20 世纪 40—50 年代,克莱德·伊格尔顿、大卫·米特兰尼等学者在其作品中有意识地用"国际组织"称谓取代了"国际政府"称谓,意味着人们已经认识到国际治理和国家治理的根本区别,以及国际组织与联邦政府的本质区别,开始考虑将国际政治和国际组织研究从古典政治学、自然法学的视域和方法中解放出来,探索发展独立的国际政治理论的可能性。而只有当学界对国际政治和国内政治的差异已经有了明确而统一的认识,发展出独立的国际政治理论,人们理解国际组织的产生、形态、活动、功能的基本逻辑才具备了必要的理论基础。20 世纪中期爱德华·H. 卡尔、汉斯·摩根索等学者的核心贡献便在于重新定义了国际社会的基本形态、主权国家的性质和行为逻辑,发展出独立于古典政治学和国际法学的国际政治理论。此后当学界用"国际组织"一词取代"国际政府"或"世界政府"的表达方法时,意味着学界对国际社会的独特性和国家中心主义的基本形态已经有了明确而统一的认识,自此学者开始摒弃理想主义将国际组织视为"世界政府"的国际组织本体论,踏上了寻找新的国际组织本体论的征途。

第四章 特征·研究对象

内容提要

- 国际组织的一般特征决定了国际组织学的研究对象
- 学界对国际组织一般特征的认知具有一定共识，也存在较大差异
- "回应社会关切""填补理论空白"是确立国际组织一般特征的主要依据
- 宜从成员、程序、机构维度确定国际组织的一般特征，目标维度则应被排除在外

特征作为事物表象的部分，构成了我们认识事物的渠道。① 如果说"国际组织"这一指称的术语化体现了学界就国际组织实体的社会价值及其本质特征形成了一定的共识，学界对国际组织特征的研究状况，则是衡量学界对国际组织认知程度的指针。术语的意义在于学科内部及其与受众之间的思想交流和传播，而交流和传播的内容，则是由概念特征的清晰度所决定的。

人们对事物特征的认知并非一蹴而就，而是受到实践、观念和研究目的等一系列要素的制约。可以从两个视角解读人们确定国际组织特征的过程，

---

① 〔德〕康德：《逻辑学讲义》，许景行译，商务印书馆2010年版，第57~58页。

一是历史的序列，二是逻辑的序列。从历史的视角看，学者探索国际组织特征的过程是混沌模糊的，并且经常存在反复和争论。直至今天，学界对国家间论坛组织、双边机构等国际机制应否归于国际组织概念之下，仍存在广泛的分歧。这种现象既可能源于客观条件的限制，例如早期国际组织研究存在经验样本不足的问题；也可能源自研究方法的局限，例如早期的国际组织研究常常用朴素的类比法，对照国家政府来识别国际组织的特征；还可能是不同学科和时代的学者求知目的不清晰、不统一引发的混乱，例如早期国际组织研究的目的是设计"世界政府"而非建立科学的理论知识体系。

逻辑的认知又可以分为学习者逻辑和研究者逻辑。从学习者逻辑来看，人们必须首先知道国际组织具有哪些特征，才能据以区分国际组织与非国际组织，进而学习国际组织相关知识。从研究者的逻辑来看，哪些客体应当被国际组织的外延所涵盖，这一判断过程既不存在绝对的客观标准，也不是主观恣意的，而是受到求知目的的指引。本章我们将通过分析19世纪至今学界认知国际组织特征的历史进程来理解学界目前在该方向上的研究成果，同时结合当代学者认知国际组织特征的社会目标来确定当前推进国际组织概念清晰化的方向和重点。

第一节 学界认知国际组织特征的历史脉络

20世纪早期的国际组织实践推动了学术研究的发展，学者开始试图从经验主义和唯理主义两个路径探索国际组织的特征和规律。然而受到经验样本和研究方法的制约，这一时期的学者依据他们对国际组织的初步认知为人们提供了分析国际组织特征的视角，而未能真正在理论层次提炼出国际组织概念的特征。

美国威斯康星大学教授保罗·芮恩施在《国际公共联合会：它们的工作和组织》一书中指出，国际组织是人们被动回应社会经济发展的产物，而非人为设计品，国际行政组织的细节性差异不能抹杀它们的共同原理。他依据合作领域（通信、经济、刑事、科技等）为线索对各个具体国际行政组织做了百科全书式的罗列后,试图透过其目标、形态、立法、行政上的多样性探讨其一般特征和规律。保罗·芮恩施所建议的目标、形态、立法、行政四个维度,为归纳国际组织的基本特征提供了思路。但受到时代的局限,他并未试图对国际组织的概念做出界定或者对国际组织与他者的界限做出区分,不常用"国际组织"一词而更多使用"国际公共联合会",对国际组织的目标、形态、立法职能、行政职能的探讨也是描述性的而非论证性的。[①]

英国政治学家莱纳德·沃尔夫在1916年出版的《世界政府:两份报告》一书中探讨了各类机构组织形式和功能的差异,并对"世界政府"的外延和内涵做了讨论。他将保罗·芮恩施的《国际公共联合会:它们的工作和组织》和比利时出版物《国际生活年鉴1910—1911》作为对照,认为二者在国际组织统计数据上的差异(分别为45个和41个)原因在于二者对国际会议机制是否应计入国际组织存在不同看法。沃尔夫进一步探讨了各种国际机构组织形式和功能的差异(例如是否拥有常设机构、定期会议机制等),并据此将33个国际机构分为四类。[②] 相对于保罗·芮恩施的研究,沃尔夫相关研究的进步性在于他对国际组织的分类有了论证性成分。但和保罗·芮恩施一样,沃尔夫仍未能明确指出哪些是国际组织(即其语境下的"国际政府")的普遍特征,这使得其"国际政府"概念在具有一定解释力的同时,外延和内涵仍是模糊的。

尽管保罗·芮恩施等学者主张运用经验数据来分析国际组织的一般特征,但这一时期的国际行政组织总数不过数十个,运行时间短,制度化程度低,且主要集中在交通、通信、航运等技术性领域,性能具有高度同质性,这在很大程度上限制了学者对国际组织"共相"的认知。外部环境上,19世纪末20世纪初欧美国家在为争夺殖民地和国际市场而发动战争,广大

---

① Paul S. Reinsch, *Public International Unions: Their Work and Organization*, Ginn and Company, 1911, pp. 143 – 168.

② L. S. Woolf, *International Government: Two Reports*, George Allen & Unwin Ltd., 1916, pp. 98, 158 – 162.

亚非拉国家的民族主义正在觉醒，国际格局尚不稳定。由于当时国际政治理论尚处于萌芽状态，组织社会学也未充分发展，研究者无法明确界定国际组织的外部环境，也不能给出符合客观现实的国际组织本体论。国际组织研究者不得不参照古典自由主义将国际组织视为国家政府在国际维度的对照物，对国际组织机构和功能进行"愿景式"的解读。

20世纪30年代是国际组织特征研究的第一个重要分水岭。国际联盟建立之后，世界范围内国际组织数量增长、类型增多、功能拓展，整体上呈现积极的趋势。国际组织样本的多样性、复杂性，使学者认识到区分国际组织与非国际组织、对国际组织做类型化处理的重要意义。学界逐渐形成了以国际组织群体为研究对象的理论意识，对国际组织抽象概念和共同特征研究的兴趣日益浓厚。

1931年，美国政治学者诺曼·希尔在《国际行政》一书中试图摆脱对国际组织管理细节的探讨以寻求普遍性。他不满足于保罗·芮恩施从经济、社会等具体合作领域观察国际组织的感性视角，而希望在国际组织的本质上有更多发现，为此他从国际组织的机构设置切入，探讨国际组织对成员国的规范、协调、行政和信息供给等职能。但他也明确意识到探求国际组织的本质需要建立在更丰富经验研究基础上，非一夕之功。[1] 和先驱者相比，诺曼·希尔已经有了探讨国际组织理论问题的意识，但和先驱者一样，诺曼·希尔仍未对国际组织概念进行界定和细分。

1935年，瑞士学者皮特曼·波特在界定国际组织概念、区分客体与他者这项工作上迈出了实质性的一步。波特先后发表了《国际组织的分类》（上篇）和《国际组织的分类》（下篇）两篇文章，指出需要改变当时国际组织研究缺乏理论思维和科学方法的"荒原"状态，试图归纳总结国际组织的基本特征，并依据立法、行政、司法职能对国际组织做了分类。波特研究的进步性体现在三个方面。其一，波特有意识地区分了国际组织的基本特

---

[1] Norman L. Hill, *International Administration*, MaGraw-Hill Book Co., 1931; "Philip C. Jessup's Book Review", *The American Journal of International Law*, Vol. 26, No. 4, 1932, p. 910; "Benjamin H. Williams's Book Review", *Journal of Political Economy*, Vol. 40, No. 3, 1932, p. 429.

第四章　特征·研究对象

征和次级特征。波特将国际组织界定为两个及以上国家为了追求某种共同目标而建立的国家间联合体,认为一个被称为国际组织的实体在形态上需要具有独立性和显著性,其成员须是具有独立意志和行为能力的国家实体,且需要在一定程度上受到该组织规范的约束。所有国际实体要被称为国际组织,都必须满足上述特征。相应地,国际非政府组织等机构被排除在国际组织概念之外。而国际组织的宗旨是积极构建某种目标还是维持现状(例如阻止战争的发生),是否具有常设性机构,是否基于某种正式的国家间契约建立,不是国际组织的基本特征。[1] 其二,波特致力于国际组织的类型化,以实现概念内部的秩序。在《国际组织的分类》(下篇)一文中,波特以国家政府为参照系,将国际组织分类为国际会议、国际行政机构和国际法院,分别在国际层面行使立法、行政和司法职能。波特也注意到了国际组织和国内政府相比,在权威性、自治性等问题上存在普遍差异,但这并非他关注的重心。其三,波特在这两篇文章中展示了明确的国际组织学科理论建设意识。他在《国际组织的分类》(上篇)一文中开宗明义地指出,"国际组织"一词的使用是政治科学上的重要里程碑。然而尽管"国际组织"一词在当时已经是广泛使用的学术概念,国际组织研究仍旧是缺乏秩序的"丛林"或"荒原"。为此,他在方法论上试图摒弃此前受到法律文本主义和道德信仰主导的、脱离社会实际的研究模式,倡导立足事实和逻辑的政治学研究方法。[2]

20世纪30年代到二战前的国际组织研究实证路径有以下两个特征。其一,其以社会生活各领域已经存在的、各式各样的国际组织为经验样本,通过抽象繁多的国际组织样本,在社会基础、目标、机构、功能上的一般特征来构建国际组织的理论知识。其二,方法论上,这一时期的学者有着清晰的实证主义和科学化意识,强调研究的客观性和价值中立性。然而实证研究无

---

[1] Pitman B. Potter, "The Classification of International Organizations I", *The American Political Science Review*, Vol. 29, No. 2, 1935, pp. 212–224.

[2] Pitman B. Potter, "The Classification of International Organizations II", *The American Political Science Review*, Vol. 29, No. 3, 1935, pp. 403–417.

法脱离理论支持而存在。19世纪末20世纪初的社会科学哲学仍旧在探索之中，国际问题领域整体上缺乏实证研究的意识和条件。由于这一时期还缺乏成熟的国际政治理论，国际组织研究很大程度受到古典政治学的影响，常常脱离对国际社会和主权国家本质的认知，强调国际组织和国家机构的相似性而非差异性。此外，相关研究的科学性程度仍显不足。例如，波特虽然区分了国际组织的基本特征和次级特征，但并未详细说明他论证的依据；未指明其是否已经穷尽国际组织的基本特征并给出依据；此外，波特对国际组织的类型化也局限于国际组织功能这一维度。

二战的爆发和国际联盟的解散使人们放弃了对"国际政府"的期待，开始更为务实地看待国家间关系和国际组织的本质。表面上看，这一时期的国际组织研究似乎陷入了一种令人沮丧的迷茫。但从学术发展的视角看，这种对理想失败的反思意味着国际组织研究进入了"自觉"阶段。自这一时期开始，"国际组织"一词渐渐成为可以归纳客观存在的国际组织类别、和"国际政府"有本质区别的专业术语。与此同时，蓬勃发展的国际政府间组织、非政府组织为实证研究路径提供了更多的样本和素材，学者的研究目标开始转向国际组织的独立特征和规律。[1]

20世纪50—80年代，经济学、政治学内涌现的科学化浪潮影响了整个社会科学研究，实证主义研究在国际组织研究的方法论上逐渐占据了统治地位。国际组织研究在从过去的愿景式研究转向实证主义研究的同时，摒弃了理想主义的世界政府本体论，转而分流到国际政治学、社会学、国际法学的概念体系中去寻找新的国际组织本体论。各个学科的理论任务塑造了各自的概念体系，而其概念体系又塑造了其项下国际组织研究的前提假设和重点问题。相应地，各学科学者解读国际组织概念的视角也各不相同。以斯坦利·霍夫曼、英尼斯·克劳德、罗伯特·吉尔平（Robert G. Gilpin）、斯蒂芬·克拉斯纳等学者为代表的政治现实主义者视野下的国

---

[1] Pitman B. Potter, "Origin of the Term International Organization", *The American Journal of International Law*, Vol. 39, No. 4, 1945, pp. 803–806.

第四章 特征·研究对象

际组织研究偏重于强调国际组织成员的能动性、国际组织的工具性,以及权力政治对国际组织命运的决定性。其视野下的国际组织的现实功能并不显著,理论价值则可以被国家意志和利益完全解释。[1] 以罗伯特·基欧汉为代表的自由制度主义者视野下的国际组织研究则偏重于强调成员的多边性、合作性,以及国际组织和成员的相互塑造和约束的功能。其视野下的国际组织具有积极的社会功能,理论价值上隶属于国际制度概念,其本质特征被国际制度所吸收。[2] 以大卫·米特兰尼[3]、厄恩斯特·哈斯[4]为代表的功能主义者则侧重强调国际组织产生的社会决定性、机构的功能性和组织的自我发展能力。而以亨利·谢默思等学者为代表的国际组织法学者则强调国际组织的法人资格及其立法、执法、司法功能,并基于此研究国际组织产生、存续和活动的适法性问题。[5]

整体上,20世纪50—80年代的国际组织研究在组织形式上表现为多学科研究,研究者依据各学科的传统概念体系对国际组织特征和规律做一般性的探索。方法上,这一时期社会科学领域掀起了科学主义的浪潮。无论是在政治学领域还是法学领域,以经验事实和法律文本为研究对象的实证主义研究都占据了重要地位。这一时期的国际组织研究积累了大量的论文、专著和教材,其中学者对国际组织概念的表述方式也从描述性向论证性发展。但冷战的长期持续,以及国际组织研究对主流学科理论的依附性,决定了国际组

---

[1] Stanley Hoffmann, "Obstinate or Obsolete? The Fate of the Nation-State and the Case of Western Europe", *Daedalus*, Vol. 95, No. 3, 1966, pp. 862 – 915 at 874; Inis L. Claude, JR., *Swords into Plowshares: The Problems and Progress of International Organizations*, Random House, 1956; Robert G. Gilpin, *U. S. Power and the Multinational Cooperation: The Political Economy of Foreign Direct Investment*, Basic Books, 1975; Stephen D. Krasner, *Structure Conflict: The Third World against Liberalism*, University of California Press, 1985, p. 28.

[2] Robert O. Keohane, *International Institutions and State Power*, Westview Press, 1989, pp. 101 – 179.

[3] David Mitrany, "The Functional Approach to World Organization", *International Affairs*, Vol. 24, No. 3, 1948, pp. 350 – 363.

[4] Ernst B. Haas, "International Integration: The European of the Universal Process", *International Organization*, Vol. 15, No. 3, 1961, pp. 366 – 392.

[5] Henry G. Schermers and Niels M. Blokker, *International Institutional Law: Unity within Diversity*, 4th edition, Martinus Nijhoff Publishers, 2003, p. 26.

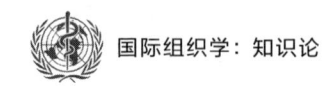

织研究在整个学术研究中居于边缘地位。这种情形下,学者对国际组织的界定也是依附于各自的学科任务,国际组织概念因而成为国际制度、一体化、国际法等学科关键概念的子概念。例如,罗伯特·基欧汉和约瑟夫·奈将国际制度解读为"规定行为角色、制约行动,以及塑造期望的一系列持久和相互关联的正式和非正式的规则",并基于同一逻辑将国际组织解释为"多层次的联系、规范和制度"。① 这种学科藩篱束缚了国际组织概念的清晰化进程。②

20世纪90年代,随着冷战的结束和全球治理议题的兴起,国际组织再次进入了学界视野的中心,国际组织从之前各学科项下的边缘概念发展为理论研究的中心概念。学者开始以国际组织的本体特征和规律为第一研究对象,而不再将其分置于国际制度、国际法等传统学科概念之下。不同学科的国际组织研究在观念、实践、方法上的发展呈现相互交融的趋势,要求运用跨学科路径实现理论创新。③ 1988年,新自由制度主义代表人物罗伯特·基欧汉探讨了结合政治学的理性主义路径和社会学的制度主义路径来解释"国际制度"的思路和方法;④ 同年,盖尔·纳斯观察到了理性主义路径主导国际组织研究的现象,呼吁运用组织社会学的理论成果研究国际组织。⑤ 亚历山大·温特、约瑟夫·拉彼德、弗里德里希·克拉托克赫维尔等学者则概括地反思了国际政治学理性主义理论的局限性,主张将社会学

---

① 〔美〕罗伯特·基欧汉、约瑟夫·奈:《权力与相互依赖》,门洪华译,北京大学出版社2012年版,第52页。
② 刘莲莲:《国际组织理论:反思与前瞻》,《厦门大学学报》(哲学社会科学版) 2018年第5期,第14~24页。
③ 关于跨学科研究的呼吁,参见 Robert O. Keohane, "International Institutions: Two Approaches", *International Studies Quarterly*, Vol. 32, No. 4, 1988, pp. 379-397; Gayl D. Ness and Steven R. Brechin, "Bridging the Gap: International Organizations as Organizations", *International Organization*, Vol. 42, No. 2, 1988, pp. 245-273。
④ Robert O. Keohane, "International Institutions: Two Approaches", *International Studies Quarterly*, Vol. 32, No. 4, 1988, pp. 379-397.
⑤ Gayl D. Ness and Steven R. Brechin, "Bridging the Gap: International Organizations as Organizations", *International Organization*, Vol. 42, No. 2, 1988, pp. 245-273.

第四章 特征·研究对象

所强调的观念因素和历史过程因素带到国际政治理论之中。[①] 肯尼思·阿博特等学者主张采用国际法学与国际政治学的跨学科方法研究全球治理问题，并关注到国际组织和其他制度类型相比，具有因组织化带来的中心性和独立性两个显著特征。[②]

玛莎·芬尼莫尔等学者将跨学科主张落实到了实证层面，论证了规范对国家利益观的塑造作用，而国际组织被视为这一过程得以发生的重要介质。[③] 鲍勃·雷纳尔达通过采用社会学方法，分析国际组织官僚机构内部的工作方法和经验积累、传承，以及由此给国际组织运作带来的影响。[④] 迈克尔·巴尼特和玛莎·芬尼莫尔等学者从国际政治理论转向社会学组织理论，分析组织结构对组织运作的影响。[⑤] 部分学者则继续沿着新自由制度主义的思路在国际政治领域耕作，例如奥兰·扬等学者在一系列著作中讨论了国际机制的力量来源和功能，为国际组织的权威和自主性提供了间接证据。[⑥]

综上，20世纪30年代国际组织研究理论化开启以来，学界立足于日益丰富的国际组织实践经验，依托国际政治学、社会学和国际法学的概念体系，不断探索国际组织的一般特征和活动规律。在多学科研究时期，"国际组织"一词无论在国际政治学、社会学还是国际法学视野之下，都是依附

---

① 〔美〕约瑟夫·拉彼德、弗里德里希·克拉托赫维尔主编《文化和认同：国际关系回归理论》，金烨译，浙江人民出版社2003年版，第3~28页。
② 关于国际法学与国际政治学的合流的讨论，参见徐崇利《国际关系理论与国际法学之跨学科研究：历史与现状》，《世界经济与政治》2010年第11期，第101~111页；Kenneth W. Abbott and Duncan Snidal, "Why States Act through Formal International Organizations", *Journal of Conflict Resolution*, Vol. 42, No. 1, 1998, pp. 3 – 32 at 8。
③ 〔美〕玛莎·芬尼莫尔：《国际社会中的国家利益》，袁正清译，上海人民出版社2012年版，第121~137页。
④ Bob Reinalda, *Routledge History of International Organizations: From 1815 to the Present Day*, Routledge, 2009, p. 9.
⑤ 〔美〕迈克尔·巴尼特、玛莎·芬尼莫尔：《为世界定规则：全球政治中的国际组织》，薄燕译，上海人民出版社2009年版，第29页。
⑥ Oran R. Young, *Governance in World Affairs*, Cornell University Press, 1999; "Regime Theory and the Quest for Global Governance", in Alice D. Ba and Matthew J. Hoffmann, eds., *Contending Perspectives on Global Governance: Coherence, Contestation and World Order*, Routledge, 2005, pp. 88 – 100.

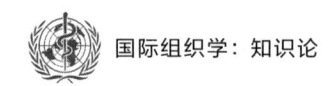

于国际制度、社会组织、国际法等中心概念而存在的边缘概念。随着实践的发展和理论研究的深入，学界逐渐认识到任一传统学科都无法单独完整地解释国际组织的特征和规律，开始倡导跨学科方法。随着跨学科研究的兴起，国际组织逐渐成为学术研究的第一主体，学界对国际组织基本特征的把握日趋统一和稳定。

第二节 学界对国际组织特征的认知现状：统一性与差异性

研究者对待抽象概念的态度取决于其对待该领域理论前景的看法。综合近几十年来的理论成果可见，界定国际组织的外延和内涵逐渐成为国际组织研究的起点。然而由于学界尚未对发展国际组织体系理论这一目标达成共识，尽管现有文献对国际组织概念的界定可谓卷帙浩繁，但大部分都是松散地说明了国际组织的形态或特征，并未对某个特征是否是构成国际组织概念的基本要素做出说明，也未对做出这种判断的学理依据做严肃的讨论。此外，尽管学界整体上都从国际组织的成员、程序、机构、目标等多个维度来界定国际组织，在观点上也取得了诸多共识，但也存在重要的分歧和遗漏。

一 成员维度

成员维度最为显著的共识是在学理意义上区分国际政府间组织和国际非政府组织这两个概念。早在20世纪初期，保罗·芮恩施、皮特曼·波特等学者便认识到了区分国际政府间组织和国际非政府组织的理论意义。[1]整个20世纪至今，一个基本的共识是认为广义的国际组织概念包含国际政府间组织和国际非政府组织两个范畴；而狭义的国际组织概念

---

[1] Paul S. Reinsch, *Public International Unions: Their Work and Organization*, Ginn and Company, 1911, pp. 143–168.

第四章　特征·研究对象

等同于国际政府间组织。例如刘金质、梁守德等主编的《国际政治大辞典》就主张"广义的国际组织包括政府间国际组织和非政府间国际组织。政府间国际组织是若干国家为了特定目的以条约为依据建立起来的一种常设组织"。①

分歧则体现在三个方面。其一，对于国际组织和国际政府间组织、国际非政府组织三个概念的关系尚缺乏定论。其中，大量国际法文件直接将国际组织概念等同于国际政府间组织。例如，《维也纳条约法公约》即将国际组织定义为："称'国际组织'者，谓政府间之组织。"1975年《维也纳关于国家在其对国际组织关系上的代表权公约》第1条规定："'国际组织'指政府间组织。"1982年《联合国海洋法公约》附件9第1条规定，"为第305条和本附件的目的，'国际组织'是指由国家组成的政府间组织"。

理论文献则常常有意识地区分国际政府间组织和国际非政府组织，同时表明基于国际政府间组织在国际社会中非常显著的重要性，将其视为研究重心。阿米拉辛（C. F. Amerasinghe）②、贝尼特（A. LeRoy Bennett）③、入江昭④等学者在界定国际组织概念时都做了相关分类及说明。部分学者则将国际组织视为统摄国际政府间组织和国际非政府组织的概念，并试图给予广义的国际组织概念一个统一的定义。但这类学者在强调国际非政府组织的重要性时也明确意识到在学理上将其和国际政府间组织区分开来的必要性。例如，饶戈平教授在《国际组织法》一书中将国际组织界定为"凡是两个以上的国家，其政府或民间团体、个人，基于某种目的，以一定协议形式而创设的各种机构，均可称为国际组织。广义的国

---

① 刘金质、梁守德等主编《国际政治大辞典》，中国社会科学出版社1994年版，第31页。
② C. F. Amerasinghe, *Principles of the Institutional Law of International Organizations*, Cambridge University Press, 1996, p. 8.
③ A. LeRoy Bennett, *International Organizations: Principles and Issues*, Prentice Hall, 1977, p. 2.
④ 〔美〕入江昭：《全球共同体：国际组织在当代世界形成中的角色》，刘青等译，社会科学文献出版社2009年版，第1页。

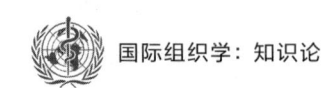

际组织包含政府间国际组织、非政府国际组织,以及跨国公司"。他同时指出,"一般来说,国际法所研究的主要限于以国家或政府名义参加的国家间组织,即政府间国际组织。因为只有这一类组织才具有国际法主体性"。[1]

其二,在狭义的国际组织概念项下,学界对国际组织成员身份的表达方式不同。实践中大部分国际组织的成员都是主权国家,但也不乏非主权国家的政府,甚至国际组织本身或个人成为其他国际组织成员的情况。例如,中国香港特别行政区即是国际货币基金组织的成员,欧盟是粮农组织和世贸组织的创始成员,科索沃并非联合国会员但是国际货币基金组织成员。位于巴塞尔的国际清算银行相当一部分股份由各成员央行转让给私人持有。[2] 学界对于这些事实并无异议,但在如何表述国际组织成员身份时出现了分歧。大部分学术文献将国际组织成员直接表述为"国家""主权国家",部分文献则表述为"国家"和"政府"。例如,入江昭将国际政府间组织的成员界定为"国家",[3] 阿米拉辛将公共国际组织的成员界定为国家及政府,[4] 芬兰赫尔辛基大学国际法教授扬·克莱伯斯(Jan Klabbers)则将国际组织的成员身份界定为国家,但也同意少数情况下国际组织也能成为国际组织的成员。[5] 还有一种做法是不直接将成员身份界定为国家或政府,而概括表述为有行为能力的主体。例如,贝尼特概括地将成员要素表述为自愿的、适格的主体。[6] 2011 年通过的一份联大决议也表示,"国际组织的成员除国家以外,

---

[1] 饶戈平主编《国际组织法》,北京大学出版社 1996 年版,第 10~11 页。

[2] Jan Klabbers, *An Introduction to International Institutional Law*, 2nd edition, Cambridge University Press, 2009, p. 8.

[3] 〔美〕入江昭:《全球共同体:国际组织在当代世界形成中的角色》,刘青等译,社会科学文献出版社 2009 年版,第 1 页。

[4] C. F. Amerasinghe, *Principles of the Institutional Law of International Organizations*, Cambridge University Press, 1996, p. 8.

[5] Jan Klabbers, *An Introduction to International Institutional Law*, 2nd edition, Cambridge University Press, 2009, p. 8.

[6] A. LeRoy Bennett, *International Organizations: Principles and Issues*, 6th edition, Prentice Hall, 1995, p. 2.

还可以包括其他实体"。[1]

其三，关于成员的基数，学界对"两个"国家或政府能否建立国际组织存在争议。国际社会中事实上存在着两个国家发起建立的国际机构，美国和加拿大国际联合委员会即是一例。[2] 但对于应否将此类双边合作机制纳入国际组织的范畴，现有文献持有不同意见。部分文献将国际组织的基数直接设定为语义等同于三个或以上的"多个""若干"。例如，杨广、尹继武认为国际组织应由"多国成员构成",[3]《国际政治大辞典》认为国际组织是由"若干国家"建立的。[4] 国际联盟1929年出版的《国际组织手册》则直接将双边组织形式排除在国际组织之外。[5] 部分文献将成员基数表述为"两个或两个以上"。例如，扬·克莱伯斯以美洲热带金枪鱼委员会（Inter-American Tropical Tuna Commission，1950年诞生之初只有两个成员）为例，明确指出两个成员国即可建立国际组织。[6] 杰赛普·亚沃尼（Guiseppe Schiavone）、邢悦等则在定义中明确将两个国家建立的组织形式纳入国际组织范畴，认为国际组织的成员是"两个或两个以上的主权国家"。[7] 部分法律机构也遵循了这一做法。[8] 还有部分文献并不认为这是一个值得讨论的问题，从而未明确说明。如《国际组织年鉴》[9]、《国际公法百科

---

[1] 联大决议编号A/Res/66/100, Dec. 9, 2011, 第2条, https：//undocs. org/pdf? symbol = zh/A/RES/66/100, 最后访问日期：2021年1月20日。

[2] The International Joint Commission of the U. S. and Canada, https：//www. ijc. org/en, 最后访问日期：2018年11月7日。

[3] 杨广、尹继武：《国际组织概念分析》,《国际论坛》2003年第3期, 第57页。

[4] 刘金质、梁守德等主编《国际政治大辞典》, 中国社会科学出版社1994年版, 第31页。

[5] League of Nations, *Handbook of International Organizations*, 1929.

[6] Jan Klabbers, *An Introduction to International Institutional Law*, 2nd edition, Cambridge University Press, 2009, p. 7.

[7] Guiseppe Schiavone, *International Organizations: A Dictionary and a Directory*, Palgrave MacMillan, 2005, pp. 2, 361; 邢悦、詹奕嘉：《国际关系：理论、历史与现实》, 复旦大学出版社2008年版, 第325页。

[8] AS v. Iran-US Claims Tribunal, Local Court of the Hague, 8 June 1983; District Court of the Hague, 9 July 1984; Supreme Court, 20 December 1985.

[9] Union of International Associations, *Yearbook of International Organizations*, 30th edition, 1993 – 1994, pp. 1690 – 1692.

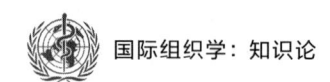

全书》①、饶戈平主编的《国际组织法》②,将国际组织的成员基数界定为"两个以上";亨利·谢默思③、阿米拉辛④、劳林斯·齐(Lawrence Ziring)⑤、谢丽尔·桑科斯(Cheryl Shanks)等⑥、奥古斯特·雷尼什(August Reinisch)⑦、大卫·阿姆斯特朗(David Armstrong)⑧、梁西⑨等学者的著作只是概括地言明国际组织由复数的国家构成。

二 程序维度

程序维度的主要共识为,认同国际组织是基于国家间协议而产生的国际机构。分歧则表现在学者对于是否要将类似"宪法性文件""签署符合国际法的协议"的表述纳为国际组织的构成要素存有不同看法。相当一部分学者认为书面的正式国际协议性质上相当于国际组织的章程和宪法,在推崇国家主权原则的威斯特伐利亚体系下,对国际组织的建立是不可或缺的。例如,《国际组织年鉴》将国际组织定义为:"两个以上国家政府通过签署符合国际法的协议而组成的国家联盟或国家联合体,具有常设体系和组织机构,其宗旨是通过成员国合作实现共同目标。"⑩ 联合国国际法委员会在其

---

① *Encyclopedia of Public International Law*, Vol. 5, North-Holland, 1983, p. 162.
② 饶戈平主编《国际组织法》,北京大学出版社1996年版,第10页。
③ Henry G. Schermers and Niels M. Blokker, *International Institutional Law: Unity within Diversity*, 4th edition, Martinus Nijhoff Publishers, 2003, p. 26.
④ C. F. Amerasinghe, *Principles of the Institutional Law of International Organizations*, Cambridge University Press, 1996, p. 8.
⑤ Lawrence Ziring, *International Relations: A Political Dictionary*, 5th edition, Abc-clzo. Inc., 1995, p. 327.
⑥ Cheryl Shanks et al., "Inertia and Change in the Constellation of International Governmental Organizations: 1981 – 1992", *International Organization*, Vol. 50, No. 4, 1996, pp. 593 – 627 at 593.
⑦ August Reinisch, *International Organizations Before National Courts*, Cambridge University Press, 2000, p. 5.
⑧ David Armstrong, Lorna Lloyd, John Redmond, *International Organization in World Politics: The Making of the 21st Century*, 3rd edition, Palgrave Macmillan, 2004, p. 1.
⑨ 梁西:《梁著国际组织法》(第6版),武汉大学出版社2011年版,第4页。
⑩ Union of International Associations, *Yearbook of International Organizations*, 30th edition, 1993 – 1994, pp. 1690 – 1692.

第四章 特征·研究对象

《国际组织责任条款草案》中表示国际组织是"根据条约或受国际法制约的其他文书"建立的。[①] 联合国经社理事会1950年通过的第288（X）号决议更为激进地将一切不根据政府间协议建立的国际组织界定为国际非政府组织。国际组织法学著作几无例外地强调国际协议对于国际组织的基础性意义。亨利·谢默思、凯利－凯特·皮斯（Kelly-Kate S. Pease）等学者将宪法性文件视为国际组织的要素。[②] 贝尼特将"基于协议建立"视为区分国际政府间组织和国际非政府组织的要素，并强调其功能在于设定国际组织的目标、形态和运作方法。[③] 大卫·阿姆斯特朗将国际组织的法律要素表述为"基于成员同意而形成的旨在调整彼此关系的规则"。[④]另一类文献则概括性地同意国际协议是国际组织产生的基础，但未规定其具体表现形式。例如，梁西教授在《梁著国际组织法》一书中表示国际组织是以"一定协议形式"设立的。[⑤] 劳林斯·齐主编的《国际关系政治词典》则只是表明国际组织是"超越国家边界的正式安排"。[⑥] 还有部分学者则否认国际协议是国际组织的构成要素。例如，克莱伯斯明确指出基于条约建立是许多而非所有国际组织的共同特征，同时特别指出很多国际组织并非协议的产物，而是既有国际组织法律行为的产物。例如，联合国大会已经以决议的形式产生的联合国工业发展组织、联合国儿童基金会等。[⑦]

此外，部分国际法学者在国际组织的定义中强调国际组织存续和活动过

---

① 联大决议编号 A/Res/66/100, Dec. 9, 2011。
② Kelly-Kate S. Pease, *International Organizations*, 5th edition, Pearson, 2014, pp. 2–3; Henry G. Schermers and Niels M. Blokker, *International Institutional Law: Unity within Diversity*, 3rd edition, Martinus Nijhoff Publishers, 1995, p. 33.
③ A. LeRoy Bennett, *International Organizations: Principles and Issues*, Prentice Hall, 1977, p. 3.
④ David Armstrong, Lorna Lloyd, John Redmond, *International Organization in World Politics: The Making of the 21st Century*, 3rd edition, Palgrave Macmillan, 2004, p. 1.
⑤ 梁西：《梁著国际组织法》（第6版），武汉大学出版社2011年版，第4页。
⑥ Lawrence Ziring, *International Relations: A Political Dictionary*, 5th edition, Abc-clzo. Inc., 1995, p. 327.
⑦ Jan Klabbers, *An Introduction to International Institutional Law*, 2nd edition, Cambridge University Press, 2009, pp. 9–10.

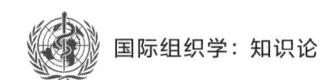

程受国际法的约束,而国际政治学者、社会学者则较少谈及这一问题。例如,阿米拉辛将"基于国际法建立"纳入国际组织的概念;[①] 饶戈平教授则将"依据国际法运作"视为国际组织三大基本特征之一。[②] 也有学者明确指出国家间协议并非国际组织的构成要素。例如,皮特曼·波特曾表示对国际组织本质的判断在于其活动,而非形式。[③]

三 机构维度

机构维度的主要共识是认同国际组织应具有一套独立的制度和组织结构,分歧则在于学界对于国际组织是否必须拥有常设机构存在不同观点。阿米拉辛在《国际组织机构法原则》一文中强调国际组织拥有独立于成员的机构,[④] 贝尼特将一个磋商会议机构和能够履行立法、研究、信息职能的常设秘书处视为国际组织的基本特征。[⑤] 阿姆斯特朗等特别强调了将常设机构作为要素的原因在于与主权国家非正式互动的随机产物区分开来。[⑥]《国际组织年鉴》、《国际公法百科全书》、《国际政治大辞典》、沃纳·费尔德(Werner J. Feld)、谢丽尔·桑科斯等都持这种观点。[⑦] 也有学者持不同看法,将多边论坛等不具有常设机构的国际机制也归于国际组织的范畴。例

[①] C. F. Amerasinghe, *Principles of the Institutional Law of International Organizations*, 2nd edition, Cambridge University Press, 2005, p. 10.
[②] 参见饶戈平《本体、对象与范围——国际组织法学科基本问题之探讨》,《国际法研究》2016年第1期,第66页。
[③] Pitman B. Potter, "The Classfication of International Organizations I", *The American Political Science Review*, Vol. 29, No. 2, 1935, p. 218.
[④] C. F. Amerasinghe, *Principles of the Institutional Law of International Organizations*, 2nd edition, Cambridge University Press, 2005, p. 10.
[⑤] A. LeRoy Bennett, *International Organizations: Principles and Issues*, 6th edition, Prentice Hall, 1995, p. 2.
[⑥] David Armstrong, Lorna Lloyd, John Redmond, *International Organization in World Politics: The Making of the 21st Century*, 3rd edition, Palgrave Macmillan, 2004, p. 1.
[⑦] Werner J. Feld et al., *International Organizations: A Comparative Approach*, 3rd edition, Praeger, 1994, pp. 21 – 22; Cheryl Shanks et al., "Inertia and Change in the Constellation of International Governmental Organizations: 1981 – 1992", *International Organization*, Vol. 50, No. 4, 1996, pp. 593 – 627 at 593.

第四章 特征·研究对象

如，宾施德勒（Rudolf Bindschedler）、奥古斯特·雷尼什仅仅强调国际组织应拥有自己的机构，而未对机构特征做进一步说明。① 何塞·E. 阿尔瓦雷斯（Jose E. Alvarez）则对将常设机构视为标准，以此将关贸总协定、欧洲安全与合作会议等排除在外的做法表示怀疑。② 皮特曼·波特则认为常设机构并非国际组织的核心构成要素。③

大部分文献未设定国际组织的性质或身份地位，而仅在更广泛的理论视野内讨论；部分文献则明确规定了国际组织的本质或身份地位，观点也具有鲜明的学科路径特色。例如，国际机制理论代表人物罗伯特·基欧汉和约瑟夫·奈强调国际组织的制度属性，将国际组织解释为"多层次的联系、规范和制度"。④ 大卫·阿姆斯特朗等强调国际组织的独立性，即拥有全部或部分独立于成员国的身份和利益，并认为缺少这一点国际组织将沦为帝国或霸权国。⑤ 深受社会学路径影响的迈克尔·巴尼特和玛莎·芬尼莫尔则强调国际组织的官僚机构属性。⑥ 国际法律文件和国际法学者倾向于强调国际组织的法人主体资格和独立意志。例如，国际法委员会直接将其界定为"具有独立国际法律人格的组织"，⑦ 亨利·谢默思在其《国际机构法》的早期版本中未谈及这个问题，在1995年的更新版中开始强调国际组织的"独立

---

① Rudolf Bindschedler, "International Organizations, General Aspects", in Rudolf Bernhardt ed., *Encyclopedia of Public International Law*, Vol. 5, International Organizations in General, Elsevier Science Publishers B. V., 1983, p. 120; August Reinisch, *International Organizations Before National Courts*, Cambridge University Press, 2000, p. 5.

② 〔美〕何塞·E. 阿尔瓦雷斯：《作为造法者的国际组织》，蔡从燕等译，法律出版社2011年版，第8页。

③ Pitman B. Potter, "The Classfication of International Organizations I", *The American Political Science Review*, Vol. 29, No. 2, 1935, p. 216.

④ 〔美〕罗伯特·基欧汉、约瑟夫·奈：《权力与相互依赖》，门洪华译，北京大学出版社2012年版，第52页。

⑤ David Armstrong, Lorna Lloyd, John Redmond, *International Organization in World Politics: The Making of the 21st Century*, 3rd edition, Palgrave Macmillan, 2004, p. 1.

⑥ 〔美〕迈克尔·巴尼特、玛莎·芬尼莫尔：《为世界定规则：全球政治中的国际组织》，薄燕译，上海人民出版社2009年版，第29页。

⑦ 联大决议编号 A/Res/66/100, Dec. 9, 2011。

·97·

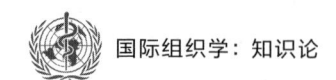

意志",2003 年版则明确将"法人身份"纳入了国际组织的概念。① 弗里德里克·柯吉斯对国际会议机制、行政联盟和典型意义的国际组织做了比较研究,认为国际组织具有一定的国际法律身份和行为能力,但认为其身份的独立性和行为的完整性远逊于国家。② 部分文献则持不同观点,或未做讨论。例如,奥古斯特·雷尼什在综合多位学者观点后特别指出,"部分学者将获得区别于成员国的法人身份视为国际组织的定义",显示他注意到该情况但态度上却有所保留。③

四　目标维度

目标维度上,学界无论是明示的还是默示的,基本上都同意国际组织是成员基于合作目的而成立的。相关分歧在于学者对于国际合作的效果是及于其组织成员还是对国际社会具有普惠性,尚缺乏统一意见。大部分文献将成员间合作和共同目标视为国际组织的构成要素。例如,亨利·谢默思等学者直接将国际政府间组织和国际公共组织视为可以相互代替的概念。④ 托马斯·沃尔吉(Tomas J. Volgy)等学者将国际组织实现集体目标的意愿和能力视为其构成要素。⑤ 雷尼什对于是否应将正式的公共目标纳为国际组织要素的正反观点进行了罗列。⑥ 少部分文献则认为国际组织的目标应对国际社

---

① Henry G. Schermers, *International Institutional Law*, Sijthoff & Noordhoff, 1980, p. 8; Henry G. Schermers and Niels M. Blokker, *International Institutional Law: Unity within Diversity*, 3rd edition, Martinus Nijhoff Publishers, 1995, p. 33; Henry G. Schermers and Niels M. Blokker, *International Institutional Law: Unity within Diversity*, 4th edition, Martinus Nijhoff Publishers, 2003, p. 26.

② Frederic L. Kirgis, Jr., *International Organizations in Their Legal Setting: Documents, Comments and Questions*, West Publishing Co., 1977, pp. 1 – 29.

③ August Reinisch, *International Organizations Before National Courts*, Cambridge University Press, 2000, p. 5.

④ Henry G. Schermers, *International Institutional Law*, Sijthoff & Noordhoff, 1980, p. 11.

⑤ Thomas J. Volgy et al., "Identifying Formal Intergovernmental Organizations", *Journal of Peace Research*, Vol. 45, No. 6, 2008, pp. 837 – 850 at 839.

⑥ August Reinisch, *International Organizations Before National Courts*, Cambridge University Press, 2000, p. 7.

会具有公益的效果,否则和自古以来便存续的政治联盟没有本质区别。

可以看出,学界在国际组织特征认知上已取得了一些共识,例如都同意国际组织是由基于同等地位的国际主体聚合而成,基于成员的一致同意而设立的高度制度化的机构,国际组织的使命是促进成员共同追求的价值目标。但对于成员身份的表述方式、成员基数、是否需要常设机构、是否具有相对于成员的独立性等问题,学界并未形成一致意见。此外,部分学者讨论了国际组织目标的外部性、存续与行为的合法性、是否具有法律主体资格,其他文献则未提及和研究。综上,学界对于国际组织具有哪些特征尚存分歧,相应地对于哪些国际机构应被视为国际组织、哪些应被排除在外存在不同观点。例如,部分学者将具有常设性机构视为国际组织的特征,金砖国家、二十国集团等论坛性机制即被排除在国际组织概念之外,而部分学者则持相反态度。

在广泛的争议中判定哪些是国际组织的一般特征,哪些不是,需要首先确立判定的标准。社会现象的复杂性和变化性决定了社会科学概念的界定并不存在客观标准。选择此种或彼种方法常常不是正确或错误的问题,而是适当与不适当的问题。判断界定一个概念的方式是否适当的根本性标准则在于这种界定方式是否与界定的目的相适应。由于当前我们是在发展科学的国际组织知识体系这一任务项下讨论国际组织的概念,国际组织概念所覆盖的范围、囊括的特征,就需要和发展国际组织科学理论的学术目标联系在一起。

第三节 国际组织一般特征的判断依据

国际组织学作为社会科学的支脉,必然以解决社会问题为导向,弥补既有知识空白,回答现实主义、功能主义、自由制度主义等既有国际组织理论未能回答的问题,同时要融入社会科学知识体系的宏大系统之中,对于已经被既有理论解释的问题不能越俎代庖,重复劳动。相应地,国际组织学的学术目标便有了"回应社会关切"和"填补理论空白"这两个角度的双重规

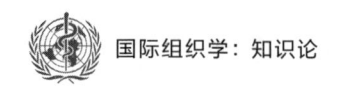

定性。研究者意图解决哪些现实问题、填补哪些理论空白，是其应该将哪些国际机构纳入国际组织概念的外延之内加以综合研究的决定因素。

一 回应社会关切

"回应社会关切"意味着国际组织实践对理论知识的需求设定了国际组织学的研究对象和范围。无论从历史溯源来看，还是从当代实践来看，国际组织实践始终面临着国际社会的权力属性与规范属性之间的对立统一关系、主权国家的个体性和社会性之间的对立统一关系、国际组织的工具性和自主性之间的对立统一关系这三个系统性的理论难题。关于国际社会的权力属性与规范属性的对立统一关系，学界长期关注探讨的国际合作的效率与公平问题，[①] 国际组织分配利益和塑造观念的功能问题，[②] 国际组织活动的权威性与合法性问题，[③] 都统归于该范畴。关于主权国家的个体性和社会性之间的对立统一关系，学界长期关注的国际组织成员集体的公共利益与成员个体私利的矛盾，[④] 国际组织成员的合作与遵约动力问题等，[⑤] 都统归于该范畴。而关于国际组织的工具性和自主性之间的对立统一关系，学界长期关注探讨的国际组织的超国家性与国家间性之间的矛盾性，[⑥] 国际组织权威和成员主

[①] 参见罗杭、杨黎泽《国际组织中的权力均衡与决策效率——以金砖国家新开发银行和应急储备安排为例》，《世界经济与政治》2019年第2期，第123页。

[②] 〔美〕迈克尔·巴尼特、玛莎·芬尼莫尔：《为世界定规则：全球政治中的国际组织》，薄燕译，上海人民出版社2009年版；〔美〕何塞·E. 阿尔瓦雷斯：《作为造法者的国际组织》，蔡从燕等译，法律出版社2011年版。

[③] 参见王传剑、孔凡伟《东盟在南海问题上的作用及其限度——基于国际组织行为能力的分析》，《当代世界与社会主义》2018年第4期，第147页。

[④] 国际组织中公共利益和成员个体私利的冲突集中体现在成员"退群"这一现象。参见伍俐斌《论美国退出国际组织和条约的合法性问题》，《世界经济与政治》2018年第11期，第59页。

[⑤] 参见 Lianlian Liu, "The Dynamic of General Compliance with the OECD Anti-Bribery Convention", *Crime, Law and Social Change*, Vol. 96, No. 5, 2018, pp. 615 – 656。

[⑥] 参见赵伯英《主权观念和欧盟成员国的主权让渡》，《中共中央党校学报》1999年第2期，第84页；李东燕：《试论联合国与主权国家关系的演变》，《世界经济与政治》2000年第5期，第45页。

权之间的矛盾性,[①] 国际组织与成员之间相互约束又相互依附的矛盾性,[②] 国际组织的官僚化与权力滥用问题,[③] 都统归于该范畴。

国际组织学需要为解释和解决前述问题提供一套完整的概念体系和解释框架。相应地,国际组织学对象范围的设定,必须能够涵盖前述三个核心理论难题,展示前述三方面的对立统一关系,从而使基于该概念产生的知识能够有效回应前述社会关切,帮助人们更好地认识、利用和改造国际组织。

二　填补理论空白

"填补理论空白"意味着国际组织学的对象和范围还受到社会科学整体结构的限定,要处理与关联学科的关系,既有效填补其他学科留下的知识空白,又不越俎代庖,重复建设,造成智力活动的浪费。如前所述,国际组织学的发展离不开20世纪国际政治学、国际法学、社会学丰富的前期积累,其发展本身就是多学科研究的结果。20世纪90年代后期对跨学科研究方法的倡导和国际组织学获得发展的原因在于国际组织的特征和规律已超出了任一单个学科的覆盖范围。为此,国际组织学作为社会科学领域的后来者,需要处理与相邻学科的关系,应着眼于既有社会科学子学科所不能完整解释的现象和问题,尽可能地填补社会发展带来的理论空白,同时避免重复。此外这也是理论建构的特性所决定的。社会现象是由普遍的相似性和普遍的差异性组成的,理论能够解释现实的广度和深度呈现近似反比的关系。将研究对象范围限定在社会科学知识留白的领域内,也有利于增进体系理论本身对现

[①] 参见李杰豪《国际组织与主权国家互动关系新探》,《当代世界与社会主义》2005年第6期,第106页;张丽华:《非零和博弈——国家主权和国际组织关系的再思考》,《社会科学战线》2004年第2期,第253页。

[②] 参见张丽华《国家和国际组织的权力功能比较分析》,《学习与探索》2010年第1期,第52~55页。

[③] 参见汤蓓《伙伴关系与国际组织自主性的扩展——以世界卫生组织在全球疟疾治理上的经验为例》,《外交评论》2011年第2期,第122页;张卫彬:《国际组织法律人格滥用与成员国的责任》,《时代法学》2010年第1期,第99页;Jan Klabbers, *An Introduction to International Institutional Law*, 2nd edition, Cambridge University Press, 2009, p. 11。

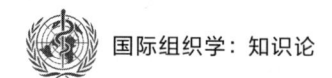

象的解释力。① 为此，能够被国际机制理论、国际组织法理论、社会学理论等既有社会科学理论完全解释的现象，就不宜纳入国际组织概念之下。

第四节 国际组织的一般特征辨析

基于前述发展国际组织学的整体目标任务，国际组织概念在成员、程序、机构、目标上的边界便逐渐清晰。

一 成员维度：三个及以上的独立国际政治实体

关于成员身份现存两个争论点：一是应当将国际非政府组织视为国际组织的子概念还是并列概念；二是是否应当将国际组织的成员表述为国家和政府。

首先，国际非政府组织宜视为国际组织的并列概念，而非子概念。学界已经普遍同意国际政府间组织和国际非政府组织是两个具有显著差异的概念，很难在理论层面混为一谈，事实上国际组织研究自发端之时就有意识地区分二者。早在20世纪30年代，皮特曼·波特等学者的研究即明确指出在逻辑上应对非官方组织和官方组织区分对待。② 从知识构建的视角，认同国际组织有广义和狭义之分，并将国际非政府组织排除在狭义的国际组织概念之外，是更为务实的做法。

其次，关于成员身份是否应限定于国家和政府，还是应囊括国际组织以及其他机构，这是一个语言表达问题，而非事实问题。现实中我们看到绝大部分国际组织的成员是由国家和政府构成的，国际组织面临的诸多问题和纷争也常常是由于主权国家的个体利益和国际组织整体目标的冲突而产生的，因此认识到国际组织的主要成员是国家和政府，既符合实际，也具有理论价

---

① 参见欧内斯特·内格尔的"广度与强度的反面变化原则"。Ernest Nagel, *The Structure of Science*, Routledge and Hackett Publishing, 1961, p. 575.

② Pitman B. Potter, "The Classification of International Organization II", *The American Political Science Review*, Vol. 29, No. 3, 1935, pp. 403-417 at 403.

第四章　特征·研究对象

值。同时不能忽略特殊情况下部分国际组织作为成员加入其他国际组织这一事实。然而这种情况常常发生在特殊的问题领域。在这些领域中，主权国家已经基于一体化进程的深入，将部分领域的治权让渡或委托给国际组织，使相关国际组织在该领域拥有了等同于国家和政府的国际主体资格和行为能力，这是其能够成为适格的国际组织成员的原因。例如，欧盟对于属于第一支柱事务的贸易问题具有高度自主权，这是其能够代替其成员成为世界贸易组织会员的原因，在与第二、第三支柱领域事务相关的国际组织，欧盟则不拥有类似代表权。[①] 同理，主权隶属于中华人民共和国，但拥有高度自治权的中国香港特别行政区政府之所以能够成为国际货币基金组织等机构的会员，原因也在于其在国际货币基金组织的业务领域内拥有和会员资格匹配的行为能力。因此，无论传统的主权国家，或具有高度自治权的政府，还是国际组织，其能否成为国际组织适格成员的关键要素在于其在特定问题领域内拥有与会员身份匹配的行为能力。[②]

关于国际组织是否必须为多边机构，由于现实中绝大部分耳熟能详的国际组织都有数以几十个计的成员，这种讨论似乎不具有现实价值。然而这条标准却具有重要的理论意义。究竟应否将两个国家或政府建立的双边组织纳入国际组织的范畴，答案取决于理论研究希望将国际组织的职能界定为促进包含双边合作在内的国家间合作，还是限定为国际多边合作。皮特曼·波特早在1935年就曾经试图从学理层面回答该问题。他认为双边组织看似符合国际组织这一概念，但实践中这类组织数量稀少、产生的环境特殊、本土属性较强，常常不适用国际组织的普遍原则，对国际社会的贡献也远逊于多边组织，因此不宜纳入国际组织的范畴。[③]

我们如果把国际组织概念界定放在学科基础理论建设的视野下，将得到

[①] 黄德明：《略论欧洲共同体与欧洲联盟的法律人格》，《法学评论》1998年第6期，第99页。

[②] 参见黄志瑾《我国台湾地区"国际空间"法律模式初探——以两岸法律关系为视角》，《法学评论》2012年第3期，第66页。

[③] Pitman B. Potter, "The Classification of International Organizations I", *The American Political Science Review*, Vol. 29, No. 2, 1935, pp. 212 – 224 at 224.

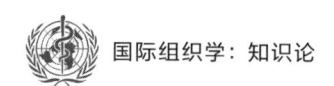

更为明确的答案。如前所述，国际组织概念的内涵需要集中展示国际组织整体性与成员个体性的对立统一，以及国际组织机构功能性与规范性的对立统一，而其外延则要尽量回避将既有学科理论已经能够完全解释的对象纳入其中。在双边合作中，任一主体都看重自身和对方的特殊性而非普遍性，其合作导向也是特定的互惠性而非普遍的互惠性。① 任一主体都对合作机制的命运具有决定的掌控能力，都可以视自身利益选择遵守或违背规则，甚至中止合作，双边合作机制的产生、存续、活动、解散都可以完全还原到个体特征中。而"三个及以上"国家及类似主体所组成的多边结构对于展示国际组织整体性与成员个体性的对立统一、国际组织机构功能性与规范性的对立统一具有决定性意义。

多边主义理论的代表人物约翰·鲁杰将多边主义视为"一种在广义的行动原则基础上协调三个或者更多国家之间关系的制度形式"，并以集团接受跨界铁路线连接的标准化、接受和平是不可分割的、采取最惠国待遇等制度为例，指出多边主义具有不可分割性（Invisibility）、普遍的行为准则（Generalized Organizing Principles）、扩散的互惠性（Diffuse Reciprocity）三个特征。② 这意味着多边主义的目标、行动规则和效果都以追求集体的普遍性和长期性为导向，进而使多边主义有了限制个体的自利动机、促进公益、保持自身稳定的效果。如果我们认同国际政治理论理性主义学派关于国家的主体性、自利性的假设仍旧成立的话，我们也就很自然地能够接受多边主义制度的本质便蕴含了整体性和个体性、功能性和规范性这两对对立统一关系。秦亚青、赵可金等中国学者关于多边主义的研究进一步说明了这一点。秦亚青认为，制度多边主义的重要特征就是成员基于自身利益考量参与和制定制度，制度一旦形成就将对国家产生一种约束效应，制度的普遍性特征也暗含

---

① Karl Polanyi, "The Economy as Instituted Process", in Karl Polanyi, Conrad M. Arensberg, Harry W. Pearson, *Trade and Market in the Early Empires*, Free Press, 1957.
② 〔美〕约翰·鲁杰主编《多边主义》，苏长和等译，浙江人民出版社2003年版，第12~14、60页。

着公正、稳定的寓意。① 赵可金认为，传统的多边主义客观上能够强化组织平等的观念和制度的权威，对于防御强权国家、确立国际政治民主化具有重要意义。②

因此，将多边结构纳入国际组织的基本特征之中，对于未来建立系统的体系理论为国际组织实践中面临的关键问题提供解释和解决方法具有重要意义。

二 程序维度：基于合意产生的程序性规则

关于国际组织设立的程序上是否必须依据国际协议产生这一问题，经验说明绝大多数国际组织都是基于国家间协议而产生的，但也不乏国际组织通过法律程序成立另一国际组织的情况。例如，联合国大会以决议的形式设立了联合国工业发展组织、联合国儿童基金会等。③ 为此，国际协会联盟根据国际组织产生的不同方式将国际组织区分为传统型和发散型两类。④ 国际组织的产生本质上是国家间基于平等身份和自由意志，自愿缔结合作关系。无论是基于国际协议而诞生的组织，还是既存国际组织通过正当决策程序成立新的组织，都是作为成员的主权国家协定性的体现。克莱伯斯认为强调协议要素的本质是强调组织是国家有意识的理性产物，而非灰色地带或偶然的产物。⑤ 为此，国际协议只是表达国家间关系的外在形式，不反映国际组织产生和存续的本质，并不是必要的国际组织特征。而关于国际组织是否必须依据国际法运行这一问题，一方面，遵守国际法是国际社会对作为国际行为体的国际组织所设定的责任和义务，而不是其本质特征的构成部分。另一方

---

① 秦亚青：《多边主义研究：理论与方法》，《世界经济与政治》2001年第10期，第9~14页。
② 赵可金：《从旧多边主义到新多边主义——对国际制度变迁的一项理论思考》，《世界经济与政治》2006年第7期，第26~32页。
③ Henry G. Schermers and Niels M. Blokker, *International Institutional Law: Unity within Diversity*, 4th edition, Martinus Nijhoff Publishers, 2003, p. 30.
④ UIA, *The Yearbook of International Organizations 2017*.
⑤ Jan Klabbers, *An Introduction to International Institutional Law*, 2nd edition, Cambridge University Press, 2009, pp. 9-10.

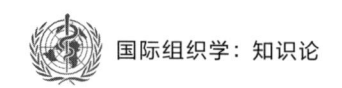

面，现实中国际组织主要依据成员协商一致的程序行事，国际法律规则已经为成员共识所吸收，无须另行强调。国际组织法学之所以特别强调国际组织的适法性，原因在于其研究重心为国际组织的国际法维度，因而对适法性的强调是基于国际组织法学研究任务而做出的一种规定，而非对其本质特征的陈述和表达。

三 机构维度：常设秘书机构与常设议事机构

对于是否应该将常设机构视为国际组织的特征，如果给出否定答案，二十国集团、金砖国家等国际论坛将以"论坛类组织"的形式被纳入国际组织概念的范畴，反之其将被排除在国际组织的外延之外。无论从国际组织学的社会目标还是理论任务来看，都必须将常设机构纳入国际组织的一般特征，进而将二十国集团等论坛类组织排除在国际组织概念的外延之外。

实践中，常设机构包含常设秘书机构和常设议事机构两重内涵，二者对于展示国际组织中整体性与个体性的矛盾统一关系、功能性和规范性的对立统一关系，具有决定性意义。一方面，常设秘书机构（如联合国秘书处）常常意味着固定的工作场所、工作程序、工作目标和工作人员。固定的工作场所、程序和目标是多边合作方式的有形化表达，使国际组织获得了可识别的、稳定的、独立的身份。而稳定的工作人员造就了一批忠诚于国际组织本身的职业团队，他们基于预设的信念和规则行事，并在实践中通过解释规则、利用规则获取"暗含权力"，[①] 为国际组织发展自身的利益、价值观和主体性奠定了基础。而国际组织不以成员意志而转移的主体性——尽管这种主体性常常是不完整的，正是展示国际组织整体性和成员个体性矛盾统一关系的关键要素。

另一方面，常设议事机构（如联合国大会、世界银行的理事会和执行董事会）意味着成员集体议事机制和合作模式的长期化与固定化。这种合

---

① Jan Klabbers, *An Introduction to International Institutional Law*, 2nd edition, Cambridge University Press, 2009, p. 59.

作的长期化和规则的固定化，为相关成员创造了一个稳定的"社区"环境，使成员因为可预期的重复博弈而在一定程度上愿意受制于国际组织的约束。如约翰·鲁杰所说，多边协定对扩散的互惠性的预期使"跨部门和非共时性的平衡谈判成为可行",[①] 同时也为国际组织规则的信条化创造了必要的空间。[②] 这既为国际组织对抗权力政治的"超国家性"提供了来源，也为解释国际组织对成员的依赖和对成员的约束之间的矛盾统一关系埋下了伏笔。

此外，如前所述，常设机构是国际组织主体性、稳定性和显著性的力量源泉。缺失了常设机构的国际组织将不具有独立稳定的身份和行为能力，其所有活动都可以完全还原到成员的意志之中，被国际政治学的理性主义理论完全解释。这否定了国际组织作为一种社会实体的独特价值，不能充分展示国际组织整体性与成员个体性的矛盾统一关系，否定了研究国际组织机构和目标间的关联关系的意义，也就动摇了构建国际组织学的根本意义。

四 目标维度：不宜纳入一般特征的判断

学界整体上都认可国际组织是成员基于国家间合作目的而设立的机构。但对于该合作的目的是自利性的还是公益性的则存在不同看法。实践中不乏学者将类似北大西洋公约组织这种联盟性质的国际机构排除在国际组织概念之外的情况。那么究竟是否应该将普惠性目标，即国际组织的活动效果不仅惠及成员，同时也惠及其外部的国际社会视为国际组织的基本特征？

从可操作性的角度看，不宜将国际组织目标对国际社会整体的普惠性纳入国际组织的一般特征范畴。其原因在于国际社会的价值观念具有多元化特征，不同主体对于是非曲直、成本损益的判断存在很大差异。例如，北大西洋公约组织内部的美、英等成员将该组织的行动视为维持世界和平与安全的普惠性活动，而对于组织之外的诸多国家和地区而言，北大西洋公约组织的目标本身即对世界和平与安全构成威胁。此外，一个组织行为的外部效应在

[①] 〔美〕约翰·鲁杰主编《多边主义》，苏长和等译，浙江人民出版社 2003 年版，第 36 页。
[②] 苗红娜：《国际政治社会化：国际规范与国际行为体的互动机制》，《太平洋学报》2014 年第 10 期，第 12 页。

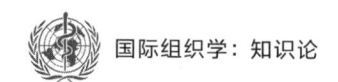

范围和方向上也具有不确定性。例如，欧盟等诸多区域性组织的行动对其他区域和国家的影响既可能是正面的，如欧盟在节能减排领域的积极行动客观上可能推进了国际标准的发展，同时也可能作为一个国家间联盟与外部国家和地区构成竞争关系。为此，国际组织目标对国际社会整体的效用是需要评估和研究的对象，而非国际组织本身的特征构成部分。

此外，也不宜将国际组织目标对成员整体的普惠性以及对成员个体的有益性纳入国际组织的一般特征范畴。国家主体的物质理性是国际政治理论的逻辑起点。国家围绕国际组织而产生的一切行为都可以从自利属性得到最终解释。为此我们可以推定国际组织建立之初的目标整体上是符合成员个体的利益，同时也符合成员整体的公共利益——这是一个不需要被证明的推定。如果有成员围绕国际组织做出相反行动，例如拒绝加入或退出特定国际组织，以及拒绝履行国际组织项下的义务，我们将做出相反的推定，即认为国际组织的目标已不符合该成员个体的利益，从而造就了该成员个体与该国际组织的紧张关系。同理，当国际组织中出现重要成员或大部分成员退群的情况，我们也将做出类似推定。换言之，国际组织目标不符合成员个体或整体利益是现实中可能发生，也是国际组织机构和成员应努力防止的情况。这种差错可能是国际组织自主能力扩张、成员权力结构变更的结果，同时也是国际组织行为需要受到监督和约束，甚至国际组织需要改革的原因所在。

为此，国际组织目标与成员利益的一致性，以及与国际社会整体利益的一致性不是国际组织的一般特征，而是国际组织运作过程中所追求的愿景。而国际组织目标和成员利益的错位或冲突，以及和整个国际社会利益的错位或冲突，恰是需要国际组织理论重点研究和解释的对象。换言之，国际组织的目标与成员乃至国际社会利益的关系是国际组织学的重要变量之一，而非国际组织之成为国际组织的特征要素。

综上，可以从成员、程序、机构三个维度确定国际组织的必要特征。成员维度上，国际组织是由三个及以上独立国际政治实体构成的国际机构。国际政治实体通常原则上为独立的主权国家。在特殊的合作领域具有与行使权利和履行义务相称的主体能力的非国家实体（如关税领域的中国香港特别行政区、欧盟）也可以成为国际组织的成员。"相称的主体能力"应视该合作领域的特性和相关实体在该领域的资质判定。程序维度上，国际组织是由各成员基于合意而建立的程序性机制。此种合意在内容上体现为全体一致，即所有成员对建立该组织并获得成员身份均持积极态度，该成员的动机则在所不论。此种合意形式上通常表现为书面协议，但书面协议并非合意的本质，也非合意达成的必要载体，故而不是国际组织产生的必要条件。此种合意不仅可以是具体的，也可以是概括的，即成员可以授权某一机构以特定程序代为建立另一国际组织。实践中众多由国际组织衍生建立的国际组织皆属于此类。而国际组织的建立和活动要遵守国际法是国际社会对于国际组织的期待和要求，而非国际组织赖以产生和存续的必要条件。机构维度上，实体化的常设机构是国际组织的表现形态。这种实体化的常设机构包含常设议事机构和常设秘书机构。此二者的共同存在使国际组织获得了国家间性和超国家性的复合属性；该实体化常设机构作为一个整体使国际组织拥有了独立的名称、身份、人员和利益。

第五章 定义·理论范畴

内容提要

- 国际组织学的科学性要求给予国际组织一个科学的定义
- 科学的定义需要确定基本特征（与派生特征区分）、赋予其秩序并以适宜文辞表达
- 科学的定义需在内部关系上完备自洽，在外部关系上支撑国际组织学整体
- 多边成员、协定程序、常设机构是定义国际组织的三项构成要素
- 三项要素分别对应多边主义、国际法治、国际主体性三大学科理论范畴
- 三大理论范畴对应国际政治学、国际法学、组织社会学的跨学科研究路径

国际组织学作为社会科学的分支，拥有社会性和科学性的双重属性。前两章中，我们依据国际组织概念的社会意义回答了研究者"应该将哪些社会实体统一在国际组织概念之下"或"国际组织具有哪些一般特征"这一问题，本章将依据国际组织概念的科学性质来赋予它逻辑秩序，使各个知识单元构成一个相互衔接、相互支持的知识系统。

第五章　定义·理论范畴

国际组织概念的逻辑秩序包含内部关系的秩序性和外部关系的秩序性这两项内容。内部关系的秩序性是指国际组织各个特征在个体上是确定的，关系上是连贯的，整体上则构成一个自洽的系统。外部关系的秩序性是指国际组织作为国际组织学的中心概念，与国际社会、国际法、主权国家等相关概念的关系从个体上看是清晰的，从整体上看相互呼应、联通，共同支撑起整个国际组织理论体系。本章旨在通过探讨如何科学地定义国际组织来研究国际组织概念内外部关系的秩序性问题。

需要从主客体两个角度考察研究者定义国际组织概念这一过程。从客体视角来看，定义是充分明晰准确的概念。一个逻辑完备的定义应当包含概念全部一般特征，满足全部一般特征的客体即可被判定为国际组织，否则将被排除在概念之外。然而定义不等于一般特征的堆砌。各个特征作为个体需是明确而必然的，彼此关系应是相互独立又相互关联，作为整体则是周详的、可以与被定义对象相互转换。[①] 从主体视角来看，一个完备的定义应当能够联结主体与客体、主体与主体，使知识创造者和知识使用者之间可以进行有效的思想交流传播。

与上述目标相应，研究者要给予国际组织一个科学的定义，需要完成三个层次的任务。一是识别国际组织的必要特征，以确立研究客体的范围。这一工作，如前章所述，通常是在国际组织研究的社会目标的指导下，通过学术共同体的经验研究积累而获得的。二是赋予这些特征以秩序，以确保国际组织概念的逻辑自洽。这一工作要求研究者依据逻辑法则辨别国际组织诸项特征的逻辑关系并对其进行秩序化。三是用适当的文辞表达前述特征及其相互关系，以确保其在主体间交流传播的可能性。这一工作需要综合研究者对国际组织学的社会目标、科学任务的认知以及20世纪至今国际组织研究的理论成果，创造性地实现。

如前章所述，19世纪末国际组织研究发端之时，学者便开始立足经验研究来探讨国际组织的一般特征；20世纪中期后，越来越多的学者试图在

---

① 〔德〕康德：《逻辑学讲义》，许景行译，商务印书馆2010年版，第136~140页。

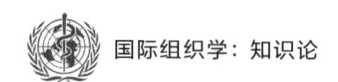

多学科路径之下探讨国际组织的一般特征并对其分类和秩序化。然而学界始终未能给予国际组织一个精确的、逻辑完备的定义。既有文献中，学界对于国际组织具有哪些必要特征仍存在广泛的分歧，对于这些特征的内外部逻辑秩序也缺乏有效讨论，所呈现的国际组织概念仍旧是一幅模糊、杂糅、矛盾的图景。我们已经在前章中探讨了国际组织的一般特征及其判断依据，本章需要进一步探讨的是这些特征的内部关系和组织形式，分辨哪些特征应被用来定义国际组织，以及如何用文辞表达它们。

第一节 基本特征和派生特征的联系和区分

事物的一般特征有层次之分，包括基本特征以及作为基本特征附属后果的派生特征。基本特征具有原始性、直观性，界限分明，通常属于非此即彼的定类概念。例如，国际组织的多边性、常设性特征即属于非此即彼的定类概念。一个机构或是多边的，或是非多边的；或是常设的，或是非常设的，没有中间地带。派生特征具有附属性、分析性，通常属于有程度差别的定量概念。例如，国际组织身份的独立性、目标的公益性特征即有程度之别，其独立性、公益性本身是一个随外部条件变化的变量。基本特征的原始性、直观性使它具有指认现实世界中的国际组织、区分非国际组织的功能，能够帮助学习者识别国际组织。派生特征的附属性、分析性使其能够帮助人们知解那些被鉴定为国际组织的客体更多的属性，从而帮助学习者了解国际组织。国际组织的基本特征决定了知识的范围，其派生特征则决定了知识的内容。[1]

国际组织理论研究者必须区分国际组织的基本特征和派生特征，其中基本特征的全集构成了国际组织的定义。如前章所言，国际组织研究的社会价值和学术任务是判定国际组织一般特征的标准，我们在前章也综述了学界的

---

[1] 参见康德关于特征类别的介绍。〔德〕康德：《逻辑学讲义》，许景行译，商务印书馆2010年版，第58~60页。

观点并给出了自己的判断。本章将延续该思路，确定国际组织基本特征的全集，以及基本特征和派生特征的关系。在国际组织学项下，国际组织的基本特征需要承担两方面的知识功能。一是主体维度的功能。国际组织的基本特征作为客观世界和理性思维的联结点，需要为知识使用者在实践中界定国际组织实体的范围提供依据。二是客体维度的功能。国际组织的基本特征是国际组织学的逻辑起点，需要为整个知识体系的系统性发展奠定基础。从知识创造者的角度，识别国际组织的一般特征意味着设定国际组织研究的对象范围，区分国际组织的基本特征和派生特征，则是实现国际组织概念内部关系秩序化、科学化的重要步骤。确定了国际组织的基本特征，便可以推导出国际组织学的基本理论范畴。

这两项功能为判定国际组织的基本特征提供了标准。其一，国际组织的基本特征所构成的定义需要帮助学习者识别国际组织实体，从而统一学术共同体研究对象的范围。为此，国际组织的基本特征应是国际组织全部一般性特征中具有原始性、直观性的那一部分。原始性是指国际组织实体内生的、稳定的、不以时空的发展而变化的特征。那些作为其他特征后果而存在的特征，随着环境发展变化的特征，需要被排除在基本特征之外。直观性是指知识创造者和使用者可以通过感性观察获得的特征。那些需要研究者和学习者经过分析和推导才能获得的特征，不同主体的认知和评价存在差异的特征，需要被排除在外。其二，国际组织的基本特征所构成的定义是整个国际组织知识体系的"种子"，这就要求国际组织的各个基本特征处于同一位阶、相互独立又相互支持，进而构成一个有机的系统，使国际组织概念具有理论蕴含能力，能够与国际组织学的基本范畴呼应和衔接。

国际组织基本特征之外的一般特征属于国际组织的派生特征。这类特征本质上是基本特征的产物，可能随着时空变化而变化，不具有原始性和稳定性；识别方式上是由研究者通过推导和分析而得，不具有直观性；知识功能上不能帮助人们区分国际组织与非国际组织，其价值在于帮助人们更深入地理解那些被称为国际组织的机构所具有的特性。理论上看，人们对事物的认知是无止境的，为此人们对国际组织派生特征的认知可以抵达的深度也是无

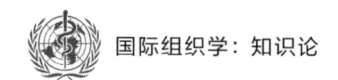

止境的。现实中，特定社会、学术机构或研究者是否需要认知国际组织的派生特征以及认知所需要抵达的深度，则是由求知的目的决定的。国际组织研究发展初期，学界对国际组织派生特征的认知相对匮乏，而随着国际组织在国际社会中扮演的角色日益重要，国际组织的派生特征则越来越多地被挖掘和展示。

第二节 国际组织的基本特征之辨

国际组织定义的第一个知识功能是帮助学习者精确地识别国际组织实体、区分非国际组织。如前章所述，既有文献常常从成员、程序、机构、目标等多维度观察和界定国际组织。其中成员特征、程序特征、机构特征具有原始性、直观性，同时也具有非此即彼的定类属性，为知识使用者识别国际组织提供了客观的标准，应视为国际组织的基本特征。而目标维度的特征则具有演绎性、分析性，同时也存在程度之分，具有定量属性，不宜纳入国际组织定义，而属于国际组织知识体系的组成部分。

首先来验证国际组织成员特征、程序特征、机构特征的原始性。如前章所述，所谓成员特征是指国际组织由三个及以上国家或同等资质国际行为体组成，所谓程序特征是指国际组织是在全体成员就合作目标、合作路径及其他附属程序性条款达成一致的基础上产生，所谓机构特征是指国际组织具有常设的议事机构和秘书机构。国际组织成员特征、程序特征、机构特征的原始性体现为相关特征在国际组织成立的同时各要素便已经齐备，并贯穿国际组织存续至消亡的整个过程。在威斯特伐利亚体系下，主权国家是国际社会的主要行为体。它们相对独立、平等的身份，以及相互间的竞争与合作关系，既是国际政治学的研究对象，也是国际制度得以产生的基础。国际组织作为不同国家或同等资质主体合意的产物，其存续的根本意义即在于促进国家或同等资质国际行为体之间在特定领域开展长期、有效的合作。三个及以上的国家或同等资质的国际行为体之间就特定合作目标及合作路径达成协议，是国际合作机制得以产生的必要前提条件。而常设的议事机构和秘书机构既是国际组织的外在表现形式,也是国际组织不完全的独立性、自主性特征的来源。实践中各国常常在缔结《国际联盟盟约》《联合国宪章》等基础条约之时便对国际组织的常设机构做了明确规定。国际组织常设机构的结构、人员乃至住所等内容在存续期间或许会发生变化,但其具有常设议事机构和秘书机构这一特性贯彻始终。

鉴于实践中国际组织成员的构成和数量并不稳定,加入或退出国际组织的事项时有发生,人们或许会对国际组织成员特征的原始性提出质疑。值得说明的是,所谓成员特征的原始性是指"国际组织始终由三个及以上国家或同等资质主体构成"这一状况贯彻国际组织存续始终。中途有国家或同等资质主体加入或退出,改变的只是具体国际组织的成员结构,而未改变国际组织成员构成的多边性特征。极端情况下国际组织因部分国家的退出而不再满足三个及以上这一基本条件,这意味着该国际组织因丧失了多边合作的基础而将不复存在。①

鉴于实践中国家实力大小存在很大差异,部分国家加入或退出某个国际组织并非出于自身利益最大化的考量,而是慑于大国的影响力,为此人们或许会对国际组织程序特征的原始性提出质疑。值得说明的是,所谓程序特征的原始性是指自始具有的特征,即"国际组织是具有自治能力的国家或同等资质主体基于协定建立""各个成员具有追求该国际组织的成员身份的积极意愿"这一状况贯彻国际组织存续始终。只要各个国家或同等资质主体均具有独立的国际行动能力、责任能力和独立的国家意志,并愿意承担国际组织成员身份带来的权利和义务,即可视为合意的达成。至于特定成员加入国际组织的动机或利益考量(姑且不论动机本身具有不可证实性和利益考量的多变性),则可以在所不问。

鉴于实践中不乏国际组织是由不具有常设机构的论坛性机制演变发展而来的情况,人们或许会对国际组织机构特征的原始性提出质疑。值得说明的是,我们在认知国际组织概念的过程中应当将同一领域国际机制的产生和国

---

① 具体理由参见前章关于国际组织成员维度的讨论。

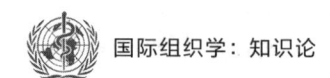

际组织的产生加以区分。国际合作理论表明,一方面,国家间的合作需求未必导致有效的合作,其还面临着高昂的交易成本,以及国家间因缺乏互信而形成的合作困境。国际组织的常设机构一方面为多边合作提供了重复博弈的平台,同时也以其独立第三方的身份取信于各个成员方,为克服合作困境提供了契机。另一方面,国际组织只是国际合作机制的一种,且具有运营成本高昂、决策程序复杂等缺点,未必是国际合作的最优制度形式。只有国际组织在降低交易成本、克服信任赤字上的优势大于其运营决策成本上的劣势时,才有建立国际组织的必要。① 为此,一些国际合作领域所选择的合作手段从非常设的论坛性机制向常设的组织性机制发展的过程,恰恰是各成员在新形势下对国际组织的集体选择。这不但不能否认国际组织常设机构特征的原始性,反而从侧面论证了这一点。

其次要验证国际组织成员特征、程序特征、机构特征的直观性。国际组织成员特征、程序特征、机构特征的直观性体现在这三个指标都是定类变量而非连续变量,界限清晰,易于区分。成员特征的直观性可以分为成员身份的直观性和成员数量的直观性。成员身份上,在国际组织职能覆盖领域内具有独立缔约能力和履约能力的国际政治实体都可以成为国际组织的成员,其通常表现为主权国家,部分情况下在特定合作领域内具有相应自治权的政府、具有独立缔约能力和履约能力的国际组织,也能成为适格的国际组织成员。一般而言,主权国家天然地拥有完全的缔约和履约能力,自治政府或国际组织基于事实状态或主权国家授权而拥有完全的缔约和履约能力,不难对其适格性做出判断。成员基数上,国际组织必须由三个及以上的国际政治实体组成,因此,两个国家或同等资质主体共同建立的国际机构被排除在外。程序特征的直观性体现在成员对国际组织目标、路径形成的协定常常通过国际文件的签署、批准等方式,从而可供查阅和传播。这种协定的基础可以是精确的一致同意,也可以是基于成员一致同意的表决机制而形成的概括同意

---

① 田野:《作为治理结构的正式国际组织:一种新制度经济学的视角》,《教学与研究》2005 年第 1 期,第 77~83 页。

（如授权国际组织在必要时建立新的国际组织），但二者在形式上都是确定而显著的。机构特征的直观性体现在国际组织的常设机构通常以固定的住所、机构和人员等形式得以有形化。

国际组织成员维度、程序维度、机构维度的特征明确、稳定，便于识别而不易发生误解。国际组织的成员特征、程序特征、机构特征所构成的特征集合，构成识别国际组织实体的充分必要条件，能够帮助学习者迅速有效地将国际组织与其他近似概念区分开来。第一，成员身份上关于国家或同等资质主体的规定将国际组织与国际非政府组织明确区分开来。尽管实践中国际非政府组织的成员也可能是国际组织或具有国家、政府背景，但国际非政府组织中发起人的自身意志和利益偏好在国际非政府组织的议程中得不到体现，而常常被国际非政府组织的目标宗旨所吸收，成员的主体性在国际非政府组织本身的存续和对外活动中得不到体现。实践中我们很难辨认、也常常并不关心透明国际等国际非政府组织的成员结构。第二，成员基数上关于三个及以上成员的规定将国际组织与美国和加拿大国际联合委员会等国家间双边合作机制区分开来。① 第三，程序特征上关于成员就国际组织合作目标、合作路径及相关程序协商一致的规定将成员建立的国际组织、由其他国际机制演化而来的国际组织统一在国际组织的总概念之下，同时也可以将正式的国际组织与既有国际组织的职能部门区别开来。例如国际法院的资金和职能都受到联合国大会和安理会的严格限制，为此其不能被视为独立的国际组织。第四，机构特征上关于常设机构的规定将国际组织与多边论坛等其他国际机制区分开来。无论二十国集团、金砖国家等多边论坛机制具有多么强的国际影响力，鉴于其缺少常设机构、固定住所和人员，其本质上仍旧是一套国家间会议机制，缺乏独立的身份、利益和以自身名义设置国际议程的能力。

与之相对，国际组织的身份、目标、活动等方面的特征则不是国际组织概念的基本特征，应被排除在定义之外。一方面，国际组织的身份、目标、

---

① "The International Joint Commission of the U. S. and Canada"，https：//www.ijc.org/en，最后访问日期：2018 年 11 月 7 日。

活动常常是其成员特征、程序特征、机构特征的衍生物，其状态常常随着国际组织成员、程序、机构的变化而变动，不具有贯彻始终的稳定性。国际组织是一个介于纯粹的议事平台与一个独立的决策主体之间的开区间结构，兼具平台和主体的双重性质。二者的性质比重常常是由国际组织的成员结构、协定内容、机构形态所共同决定的。① 例如，20 年代 60—70 年代，大量发展中国家加入联合国，联合国因扩容而获得更强的主体性，大会决策常常因偏离大国的意志而被美国斥责为"多数的暴政"。② 再例如，欧盟为了增进自身的能动性而不断将决策规则从全体一致向着多数决推进。③ 而世界贸易组织的主体性较关贸总协定有显著的提升，其原因之一即在于前者拥有更为稳定和完善的常设机构和规则。④国际组织的目标和成员、程序、机构等基本特征的关联性则更加显著。⑤ 例如，国际复兴开发银行建立的初衷在于帮助欧洲国家进行战后重建，但在大量发展中国家加入后，迅速将其工作重心转向促进发展中国家的发展。⑥ 国际组织的活动则更为复杂多变。在冷战导致安理会部分失能的背景下，基于时任联合国秘书长达格·哈马舍尔德（Dag Hammarskjöld）的领导，联合国维和行动变成了维护世界和平与安全的新兴主要力量。⑦ 此外，多数国际组织具有立法功能、执法功能、司法功能、信息服务功能中的一项或多项，但如果将其纳入国际组织的构成要素，将使国际组织成为必须依赖国际法的概念才能被清楚定义的概念，不符合我们建立国际组织学科知识体系的根本要求。以上例证说明，国际组织的

---

① Jan Klabbers, *An Introduction to International Institutional Law*, 2nd edition, Cambridge University Press, 2009, p. 11.
② Sydney D. Bailey, "U. N. Voting: Tyranny of Majority?", *The World Today*, Vol. 22, No. 6, 1966, pp. 234 – 241.
③ 周晓明：《欧盟国际人格的演进——从〈马斯特里赫特条约〉到〈里斯本条约〉》，《国际政治研究》2012 年第 3 期，第 104 页。
④ 齐飞：《WTO 争端解决机构的造法》，《中国社会科学》2012 年第 2 期，第 147 页。
⑤ Gayl D. Ness and Steven R. Brechin, "Bridging the Gap: International Organizations as Organizations", *International Organizations*, Vol. 42, No. 2, 1988, pp. 245 – 273 at 263.
⑥ 张明：《世界银行性质的演变及发展趋势——兼论发展经济学的发展》，《社会科学》2002 年第 4 期，第 25 页。
⑦ 夏路：《联合国维和：集体安全？》，《国际政治研究》2006 年第 3 期，第 78 页。

身份、目标和活动是国际组织基础结构的因变量，而非基本特征。

另一方面，国际组织的身份、目标、活动常常难以观察和评估，故而难以在不同研究者和学习者间形成共识和沟通传播。例如，国际社会中不同主体基于不同利益立场和价值观，对于北约究竟是军事联盟还是国际安全组织，其目标是集体防御还是维系世界和平与安全即存有争议。[①] 欧盟等地区性国际组织，以及金砖国家的新开发银行等多边金融机构，其身份和目标也难以获得统一的定性。[②] 因此，国际组织身份、目标、活动维度的特征属于国际组织的派生特征而非基本特征，它们无法为区分国际组织提供客观标准，部分学者的判断也常常缺乏他信度，难以在学界形成共识。

第三节　国际组织的基本特征与学科理论范畴

国际组织定义的第二个知识功能是作为整个国际组织学科知识体系的"种子"，成为整个知识体系的起点。国际组织概念的精确化和知识的系统化相辅相成。为此，概念的各个基本特征需要具有理论蕴含能力，处于同一位阶，相互独立又彼此呼应，进而与整个国际组织学的基本范畴衔接，共同构成一个自洽自足的体系。研究者不但需要将国际组织的基本特征与派生特征区分开来，还需要用适宜的文辞来表达基本特征。

所谓"适宜的文辞"需要同时满足以下三方面的条件。其一，从求知的根本目的来看，国际组织概念的文辞表达形式要能够呼应国际组织研究的社会意义及国家或国际社会对于国际组织的知识需求，进而使得国际组织的学理概念能够支持学界创造国家和国际社会急需的理论知识。其二，从知识创造活动的规律来看，任何知识创造活动都具有路径依赖特性，不能脱离其

[①] 刘军：《从现实主义到建构主义——安全观到演变与冷战后北约生存的合理性》，《社会科学》2004年第2期，第45页。

[②] 参见黄德明《略论欧洲共同体与欧洲联盟的法律人格》，《法学评论》1998年第6期，第99页；潘庆中等：《"新开发银行"新在何处——金砖国家开发银行成立的背景、意义与挑战》，《国际经济评论》2015年第2期，第134页。

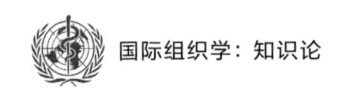

所处的时代和基础而独立存在。国际组织概念的文辞表达形式要能够承接现有研究的成果和方法，促进知识的传承和传播，培养和壮大学术共同体。其三，从知识的传播和应用来看，国际组织概念的文辞表达形式要简明清晰，在不损害专业性的前提下尽量通俗化，使它符合一般读者的语言习惯，以增进知识从创造者向学习者传播的效率。

综合上述，宜从国际组织的成员、程序、机构维度出发，用成员的多边性、程序的协定性、机构的常设性来表达国际组织的基本特征。国际组织的定义由多边成员（Multilateral Membership）、协定程序（Consensus-based Procedure）、常设机构（Permanent Establishment）三项基本特征组成。这三项基本特征全体的足够性构成了国际组织的逻辑本质，各项基本特征对国际组织概念构成的不可或缺性则使其可被称为国际组织概念的构成要素。①这三项基本特征分别对应国际组织学的三个基础理论范畴：多边主义、国际法治、国际主体性。

一 多边成员·多边主义

从语义看，"多边"一词具有三重内涵。其一，成员个体上，"一边"是"多边"的基础单元，为此"多边性"一词暗含着对成员个体的独立性、角色感的强调——即认同或规定了个体在系统内独立的意志和行为能力。如果成员间在特定议题领域存在绝对不对称的依附关系（如帝国主义殖民体系），那么依附者的主体性将完全被其所依附的一方吸收，也就难以构成独立的"一边"。例如，根据1992年签订的《欧洲联盟条约》，欧盟由三大支柱组成，第一支柱为涉及经济、社会、环境等政策的"欧洲各大共同体"。在第一支柱的事务领域，欧盟具有很强的超国家性，各个成员的主体性被欧盟所吸收，集体以欧盟的形式在国际多边活动中构成"一边"。②其二，成

---

① 康德："一物的一切主要部分全体，或该物诸特征的足够性是本质……逻辑本质本身无非是事物的一切必然特征的第一基本概念。"〔德〕康德：《逻辑学讲义》，许景行译，商务印书馆2010年版，第60~61页。

② 蔡春林、李计广：《欧盟在WTO中的地位与角色》，《国际经贸探索》2010年第6期，第4页。

员个体与集体的关系上，无论是中文的"边"还是英文的"lateral"，都具有强烈的组分意味，为此多边成员要素语义上暗含着对各个成员在系统内的复杂相互依赖以及利益的联动性的强调。其三，成员整体上，多边性更为隐晦的语义在于肯定各个成员在特定合作领域内主体资格大致相当，从而整体上形成了一种稳定的关系结构，否定和排斥个别成员绝对主导全局的能力。由此可见，多边成员要素描述的是特定合作领域中多个具有独立意志和行为能力的主体基于复杂利益关联属性而结成的一种集体行动关系。

多边成员要素的现实观照在于它展示了成员个体属性和社会属性之间的对立统一关系。其对成员个体属性和社会属性的表达，在更深层意义上折射出威斯特伐利亚体系中的主权国家在全球化时代所面临的一个普遍性困境：在一个复合相互依赖的国际网络中，具有独立意志和利益的主权国家无法完全主导追求自身利益的整个过程，参与国际多边合作常常是更优的选项，为此其不得不主动将自身置于一套国际法律机制之中。与此同时，作为个体的成员又始终面临着集体行动中个体偏好的差异性与集体目标的统一性之间的矛盾，以及个体的独立决策能力不同程度受制于集体决策机制这一矛盾，为此组织中的个体成员始终受到合作的向心力和背离的离心力的双重牵引。

自20世纪之初国际社会进入"国际组织的世纪"开始，国家是否加入国际组织，加入哪个国际组织，是否认真履行国际组织项下的义务以及是否退出特定国际组织，便成为国际社会普遍存在也备受关注的问题。1920年，时任美国总统伍德罗·威尔逊筹建了国际联盟而美国却最终拒绝加入这一组织；20世纪30年代，作为国际联盟常任理事国的日本、意大利、德国、苏联等国先后退出该组织；1946年联合国教科文组织成立后，美国于1984年和2017年两度退出该组织；2002年成立的国际刑事法院在2016年遭遇成员的认同合法性危机，非洲三国（布隆迪、南非、冈比亚）先后宣布退出该组织；[①] 2015年亚洲基础设施投资银行成立，七国集团的英、法、德、意、

---

① 《非洲三国缘何退出国际刑事法院》，新华网，2016年10月30日，http：//www.xinhuanet.com/world/2016-10/30/c_1119814663.htm，最后访问日期：2021年1月18日。

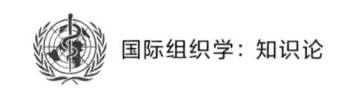

加先后加入该机构，美国和日本却迟迟不愿加入；英国在20世纪70年代加入欧共体，却又在2016年选择"脱欧"；如此等等。此外，各国际组织成员在不认同国际组织的运作方式时拒绝履行成员义务的事例也屡见不鲜，例如法国曾经多次以"空椅子"政策对抗欧共体的一体化进程，① 美国也多次以拖延会费等形式威慑联合国、联合国教科文组织等机构。②

个体国家或同等资质的国际行为体决定是否参与多边机制的计算依据在于相较于单边或双边行动，多边行动是否更符合其自身利益。这种二元矛盾存在的根本原因是国家或同等资质的国际行为体作为国际社会的成员，兼具个体性与社会性，永远面临着单独行动还是集体行动的二元选择。为此，了解国家或同等资质的国际行为体在什么条件下更倾向于采取单独行动或集体行动，对于维护世界和平与安全、推进国际合作与全球治理具有决定性意义，因此其也一直是国际组织研究者的重要研究议题。20世纪至今的学者关于成员国际组织政策的研究，③ 关于国际组织决策合法性的探讨，④ 关于成员遵约动力的讨论，⑤ 都可归于这一问题领域。

从对接既有理论成果和方法的角度看，多边成员要素所展示的矛盾性，对应着20世纪国际组织研究的一个重要理论范畴——多边主义。多边主义是指多个国家通过制度性安排协调各国政策的互动模式，相关理论研究探讨的是多个独立的政治实体基于特定公共目标而建立一套效果及于自身的集体

---

① 蔡玉辉、杨豫：《欧洲精神与欧盟制度析论》，《欧洲研究》2006年第1期，第95页。
② 王卓：《1972年美国降低其联合国会费比额的政策》，《清华大学学报》（哲学社会科学版）2009年第6期，第38页。
③ 参见贾浩《论美国对国际刑事法院的政策》，《美国研究》2011年第4期，第7页；Kenneth W. Abbott and Duncan Snidal, "Why States Act through Formal International Organizations?", *Journal of Conflict Resolution*, Vol. 42, No. 1, 1998, pp. 3–32。
④ 参见〔美〕伊恩·赫德《联合国安理会与国际法治》，付炜译，《浙江大学学报》（人文社会科学版）2013年第5期，第70页；张晓静：《布雷顿森林机构的合法性困境及其反思》，《厦门大学学报》（哲学社会科学版）2014年第5期，第97页；赵洋：《国际干涉中的合法性与有效性研究——基于联合国与地区性组织合作视角》，《国际政治研究》2019年第6期，第59页。
⑤ 参见王明国《单边与多边之间：特朗普政府退约的国际制度逻辑》，《当代亚太》2020年第1期，第59页。

行动机制的动力、程序、效果等一系列问题。研究显示,国际法律文件对"多边"一词的使用可以追溯到1858年,但作为名词的"多边主义"直至1928年才产生。[①] 20世纪中期,"多边主义"一词的使用已非常普遍。美国1945年的外交政策从美国立场出发,将多边主义定义为"对多数国家的国际治理"。[②]

多边主义实践及相关理论探索一般可以追溯到19世纪的欧洲协调机制,同一时期学者关于如何在国际层面建立联邦或邦联的国际立宪主义则可以视为多边主义的思想渊源。[③] 鉴于国际立宪主义主要探讨的是通过法律程序建立超国家政治体的具体方案和步骤,其本质上是法学视角的多边主义讨论。法学视角的多边主义讨论强调国际机制的人为设计性而忽视其社会基础和政治属性。20世纪中期,以大卫·米特兰尼为代表的功能主义学派在《世界组织的功能主义路径》一文中对联邦主义进行了批判,倡导从社会功能的视角研究国际多边组织。[④] 由于功能主义将国家和国际组织视为人民实现社会目标的工具,虚化了国家的主体地位,其对多边主义缺乏直接的理论贡献。20世纪60年代,以厄恩斯特·哈斯为代表的新功能主义者在米特兰尼的思想基础之上强调国家在国际社会一体化进程中的主体性,大大推进了社会学视角的多边主义洞见。[⑤] 然而在同一时期,斯坦利·霍夫曼等政治现实主义者认为新功能主义仍旧低估了国家的主体性。[⑥] 20世纪70—80年代,以罗伯特·基欧汉为代表的新自由制度主义者综合了功能主义和现实主义的

---

① Lindsey Powell, "In Defense of Multilateralism", Working Paper, Yale Center for Environmental Law and Policy, New Haven, 2003, p. 5;吴志成、朱旭:《新多边主义视野下的全球治理》,《南开学报》(哲学社会科学版)2012年第3期,第1页。

② Miles Kahler, "Multilateralism with Small and Large Numbers", *International Organization*, Vol. 46, No. 3, 1992, pp. 681–708 at 682.

③ 参见本书"国际组织研究"章节。

④ David Mitrany, "The Functional Approach to World Organization", *International Affairs*, Vol. 24, No. 3, 1948, pp. 350–363.

⑤ Ernst B. Haas, "International Integration: The European and the Universal Process", *International Organization*, Vol. 15, No. 3, 1961, pp. 366–392.

⑥ Stanley Hoffmann, "Obstinate or Obsolete? The Fate of the Nation-State and the Case of Western Europe", *Daedalus*, Vol. 95, No. 3, 1966, pp. 862–915.

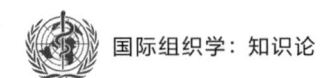

部分理论主张，同时强调国际社会制度化的社会动力和政治因素，从而推进了政治学视角的多边主义讨论。然而无论法学视角的国际立宪主义、社会学视角的功能主义还是政治学视角的新自由制度主义，都受到各自学科概念体系和基础方法论的限制，分别将国际组织视为国际政府、一体化、国际制度的子概念，而未能揭示国际组织成员构成的多边性这一基本特征。

冷战结束后，学界逐步形成了以"多边主义"为中心概念的理论意识。罗伯特·基欧汉在1990年发表的《多边主义：一项研究议程》一文中将多边主义概念界定为"三个或三个以上的国家团体通过制度性安排协调国家政策的实践"，并正式指出多边主义的理论研究价值，但他的论述在方法论上仍未突破新自由制度主义的视角。[1] 詹姆斯·A.卡帕拉索（James A. Caporaso）在《国际关系理论和多边主义：根本原则之探寻》一文中探讨了多边主义的定义和概念建构，并提出了个体主义（Individualist）、社会交际（Social-communicative）、制度主义（Institutional）这三种理论路径。[2] 罗伯特·考克斯（Robert W. Cox）在1992年发表的《多边主义和世界秩序》一文中表示多边主义正在成为学术研究中日益显著的构成部分，同时指出只有在世界秩序的历史结构之下才能更准确地认识多边主义的内涵。[3] 约翰·鲁杰在《多边主义：对国际制度的解构》一文中指出罗伯特·基欧汉的多边主义论述受到其国际制度叙事逻辑的约束，未突出多边主义的成员联合属性和内部的非歧视属性，转而将多边主义界定为

---

[1] Robert O. Keohane, "Multilateralism: An Agenda for Research", *International Journal*, Vol. 45, No. 4, 1990, pp. 731–764. 基欧汉对于理性主义方法论个体主义在解释国际问题上的局限性和历史制度主义的重要价值有着明确的意识，但国际政治学解释国家间合作与冲突关系的规定性，使其无法在新自由制度主义领域项下妥善解决该问题。刘莲莲：《国际组织理论：反思与前瞻》，《厦门大学学报》（哲学社会科学版）2017年第5期，第16~17页。

[2] James A. Caporaso, "International Relations Theory and Multilateralism: The Search for Foundations", *International Organization*, Vol. 46, No. 3, 1992, pp. 599–632.

[3] Robert W. Cox, "Multilateralism and World Order", *Review of International Studies*, Vol. 18, 1992, pp. 161–180.

第五章 定义·理论范畴

"遵照特定原则协调三个或以上国家的关系"。[1]

此后的多边主义研究日益试图脱离国际政治学理性主义理论范式的桎梏，从整体视角将多边主义与世界秩序挂钩。[2] 1997 年，罗伯特·考克斯在《新现实主义：看待多边主义和世界秩序的视角》一书中提出了新多边主义，倡导自下而上的研究视角，在传统主权国家之外将全球公民社会和非政府组织等非国家行为体纳入多边主义的考察之中。[3] 20 世纪末 21 世纪初，约翰·鲁杰将多边主义界定为"一种在广义的行为原则基础之上协调三个或者更多国家之间关系的制度形式"，阐述了多边主义的不可分割性、普遍的行为准则和扩散的互惠性特征，开始致力于发展完整的多边主义理论。[4] 詹姆斯·A. 卡帕拉索等学者更明确地批判了国际政治学的理性主义路径在解释多边主义上的局限性。[5] 此后随着各类多边机构的次第建立，茱莉亚·C. 莫斯（Julia C. Morse）和罗伯特·基欧汉在 2014 年提出了竞争性多边主义，在多边主义理论框架下探讨不同国际行为体发起的多边制度竞争现象。[6] 卢克·范·兰根霍夫（Luk Van Langenhove）也指出国际社会正在经历"多边主义 1.0"向"多边主义 2.0"的转变。[7]

---

[1] John Gerard Ruggie, "Multilateralism: The Anatomy of an Institution", *International Organization*, Vol. 46, No. 3, 1992, pp. 565 – 568.

[2] Keith Krause and W. Andy Knight, *State, Society and the UN System: Changing Perspectives on Multilateralism*, United Nations University Press, 1995；叶静：《浅析多边主义的历史演变与当代发展》，《理论月刊》2008 年第 10 期，第 160 页。

[3] Robert W. Cox, *The New Realism: Perspectives on Multilateralism and World Order*, United Nations University Press, 1997.

[4] 〔美〕约翰·鲁杰主编《多边主义》，苏长和等译，浙江人民出版社 2003 年版。

[5] 〔美〕詹姆斯·A. 卡帕拉索：《国际关系理论和多边主义：根本原则之探寻》，载约翰·鲁杰主编《多边主义》，苏长和等译，浙江人民出版社 2003 年版，第 57 ~ 103 页；吴志成、朱旭：《新多边主义视野下的全球治理》，《南开学报》（哲学社会科学版）2012 年第 3 期，第 1 ~ 8 页。

[6] Julia C. Morse and Robert O. Keohane, "Contested Multilateralism", *Review of International Organization*, Vol. 9, 2014, pp. 385 – 412.

[7] Luk Van Langenhove, "The Transformation of Multilateralism Mode 1.0 to Mode 2.0", *Global Policy*, Vol. 1, No. 3, 2010, pp. 263 – 270；贺凯：《亚太地区的制度制衡与竞争性多边主义》，《世界经济与政治》2018 年第 12 期，第 60 ~ 82 页。

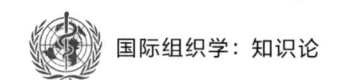

综上可见，多边成员要素在语义上能够很好地展示成员个体的独立性与社会性之间的矛盾统一关系，成员作为独立个体的主体特性与作为集体成员的单元特性之间的矛盾统一关系，以及成员之间相互依存与制衡的矛盾统一关系。从人们对国际组织的知识需求来看，成员是否加入或退出特定国际组织及其在国际组织内是否遵约的动力学是20世纪以来国际组织研究的核心问题之一。国际组织的多边成员要素所展示的几类矛盾统一关系为解释前述问题提供了基本的分析框架。从既有国际组织的理论研究成果和方法探索来看，国际组织的多边成员要素所展示的几类矛盾统一关系很好地对接了既有多边主义理论的主要理论成果，以及过去30余年内国际政治学界对方法论个体主义的反思和对跨学科研究的探索。在多边成员成为国际组织概念的构成要素的同时，其也为国际组织学确立了多边主义这一基本理论范畴，以及在个体主义与整体主义之间寻求平衡折中这一跨学科理论路径。

二 协定程序·国际法治

协定程序要素在语义上可以分为"协定"和"程序"两项内容。一方面，"协定"是一个法学术语，具有规则的合意性、安定性这两重内涵。[①] 首先，协定是一种个体参与缔约的允诺，描述了成员之间的契约关系，任意缔约方在基于自由意志进入契约关系的同时开始享有契约项下的权利，同时受到义务的约束。其次，协定也是成员的一种集体授权行为，展示了国际组织自下而上的赋权本质。成员的集体授权既是国际组织产生的合法性基础，又规定了国际组织产生与开展活动的范围和步骤，有为国际组织"立宪"之意味。另一方面，作为协定内容的"程序"主要相对于"实体"而言，其内涵和法学上的"程序法""实体法"之分类似。和以国际条约为例的实体性规则着重解决具体问题不同，程序性规则设定了国际组织产生和存续的基本规程，并赋予了国际组织在特定领域依据特定程序制订和执行实体性规

[①] 合意指代的是不同主体基于自由意志而产生的一种协和式交往，长期以来被视为大陆法系契约的本质。王利明、崔建远：《合同法新论·总则》，中国政法大学出版社2000年版，第16页。

则的权力。程序性规则一经确认便具有长期适用性，对各个缔约方具有长时间的持久约束力，由此为制度路径依赖效应的产生创造了空间，使国际组织可以获得超越成员约束的行为能力。这种基于国家间协定建立程序性规则的过程，和社会契约论关于国家建立的论述颇为相似，认为缔约和赋权之初的各个主体拥有一种私法上的完全意思自治，而缔约和赋权完成之后国际组织即获得了一种类似公权力的普遍约束力。这种普遍约束力既受到赋权范围的限制，又因为制度路径依赖效应而拥有不断扩张的趋势。

协定程序要素的现实观照在于它展示了全球化时代主权国家与国际组织之间赋权与控权的权力博弈关系。20世纪至今的国际组织研究经历了从强调"赋权"向强调"控权"的发展历程。早期的国际组织成员数量有限、结构简单、人力物力资源匮乏，国际组织的力量薄弱。为促进国际合作这一目的，国际社会普遍寄望主权国家给予国际组织更大的支持并赋予其更多的权力，以促进国际组织在国际事务中发挥更多的积极作用。20世纪后期开始，随着国际组织成为国际合作的主要形式之一，越来越多的国家加入国际组织，其组织结构日益复杂，所能调配的人力物力资源日益丰富，国际话语权也不断加强。在这种情况下，单个主权国家在国际组织结构内的相对话语权不断被稀释，国际组织对成员的约束力不断增强，同时其在国际事务中的自主性也不断增加，甚至不时有国际组织因为过度官僚化而偏离其基本宗旨、滥用权力损害成员利益的情形出现。为此，各国和政府在处理与国际组织的关系上究竟应致力于赋予国际组织更多的权力以拓展其国际活动空间，还是应强调授权的有限性以及国际组织行使权力的合规性，其做出不同判断的依据是什么，这些问题本质上涉及国际组织体系内部的权利义务关系设定。作为赋权者的公民和作为被赋权者的国家之间的对立统一关系一直以来都是宪法学经久不衰的主题。而作为赋权者的国家和作为被赋权者的国际组织之间的对立统一关系也一直为国际组织研究者所关注和热议。20世纪至今的国际组织研究者关于国际组织权力来源的研究，[1] 国际组织对成员约束

---

[1] 参见饶戈平、蔡文海《国际组织暗含权力问题初探》，《中国法学》1993年第4期，第96页。

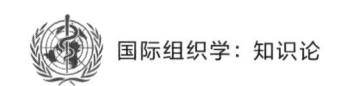

力的研究,[①]国际组织存续的合法性的探讨,[②] 国际组织行权的合法性的探讨,都是在成员与国际组织的权力博弈关系这一核心论题展开的。

从理论构建的角度看,协定程序要素所展示的成员与国际组织之间的权力博弈,是国际法学中的国际组织法学自20世纪以来一直试图解释的问题。在国际组织法学发展初期,学者多以主权国家为视角,探讨其建立和加入国际组织的动力与程序,方法论上则常常运用国际立宪主义和功能主义,强调主权国家对国际组织的赋权。其中国际立宪主义强调赋权的内容和形式,功能主义则关注赋权的社会背景和目标。学术文献中关于主权国家缔约自由的讨论,例如"主权让渡说"等,即是这一研究视角的例证。[③] 20世纪中期,随着国际组织结构的复杂化和功能的拓展,学者开始减少了关于赋权的意义、目标等问题的规范性研究,而开始就赋权、行权等问题进行实证性分析。20世纪后期,随着国际组织的自主性进一步增强,不规范行权的现象时有发生。这种"不规范行权"行为既表现在国际组织效率低下、不作为等不积极追求其宗旨目标的消极行为,也表现在国际组织突破宪法性条约越权行事的冒进行为;既包括国际组织违反既有规章行事的公然违法行为,也包括国际组织通过扩大解释既有法律条文获取暗含权力、背离国际组织宗旨行事的隐性违法行为。对此,20世纪后期的国际组织研究者的视角逐渐从成员对国际组织的赋权关系转向国际组织内部,观察国际组织内部官僚化、责任缺失、滥用权力等现象,并运用宪政主义、全球行政法和公权力学说等来探讨国际组织行为的合规性,进而强调对国际组织的约束规范和权力控制。[④] 国际组织法学领域对成员与国际组织权力博弈关系从"赋权"向"控

[①] 参见王明国《遵约与国际制度的有效性:情投意合还是一厢情愿?》,《当代亚太》2011年第2期,第6页。
[②] 参见洪永红《试论卢旺达国际刑事法庭的合法性》,《西亚非洲》2008年第9期,第70页。
[③] 参见杨斐《试析国家主权让渡概念的界定》,《国际关系学院学报》2009年第2期,第13页;刘凯《全球化时代国家主权让渡的必然与必要性》,《国际关系学院学报》2010年第5期,第25页。
[④] 陈一峰:《全球治理视野下的国际组织法研究——理论动向及方法论反思》,《外交评论》2013年第5期,第113页。

第五章 定义·理论范畴

权"的转向,其根本原因在于20世纪国际组织迅猛发展这一事实导致成员和国际组织的力量对比发生了变化。

从历史视角来看,赋权者和被赋权者之间的权力博弈关系是古典政治学经久不衰的核心议题之一。从霍布斯的"利维坦"到洛克的"有限政府",各个政治学家的理论差异本质上不过是不同社会背景下赋权者和被赋权者权利义务配置方式的差异。社会契约理论对现代政治的启示意义不在于究竟应该选择"人治"还是"法治"的过时论述,而在于在给定的历史时期和社会条件下,"法治"国家应当如何配置赋权者和被赋权者的权利义务关系,使被赋权的政治实体有充分的权力约束赋权者的不当行为以实现其社会功能,同时又不至于滥用权力、侵害赋权者的正当利益。从这种意义上,国际组织研究中成员与国际组织的权力博弈关系这一论题的学理本质,和立足于国家法治的宪法学理论具有同源性。

然而威斯特伐利亚体系下国家主权的实在性使成员与国际组织的权力博弈关系与立足于国家单元的传统宪法学理论又存在本质的差别。这种差别产生的根源在于以下两个方面。其一,国际国内维度的"社会契约"存在本质差异。传统民族国家的形成常常经历了数世纪之久,"社会契约"是解释性的,而非实体的存在,其本质是漫长历史进路中人们作为社会共同体在经济生产、社会交往、文化实践中逐渐形成的政治共同体意识和制度认同。而国家建立国际组织的时间跨度远小于国家构建的时间跨度,国家间的"社会契约"实然存在,范围有限,基础薄弱,该过程的政治性要素远大于社会性要素。这也是20世纪初期的理想主义理论和中期的功能主义理论无法全面解释社会现实,并在理论争鸣中被国际政治学的理性主义理论击败的原因。其二,国际国内维度的"赋权者"存在本质差异。传统民族国家形成过程中,作为自然人的公民被视为国家的赋权者。公民个体力量薄弱,庞大的基数使公民个体在政治共同体中的影响力进一步弱化,为此国家和政府一旦形成便对个体的公民具有压倒性的力量优势。这种压倒性的力量优势为国家在宪法上的规范性权力提供了保障,同时也为个体防范国家滥权提供了充分的依据。为此,相较于"赋权","控权"常常成为国内维度权力博弈关

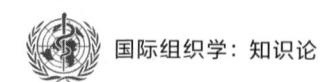

系的核心。而国际社会制度化的进程中,国家被视为国际组织的赋权者。作为政治实体的国家所能调配的资源远远大于自然人公民,有限的基数使国家个体对国际社会整体的影响力十分显著,为此国际组织不但难以形成对个体成员压倒性的力量优势,甚至可能为一些强大的个体成员所掣肘和颠覆。这种势均力敌的力量对比关系使得国际组织的规范性权力缺乏稳定的现实基础。为此,国际社会该如何基于国际政治格局妥善"赋权",国际组织该如何保持政治理性谨慎行权,在保存自身与促进宗旨目标中求取平衡,是国际维度的权力博弈关系的核心。

国际组织内部权力结构与国内宪法学理论的同质性和差异性,为国际组织学提供了"国际法治"(International Rule of Law)这一独特的理论范畴。所谓国际法治与国际政治相对,其指代的是一种规则至上的国际治理形态,强调国际法对国际主体的约束力。这种约束力不仅来自权力政治的威势,还来自法律制度对正义观念的塑造和对主体行为的路径设定。[1] 20世纪中期以来,"国际法治"这一概念频繁出现在国际法律文件之中,2005年《世界首脑会议成果文件》将法治作为一项普遍价值观,呼吁在国家和国际两个层次实施法治。2006年联大更是将"国家和国际两级法治"问题列入六委议题。2012年9月24日,联合国大会就法治议题召开高级别会议,通过了《国家级和国际级法治宣言》。[2] 邵沙平、王莉君、赵海峰、宋健强等中国学者都在理论研究中采用"国际法治"这一概念。[3] 曾令良教授追溯了法治概念的起源,指出其存在国内和国际两个维度。[4] 车丕照教授将国际法治定义

---

[1] 刘莲莲:《专题研究:国际法治建设与中国的角色》,《国际政治研究》2018年第2期,第9页。

[2] 曾令良:《国际法治与中国法治建设》,《中国社会科学》2015年第10期,第135~136页;何志鹏:《国际法治:一个概念的界定》,《政法论坛》2009年第4期,第63页。

[3] 邵沙平、赵劲松:《伊拉克战争对国际法治的冲击和影响》,《法学论坛》2003年第3期,第5~10页;王莉君:《全球化背景下的国际刑事法院与国际法治》,《环球法律评论》2004年第4期,第474~481页;赵海峰:《悄然兴起的国际法治》,载《国际司法制度初论》序,北京大学出版社2006年版;宋健强:《和谐世界的"国际刑事法治"——对国际刑法的价值思考》,《国际刑事法杂志》2007年第2期,第114~120页。

[4] 曾令良:《国际法治与中国法治建设》,《中国社会科学》2015年第10期,第135页。

为"国际社会接受公正的法律治理的状态"。① 何志鹏专门探讨了国际法治的概念，将之界定为"国际社会各行为体共同崇尚和遵从人本主义、和谐共存、持续发展的法律制度，并以此为基点和准绳，在跨越国家的层面上约束各自的行为、确立彼此的关系、界定各自的权利和义务、处理相互事务的模式与结构"。②

在国际法学者的视野里，国际法治既是一种国际治理的理想化目标，也是一个在发展进程之中的事实。当其被视为一个理论范畴时，学界通常关心以下两个问题。其一是权力政治与国际法治的关系，即相较于以主权国家为核心行为体的权力政治，以国际组织等为核心行为体的国际法治如何塑造国际治理格局，二者的动态机制有何不同。其二是国内法治和国际法治的关系，即相较于较为成熟的国内法律治理体系，国际法律治理体系与之具有哪些相通之处，又存在哪些特性。《布兰代斯国际法官协会 2010 年报告》即将国际法治这个概念视为国内法治的对照物。③ 伯恩哈德·桑格（Bernhard Zangl）在 2005 年的论文中指出，"从 17 世纪起，法治是近代国家的主要原则，在近代国家之间主权则成为核心的法律原则。前一原则反映的是国家治理其社会的国内层次结构，后一原则使由各国组成之国际社会的无政府状态制度化"。④ 既有关于国际法治的理论成果，例如欧内斯特-乌尔里希·彼得斯曼（Ernest-Ulrich Petersmann）的《国际法治和国际投资法律机制中的宪政正义》⑤、邵沙平教授的《论国际法治与中国法治的良性互动——从国

---

① 车丕照：《法律全球化与国际法治》，《清华法治论衡》2002 年第 00 期，第 111 ~ 167 页。
② 何志鹏：《国际法治：一个概念的界定》，《政法论坛》2009 年第 4 期，第 63 ~ 81 页。
③ "What Is International Rule of Law?", *Brandeis Programs in International Justice and Society*, 2010.
④ Bernhard Zangl, "Is There an Emerging International Rule of Law?", *European Review*, Vol. 13, No. 1, 2005, pp. 73 - 91, 中文翻译引自曾令良《国际法治与中国法治建设》，《中国社会科学》2015 年第 10 期，第 135 页。
⑤ Ernest-Ulrich Petersmann, "International Rule of Law and Constitutional Justice in International Investment Law and Arbitration", *Indiana Journal of Global Legal Studies*, Vol. 16, No. 2, 2009, pp. 513 - 533 at 518.

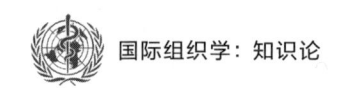

际刑法变革的角度透视》①、何志鹏教授的《超越国家间政治——主权人权关系的国际法治维度》②、曹刚教授的《人类命运共同体与全球伦理和国际法治》③、曾令良教授的《国际法治与中国法治建设》④、赵骏教授的《全球治理视野下的国际法治与国内法治》⑤、江河教授的《从大国政治到国际法治：以国际软法为视角》⑥，本质上都在试图回答这两个问题。

前述国际法治的两个理论问题具有其政治本质和法律本质这二重属性，前者关注的是主权国家和国际组织的权力博弈关系，后者则关注主权国家和国际组织的赋权与控权问题。为此，纯粹的国际政治学路径或国际法学路径在研究国际法治问题上都存在其局限性。20 世纪理想主义和现实主义路径的国际组织研究所受到的诘问都说明了忽视国际组织的政治性而单纯强调其法律性或是反之，都无法把握国际组织相关问题的本质。为此国际政治学和国际法学的跨学科研究成为必要选项。⑦

综上可见，协定程序要素在语义上能够很好地展示国际组织作为多边合作中的被赋权机构的工具性与其作为多边合作中的独立行权机构的主体性之间的矛盾统一关系，以及国际组织与成员相互成就与相互制衡的矛盾统一关系。从人们对国际组织的知识需求来看，国际组织是否被赋予足够的权力以履行其职能，同时成员是否有足够的手段防止其滥用权力，是 20 世纪以来国际组织研究的又一核心问题。国际组织的协定程序要素所展示的矛盾关系

---

① 邵沙平：《论国际法治与中国法治的良性互动——从国际刑法变革的角度透视》，《法学家》2004 年第 6 期，第 153~160 页。
② 何志鹏：《超越国家间政治——主权人权关系的国际法治维度》，《法律科学（西北政法大学学报）》2008 年第 6 期，第 17~24 页。
③ 曹刚：《人类命运共同体与全球伦理和国际法治》，《北京大学学报》（哲学社会科学版）2019 年第 2 期，第 33~41 页。
④ 曾令良：《国际法治与中国法治建设》，《中国社会科学》2015 年第 10 期，第 135~146 页。
⑤ 赵骏：《全球治理视野下的国际法治与国内法治》，《中国社会科学》2014 年第 10 期，第 79~99 页。
⑥ 江河：《从大国政治到国际法治：以国际软法为视角》，《政法论坛》2020 年第 1 期，第 47~60 页。
⑦ 徐崇利：《国际关系理论与国际法学之跨学科研究：历史与现状》，《世界经济与政治》2010 年第 11 期。

可为解释成员与组织之间的赋权、行权、控权关系提供基本的分析框架。而从既有国际组织的理论研究成果和方法探索来看，国际组织的协定程序要素所展示的几类矛盾统一关系很好地对接了过去 30 多年来国际法学者与国际政治学者关于国际法治议题的探讨和关于国际政治学、国际法学跨学科研究的探索。为此，在协定程序成为国际组织概念的构成要素的同时，其也为国际组织学确立了国际法治这一基本理论范畴，以及在强调权力的政治理性主义与强调规范的法律分析实证主义之间寻求平衡这一跨学科理论路径。①

三 常设机构·国际主体性

常设机构要素规定了国际组织长期、稳定、独立存续的这一基本状态。从语义上看，"常设"一词描述的是国际组织的机构长期、稳定存续这一客观事实，其在语义上也包含着存续的长期性、稳定性这两方面内容。长期性意味着组织成员在特定领域具有长期的合作目标。实践中其常常表现为国际组织的宪法性文件原则上都无固定有效期限或者长期有效，这使得国际组织与以解决特定问题为宗旨的短期项目，如六方会谈等相区别。稳定性意味着国际组织通常设定了明确的、重复适用的议事机制和议事规则。实践中其常常表现为国际组织拥有类似联合国大会、世界银行理事会和执行董事会的全体会议机构和代议机构，以及 1 年 1 期或 2 月 1 期的定期会议制度，同时宪法性文件也常常为修改和调整此类会议机制设置了非常严苛的门槛。这使得国际组织与七国集团等松散的对话机制相区别。

常设机构要素的现实观照在于，其所展示的国际组织长期、稳定存续这一基本形态，是国际组织获得一定的独立性——独立意志、利益和价值偏好的根本原因，进而使国际组织具备了汇聚成员合作愿望的主体间性和其作为独立实体的主体性这双重属性。合作目标和议事规则的长期性、稳定性促进

---

① 中外学界对国际政治学与国际法学跨学科研究的必要性已讨论近 30 年，却始终有"巧妇难为无米之炊"之感。学界对跨学科方法路径的探索和国际法治这一时代课题不期而遇，后者可为前者提供现实土壤，前者可为后者提供思路方法。刘莲莲：《专题研究：国际法治建设与中国的角色》，《国际政治研究》2018 年第 2 期，第 9～10 页。

了合作机制的组织化,为此国际组织拥有属于自己的、不与成员或其他组织机构混同的居所、预算、工作人员,以及以自己的名义参与国际事务的资格。例如,联合国大楼是专属于该组织的办公场所,其坐落在纽约和日内瓦的总部被视为国际领土,在行政管理上高度独立于所在国。联合国、世界银行秘书处的工作人员被要求忠诚于国际组织本身的事务,在对外交往中使用国际护照等。这种长期、稳定存续的组织结构,使国际组织具有稳定的身份和连续奉行其宗旨行事的秘书机构,规定了其行为路径和偏好,这为国际组织依据制度路径依赖效应形成带有组织自身烙印的工作习惯、利益诉求提供了空间,为国际组织形成自身的官僚文化、价值偏好创造了条件。而与此同时,国际组织内部的常设会议机制又固化了国际组织作为议事平台这一本质,使国际组织无法形成完全独立的意志和行为能力。常设机构的存在使国际组织在性质上始终拥有独立实体和议事平台这双重属性,它既是国际组织自主性的来源,也是其始终无法拥有完全自主性的原因。20世纪以来国际组织研究者所关心的诸多问题,例如国际组织相对于其他国际机制的优势和缺陷,[1] 国际组织会否沦为部分成员攫取私利的工具,[2] 国际组织官僚化的原因及其影响,[3] 国际组织是否具有独立于成员的身份和人格[4]等,都是基于国际组织汇聚成员合作愿望的主体间性与其作为独立实体的主体性之间的对立统一关系所展开的。

从理论构建的角度,常设机构要素所展示的国际组织主体间性与主体性之间的张力,是国际政治学的国际机制理论、国际组织法学以及社会学都致力于解释但都未完整解释的问题。早在20世纪60年代,以罗伯特·

---

[1] Kenneth W. Abbott and Duncan Snidal, "Why States Act through Formal International Organizations?", *Journal of Conflict Resolution*, Vol. 42, No. 1, 1998, pp. 3–32.

[2] 常欣欣:《政府间国际组织与霸权主义国家的挑战》,《中共中央党校学报》2010年第6期,第101~104页;王联合:《美国国际组织外交:以国际刑事法院为例》,《国际观察》2010年第2期,第21~27页。

[3] Chery Shanks et al., "Inertia and Change in the Constellation of International Governmental Organizations, 1981–1992", *International Organization*, Vol. 50, No. 4, 1996, pp. 593–627 at 593.

[4] Jan Klabbers, *An Introduction to International Institutional Law*, 2nd edition, Cambridge University Press, 2009, pp. 11.

第五章 定义·理论范畴

基欧汉为代表的国际政治学者便观察到了国际社会中除了主权国家之外，国际组织也是独立而重要的行为主体。[1] 但在新自由制度主义和新现实主义争鸣的背景下，基欧汉等学者需要推出"国际制度"这个可以与华尔兹的"权力"平行的概念使新自由制度主义可以与新现实主义竞争与对话。鉴于国际组织只是国际制度项下的一个子概念，其区别于国际惯例、国际机制的主体性在新自由制度主义理论结构中未能得到充分的论证。可以说，新自由制度主义者为了国际政治理论的学术目标，放弃了他们所观察到的国际组织的主体性这一理论议题。[2] 和国际政治学忽视国际组织的主体性做法截然相反的是，国际法学的理论重心在于国际组织相关法律活动，为此国际法人资格被视为其理论的逻辑起点，在整个学科体系中是被给定的而非证成的存在。少数论证性的文献也仅倾向于从成员对国际组织的法律授权来对国际组织的法律主体资格做规范性论证，而未从国际组织实然存在的社会政治背景和组织机构入手来分析其实然的主体能力。[3]

在国际政治学者与国际法学者围绕着国际组织是否具有主体性这一问题上徘徊之际，社会学路径的国际组织研究者观察到了国际组织所具有的工具、主体双重属性，并实证地论证了国际组织主体性的力量来源。早在20世纪60年代，厄恩斯特·哈斯便试图运用"外溢"理论来解释国际组织的自我发展能力。[4] 1988年，盖尔·纳斯等倡导在国际组织研究中引入社会组织学方法和理论，以论证国际组织的自主性问题。[5] 20世纪90年代，亚

---

[1] Robert O. Keohane, "Institutionalization in the United Nations General Assembly", *International Organization*, Vol. 23, No. 4, 1969, pp. 859 – 896.
[2] 刘莲莲：《国际组织理论：反思与前瞻》，《厦门大学学报》（哲学社会科学版）2017年第5期，第16~17页。
[3] 对此，克莱伯斯教授曾表示："当诸多文献将一个拥有独立于成员意志的常设机构视为国际组织构成要素，从而将国际组织与其他国家间合作形式区分开来时，在极端情况下，国际组织又仅仅是集体意志的代言人。" Jan Klabbers, *An Introduction to International Institutional Law*, 2nd edition, Cambridge University Press, 2009, p. 11.
[4] 房乐宪：《新功能主义理论与欧洲一体化》，《欧洲》2001年第1期，第13页。
[5] Gayl D. Ness and Steven R. Brechin, "Bridging the Gap: International Organizations as Organizations", *International Organizations*, Vol. 42, No. 2, 1988, pp. 245 – 273.

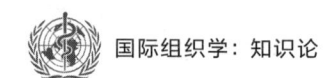

历山大·温特开创的国际政治学建构主义路径并未将国际制度和国际组织视为其中心概念,也就未直接阐释国际组织的主体性问题。① 此后建构主义理论的追随者如玛莎·芬尼莫尔等学者,则以具体的国际组织实践为例,引入社会学、法学的方法对国际组织在国际事务中的自主性做了深入探讨。②

然而,目前学界仅观察到了国际组织所拥有的不完全主体性,将争论焦点集中于国际组织是否具有主体资格这一定类判断之中,而忽视了不同国际组织因目标、组织结构不同而在主体性上存在量的差异,同一国际组织的主体性随着外部条件不同而发展变化,以及同一国际组织在不同领域的主体性差异。③ 目前仍未有理论将国际组织的主体性视为一个定量概念,对其相关变量关系做完整的论述,尤其是还未充分意识到国际组织的主体性是由社会要素、政治要素、法律要素三个层次的变量综合决定这一现实。为此,在常设性成为国际组织概念的构成要素的同时,其为国际组织学设置了国际组织主体能力这一基础理论范畴,以及在国际制度理论、国际组织法理论与社会学之间寻求综合这一跨学科路径。

综上,发展国际组织科学的必要性要求给予国际组织一个精确的定义。从知识构建者的视角看,这一工作包含了三个步骤:其一,基于国际组织研究的社会意义和学术任务识别国际组织的一般特征,确定概念的客体范围;其二,区分国际组织的基本特征和派生特征,实现国际组织概念内部的秩序化;其三,立足既有理论成果,用适宜的文辞表达国际组织的基本特征,以确保概念的构成要素能够对接国际组织学的基本理论范畴,支撑起整个学科知识体系。

---

① 刘莲莲:《国际组织理论:反思与前瞻》,《厦门大学学报》(哲学社会科学版)2017年第5期,第16~17页。
② 〔美〕迈克尔·巴尼特、玛莎·芬尼莫尔:《为世界定规则:全球政治中的国际组织》,薄燕译,上海人民出版社2009年版。
③ 关于国际组织主体能力限度及影响因素的研究,参见王传剑、孔凡伟《东盟在南海问题上的作用及其限度——基于国际组织行为能力的分析》,《当代世界与社会主义》2018年第4期,第147~157页;汤蓓:《试析国际组织行政模式对其治理行为的影响》,《世界经济与政治》2012年第7期,第43~63页;刘宏松:《国际组织的自主性行为:两种力量视角及其比较》,《外交评论》2006年第3期,第104~111页。

第五章 定义·理论范畴

为此，宜用多边成员、协定程序、常设机构三个要件来表达国际组织概念。从概念的内部秩序看，多边成员、协定程序、常设机构三个要件在个体上具有原始性、直观性；相互关系上独立于彼此且位于同一逻辑位阶；作为一个整体，具有内在逻辑连贯性，且囊括国际组织组分、活动、形态这几个主要维度，形成一个闭合自洽的逻辑系统。国际组织概念内部关系的秩序化使其可以帮助知识受众识别国际组织、区分非国际组织，为国际组织知识的创造、交流和传播奠定了基础。从概念的外部秩序看，多边成员、协定程序、常设机构三个要件分别蕴含着国际组织成员个体性与社会性的对立统一关系，国际组织成员与组织之间的权力博弈关系，以及国际组织作为成员合作平台的主体间性与作为独立实体的主体性之间的对立统一关系。这三重属性分别支撑着20世纪至今的国际组织理论研究中多边主义、国际法治、国际主体性这三个基本范畴，并指向了国际政治学、国际法学、社会学的跨学科研究路径。

第三部分 | 视域

中文语境的"视域"在英文中可以有 Perspectivism 和 Horizont 这两个相对概念。Perspectivism 又可以译为透视主义、视角主义。它首次由尼采提出,直接含义是指从一个特定的观察点出发所能观察到的外部世界,其理论价值在于批判柏拉图以来的形而上学传统,主张观察者视角具有局限性,人们对世界的理解因此可能存在偏狭和谬误,形而上学所追求的知识的客观性和绝对性不过是人为建立的幻象。① Horizont 又可以译为"背景"和"观场"。根据德国哲学家 E. 胡塞尔的界定,该概念指的是观察者的视力范围,其理论价值在于展示了主体感知世界的能力。广义的视域概念不局限于生理和物理的感知范围,也常常被用来指代意识形态的观场。② Perspectivism 和 Horizont 这两个概念存在区别又相互联系。其区别在于前者强调主体视角的局限性和真理的相对性,具有更强烈的反形而上学色彩;后者则更直观地呈现一种认识论本身。其联系在于二者的主张都具有怀疑主义和反本质主义的要素,都强调主体参与对知识建构的意义。③ 本部分所称的视域摒除了 Perspectivism 的批判性和 Horizont 对感知的依赖,保留了二者关于主体参与知识建构、规定知识范围的这一主张。

所谓国际组织学的视域指的是研究者在思维层次"观察"国际组织的角度和视野范围。在国际组织研究的发展历程中,学界对国际组织的认知从

---

① F. Nietzeche, *The Will to Power*, trans. by W. Kaufmann, Random House, Inc., 1968; F. Nietzeche, *On the Genealogy of Morality*, trans. by C. Diethe, Cambridge University Press, 2001; 唐士其:《老子哲学中"无"的三重含义——一个比较哲学的考察》,《哲学研究》2016 年第 11 期,第 33 页。

② 〔德〕E. 胡塞尔:《经验与判断》,李幼蒸译,中国人民大学出版社 2019 年版,第 139~141 页。

③ Bernard Reginster, "The Paradox of Perspectivism", *Philosophy and Phenomenological Research*, Vol. LXII, No. 1, 2001, p. 217.

第三部分　视域

对实物感性的认知向对抽象概念的认知发展的过程，意味着学界对国际组织认知水平的进阶。然而孤立的国际组织概念无法独立地存续于研究者的思维之中。研究者需要从时间、空间、效用等多重维度，在思维中安置国际组织及其关联概念，设置国际组织研究的目标和问题。例如，当木桌这一概念成为我们的求知对象时，我们的思维之中可能从时间维度将它与木材、伐木工人等关联概念联系在一起，在空间维度将它与房间、椅子等关联概念联系在一起，在效用维度将它与图书、食物等关联概念联系在一起，进而从木桌的产生、性质、效用等角度提出具体问题。再例如，当世界贸易组织这一概念成为我们的求知对象时，我们可能从时间维度将它与《哈瓦那宪章》、关税及贸易总协定（GATT）等关联概念联系在一起，在空间维度将它与维也纳、成员等关联概念联系在一起，在效用维度将它与自由贸易、关税壁垒等关联概念联系在一起，进而从世界贸易组织的产生、形态、活动、功能等角度提出具体问题。

探讨国际组织学视域的意义在于它规定了研究者提出和回答问题的基本思路，为此它决定了国际组织学整体知识体系的范围。人类求知的本质是基于已知事物和逻辑思维能力来探索未知事物。如果说他们回答研究问题的过程依靠的是经验和逻辑，那么他们提出问题的方式则受到既有观念结构的约束。关于研究对象的思维图景，在他们提出研究问题之前便已经存在，并规定了他们就客体可能的提问方式的总集。研究者只有确定了观察国际组织的角度和视野范围，才能确定人们就国际组织提出问题的方式和回答问题的思路，进而构建国际组织理论知识体系。

视域是学者寻求理解客体的逻辑起点，而不是理解本身。它只规定了客体及其关联概念的集合，不设定关联概念本身及其与客体的因果关系。如果说概念是关于实体的思维简图，视域则是研究者思维中所呈现的与概念相关联的概念群落，而理论则进一步对这些概念进行甄别并赋予这些概念引起与被引起的变量关系。在国际组织研究者的思维中，国际组织概念展示了由多边成员、协定程序和常设机构等基本特征所构成的一幅静态简图。当研究者试图理解它并赋予它意义，便会在既有观念结构的引导下将国际组织概念置

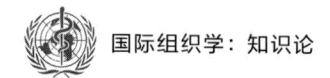

于一幅由全球化、主权国家、社会目标、理性选择、复合相互依赖等众多关联概念构成的思维图景之中。而这些概念本身的含义及其与国际组织概念的关联关系则有待更为精确的理论范式来回答。

社会科学整体上可以从时间、空间和价值三个维度观察和定位研究客体。国际组织是人类历史发展到一定阶段的产物，其存续和活动根植于历史大势的进程之中。国际组织也是一经创造便有形存在的实在物，其存续和活动根植于人类社会的整体环境之中。此外，国际组织是政治家和法律专家理性设计的产物，其形态蕴含着人类的智慧，其存续和活动根植于人们对其社会功能的期待之中。国际组织的存续与活动有着其历史、形态和价值等要素，由此，学者也可以从时间、空间和价值三个维度去型构国际组织的外部联系，国际组织学具有其时间视域、空间视域和价值视域。相关视域的知识成果分别构成了关于国际组织产生和变化的国际组织发生论，关于国际组织内外部组成关系型构的国际组织构成论，关于国际组织对特定立场观察者的价值效用的国际组织价值论。

国际组织学视域的确立是实践发展和学术争鸣共同作用的结果。作为个体的研究者是国际组织研究的基本单位。然而个体研究者受制于其所处时代、立场和观念结构，其观察国际组织的视角和提问方式具有天然的局限性。为此在国际组织研究发展的初期，不同学者或学派的研究视域呈现巨大的差异。实践的发展为研究者对国际组织本体及其外部关系的认知从具象走向抽象提供了素材，而不同学者从不同角度对国际组织本体和外部关系的阐述，则为彼此打破个体思维的局限性、拓宽视野范围直至完善和趋同提供了素材。随着实践发展和学术争鸣给研究者个体带来反思和修正，研究者关于国际组织存在和活动的思维图景将逐步趋同。当学界对国际组织概念及其外部关系形成统一的认知，进而确立了趋同的目标和核心问题，国际组织学科知识体系及认知共同体也在逐渐形成。

第六章 时间域·发生论

内容提要

- 国际组织是历史的产物,故而国际组织学有其时间域
- 研究者基于求知目的,在时间域中提出历时性问题并确定历时范围
- 相关知识成果构成了解释要素性质变化的国际组织发生论
- 国际组织学的历时性视角宜从历史必然论向历史唯物主义发展
- 国际组织研究的历时范围宜从人类社会全部历史向后封建时期历史收缩

时间域在本书语境中具有两重内涵:一是定性地指代研究者从历时性视角来观察客体并提出问题;二是定量地指代研究者观察客体的历时范围。瑞士语言学家费尔迪南·德·索绪尔(Ferdinand de Saussure)最早提出历时性和共时性的二分法。[①] 依据是否将历史过程要素纳入分析结构,索绪尔将语言学研究分为历时性路径和共时性路径。历时性路径意味着肯定一个问题领域中核心要素本质上的变化。共时性路径也不排斥变化,但

[①] 〔瑞士〕费尔迪南·德·索绪尔:《普通语言学教程》,高名凯译,商务印书馆1980年版,第137~143页。

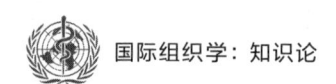

它关注的变化是核心要素与外部环境力量型构的变化，而不及于要素本身。①以国际政治理论为例。建构主义强调国家行为体的理性内容随着与环境的互构而变化，从而影响其行为逻辑，因此是一种历时性理论；而现实主义无论用权力还是利益来定义国家行为体的理性内容，其视野下国家行为体的理性内容始终保持稳定，因此是一种共时性理论。功能主义认为国际社会处于组织化的进程之中，国际组织是社会进程中人们产生了新的利益需求后的产物，为此在其理论视域中肯定了国际体系本身的历时性。再以社会契约论为例。无论霍布斯社会契约论还是洛克社会契约论都对个体禀赋和行为逻辑做了单一规定，无论处于自然状态还是政治社会，发生变化的只是个体与外界的关系而非个体本身，为此它也是一种共时性理论。霍布斯社会契约论、洛克社会契约论这种共时性路径，又被称为唯理主义路径，是休谟、斯密、哈耶克等批判的重点之一。②

国际组织研究者是否采取时间视角观察国际组织，取决于他们对研究中是否具有历时性要素所做出的判断。判断依据既可以源自经验，例如20世纪初期在国际组织作为新的社会现象不断涌现的背景下，部分研究者开始探讨"国际组织为何在19世纪末20世纪初的背景下产生"这一问题。这一判断的依据也可以源自理念，例如国际立宪主义曾将国际组织解读为国家间基于"社会契约"产生的"国际政府"，视之为非历史的、纯粹理性的产物。是否认同国际组织的历时性将影响研究者提出和回答问题的方式。例如围绕"联合国成功建立"这一话题，国际立宪主义者的提问方式是"联合国的法律程序和法律功能是什么"，现实主义者的提问方式是"主权国家为何愿意建立联合国"，而功能主义者的提问方式则是"国际社会发生了怎样的变化以至它需要联合国"。

---

① 薛力：《从结构主义到国际关系理论：一项系统的考察——兼论华尔兹结构观的局限性》，《世界经济与政治》2007年第10期，第29~40页；王传兴：《现代历时性/共时性国际体系变迁中的结构性权力变化分析》，《欧洲研究》2012年第1期，第115~127页。
② 〔英〕休谟：《休谟政治论文选》，张若衡译，商务印书馆2010年版，第123页；〔英〕亚当·斯密：《道德情操论》，蒋自强等译，商务印书馆1997年版，第303页；〔英〕弗里德利希·冯·哈耶克：《自由秩序原理》，邓正来译，生活·读书·新知三联书店1997年版，第20页。

第六章　时间域·发生论

　　研究者如何定量地设定研究的时间域,则是由人们求解问题的性质所决定的,属于方法层次的问题。如果学者试图回答的问题是类似"国际组织为什么会在19世纪产生"这种宏观层次的问题,其关注的是国际组织作为一种集体现象产生的外部条件成就的过程,时间域的设定便至晚追溯到威斯特伐利亚体系建立的17世纪。如果学者试图回答的问题是"国际安全组织为何在20世纪初期产生"这种中观层次的问题,其问题本质上是探讨不同社会生活领域建立国际组织所需要的条件,其时间域应收缩到19世纪两次工业革命后国际行政组织次第产生的时代背景之下。而如果学者试图回答的问题是"联合国为何在冷战结束后开始扮演重要角色"这类微观层次的问题,其关心的是冷战结束前后联合国自身及其活动环境的发展变化,为此其时间域至早以二战结束、冷战开启为起点。通常来说,人们试图回答的问题越具体,其时间域便收缩得越窄;人们试图回答的问题类型越丰富,其时间域的层次便越多。

　　从国际组织学的视角看,国际组织是人类历史发展到一定时期的产物,其本质中即蕴含着人类社会的时间结构。如德国哲学家狄尔泰所指出的,社会科学和自然科学的重要差别之一在于社会生活具有内在的时间结构。这种时间结构并非指钟表所记录的自然时间,而是人类生活的每一刻都包含着对过去的经验、记忆、反省和对未来的目标和期望。经验唤起人的思想感情,进而引发某种有目的的行动。[①] 著名经济学家道格拉斯·C. 诺思（Douglass C. North）曾言:"历史是重要的。其重要性不仅在于我们可以从历史中获取知识,还在于种种社会制度的连续性把现在、未来和过去联结在了一起。现在和未来的选择是由过去所形塑的,并且只有在制度演化的历史话语中,才能理解过去。"[②] 国际组织作为人为创设的产物,它的产生和发展、形态和活动的每一个细节都承载着人们的经验和期待,都嵌入了人类

[①] 〔德〕马克斯·韦伯:《社会科学方法论》,韩水法、莫茜译,中央编译出版社2005年版,第3页。
[②] 〔美〕道格拉斯·C. 诺思:《制度、制度变迁与经济绩效》,杭行译,格致出版社、上海三联书店、上海人民出版社2014年版,前言第1页。

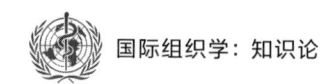

社会的时间结构。今天，人们对国际组织功能的设想与20世纪初相比存在巨大差别，人们对同一个国际组织的期待也随着经验的发展而变化。人们只有将其置于社会生活的历史结构之中，才能真正理解它的状态、趋向和价值。

为此，国际组织学有着其时间域，人们就此将提出关于国际组织产生、发展、演变、终结等历时性问题。相关知识构成了国际组织学项下以解释国际组织相关要素从无到有或性质变化的发生机制为宗旨的发生论（Occurrence of International Organization）。学者如何根据研究问题的需要定量地设定其研究的时间范围，则是由我们在国际组织发生论这个大范围下的知识需求所决定的。①

第一节　国际组织的历时性：从历史必然论起步

国际组织的历时性特征是指国际组织本体、机构、功能等基本要素是时间和过程的产物。它是由国际组织产生、存续和活动的情境依赖性所决定的。世界范围内的国际组织研究者是否认识到国际组织的历时性，如何理解国际组织的历时性，是由一代代学者在观察国际组织现象、提出和回答国际组织问题的过程中，在认识论、方法论层次自我反思和相互争鸣而逐步确立的。

20世纪初期，国际组织研究者主要以两类国际组织为研究对象：一类是社会生活领域的国际行政组织，另一类是在国际安全领域承担准政府职能的国际联盟系统。无论哪一类国际组织，在这一时期都经验地向世界展示了一种从无到有、从寡到多、由简单到复杂的渐进式变化过程。这使得20世纪之初的学者观察到了国际组织的历时性，并试图到人类社会发展的进程中去解释国际组织产生和发展的动因。为此"国际组织为什么在19—20世纪产生"成为当时学界非常重要的研究课题。

---

① "发生论"一词语义上等同于关于事物从无到有和性质变化的质变机制的理论。

第六章 时间域·发生论

国际行政组织数量较多，形式多样，功能各异，研究者为此试图立足实践、通过归纳法和对照研究，价值中立地分析国际组织产生的社会原动力。保罗·芮恩施关于国际组织起源的叙述就一定程度上体现了这种观念："这些联合会不是专门设计的产物，而是自发的增长和聚合。每一个具体组织只是遵循着其具体目标所指引的发展逻辑。"[1] 国际联盟及相关机构具有显著的设计性、规范性特征，理念先于实践而存在。部分研究者倾向于从人类社会历史发展的整体逻辑中去论证国际联盟出现的必然性和进步性，通过回顾人类从原始社会向部落、民族、国家发展的历程来解释国际组织，认为国际组织作为社会制度的高级形态，是人类社会发展到一定阶段的必然产物。20世纪初期的美国社会活动家杰西·胡干、艾德蒙·莫尔、克莱德·伊格尔顿等学者都是持这类观点的代表。胡干在1923年出版的《国际政府研究》一书中将国际联盟这个"准世界政府"的建立置于人类社会的发展进程之中，采用历史视角研究了自原始社会至早期宗教联盟、中世纪神权政治、近代邦联，及至国际联盟的发展历程，并分析了国际联盟立法、司法、行政职能的历史渊源。[2] 她认为，国际联盟既不是世界政府的肇始，也不是世界政府的终结形式，而是这一漫长发展历程的一个中间环节。[3] 艾德蒙·莫尔在1931年出版的《世界政府》一书中将国际政府视为国际关系的制度化形式并探讨其演进过程。[4] 克莱德·伊格尔顿在1932年出版的《国际政

---

[1] 原文："The individual unions are rather the result of spontaneous growth and crystallization than of carefully elaborated contrivance. Every particular of them has naturally followed that course of development which its own specific purpose has indicated". Paul S. Reinsch, *Public International Unions: Their Work and Organization*, Ginn and Company, 1911, p. 143.

[2] Jessie Wallace Hughan, *A Study of International Government*, Thomas Y. Crowell Company, 1923, pp. 1 – 88.

[3] 原文："There seems need of a study which shall place the present League neither at the beginning nor at the end of international government… In this study the present League of Nations will be regarded less as an achieved goal than as a milestone in the progress of international organization". Jessie Wallace Hughan, *A Study of International Government*, Thomas Y. Crowell Company, 1923, pp. xviii – xix.

[4] Edmund C. Mower, *International Government*, D. C. Health and Company, 1931, pp. vii – xii.

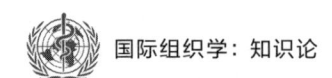

府》一书中援引亚里士多德的观点,认为人的社会性使得他们倾向于以部落和宗族、民族和国家的集体形式组织政治生活——国际组织也是如此。[①]他认为某种意义上由国家组成的国际社会一直存在于人类历史之中。古希腊、古罗马、封建时期直至威斯特伐利亚体系都不乏这种例证,因为人合作的本性将使人们趋于联合以对抗自然。就国际社会而言,国际意识的形成、合作需求的必然性、工业革命和国家间相互依存程度的加深,都将推动国际社会和国际组织的发展。他认为国家主权理论既不符合逻辑又不符合事实,应当被修正甚至抛弃。一个国家在道义上和现实上都不可能以此为由忽视国际社会的共同愿望。[②]

这种包含历史必然论和社会进步论的观点在当代国际组织研究中仍具有显著的影响力。当代的国际组织教科书倾向于将国际组织的产生置于人类社会发展的历史之中,或从古希腊的城邦联盟开始,或从威斯特伐利亚体系和维也纳会议开始,采用历史发展的眼光讲述国际组织诞生的故事。[③] 任何试图给予国际组织一个全景式描述的学者都无法回避它的历时性维度。梁西教授在其著作中更为生动地表述了这一过程:"在人类发展的漫长历史中,由原始集群发展到氏族,由氏族发展至部落,产生国家是一次飞跃;由国家交往而形成国际社会,在国际合作中又产生国际组织,这又是一次飞跃。"[④]

[①] 原文:"The same force to which political scientists ascribe other forms of political organization have led to international organization. Man, said Aristotle, is a social animal; and the instinct of sociability has led him through various forms of association, at first in tribes and clans, and later as peoples or nations. 'Though a fighting animal almost constantly engaged in a desperate struggle with his environment, and frequently at war with his fellows, man is also a social and political being who has long since discovered that mutual cooperation and organization are at least as essential to human well-being and progress as are struggle, rivalry, and competition'". Clyde Eagleton, *International Government*, The Ronald Press Company, 1932, p. 3.

[②] Clyde Eagleton, *International Government*, The Ronald Press Company, 1932, pp. 4 – 30.

[③] 参见 Kelly-Kate S. Pease, *International Organizations: Perspectives on Governance in the Twenty-First Century*, Prentice Hall, 2000, p. 18;饶戈平主编《全球化进程中的国际组织》,北京大学出版社 2005 年版,第 1 页;张丽华主编《国际组织概论》,科学出版社 2015 年版,第 40 页;于永达编著《国际组织学》,清华大学出版社 2006 年版,第 28 页;郑启荣主编《国际组织》,高等教育出版社 2017 年版,第 65 页。

[④] 梁西:《梁著国际组织法》(第 6 版),武汉大学出版社 2001 年版,第 3 页。

第六章 时间域·发生论

　　国际组织研究中的历史必然论和社会进步论思想可以在欧洲哲学的历史目的论中找到渊源。所谓历史目的论是一种认为历史发展有其自身目的的信念或理论,这种目的通常来自上帝或自然等独立于人之外的精神力量。古希腊时期,亚里士多德创立的"四因说"即将目的视为事物发展的动力。中世纪基督教神学引入自然哲学后,奥古斯汀将上帝视为事物的原因和目的,并以此来论述罗马的终结。托马斯·阿奎那进一步完善了目的论,认为事物将因循先在的目的经历一个不断上升和前进的过程,直至达到一个完善的结果。而上帝即是该富有目的性的宇宙的制定者。康德则提出"大自然计划说",认为自然界有其自身的目的,人类历史存在于自然世界的计划之中。黑格尔则提出逻辑与历史相统一原则,在辩证法体系下阐述其历史目的论。[①]

　　历史目的论是客观唯心主义的重要观点之一。无论上帝目的论者还是自然目的论者,其思想都包含"社会进步"和"历史必然"这两重内容,将历史视为一个连续上升的逻辑过程,认为进步是抽象的、绝对的、必然的;同时认为历史有其自身的目的,不以人的意志为转移。由于历史目的论赋予了社会发展以确定性和方向感,这对于厌恶变化和不确定性、试图把握未来方向的人们而言具有激励和慰藉的意义。但历史目的论机械地强调历史确定性和方向感,本身也否定了结果的多样性和人的能动性,其叙事下的人们只能服从神的意旨或自然法则,处于完全被动的情境之中。此外,由于神意和自然意旨都是不可证实的,历史目的论本质上是一种意识形态信条而非科学理论。

　　和客观唯心主义相比,产生于19世纪中后期的历史唯物主义也包含了历史必然论和社会进步论思想,同时剔除了其不可验证的目的论部分。在历史唯物主义看来,人们在社会生产中将形成不以其意志而转移的生产关系,这些生产关系综合构成社会的经济结构,并对法律、政治、文化等上层建筑

[①] 关于历史目的论的阐述,参见范畅《历史唯物主义阐释中的达尔文进化论问题》,《武汉科技大学学报》(社会科学版) 2011年第4期,第445页。

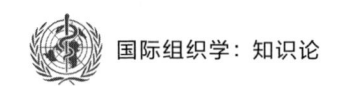

起决定作用。社会生产力发展到一定阶段,便与既有生产关系发生矛盾,进而产生社会变革的需求。人类社会发展的历史是代表一定历史阶段先进生产力发展要求的阶级与代表旧制度的反动阶级斗争的过程。人类社会的历史是随着生产力的不断发展,通过阶级斗争,不断由低级形态向高级形态发展的历史。①

历史唯物主义主张历史的进步性源自人的实践活动,而不是任何预设目的的结果。② 这种非目的性可以在历史唯物主义和达尔文生物进化论的关联性中得到验证。1859 年 11 月,达尔文的经典著作《物种起源》得以出版,将自然视为一个自然选择的发展过程,否认该过程中存在任何外在给定的目的性。该反自然目的论思想给予了历史唯物主义的创始人马克思和恩格斯在社会领域阐述反目的论思想以巨大的启发。马克思认为达尔文的著作"非常有意义,这本书(《物种起源》——笔者注)我可以用来当作历史上的阶级斗争的自然科学根据。……虽然还存在许多缺点,但是在这里不仅第一次给了自然科学中的'目的论'以致命打击,而且也根据经验阐明了它的合理的意义"。③ 对此恩格斯在 1867 年《资本论》第一卷的书评中曾有论述:"他(马克思——笔者注)极力证明,现代社会,从经济上来考察,孕育着另一个更高的社会形态,所以他力图在社会关系方面作为规律确立的,只是达尔文在自然史方面所确立的同一个逐渐变革的过程。"④

---

① 马克思在《〈政治经济学批判〉序言》中阐述了历史唯物主义理论的基本体系:"人们在自己生活的社会生产中发生一定的、必然的、不以他们的意志为转移的关系,即同他们的物质生产力的一定发展阶段相适应的生产关系。这些生产关系的综合构成社会的经济结构,即有法律的和政治的上层建筑竖立其上并有一定的社会意识形式与之相适应的现实基础。……社会的物质生产力发展到一定阶段,便同它们一直在其中运行的现存生产关系或财产关系发生矛盾。于是这些关系便由生产力的发展形势变成了生产力的桎梏。那时社会革命的时代就到来了。"转引自杨光斌、高卫民《历史唯物主义与历史制度主义:范式比较》,《马克思主义与现实》2011 年第 2 期,第 145 页。
② 范畅:《历史唯物主义阐释中的达尔文进化论问题》,《武汉科技大学学报》(社会科学版) 2011 年第 4 期,第 447 页。
③ 《马克思致裴迪南·拉萨尔(1861 年 1 月 16 日)》,《马克思恩格斯全集》第 30 卷,编译局译,人民出版社 1974 年版,第 574~575 页。
④ 《马克思恩格斯全集》第 16 卷,编译局译,人民出版社 1963 年版,第 255 页。

第六章 时间域·发生论

在 20 世纪初期的社会科学哲学思潮之下，研究者对国际组织起源的理解也包含了历史必然论和社会进化论思想，强调人类社会发展进步的必然性，使人们对国际社会、国际组织的未来持积极乐观的态度。例如克莱德·伊格尔顿在 1932 年出版的《国际政府》一书中表示，从现实的角度来看，国际联盟等新的制度是从旧的社会形态中产生的，因此必然是不完美的。但用发展的眼光来看，这些问题都是历史前进的正常轨迹。为此，尽管美国和苏联尚未加入国际联盟，但他相信这只是暂时的，就像国家主权的存在也是阶段性的一样。① 这在 20 世纪初期至今人们厌恶战争与冲突、渴望和平与发展的时代背景下对于所有人是一种精神激励，使人们愿意以积极的态度有所作为，并在遭遇挫折时保持信心。其作为一种意识形态信念对国际社会的影响是积极的。

第二节　国际组织的历时性关系：从历史必然论到历史唯物主义

求知的最终目的在于改造社会。当人们提出"国际组织为什么会在 19 世纪产生"这个问题时，他们不仅希望知道它产生的历史必然性，还需要知道在人类社会发展的过程中，什么力量主导着国际社会的组织化进程；在历史大势面前，人们除了等待时机的来临，还存在哪些可以贡献智慧的空间。这些问题的答案将帮助人们理解历史发展的进度，触及特定时空下人们发挥能动性、通过国际合作所能抵达的公共福利边界，为外交和法律手段设

---

① 原文："But, from the viewpoint of the development of international organization which we are now studying, the most striking feature is the development of the League of Nations within the older community. Unfortunately, the two are not coterminous, for Russia and the United States, and a very small number of less important states, still prefer non-membership. There can be little doubt that all will ultimately enter, for, as has been seen, the very fact of social interdependence forbids isolation"（p.21）; "The definition of sovereignty, in so far as it conceives of the state as an end in itself, omnipotent, and with the right to accept or reject any rule at any time, must be completely rejected and discarded. Sovereignty is a term incompatible with law and government"（p.29）. Clyde Eagleton, *International Government*, The Ronald Press Company, 1932, pp.21, 29.

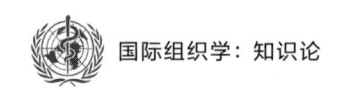

定一个符合历史发展规律的理性目标。在国际社会的一体化远未完成的当下,这种理论需求对人们认识和改造社会的目标具有强烈的现实意义。然而历史必然论和社会进步论宏观的视野和非实证的方法限制了它的解释力度。它只是概括地将国际组织产生这一社会现象"正当化"了,却不能进一步解释诸如国际组织为什么会在此时而非彼时产生、在此地而非彼地产生、在此领域而非彼领域产生等一系列问题,从而不能满足人们关于国际组织产生和发展的知识需求。

如前所述,目的论史观贬抑人的能动性并将人们带向不可知论,和人们认知和改造社会的需求不符。历史唯物主义除了阐明历史发展的性质、方向之外,也阐述了社会的基本形态以及社会进化得以发生的动力,主张从经济基础出发观察社会制度的变迁,其历史视域有了"人"的轨迹。根据历史唯物主义的观点,生产力的发展和技术的进步将影响生产技术组织的形式,从而改变人们的相互关系,最终引发政治、法律、观念层面的变革。尽管历史唯物主义相信经济基础的决定性作用,但它同时也肯定上层建筑的政治、文化、法律要素的相对独立性,从而在社会制度变迁的社会动力这一问题上,提供了一种以经济基础为支撑,政治、法律、信念等因素为辅助的立场,为解释现实提供了多元视角。[1]

历史唯物主义使学者在合理化国际组织产生这一历史现象时,对特定国际组织是否在特定时间、特定领域产生的问题持开放的态度,这使得学者可以进一步从早期国际组织产生的地区性、时代性和领域性特征来探讨国际组织产生的社会动力。尽管偶尔有学者从古希腊城邦联盟和春秋战国时期的合纵连横去追溯国际组织的历史,但学界普遍认同现代意义的国际组织产生于19世纪的欧洲,并以1815年莱茵河航运中央委员会的设立为标志。19世纪中后期,欧洲社会的国际行政组织迎来了国际组织发展的第一波高潮,而19世纪末20世纪初国际公共卫生办公室和国际联盟的成立,则标志着国际

---

[1] 杨光斌、高卫民:《历史唯物主义与历史制度主义:范式比较》,《马克思主义与现实》2011年第2期,第146页。

第六章 时间域·发生论

社会的组织化趋势已经发展到国际公共问题和国际安全等重要领域。这些实践层面的进展为学者研究国际组织产生的社会动力提供了统一的素材。学界通行的做法之一是将国际组织在欧洲产生和17世纪现代主权国家体系在欧洲建立这一事实联系在一起。这种观点认为：国际组织是独立的主权国家基于合意建立的制度形式。逻辑上，这一过程需要三个前提性条件：身份和利益相互独立的众多政治单元出现；以契约为基础的交往模式的普及；以及基于个体主义的自下而上分权观念深入人心。如果说1648年签订的《威斯特伐利亚和约》从制度上确立了主权国家体系以及以契约为基础的国际交往模式，契约精神、自下而上的人民主权观念则是古希腊个体主义哲学的产物。[1] 作为人类社会发展历程中的制度形式，现代主权国家体系和国际组织所赖以存续的契约精神、分权理念，都是西方社会个体主义哲学土地之上的果实。一定意义上说，威斯特伐利亚体系不是国际组织率先在欧洲出现的原因，而是其得以发生的前提条件。

威斯特伐利亚体系可以解释国际组织为何最早产生于欧洲，却无法解释为何产生于19世纪，冲突而非合作是国家间互动的主要形式。18世纪大国之间发生过数以百计的大小战争，从而被称为"战争的世纪"。[2] 1815年莱茵河航运中央委员会的出现，时间上比《威斯特伐利亚和约》的签订晚了近200年。[3] 生产力和生产方式的变革为探索国际组织产生的社会动力提供了一个新的解释维度。18世纪之前的欧洲处于农耕时代，土地是人们生活的主要依靠。在生产力低下、商业相对落后的时代背景下，战争和掠夺是国家利益最大化的重要选项，各国缺乏合作的需求，也缺乏合作的条件。

18世纪末至19世纪的两次工业革命和早期国际组织的诞生似乎具有直接的关联性。作为世界首个政府间组织的莱茵河航运中央委员会，其目标和结构与第一次工业革命高度重合。1776年，英国发明家瓦特制造出世界上第一

---

[1] 无论霍布斯的专制国家、洛克的自由国家还是卢梭的民主国家，政治共同体都是个体公民授权的产物，其差别只在于政府的组织形式以及授权的范围和可撤回性。
[2] 贾烈英：《构建和平：从欧洲协调到联合国》，时事出版社2013年版，第40页。
[3] 饶戈平主编《全球化进程中的国际组织》，北京大学出版社2005年版，第1页。

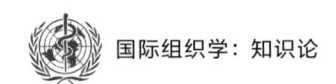

台具有实用价值的蒸汽机，其在采矿业、纺织业、机械制造业的普及促进了生产力的发展，进而将人类社会带入了"蒸汽时代"。1802年，美国发明家富尔顿制造出第一艘蒸汽机轮船并于1807年在美国试航成功。轮船的运载能力和速度较帆船有了大幅度提升，莱茵河航运贸易日益繁荣，确保其通航自由和秩序也因此成为沿岸国家的集体诉求。1815年，维也纳会议通过的《维也纳会议最后议定书》中确定设立莱茵河航运中央委员会以保障莱茵河及其支流的航运安全和自由。该机构设有全体委员会和秘书处，荷兰、比利时、普鲁士、法国、瑞士5个成员国基于全体一致的方式决策。此后欧洲国家分别在易北河、多瑙河等其他主要航道成立了类似的国际管理机构。19世纪下半叶建立的国际电报联盟[1]、邮政总联盟[2]、国际度量衡局（International Bureau of Weights and Measures）[3]等国际行政组织，职能上则和第二次工业革命的技术突破有直接关系。资本主义的发展推动了科技的进步。电报、电灯、电话等新技术的发明将人类社会带入了"电气时代"。交通、通信的发展和国际贸易的繁荣要求统一的行业规定和技术标准。建立一个常设的国家间行政机构来协调这些技术性问题便成为工业国家的集体愿望。除了生产性领域的国际制度安排，频繁的跨国交往也导致了传染病肆虐和毒品传播等社会公共问题，进而推动了国际公共卫生办公室、泛美卫生局、国际鸦片委员会等公共卫生和管理机构的产生与发展。截至1910年，世界范围内已有40多个国家间行政组织。[4]

---

[1] 该机构于1932年更名为国际电信联盟，https：//www.itu.int/zh/about/Pages/default.aspx，最后访问日期：2021年1月18日。

[2] 该机构于1878年改名为万国邮政联盟，https：//www.upu.int/en/Home/，最后访问日期：2021年1月18日。

[3] "The International Bureau of Weights and Measures", *Nature*, Vol. 28, 13 September 1883, pp. 464–466.

[4] L. S. Woolf, *International Government*, George Allen & Unwin Ltd., 1916, pp. 158–162; Michael Wallace and J. David Singer, "Intergovernmental Organization in the Global System, 1815–1964: A Quantitative Description", *International Organization*, Vol. 24, No. 2, 1970, pp. 239–287 at 250. 由于界定国际组织的标准存在差别，不同学者的统计结果也存在差异，但大致维持在40~50个。

第六章 时间域·发生论

国际安全领域的制度化也似乎可以在工业革命那里得到解释。第二次工业革命造就了一大批实力雄厚的跨国企业和工业强国。财富的迅速增长和集中使垄断主义开始突破当时占主导地位的放任自由主义的各种假设,新兴工业强国野心勃勃地参与海外市场和殖民地争夺,西方国家的内政外交再次陷入动荡不安之中。在经济衰退和战争阴影的威胁下,19世纪中后期的人们前所未有地渴望政治体制的改革和国际秩序的构建。一大批国际法学家将紧张的国际关系归咎于不受约束的国家主权,并基于皮埃尔、康德等学者的联邦主义思想构想建立一个超国家的世界权威来防止战争、维系和平。

历史唯物主义理论似乎给予了我们一个完整的答案:科技的进步引发社会的变迁,塑造了主权国家的公共目标与合作需求,进而推动了国际组织的产生和发展。这一观点曾经出现在克莱德·伊格尔顿等学者的作品中,并成为20世纪中期兴起的功能主义学派的核心论述。伊格尔顿曾在1932年出版的《国际政府》一书中指出,工业革命对国际社会产生了深远的影响,使人类的利益陷入了前所未有的相互依赖之中。在该背景下,国家已经不足以满足人类的需求,他们因此迫切地寻求建立国际法和国际政府来解决这些问题。[1]

然而这种"科技进步—国际合作需求—国际组织"的因果逻辑只是为我们理解国家建立国际组织的动因提供了一个粗略的线索。它的逻辑并不严密,也不能回答我们今天所关心的关于国际组织存续与发展的诸多核心问题。

第一,科技进步不直接促进国家间合作,也可能加剧冲突和竞争——这一点已反复被实践和理论所证实。事实上技术发展的不均衡常常是引发国家间冲突的根源。[2]

---

[1] Clyde Eagleton, *International Government*, The Ronald Press Company, 1932, pp. 10–16.
[2] 〔美〕阿尔文·托夫勒、海迪·托夫勒:《未来的战争》,阿笛、马秀芳译,新华出版社1996年版;〔美〕艾·塞·马汉:《海军战略》,蔡鸿幹、田常吉译,商务印书馆1994年版;〔俄〕兹比格涅夫·布热津斯基:《竞赛方案——进行美苏竞争的地缘战略纲领》,刘晓明等译,中国对外翻译出版公司1988年版;〔英〕C. W. 克劳利编《新编剑桥世界近代史9——动乱年代的战争与和平(1793—1830年)》,中国社会科学院世界历史研究所组译,中国社会科学出版社1992年版;陈昌曙:《技术哲学引论》,科学出版社1999年版。

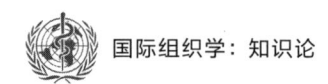

第二，国家间合作的需求也未必导致国际组织的构建。运营国际组织本身意味着昂贵的资金投入和制度成本——这也已反复被实践和理论所证实。① 在国际习惯法、条约法都能促进国家间合作的情况下，建立国际组织不是国家间合作的唯一选择，也不必然是最优的选择。

第三，该逻辑也无法解释为什么即便各国存在明显的合作意愿，某些领域的组织化步伐比其他领域更为缓慢和困难。国际安全领域是一个显著的例子。尽管欧洲哲学家关于建立一个"世界政府"应对战争问题的构想已达数世纪之久，并在1815年确立了大国协调机制，但直到19世纪中后期理论家才真正地探讨在国际安全领域超国家机构的可能性。1910年设立的海牙国际常设仲裁法院和国际社会的期待存在显著差距，而此时欧洲的社会生活领域已经出现了数十个大大小小的国际行政组织。此外，虽然一战的沉痛教训促成了1920年国际联盟的建立，但在国联存续的26年历史中，其在国际安全领域取得的成绩似乎远逊于在经济社会领域的表现。② 另一个例证是20世纪40年代"国际贸易组织"（International Trade Organization）的失败。20世纪中期，和平与安全已成为全人类的共同追求。国际社会的领袖们筹划了联合国以迅速有效地排除国际和平与安全之威胁，同时筹划了国际货币基金组织、国际复兴开发银行和国际贸易组织这三个经济机构以促进公平自由的国际贸易秩序。联合国、国际货币基金组织、国际复兴开发银行得到迅速响应并于1945年顺利建成。然而国际贸易组织则在搁浅数年后不了了之，

---

① 参见联合国网站：https://www.un.org/en/sections/about-un/funds-programmes-specialized-agencies-and-others/index.html，最后访问日期：2021年1月18日；Ralph H. Kilmann, "The Cost of Organization Structure: Dispelling the Myths of Independent Divisions and Organization-Wide Decision Making", *Accounting, Organizations and Society*, Vol. 8, No. 4, 1983, pp. 341 – 357;〔美〕奥利弗·E.威廉姆森、西德尼·G.温特编《企业的性质》，姚海鑫、邢源源译，商务印书馆2010年版。

② C. G. Fenwick, "The 'Failure' of the League of Nations", *The American Journal of International Law*, Vol. 30, No. 3, 1936, pp. 506 – 509; Leland Goorich, "From League of Nations to United Nations", *International Organization*, Vol. 1, No. 1, 1947, pp. 3 – 21.

直到50年后才以世界贸易组织的形式诞生。①

第四,科技进步和国际合作需求也无法从微观层次解释国际组织在形态上的差异和变迁。国家间对安全和发展的普遍需求无法帮助我们理解为什么《联合国宪章》在肯定国家主权独立平等这一基本原则的情况下,又组建了实行有限员额制的安理会;为什么在国际货币基金组织和世界银行普遍采用加权式决策权分配规则和多数决的决策权集中规则的情况下,世界贸易组织采用了类似联合国的平权式分配规则,并在集中规则上恪守古老的全体一致制度。同理,这一逻辑也无法解释欧共体在20世纪80年代从初期的全体一致向多数决机制转变的过程,以及第一、第二、第三支柱的分化和差别决策程序。②

当我们不满足于对国际组织产生这一现象的合理化,而试图掌握它背后的动力机制,便需要更为适当的变量来阐明国家参与多边合作并建立国际组织的社会动力,以向不同时代和立场的人们说明各国在什么情形下会从孤立或竞争转向多边合作(例如20世纪中期的美国);为什么各国更倾向于在某些而非其他领域合作(例如二战结束后美国倾向于在安全、金融、意识形态领域转向多边合作,而在对外援助领域保持双边模式;同一时期苏联选择加入联合国却退出了关于教科文组织的谈判);为什么各国更倾向于组织化而非其他制度形式维系合作(例如中国建立亚投行);以及为什么各国更倾向于选取某种而非其他的组织形式(例如联合国等国际组织采用一国一票规则,而世界银行等金融机构采用加权投票规则;联合国等国际组织采用多数决,世界贸易组织则倾向于全体一致)。回答这些问题对于人们理解某个领域开展多边合作的可行性及选择特定制度手段的合理性至关重要,它们将成为真正的社会科学知识。

---

① Ivan D. Trofimov, "The Failure of the International Trade Organization (ITO): A Policy Entrepreneurship Perspective", *Journal of Politics and Law*, Vol. 5, No. 1, 2012, pp. 56 – 68.
② 朱仁显、唐哲文:《欧盟决策机制与欧洲一体化》,《厦门大学学报》(哲学社会科学版) 2002年第6期,第84页;武广震:《欧盟共同外交和安全政策的由来、机制及问题》,《国际关系学院学报》2003年第1期,第12页;Jonathan B. Slapin, *Veto Power: Institutional Design in the European Union*, University of Michigan Press, 2011。

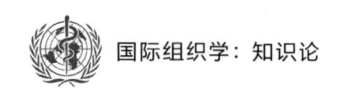

第三节　国际组织学的历时范围：从历史唯物主义到历史制度主义

在历史唯物主义理论所提供的宽广的时间域内，上述问题可以被归纳为国际组织产生的历史偶然性问题——历史唯物主义承认偶然性，但它无法帮助研究者分析和论证偶然性的发生逻辑。一方面，历史唯物主义的创始人马克思、恩格斯在观点层面都认同历史发展的偶然性和不连续性。马克思曾言："如果'偶然性'不起任何作用的话，那么世界历史就会带有非常神秘的性质。"恩格斯也认为："行动的目的是预期的，但是行动实际产生的结果并不是预期的，或者这种结果起初似乎还和预期的目的相符合，而到了最后却完全不是预期的结果。这样，历史事件似乎总的说来同样是由偶然性支配着的。"[①] 另一方面，马克思和恩格斯未在理论意义上完整地说明偶然性和不确定性如何发生，以及该如何识别它们。

造成这种现象的原因根植于历史唯物主义的理论目标和基础结构之中。历史唯物主义是描述国家、经济和社会哲学宏大议题之间的关联关系的宏观层次理论。其时间跨度常常以世纪为单位，空间跨度则常常超越了国家的范围。为此历史唯物主义采用了一种认识论和方法论上的整体主义，作为主体的人在其理论视野中抽象地、集体性地处于一种被世代塑造和决定的状态。历史唯物主义不关心微观层次的制度变迁，也不帮助处于特定时期和立场之下的个人判断和预测具体事件的发展趋势。也因为如此，其被哈贝马斯等学者视为一种"用系统的意向去叙述历史"的启迪学。[②]

国际组织是威斯特伐利亚体系和资本主义生产方式之下的产物。后者是其产生和发展的必要非充分条件。国际组织产生和发展的动力即是这种被历

[①] 杨光斌、高卫民：《历史唯物主义与历史制度主义：范式比较》，《马克思主义与现实》2011年第2期，第146~147页。
[②] 陈映霞：《历史唯物主义和哈贝马斯的社会进化观》，《天津社会科学》2003年第5期，第17~20页。

第六章　时间域·发生论

史唯物主义视为历史的"偶然性"而置于其理论罅隙之中的问题。我们无法凭借历史唯物主义的概念体系，在更为狭窄的时间、空间和领域里解释和预测国际组织的产生和发展轨迹。如奥古斯特·孔德（Auguste Comte）所言，"所使用的各种方法必须与所处理的问题匹配，并且在解决具体问题的过程中不断反思。"① 再如杨光斌所言，社会科学研究范式的方法论属性取决于研究者的议题，而研究议题又往往和研究者所处的情境密切相关。② 要准确理解国际组织产生和发展的逻辑，研究者需要收缩其历史视野的范围并赋予其更为丰富的变量内容。

根植于历史唯物主义的结构之中的历史制度主义（Historical Institutionalism）为此提供了有益的借鉴。历史制度主义的渊源可以追溯至20世纪60年代巴林顿·摩尔（Barrington Moore）、萨缪尔·亨廷顿（Samuel Huntington）等学者的政治发展理论之中。③ 20世纪70年代以后，西达·斯考切波（Theda Skocpol）、凯瑟琳·西伦（Kathleen Thelen）、斯温·斯坦默（Sven Steinmo）等学者开始在严格意义上使用该概念并赋予其学术内涵。④ 历史制度主义产生之初首先需要处理与当时的理性选择制度主义、社会学制度主义的关系。理性选择制度主义以微观层次的行动者为中心，强调行动者的个体理性并预设其内容，认为自利的个体将基于一系列外部给定的偏好来选择制度。它在本质上是一种看到了制度的理性选择理论。社会学制度主义路径则在宏观层次强调社会观念结构的变迁。历史制度主义试图求取宏观层面和微观层面的

---

① 〔法〕皮埃尔·布迪厄、〔美〕华康德：《实践与反思：反思社会学导引》，李猛、李康译，中央编译出版社2004年版，第33页。
② 杨光斌：《中国政治学的研究议程与研究方法问题》，《教学与研究》2008年第7期，第28～32页。
③ 〔美〕艾拉·卡兹内尔松：《比较政治中的结构与格局》，载〔美〕马克·I.利希巴赫等编《比较政治：理性、文化和结构》，储建国等译，中国人民大学出版社2008年版，第111页。
④ Theda Skocpol, *States and Social Revolutions: A Comparative Analysis of France, Russia and China*, Cambridge University Press, 1979; Sven Steinmo, et al. eds., *Structuring Politics: Historical Institutionalism in a Comparative Perspective Analysis*, Cambridge University Press, 1992; Kathleen Thelen, "Historical Institutionalism in Comparative Politics", *Annual Review of Political Science*, Vol. 2, No. 1, 1999, pp. 369–404.

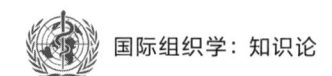

平衡，认同行动者偏好的同时，认为行动者偏好不是外在给定的，而需要置于内含时间结构的历史情境中被解释和确定。① 斯温·斯坦默等在《构建政治：比较视野中的历史制度主义》一书的导言中曾有类似的表述："理性选择制度主义与历史制度主义之间的一项（或许是唯一的）核心差异在于偏好形成的问题。"② 在理论争鸣之中，历史制度主义和理性选择制度主义、社会学制度主义并列为新制度主义的三大派别。③ 然而在国际政治学领域，当新自由制度主义、建构主义分别采用了理性选择制度主义、社会学制度主义这两种叙事思路，历史制度主义并未发挥类似的体系理论功能。究其原因，在国际政治领域中，国家间关系而非国际制度是被解释的核心变量，它生成、存续、变迁及施加影响的逻辑不需要被精确地解释。然而在国际组织学中，尤其是国际组织发生论领域，人们关注那些引发国际组织产生或不产生、在这个或那个领域产生、采用这种或那种组织结构的变量关系，历史的特定性、偶然性如何塑造国家偏好和共识成为影响国际组织发展进程的关键要素。历史制度主义在解释国家偏好的起源、国际系统的连续与变迁、全球治理缺口等问题上的长处将得到充分发挥。④ 为此历史制度主义也成为国际组织发生论领域的主要分析工具。

在解释国际组织发生论问题上，如果说历史制度主义相对于其他制度主义流派的优势在于对时间结构的强调，它相对于历史唯物主义的优势则在于对时间范围的设定。历史制度主义根植于历史唯物主义基础逻辑结构之中，

---

① 〔美〕奥菲欧·菲奥雷托斯等：《政治学中的历史制度主义》，黄宗昊译，《国外理论动态》2020年第2期，第112~126页；何俊志：《结构、历史与行为——历史制度主义的分析范式》，《国外社会科学》2002年第5期，第25~33页。

② Sven Steinmo, et al. eds., *Structuring Politics: Historical Institutionalism in a Comparative Perspective Analysis*, Cambridge University Press, 1992, p.9. 中文翻译转引自〔美〕奥菲欧·菲奥雷托斯等《政治学中的历史制度主义》，黄宗昊译，《国外理论动态》2020年第2期，第115页。

③ Peter Hall and Rosemary C. R. Taylor, "Political Science and the Three New Institutionalisms", *Political Studies*, Vol. 44, No. 5, 1996, pp. 936–957.

④ Orfeo Fioretos, "Historical Institutionalism in International Relations", *International Organization*, Vol. 65, No. 2, 2011, pp. 367–399；刘城晨：《论历史制度主义的前途》，《国际观察》2019年第5期，第101~103页。

但收窄了时间范围。历史制度主义将关注点集中在后封建时代的社会制度变迁,这使得其理论结构可以更多地着墨创造历史的个人决策和行为的外部环境特征,以及二者的互动关系。更为重要的是,收窄的时间域之下的生产力和生产关系可以获得相对的稳定性,这为历史制度主义发现和阐释政治、文化、观念要素等变量在制度变迁中的影响力提供了机会,使其可以更充分地讨论权力结构、意识形态、价值观念对制度形态的塑造。[①] 为此,我们看到历史制度主义认为制度变迁的动力是多元的,人的能动性在其中发挥了重要作用。例如,作为历史制度主义思想先驱者的道格拉斯·诺思将制度变迁归因于"相对价格"和偏好的变化,历史唯物主义的制度变化动力——技术变化与信息成本、要素价格比率等一起并置为"相对价格"变化的影响要素,而观念、意识形态等则被并置为偏好变化的影响要素。[②] 历史制度主义对制度变迁动力的多元性,以及主体能动性的强调,使其能给予中观层次和微观层次的制度变迁更为精确和全面的解释。历史视野的收窄也使得历史制度主义比历史唯物主义更容易观察到并论证历史发展进程的无效性和偶然性问题。历史制度主义运用路径依赖的理论来阐述包括主体先行为在内的先在环境对主体后续决策的影响,以及二者的互构关系。在历史制度主义项下,主体和制度环境的互动逻辑是确定的,但先在环境的复杂性和互动方向的不确定性使结果呈现不可预测的特征。为此,当历史唯物主义在观点上肯定了历史进程的偶然性,历史制度主义则在理论上论证了该偶然性得以发生的原理。[③]

历史制度主义理论视域下的制度变迁呈现动力的多元性、主体的能动性、方向的不确定性特征,这为解释前述关于国际组织发生论项下的几个中观理论问题,即技术进步和国际合作意愿的关联性、国际合作需求和制度选

---

① 杨光斌、高卫民:《历史唯物主义与历史制度主义:范式比较》,《马克思主义与现实》2011年第2期,第142页。
② 杨光斌、高卫民:《历史唯物主义与历史制度主义:范式比较》,《马克思主义与现实》2011年第2期,第146页。
③ 〔美〕奥菲欧·菲奥雷托斯等:《政治学中的历史制度主义》,黄宗昊译,《国外理论动态》2020年第2期,第117~126页。

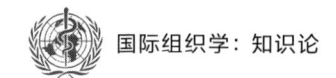

择的关联性、制度选择的领域差异、微观层次的制度结构纵向变迁和横向差异,提供了更为充分的理论工具。历史制度主义所擅长解释的时间范围,更符合当代国际组织研究者解释当代国际组织发生论问题的实际需求。而国际组织理论研究的发展史上,新功能主义对功能主义的批判、国际制度理论对新功能主义的批判、建构主义对政治理性主义的批判,以及后功能主义的发展,都体现了国际组织研究者对时间域的反思和修正。这也印证了国际组织学的时间域从人类社会全部历史向后封建时期历史收缩的过程,以及从强调技术变迁的单一动力论向强调国际和国内的权力关系、国家和精英的自由意志、意识形态和价值观念的多元动力论发展的过程。

综上,可以从定性和定量两个角度来看待国际组织学的时间域。定性地看,国际组织的产生、发展、演化具有内在的时间结构,国际组织学需要关注国际组织的历时性特征并解释其因果发生机制,为此国际组织学有着其时间域,相关提问和回答则构成了国际组织学项下国际组织发生论的主体内容。定量地看,国际组织研究所关注的时间范围经历了从关注人类社会全部历史向后封建时期历史收缩的过程,这是由当代国际组织活动的复杂性以及知识需求的广度和深度所共同决定的。与之相应,解答国际组织学时间域相关问题的分析工具也经历了从历史必然论向历史唯物主义、历史制度主义转移的过程。这种转变使当代国际组织学的时间范围聚拢在后封建时期,解答国际组织发生论相关问题的变量储备从制度变迁的经济基础决定论向经济、政治、意识形态和价值观多元决定论拓展,变量关系从强调经济、政治、人为要素决定制度变迁的线性逻辑向作为主体的个人、国家甚至国际组织本身与环境互构的非线性逻辑转型。

第七章 空间域·构成论

内容提要

- 国际组织是有形的社会实体，因而国际组织学具有其空间域
- 人们在空间域提出关于国际组织的目标、形态、内外部关系等共时性问题
- 相关知识成果构成以解释要素关系及权力转换机制为宗旨的构成论
- 国际组织学的空间域构成方式上存在个体主义、整体主义、结构主义之争
- 法制化社会、组织化社会、无政府社会概念都不能有效支持国际组织空间域研究
- 国际组织学的空间域构造应超越感性的国际社会，转向抽象的场域概念

国际组织是历史的产物，人们关心影响其产生和发展的历时性要素，故而国际组织学有了其时间域。国际组织是有形的社会实体，具有实在的结构并处于错综复杂的关系之中，人们关心促进或约束其行动的共时性（Synchrony）要素，故而国际组织学有了其空间域。时间域的研究关注研究对象对外部环境的回应性和自反能力，强调研究对象与其外部环境之间的互构过程。空间域的研究则关注研究对象作为社会实体在一个特定的空间范围

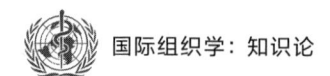

中的形态、位置、力量及与他者的关联关系，强调研究对象与其外部环境之间的一种联动状态。时间域的历时性互动常常导致对象本质属性的变化，空间域的结构性联动则主要涉及对象在特定场景中形态、位置、力量及与他者关联关系的变化。①

人们在时间视角之外常常更偏好用空间域构造和回答问题，其原因在于，人们认识世界的方式不仅仅是历史的、经验的，也是逻辑的、理性的。这两种认知模式对于求知的意义已无须赘述。人们对效率的追求使其有着从抽象概念和通用模型去认识客体的天然趋向，社会生活的相对稳定性又使得这种认知模式成为可能。具体到国际组织学，国际社会的整体格局在以世纪为单位的时间范围内是发展变化的，在三年五载的时间跨度内则是相对稳定的。联合国等国际组织的目标、形态、活动、功能在微观层次具有持续的发展变化性，在宏观层次则具有相对的稳定性。这使得我们试图理解的很大一部分问题都可以在空间域之下，通过分析主体内部结构和外部关系（而非其本质）的变化来得到解答。为此，国际组织学有着其空间域，人们就此提出关于国际组织的目标、形态、位置、内外部关系等共时性问题，解释国际组织相关要素形态和力量型构关系变化的逻辑。相关知识构成了国际组织学项下以解释国际组织相关要素的关联关系及权力转换机制为宗旨的构成论（Constitution of International Organization）。②

第一节 空间域的构成方式：个体、整体与结构之辨

社会科学研究领域的扩大往往带来方法论层次的新思考。为此我们关于

---

① 关于国际社会中历时性和共时性问题的讨论，参见薛力《从结构主义到国际关系理论：一项系统的考察——兼论华尔兹结构观的局限性》，《世界经济与政治》2007年第10期，第29~40页；王传兴：《现代历时性/共时性国际体系变迁中的结构性权力变化分析》，《欧洲研究》2012年第1期，第116~117页。

② "构成论"一词义上等同于关于事物内外部关系布局及力量型构的理论。按照通俗语义来看，"结构论"一词似乎能够更好地表达关于布局与力量型构的内容，但由于"结构"一词在本书中有独特的理论内涵，为避免混淆故而未使用这一称谓。

第七章 空间域·构成论

国际组织学空间域构成方式的思考也需要从社会科学整体方法论说起。社会学家迪尔凯姆认为需要从动因和功能两个角度解释社会现象。而无论是哪种类型的解释,都需要描述社会现象得以发生的外部环境。[①] 社会契约论者在探讨政治社会产生的动因时需要首先描述作为前政治社会的自然状态;古典自由主义经济学者在探讨经济活动规律时需要首先描述经济活动得以发生的市场形态;政治现实主义者在探讨国家间战争与和平问题时也需要首先描述国际社会的基本形态。各个学科解释的社会现象不同,其描述的外部环境情态也各不相同,但描述的思路却大体相似,可以分为个体主义和整体主义这两种基本路径。前者从微观层次的个体行动者出发解释社会现象,后者则从宏观层次的整体结构着眼来解释社会现象。两种路径都在社会科学中得到了广泛应用,在解释社会现象上也各有优势和不足。

所谓个体主义又称个人主义,是一种从个体特征认识整体特征、从个体行为解释整体现象的认识论和方法论。它起源于古希腊哲学的原子唯物主义理念,其创始人德谟克利特认为世界形形色色的表象是由最小的原子排列组合构成,事物的变化可以在原子的形状和组合形式的变化中找到原因。原子论对经典物理学和机械唯物主义的产生有很大影响,同时作为一种世界观和方法论渗透到社会科学领域。[②] 社会科学领域的个体主义在认识论上将社会整体视为个体行动者的集合,社会的整体属性可以还原到个体属性,公共利益也可以还原到个体利益。在方法论上,个体主义将自然人等个体行动者视为基本的分析单元,从他们的特征出发来解释社会现象。[③] 17 世纪霍布斯、洛克的社会契约论便体现了这种理念。霍布斯和洛克的自然状态叙事中没有明确的社会整体概念。他们将个体的自然人视为基本分析单元,赋予他们特

[①] E. Durkheim, *The Rules of Sociological Method*, Translated by W. D. Halls, 1st American Edition, The Free Press, 1982, pp.69-70, 转引自袁继红《方法论个体主义—整体主义的二维分析》,《自然辩证法研究》2014 年第 7 期,第 16 页。

[②] 吕大吉:《论机械唯物主义》,《哲学研究》1980 年第 11 期,第 49~56 页。

[③] 〔英〕杰弗里·M.霍奇逊:《制度经济学的演化:美国制度主义中的能动性、结构和达尔文主义》,杨虎涛等译,北京大学出版社 2012 年版,第 17~18 页。

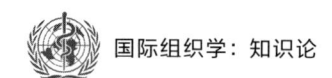

定的人性，这种人性进一步构成了解释整个自然状态特征及发展方向的基础。①以亚当·斯密思想为代表的古典经济学理论也建立在个体主义认识论和方法论之上，认为社会是个人的加总，社会共同利益是个体利益的加总。个体的利己主义动机是解释一切市场现象的出发点。② 20 世纪中后期兴起的理性主义国际政治理论对国际社会的描述也体现了这种思路。主权国家被视为国际层次最基本的分析单元，它们的物质理性进一步构成了解释整个国际政治形态的基础。③此外，社会契约论、古典自由主义、理性主义国际政治理论都可以概括为共时性理论，其分析框架下的个体特征是外在给定的，不需要被解释，也不随时间发展而变化。

个体主义认识论在 19 世纪末开始受到反思和批判。这种思潮最初缘于自然科学领域，1909 年普朗克在一次演讲中指出从成分认识整体的局限性。此后人们日益认识到整体并非成分性质的总和，而是具有不可还原到个体特征之中的独立属性。④ 各个学科都开始打破原子论式样的研究，从宏观层次的整体结构来研究社会现象。

和个体主义相对的概念是整体主义。整体主义和个体主义在本体论、认识论、方法论上都存在显著差别。本体论上，个体主义注重实在的个人，对于超越个人的社会是不是一种客观存在持怀疑态度，而整体主义则坚持超越个人的整体结构具有实在性。认识论上，个体主义认为整体是个体的加总，宏观层次的制度、文化等整体性性质都可以还原到个体意志和偏好中去，而整体主义则认为整体不是个体的加总，整体特征大于个体特征之和，无法完全还原到后者中去。

---

① 关于个体特征及个体与物质世界、他者关系的描述，参见〔英〕霍布斯《利维坦》，黎思复、黎廷弼译，商务印书馆 1985 年版，第 92~97 页；〔英〕洛克：《政府论》（下篇），叶启芳、瞿菊农译，商务印书馆 1964 年版，第 17~32 页。
② 宋智勇：《西方制度分析中的整体主义与个体主义》，《当代经济研究》2011 年第 8 期，第 45 页。
③ 刘莲莲：《国际组织理论：反思与前瞻》，《厦门大学学报》（哲学社会科学版）2017 年第 5 期，第 18 页。
④ 〔美〕罗伯特·肖尔斯：《结构主义——批评的理论与实践》，高秋雁审译，台北：结构出版社 1989 年版，第 7 页。

第七章 空间域·构成论

方法论上,个体主义和整体主义存在三点区别。其一,个体主义认为一切社会现象都可以从微观层次的个体特征和行动中得到解释,整体主义则主张从宏观层次的制度、文化等系统特征来阐明社会现象。例如在制度经济学领域,老制度经济学的代表人物凡勃仑强调技术对制度变迁的促进作用,康芒斯则强调法律、产权和组织对制度变化的影响。社会学功能主义者所强调的技术决定论、观念决定论,都体现了这种整体主义思路。[①]其二,个体主义强调个体能动性对社会现象的塑造能力,整体主义则强调社会整体特征对个体能动性的约束。马克思阶级分析法强调从阶级属性解释个体行为即体现了这种思路。[②]其三,个体主义强调个体属性,进而将个体理性选择视为制度分析的依据,整体主义则强调集体属性,进而将公共理性视为制度分析的依据。例如,现实主义国际政治理论从国家个体理性出发解释国际组织产生的原因,功能主义国际政治理论则将国际组织的产生视为对技术变革背景下新公共需求的回应。

个体主义和整体主义作为认识论和方法论各有其长处与不足。个体主义的长处在于社会生活中个体行动者的形象、边界、特征清晰,范围确定。一个社区有多少居民,他们的年龄、性别、职业、受教育程度都具有很强的辨识度。国际社会有多少主权国家,它们的历史、领土、经济实力、政策偏好也都易于分辨。这使得通过个体层次分析社会问题很大程度上排除了研究者主观因素的干扰,具有很强的操作性,以及不同研究者间交流的可能性。然而个体层次研究的缺陷在于每一个个体都并非孤立地存在与决策,而是处于与他者的互动过程之中。集体行动理论已经表明个体理性无法自发地达成集体理性的结果。为此很多从个体层次出发的解释常常从个体主义逻辑直接跳到整体主义框架中,而不能善始善终。再以霍布斯、洛克的社会契约论为例。理论家阐述了自然状态下的个人愿意脱离自然状态、步入国家社会的理

[①] 宋智勇:《西方制度分析中的整体主义与个体主义》,《当代经济研究》2011年第8期,第46页。

[②] 〔英〕杰弗里·M.霍奇逊:《制度经济学的演化:美国制度主义中的能动性、结构和达尔文主义》,杨虎涛等译,北京大学出版社2012年版,第23~24页。

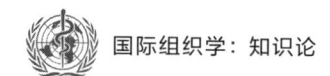

由。由于他们赋予了自然状态下的个人相同的禀赋和偏好而过滤掉了人们之间的差别，他们所谈论的个人，实则是作为集体成分的个人，他们所谈论的个体理性，实则是作为集体的公共理性。理性主义国际政治理论也存在类似问题。而那些真正坚持微观分析的个体主义者则很快发现他们的方法在擅长解释某些现象为什么会发生时，却无法建设性地指出社会的未来发展方向。

反过来，整体主义的长处在于整体层次的技术、制度、文化、规范等变量关系简单，在时间范围内具有很强的稳定性，为此解释适用的范围广泛。但它的缺点在于变量的边界不清晰，不利于不同研究者之间的交流。由于社会本身缺乏能动性，整体分析在作用机制上也无法真正摆脱个体行动者的意志、目标而存在。[①]而那些真正坚持宏观分析的整体主义者又会发现他们的方法在擅长解释某些制度变革的必然性和方向性时，却无法解释它在特定时期、特定领域为何会遭遇困难。例如关于联合国安理会改革的问题，人们可以从21世纪与20世纪中期国际环境的变迁中轻易找到改革的原因和方向，却无法在宏观层次识别改革受阻的原因，也就无法给出有效的对策。

为此，很少有学者能够贯彻始终地坚持用个体主义或整体主义的方法论来解释问题，而总会不由自主地试图将二者结合起来。例如，老制度经济学者凡勃仑在强调整体主义的同时，又强调个人因为被制度系统影响而构成了共同体的生活结构。康芒斯强调整体大于部分之和，但并不适用整体层次的概念来解释制度演化。[②] 诺思等新制度经济学家从方法论个体主义出发，同时又强调个人成本收益计算之外的东西对解释制度变迁的意义。[③]哈耶克是亚当·斯密自由主义的支持者，但也认为个体主义无法概括社会变迁的全貌，群体的整个行为秩序大于个人行为中可以观察到的规律性总和。整体是部分的特殊关系，这些关系不可能完全从部分的相互作用中得到说明，而必

---

① 宋智勇：《西方制度分析中的整体主义与个体主义》，《当代经济研究》2011年第8期，第46页。
② 宋智勇：《西方制度分析中的整体主义与个体主义》，《当代经济研究》2011年第8期，第48~49页。
③ 〔美〕道格拉斯·C.诺思：《经济史中的结构与变迁》，陈郁、罗华平等译，上海三联书店1991年版，第3~16页。

第七章　空间域·构成论

须考虑行为规则体系的演进过程。[①] 国际政治理论也呈现这种趋势。20世纪中期兴起的功能主义学派和政治现实主义学派分别从方法论整体主义和个体主义阐述了他们看待国际问题的思路，却又分别因为忽视国家行为体的能动性和国际制度的约束力而遭到诟病。为此20世纪七八十年代，新功能主义者在功能主义中突出了国家能动性，而新自由制度主义者则在现实主义的基础上加入了国际制度的作用。然而要将这对在认识论、方法论层次都互斥的概念调和起来似乎异常困难。无论经济学、社会学还是国际政治领域，学者始终未能在理论层次真正沟通个体与社会的关系。

在学者仍在为突破这一壁垒而努力时，发端于瑞士语言学家费尔迪南·德·索绪尔的结构主义给了社会科学研究者一些新的启示。所谓的结构主义以反对原子论式的个体主义研究为起点，主张从整体、系统、全部集合来理解社会现象，它从一开始就带有整体主义的基因。然而和涂尔干等学者将整体视为组成成分的涌现产物不同，结构主义强调结构对于理解社会现象的关键性意义。索绪尔首先在《普通语言学教程》一书中提出了关于语言的共时性有机系统概念。[②] 瑞士心理学家皮亚杰则在索绪尔的基础上进一步精确讨论了系统的结构及其属性。[③] 皮亚杰将结构定义为一个由种种转换规律组成的体系，在整体性之外还具有转换性、自身调整性的特征。

如果将结构主义与我们的主题联系起来，可以得出以下三点内容。一是结构主义不仅看到整体和成分的实在性，还看到成分之间关系的实在性。二是结构主义不满足于"看到"成分之间的关系，而是将这些关系的组成程序及过程视为整体性的来源，整体只是关系组成程序或过程的结果。三是结构主义的结构并非指制度规范等感性层次的关系型构，而是指特定领域内的动力学法则。整体、成分和关系都具有实在性，然而结构本身并不是实在

[①] Friedrich A. von Hayek, *Studies in Philosophy, Politics and Economics*, Routledge and Kegan Paul, 1967, pp. 66 – 81.

[②] 索绪尔所谓的共时性系统并不意味着系统是静止不变的，只是这种变化是非时间性的。〔瑞士〕费尔迪南·德·索绪尔：《普通语言学教程》，高名凯译，商务印书馆1980年版，第118~119页。

[③] 〔瑞士〕皮亚杰：《结构主义》，倪连生、王琳译，商务印书馆1986年版，第4~12页。

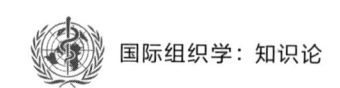

的。如皮亚杰所言,"当人们有把结构主义当成一种哲学的倾向时,威胁结构主义的永远存在着的危险是结构的实在论;只要人们一忘记在结构和成为结构的来源的各种运算之间的关系,就会到这种实在论里去找出路。……结构只代表这些运算的组成规律或平衡形式;结构并不是先于它们或者高于它们的、为它们所依靠的实体"。① 为此,警惕结构的实在化是社会科学空间域研究必须始终重视的问题。

如果说皮亚杰的结构主义囊括自然社会科学的倾向使得其论述过于概括,法国社会学家皮埃尔·布迪厄的场域理论则对本书的主题具有更强的参照意义。如同经济学家需要定义市场,社会学家则必须定义社会。20世纪以来,社会学家在定义社会形态时整体上遵循两种思路:一是基于实体的定义,一是基于关系的定义。基于实体的定义将社会视为个体集合而成的机械结构。它可能认同个体间存在某种关系,但不把这种关系视为社会的本质。基于关系的定义则强调在个体的关系中将个人与社会统一起来,关系是社会的本质,整体结构的变化也被归因为个体基于关系的互动。②布迪厄等在本体论关系主义的基础上,进一步批评了社会学研究中将社会这个感性层次的概念视为一个单一整体的做法。他们认为,资本主义时期的社会生活分化为由经济、政治、知识等表征的不同社会空间,即不同的场域。各个场域拥有独立的主客体关系。主客体位置的分布和力量对比的差异使得不同场域的内部关系具有不同的力量型构,由此形成独特的动力学原则。在给定的场域中,各个行动者将采取策略维持或改善其在场域中的位置。这使得场域的力量型构始终处于变化之中,主体的策略也处于变化之中,然而该过程中场域的型构原则和主体的行为逻辑并未发生变化。③ 这意味着场域内的动态变化是主体位置、策略、力量关系型构所表达的形态变化,而非逻辑本质的变

---

① 〔瑞士〕皮亚杰:《结构主义》,倪连生、王琳译,商务印书馆1986年版,译者前言第 v 页。
② 〔法〕皮埃尔·布迪厄、〔美〕华康德:《实践与反思:反思社会学导引》,李猛、李康译,中央编译出版社2004年版,第34页。
③ 〔法〕皮埃尔·布迪厄、〔美〕华康德:《实践与反思:反思社会学导引》,李猛、李康译,中央编译出版社2004年版,第139页。

化。这和时间域内的动态变化体现为行动者和环境因相互建构而产生的质变是不同的。布迪厄将抽象的场域和实在的社会区分开来,使得场域成为一个具有独立边界和整体特征的系统;他进一步将场域内动态关系的状态与动力学法则区分开来,可以看作是避免社会学研究中结构实在化倾向的一次重要尝试。

在方法论结构主义之下可以看到不同层次和范畴的内容。其一,需要区分感性认知和理性认知这两个层次。感性认知层次具有经验性和杂多性,例如"个人",理性认知层次具有分析性和规则性,例如"自然人"。前者是现实世界本身,后者则是对现实世界的倾向性描述,只能在现实世界中找到它们的载体,而不能找到它们本身。其二,需要区分事物的表象和本质这两个范畴。表象是指事物所表现出来的状态,它们既可以存在于感性认知层次,例如"国家";也可以存在于理性认识层次,例如"主权"。本质则是指使事物之为事物的那些不可还原的属性,例如主权的不可转让属性。它是一种规定、命令,而非状态,只存在于理性认知层次。其三,理性认知有抽象层次之分。例如国家行为体这个表象概念本身是感性认知之上的抽象概念,但国家间安全困境这一状态概念则是在国家行为体的抽象层次上进一步推进,因为在该概念中国家行为体被进一步符号化了。具体到本书的语境中,社会属于感性认知层次的表象概念,系统、场域、成分、整体、关系等则属于抽象认知层次的表象概念,结构则属于理性认知层次的规定和命令,它的抽象层次较前者更高且不能被实在化(见表1)。

表1 方法论结构主义下的层次与范畴

	感性认知层次	理性认知层次
表象(状态)	社会、环境	系统、场域、成分、整体、关系等
本质(规定、命令)	/	结构

综上,20世纪以来,社会科学研究的空间域构成方式经历了个体主义向整体主义、结构主义转向的过程,本体论上也经历了个体实在论、整体实在论及至关系实在论的争辩。结构主义一经诞生便在各个学科得到了广泛的

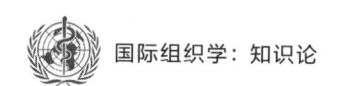

应用。作为一种方法论，它意味着研究者观察到一个限定区域在内部构成和转换规律的特定性，进而将之视为一个具有独特结构的系统，人们可以撇开动态的表象，通过其内部关系的转换律——结构来认知该系统本身。然而，当结构主义为研究者提供了一种更为精确的整体性研究方法，既有文献却常常因未能明确区分上述相关概念的层次与范畴，而造成理解上的困难和误读。

即便是皮亚杰本人也未明确阐述系统概念和结构概念的关系。其理论叙述中的系统概念时而指向的是一个具有整体性的独特问题领域，具有一定的感性层次意味，所处的抽象层次比结构概念更低。例如，皮亚杰在谈论结构的自身调整性时表示，"当人们一旦做到了把某个知识领域归结为一个有自身调节性质的结构时，人们就会感到已经掌握了这个体系内在的发动机了"；再例如，皮亚杰在区分整体性结构主义和方法论结构主义时曾谈道："整体性结构主义只限于把可以观察到联系或相互作用的体系，看作是自身满足的；而方法论结构主义的本质，乃是要到一个深层结构里去找出对这个经验性体系的解释……"① 另一些时候，系统概念在语义上又等同于一个纯粹的抽象整体。皮亚杰直接将结构界定为"一个由种种转换规律组成的体系"，"这个转换体系作为体系（相对于其各成分的性质而言）含有一些规律"。然而皮亚杰随即又指出这个体系具有自身的"领域"："这种种转换并不是在这个体系的领域之外完成的，也不求助于外界的因素。"②

当系统概念抽象层次较浅，内涵上接近一个具有知识逻辑自洽能力的"研究领域"这种经验性概念时，它在理论层次便不具有精确性，不能被放置到变量关系之中。当系统概念内涵上等同于作为表象的整体时，它和我们通常谈及的成分、单元概念便是处于同一逻辑位阶的相对概念。结构概念则是处于更深层次逻辑位阶的概念，其内涵是系统动力学。而当系统概念内涵

---

① 〔瑞士〕皮亚杰：《结构主义》，倪连生、王琳译，商务印书馆1986年版，第10、82页。
② 〔瑞士〕皮亚杰：《结构主义》，倪连生、王琳译，商务印书馆1986年版，第2页。

上等同于作为本质属性的整体时，它便成为描述结构特征的一个概念，外延上不但包含所谓的"可转换的"结构，还包含那些不具有转换性的、静态的整体。①而从皮亚杰对结构主义的阐述来看，系统概念在第一种意义上使用能够将实在的社会科学研究领域与结构主义联系起来，能更有效地促进结构主义作为方法论的应用价值。②

区分结构主义相关概念的层次与范畴，厘清各个概念的逻辑联系，有利于我们运用结构主义的方法来审视既有国际组织空间域研究所存在的问题，并找到下一步工作的重心。现实中很多理论引发争议的重要原因之一便是不同抽象层次的概念、表象和表质的概念相互混同。为此我们在使用它的同时还需要对它进行反思和修正。

第二节 20世纪国际组织研究的空间域：国际政治理论的结构观

方法论结构主义对20世纪70年代后国际政治理论的发展产生了重要影响。国际政治理论发端于20世纪初兴起的理想主义学派。汉斯·摩根索于1948年出版的《国家间政治：权力斗争与和平》一书中全面阐述了政治现实主义，致力于发展独立的国际政治学科。政治现实主义从古典政治学的人性论出发，通过阐述国家对权力的永恒偏好来解释国家间关系和国际格局形态。摩根索试图从国家出发来解释国际政治的做法本身呈现了方法论个体主义的特征。然而由于摩根索未在其理论中区分个体的人性与集体的人性，把古典政治学中的个体的人性直接视为国家的性格，这使得他的政治现实主义的逻辑结构存在断裂。不过在当时的历史背景下，批判理想主义、确立国际政治理论是国际政治研究的首要任务，政治现实主义理论主张的积极意义大于理论建构方法的局限性，因此迅速在学界产生了广泛的影响。

---

① 〔德〕康德：《逻辑学讲义》，许景行译，商务印书馆2010年版，第93~97页。
② 〔瑞士〕皮亚杰：《结构主义》，倪连生、王琳译，商务印书馆1986年版，译者前言第v页。

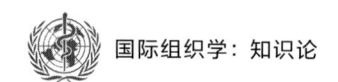

20 世纪 50 年代后期开始，理论家将系统理论引入国际政治研究领域，开始从国际体系的整体特征研究国际政治。芝加哥大学教授莫顿·卡普兰（Morton Kaplan）1957 年出版的《国际政治的系统和过程》一书设定了"均势"系统（the Balance of Power System）、松散的两极系统（the Loose Bipolar System）、牢固的两极系统（the Tight Bipolar System）、全球性系统（the Universal System）、等级系统（the Hierarchical System）、单位否决系统（the Unit Veto System）六个国际政治模型，并用系统的基本规则、转换规则、行为体分类变量、能力变量以及信息变量来描述系统，进而探讨了国际系统的形成及内在行为体的相互作用过程。① 斯坦利·霍夫曼在 1961 年发表的《国际体系与国际法》一文中将国际系统界定为"世界政治基本单元之间关系的一种模式"，该模式主要由世界的结构、主要单元所操纵的力量的性质以及这些单元的能力、权力结构和政治文化等要素所决定。② 理查德·罗斯克兰斯（Richard N. Rosecrance）则构建了一个由国家行为体、调节者、一系列环境制约要素和国际后果模式及其施动关系构成的国际政治系统。③

卡普兰、霍夫曼和罗斯克兰斯的系统理论明显受到了当时盛行的结构主义的影响，但这几种理论都因为体系化程度不足而没能产生广泛的影响。卡普兰的理论的主要问题在于未能明确系统的内涵。尽管卡普兰将系统定义为"一套有别于环境的、相互联系的变量"，"一个系统具有不变的特性"，但他的理论叙述既未能证明系统和环境的区别，又未能阐明其不变的特征。④ 霍夫曼的理论引入了结构的概念，但他并未清楚地阐述系统、结构的内涵及逻辑关系。其视野下的系统是多变的，而变化的诱因则在于单元层次。罗斯

---

① 〔美〕莫顿·卡普兰：《国际政治的系统和过程》，薄智跃译，上海人民出版社 2008 年版，第 56~91 页。
② Stanley Hoffmann, "International System and International Law", *World Politics*, Vol. 14, No. 1, 1961, pp. 205 - 237 at 207.
③ Richard N. Rosecrance, *Action and Reaction in World Politics: International Systems in Perspective*, Little, Brown, 1963, p. 229.
④ Morton A. Kalplan, *System and Process in International Politics*, Wiley, 1964, p. 4.

克兰斯的理论本质上只是从单元分析整体的一种思路。① 为此，20 世纪 60 年代国际政治领域的结构主义更接近皮亚杰所描述的"整体性结构主义"而非"方法论结构主义"，它主要的贡献在于将国际格局视为一个由单元及其联动关系构成的整体，而未在深层结构中找到对该整体的形态及其变化规律的解释。

肯尼思·华尔兹在 1979 年出版的《国际政治理论》被普遍认为是国际政治领域真正的体系理论，结构主义在方法论意义上被引入国际政治研究之中。和之前的系统论者一样，华尔兹也强调国际系统的整体性，认为系统由结构和互动的单元构成。其中结构是一系列约束条件，国际政治结构的本质是大国的权力分布。单元层次上，华尔兹将主权国家视为具有物质理性的个体行动者，并和摩根索一样从国家单元的权力偏好来解释国家格局。但和摩根索古典现实主义强调国家对绝对权力的追求不同，华尔兹视野下的国家以自身的安全为首先目标。这使得个体的行为逻辑需要放置在国家间权力分布中加以考察，单元和整体便因此被联结在一起。

华尔兹的结构论所包含的整体性结构主义思想对国际政治理论产生了重大的影响。其一，它将国际政治与国内政治切割，将国际政治视为一个独立体系，将国际社会描述为无政府社会，将主权国家视为最小解释单元。这种做法使国际政治理论范围确定，变量关系清晰，从而有了真正地发展为科学理论的空间。其二，它摒弃了古典现实主义的个体主义思路和功能主义的整体主义思路，将结构主义引入国际政治理论，国际体系的整体性和国家单元的联动关系开始被强调。

尽管新现实主义自诞生起就遭到了很多批评，但更值得重视的是它对国际政治理论的革命性意义。实践中许多批评者的出发点在于发展国际政治理论而非对华尔兹结构论的探讨，其中关于华尔兹强调结构的共时性而忽视历时性的批评本质上是关于华尔兹理论适用范围的批评，而不是对其理论构造是否科学的批评。约翰·鲁杰、罗伯特·基欧汉、巴里·布赞（Barry

---

① 〔美〕肯尼思·华尔兹：《国际政治理论》，信强译，上海人民出版社 2017 年版，第 52~62 页。

Buzan)等学者都批评了新现实主义轻视国家单元属性及其互动的做法,但这些批评并非针对华尔兹在国际政治研究中引入结构主义的做法,而是针对其结构理论的具体主张。①新自由制度主义对结构的历时性及国家单元与结构的相互塑造作用的强调,本质上并非对新现实主义的批判和修正,而更像是在国际政治这个大领域下对新现实主义的补充。②有学者指出,国际制度的变迁较为缓慢,以至在一段时间内可以假定为不变,为此共时性结构对于国际问题研究仍具有重要的方法论价值。③有学者进一步指出可以从历时性和共时性两个角度研究国际体系的变迁,从而避免将国际体系"本体"转型和"要素"转型割裂。④这些讨论都不是否认新现实主义的结构主义理念的价值,而是在探讨如何将结构主义和国际政治的具体议题更好地结合起来。正如苏长和和信强在《国际政治理论》中文版序言中所指出的:"理论究竟要解释什么呢?如果在它自身的解释框架内能够做到对现象的解释,那么它就是一个好的理论。如果把该理论本身不做解释的,因此也不能解释的现象作为责难该理论的理由,那么这就不是正确的批判。"⑤

然而华尔兹也并未真正完成方法论结构主义在国际政治领域的应用。从理论构造的角度,华尔兹的结构论存在三点主要缺陷。

其一,华尔兹的结构论未关注国家间互动领域的异质性以及国家间关系型构的多元性,其视野下的领域、系统这种宏观层次的表象概念都不是一个边界清晰、内在自足的整体。尽管华尔兹将人们的社会生活(或者更准确

---

① 〔美〕罗伯特·基欧汉编《新现实主义及其批判》,郭树勇译,北京大学出版社2002年版,第132页;Barry Buzan et al., *The Logic of Anarchy: Neorealism to Structural Realism*, Columbia University Press, 1993。

② 罗伯特·基欧汉的新自由制度主义在批判新现实主义的基础上又继承了其"国家单元—无政府社会"的基本框架,即是一个明证。

③ 秦亚青:《权力·制度·文化:国际关系理论与方法研究文集》,北京大学出版社2005年版,第17页。

④ 秦亚青:《国际体系的延续与变革》,《外交评论》2010年第1期,第1~2页;王传兴:《现代历时性/共时性国际体系变迁中的结构性权力变化分析》,《欧洲研究》2012年第1期,第115~127页。

⑤ 苏长和、信强:《一种国际政治的理论——结构现实主义评介》,载〔美〕肯尼思·华尔兹《国际政治理论》,信强译,上海人民出版社2017年版,序言第viii页。

第七章　空间域·构成论

地说是政治生活）分为国内和国际两个层次，试图排除掉感性层次的杂多性对理性层次变量关系的干扰，但"国内"和"国际"这两个范围能否构成独立的系统本身有待商榷。如布迪厄在描述场域概念时所言，社会生活本身是异质的，可以划分为多个相互独立的空间，各个空间遵循着不同的动力学原则。同理，作为国家间互动外部环境的国际社会本身也可以被区分为多个相互独立的动力学空间。从这种意义上看，华尔兹用物质性权力/利益来定义国家间互动关系的做法，仅适用于有限的国际社会生活空间。如果这个空间的特质得不到描述，范围就得不到界定，它在整体上便不是自足的，结构上便不是清晰确定的。然而华尔兹新现实主义和后来者都并未有效处理这一问题，而是将国际层次视为一个整体，并将国家活动的外部环境界定为"无政府社会"。

其二是华尔兹将结构和单元对立起来的做法使得他的理论无法展示结构主义所强调的转换性，从而不能充分讨论系统的构造或变化过程。在华尔兹看来，国际系统可以分为结构和单元两个层次，单元层次的国家间互动不属于结构的范畴，而是还原主义关注的内容。[①]在这里，结构被视为一个表象概念，和单元这个表象概念在整体和成分的意义上对立起来。先不论结构在本质上究竟应不应该是和系统、领域类似的表象概念，是否具有和单元这个表象概念"对立"的可能性，即便我们将结构等同于系统、领域等其他类似的表象概念，在结构概念所处的抽象层次中，单元层次的国家主体概念也应该是被有倾向性地抽象后的结果，是指认识论上的主体而非个性化的主体，其特征具有规定性，主体意识中经验的部分也应当被剥离，仅留存其智慧活动可能企及的范围这一虚构形象。换言之，新现实主义中的单元虽然从国家化约而来，但它们在逻辑层次上已经不是真实的国家，而是一个被抽象化的符号。主体的形态被符号化，主体的动作则通过运算法则加以表达，由此便可以建立单元活动与系统结构形态之间的互反关系，单元和结构形态在不发生本质变化的情况下始终处于不断的构造与再构造

---

① 〔美〕肯尼思·华尔兹：《国际政治理论》，信强译，上海人民出版社2017年版，第63~107页。

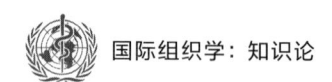

过程之中。①新现实主义对国家单元属性及行为趋向的界定即是这种抽象主体形态和行动逻辑的"构造",这种构造的结果本该使单元和结构成为一对相辅相成的共生概念,可以被用来解释体系内部的动态变迁。然而新现实主义似乎又将这种被构造后的抽象主体单元与之前感性层次的国家实体混同起来,并将后者视为与国际系统相对立的另一个系统。在这里,构成结构本身的单元符号和法则消失了,结构的转换性无法得到展示。当结构主义无法展示内部的转换规律,它便失去了方法论结构主义的精确性,成为皮亚杰所谓的整体性结构主义或涌现论结构主义,而不再是方法论结构主义。

其三是尽管华尔兹在评述霍夫曼、卡普兰的理论时在观点上强调区分系统和环境的重要性,但在理论上却没有清楚地阐述环境、系统、结构这几个宏观概念的本质及相互关系。华尔兹用"国际—国内"这一对不具有严格理论内涵的感性层次概念来界分不同系统的做法本身是值得商榷的。如果新现实主义视域下的系统可以被称为国际系统或国内系统,我们有理由相信这里的"系统"一词属于感性层次的描述性概念,不能承担真正的理论功能。然而与此同时,华尔兹又将系统定义为由结构和单元构成,包含了结构和单元这两个抽象概念。这使得他的系统和结构这两个概念既不能在描述意义上作为感性和理性两个层次之间的镜像概念(类似"国家—单元"之间的关系),又不能在解释意义上成为同一逻辑层次中互为态和质的表象概念和表质概念(如"国家—主权"之间的关系)。

新现实主义的结构主义理论并未真正厘清社会、国家、系统、单元、结构这些概念的逻辑本质和抽象层次之别,也并未摒除掉"结构实在论"的束缚。这使得它的"结构"作为一个表象概念的范围边界和抽象层次是不清晰的,作为一个表质概念和其他概念的关系又是不清楚的。后来的新自由制度主义和建构主义理论反思新现实主义的主要目标在于补足国际政治理论的解释任务,并未关注新现实主义的结构论所存在的缺陷。新自由制度主义主要关注到了新现实主义强调共时性解释、排除历时性解释这一状况,以及

---

① 〔瑞士〕皮亚杰:《结构主义》,倪连生、王琳译,商务印书馆1986年版,第117~119页。

第七章　空间域·构成论

新现实主义强调国家间利益的冲突性、排除国家间利益的兼容性这一状况。新自由制度主义试图将历时性要素以及国家间利益的兼容性纳入国际政治理论的解释框架之内的做法，本质上是对新现实主义解释范围的补充，并未动摇新现实主义的基础理论框架。建构主义关注到了新现实主义和新自由制度主义都未从理论层次解决国际问题的历时性这一状况，同时观察到了国际体系形态的可转化性这一状况，为此试图引入社会学方法解决历时性问题，同时用霍布斯文化、洛克文化、康德文化来表达国家间利益关系的竞争性状态、合作性状态和共同体状态。然而建构主义并未在理论层次完整阐述主体和环境的互构关系，为此也未能有效解决历时性问题。此外，建构主义将国家间关系的不同状态完全视为历时性结果本身也是不准确的。从这种意义上，新自由制度主义和建构主义并未真正深入到方法论的结构主义层次与新现实主义论战，而是在重复新现实主义在结构主义层次的缺陷。

　　20世纪中后期以来的国际组织研究主要在国际政治理论的指导下进行，研究者主要借鉴国际政治理论的"国家单元—无政府社会"的二分法来构建其研究的空间域。由此便带来了两方面问题。一是国际政治理论作为解释国家间"冲突—合作"关系的理论，受到其学术任务的限制，并不适合解释国际组织所涉及的多边性、程序性、组织性问题。理论的跨范围适用本身存在不精确性，可能造成"削足适履"的效果。二是现有国际政治理论的结构论部分存在的缺陷也被移植到国际组织研究中。例如新现实主义、新自由制度主义未在概念层次处理系统的变化性（类似温特所提及的"霍布斯文化""洛克文化""康德文化"）和结构的多样性（类似温特所提及的"竞争""合作""共同命运"），而只是泛泛地用"高政治—低政治""绝对收益—相对收益"来描述国际社会生活的异质性问题。[1]当这套分析框架被用来解释国际组织时，便只能泛泛地将国际组织的产生、形态、活动、功能等相关要素还原到国家理性之中，而不能更为精确地解释下列问题：国家为

---

[1] 刘莲莲：《国际组织理论：反思与前瞻》，《厦门大学学报》（哲学社会科学版）2017年第5期，第14~26页。

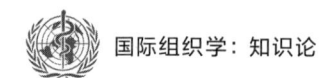

什么在某个领域愿意建立国际组织或通过国际组织合作,而在其他领域则不愿意;① 某个领域的国际组织为何适用一种制度结构,而其他领域则适用其他;② 为什么某些领域的国际组织能够成功构建并顺利运作,而其他情况下则不行;③ 为什么有些国家能够成功筹建国际组织,而其他则不行。④ 解答这些问题是国际组织学空间域的中心任务。然而传统国际政治理论的"国家单元—无政府社会"结构却无法实现这一点。

第三节 国际组织学的空间域:
从再造"国际社会"展开

国际社会是国际组织存续和活动的外部空间场景。国际组织学只有完成了对国际社会这一外部环境概念的界定,才能在此基础上探讨国际组织在整个国际社会中的位置、性质、行为趋向、与主权国家和其他国际行为体的关系等问题。为此,再造"国际社会"概念虽不能解决国际组织学空间域构成的全部问题,却是这项工作的起点。

20世纪中期以来,国际政治理论的"无政府社会"概念塑造着国际组织研究者对国际社会的想象。冷战结束后,国际政治理论的"无政府社会"

---

① 例如,二战后美国在筹建联合国教科文组织的过程中愿意将大众传媒问题放置到多边议程中,而教育重建则通过双边渠道进行。H. H. Krill de Capello, "The Creation of the United Nations Educational, Scientific and Cultural Organization", *International Organization*, Vol. 24, No. 1, 1970, pp. 1 - 30 at 12.
② 例如,联合国安理会、国际货币基金组织、世界银行等战后国际组织设置了大国否决权,而联合国教科文组织、世界卫生组织等则没有类似安排。刘莲莲、王晴:《国际组织中大国否决权的规范价值探析》,《国际政治研究》2018年第2期,第78页。
③ 例如,1944年美国等发达国家在布雷顿森林会议上规划了国际货币基金组织、国际复兴开发银行、国际贸易组织三个机构。前二者成功建立,后者却未成功。Committee for Economic Development, *The International Trade Organization and the Reconstruction of World Trade*, Committee for Economic Development, 1949.
④ 例如,1997年作为全球第二大经济体的日本筹建亚洲货币基金组织的努力归于失败,而2015年作为全球第二大经济体的中国筹建亚洲基础设施投资银行的努力却取得成功。Yong Wook Lee, "Japan and the Asian Monetary Fund: An Identity-Intention Approach", *International Studies Quarterly*, Vol. 50, No. 2, 2006, pp. 339 - 366.

概念渐渐不能独立支持国际组织学空间域研究,一个自然的思路便是跳出国际政治学的学科壁垒,在更广泛的社会科学领域寻求新的思路。自国际组织研究发端以来,研究者对国际社会概念的构造方式呈现强烈的学科特征。法学、社会学、政治学等学科范式支持下的国际组织研究描述国际社会的方式存在显著的差别,整体上可以分为法制化社会、组织化社会、无政府社会这三种类别。各种学科路径之下对国际社会具体形态的描述又随着实践的发展而存在差别,并以不同理论流派的形式表现出来。

一 法制化社会

法学路径的国际组织研究倾向于从法律视角观察国际组织现象,为此其视野下的国际社会是一个由法律规范定义的有序社会。人们关心如何为这个社会中的行为主体建立规则,以实现整体层面的秩序和正义。法学路径的国际组织研究先后出现了国际立宪主义、法律分析实证主义、国际宪政主义这三种思潮,它们对国际社会的描述方法也存在差别。国际立宪主义视野下的国际社会是一个亟待通过建立"世界宪法"和"世界政府"来实现国际秩序的前法制社会;法律分析实证主义视野下的国际社会是一个由众多法律主体和分散法律文本构成的、处于法制进程中的社会;而国际宪政主义视野下的国际社会则是一个法制化程度相对较高、国际组织自主性权力相对较大的准宪政社会。

国际立宪主义是最早出现的国际组织研究范式,又可分为联邦主义和邦联主义。詹姆斯·洛里默、莱纳德·沃尔夫、克莱德·伊格尔顿等学者是早期国际立宪主义的代表人物。国际立宪主义认为各个独立的主权国家及民族主义是产生国家间战争的根源。为了避免战争、维系和平,各主权国家希望通过设立"世界宪法"来让渡部分主权,建立"世界政府",由"世界政府"来为各个国家的相互交往提供法律依据和约束机制。国际立宪主义在国际政治格局动荡、人们憎恶战争的背景下备受推崇。一战结束后各国在国际立宪主义思潮推动下建立了国际联盟,期待它在国际政治中发挥准国际政府的作用。二战前后的欧洲学者和政治家一直将为欧洲"立宪"视为消除

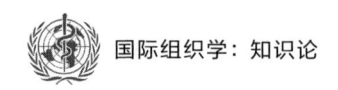

战争、维系和平的手段。①

国际立宪主义视野下的国际社会是一个众多独立主权国家共同存在和相互交往的场所，是一个亟待通过建立世界宪法和世界政府来提供秩序的自然社会，或称前法制社会。在国际立宪主义者的眼里，国家建立"世界政府"的过程和古典自由主义视野下人们建立国家的过程大致相同，差别仅存在于微观层面：国家和相对软弱的自然人不同，它本身是一种拥有权力的政治性组织，因此它在向"世界政府"让渡权力之时，自己保留了很大一部分治理权力。为此"世界政府"只能是邦联制或联邦制，而非单一制。

国际立宪主义关于国际社会的理念型构源自在欧洲源远流长的自然法思想。起源于古希腊罗马时期的自然法学派将人类社会视为一个由自然人构成的自然社会。自然状态下的人们拥有生存、发展等一系列基本权利。由于这些基本权利是规范意义上的，而非事实意义上的，人们为了更好地保卫和实现自身的权利，通过订立社会契约、让渡部分权利的形式建立国家和政府。在国家和政府治理的社会之中，人们遵守国家和政府订立的法律，并接受国家和政府对其合法权利的保护。霍布斯、洛克、卢梭等政治思想家基于这套叙事逻辑发展了社会契约理论，他们理论的差异主要体现在对政府和公民权利分配关系的不同论述。②

胡果·格劳秀斯（Hugo Grotius）在17世纪出版的《战争与和平法》一书中将自然法的社会理念移植到了国际社会，社会中的权利主体从自然人发展为国家。自然状态的国际社会中，各个国家处于霍布斯所描述的"所有人对抗所有人"的丛林社会。为了避免盲目的战争，获得和平与安全，国家需要通过订立契约的形式来约束彼此的不当行为，这构成了近代国际法和国际规则产生的正当性基础。③国际立宪主义视野下的国际社会的构造方式大致和

---

① 房乐宪：《欧洲政治一体化：理论与实践》，中国人民大学出版社2009年版，第20~22页。
② 〔英〕霍布斯：《利维坦》，黎思复、黎廷弼译，商务印书馆1985年版；〔英〕洛克：《政府论》（下篇），叶启芳、瞿菊农译，商务印书馆1964年版；〔法〕卢梭：《论人与人之间不平等的起因和基础》，李平沤译，商务印书馆2015年版。
③ 〔荷〕胡果·格劳秀斯：《战争与和平法》，〔美〕A. C. 坎贝尔英译、何勤华等译，上海人民出版社2013年版，第147~151页。

第七章　空间域·构成论

格劳秀斯的思路相同,但更为激进。19世纪两次工业革命大大便利了国际往来,欧洲协调机制的建立使多边会议成为惯例。在国际社会的法制进程不断加速、人们空前渴望和平与安全的时代背景下,国际立宪主义者和政治家将主权国家的贪婪和滥用自然权利视为战争的根源,倡导国家以订立契约的形式转让部分主权,建立一个超越国家的"世界政府",并由此受到该"世界政府"的约束和保护。皮埃尔和康德关于建立世界邦联和联邦政府的论著即是这种理念的代表。[1]

国际立宪主义视野下的国际社会最大的问题在于它过于强调法律规范的约束力,而忽视社会发展的历史进程和权力政治的现实。这使得它在一定范围内可以发挥解释现实的功能,却不能有效地指导人们的社会实践。历史地看,人类社会的组织化过程是漫长而曲折的,社会契约论关于自然人通过社会契约建立国家的论述本质上是一种关于政治正义的逻辑建构,而非历史的真实。通过社会契约建立国家的过程只存在于理念之中,并未真实地发生。霍布斯、洛克、卢梭等学者发展社会契约理论时,民族国家已经处于蓬勃发展的过程之中。因此,尽管社会契约理论缺乏实证基础,它的理论结构对于解释政治社会的价值、探讨国家和国民的权利义务关系仍具有启示性意义。然而当19世纪末20世纪初国际立宪主义者将该理论逻辑适用到国际维度时,国际秩序化仍处于初级阶段,国际格局动荡不安。学者们不只期待用它来解释现实,更需要用它来设计和运作"世界政府","社会契约"这个存在于理念的概念被落实到人类生活的细节之中。在这种情况下,国际立宪主义的自然社会理念迅速暴露出不足。20世纪初期基于立宪主义思想建立的国际联盟在权力政治现实面前被迫低头,国际立宪主义者关于构建欧洲防务共同体、欧洲政治共同体的主张也因英、法等大国否决而遭遇挫折。[2]

20世纪中期的国际政治现实使以爱德华·H.卡尔、汉斯·摩根索为代表的政治现实主义得到广泛的推崇,而根植于自然法思想的国际立宪主义则

---

[1] 参见本书"国际组织研究"一章。
[2] 〔比利时〕尤利·德沃伊斯特、〔中国〕门镜:《欧洲一体化进程:欧盟的决策与对外关系》,门镜译,中国人民大学出版社2007年版,第46页。

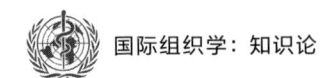

遭遇了重大挫折。该历史背景下，法学路径的国际组织研究者走向了两个方向：部分学者接纳政治现实主义的论述，将国际社会视为一个主权国家构成的无政府社会，部分学者则对政治现实主义采取抵制的态度，采用传统的法律分析实证主义方法来研究国际组织和国际法。①分析实证主义路径将国际法运作的社会背景从其研究内容中剥离，从法理权威出发，运用诠释学的方法分析国际法文本和概念，以确保国际组织法律体系内在逻辑的完整性。相应地，国际组织法研究也很少讨论组织本体和外部环境，主要关注其产生、活动、法律程序和规则。这种"闭关"的做法，使得其理论视野的最大范围仅及于国际法体系，而非国际社会整体的结构。

冷战结束后，国际社会的中心议题从政治对抗转向全球治理。国际组织作为全球治理的载体，在数量、机构、功能上都有了突破性发展，其在国际法制定和执行上发挥着日益积极的作用。②鉴于国际组织的广泛存在和重要意义已无须论证，这一时期学界的研究重心转向了国际组织的主体性，探讨国际组织的规范建构和扩散能力，以及由此带来的官僚化、滥用权力、腐败问题。相应地，国际组织研究法学路径开启了从国际立宪主义、分析实证主义向国际宪政主义的转型，日益关注国际组织行权的合规性和权力控制问题。③

国际宪政主义者将国际社会视为一个制度化程度较高的准法治社会。传统国际组织法研究中，国际立宪主义和分析实证主义都将国际社会视为一个法制尚不完备、存在大量秩序真空的准自然社会，为此对国际组织的法律供给功能持积极期待的态度，强调国家向国际组织赋权。然而国际宪政主义视野下的国际社会已是一个个具有强大国际影响力的国际组织为世界订立规则的法制化社会，国家也不再是一个个力量强大且不受约束的主体，而是被庞

---

① 法律分析实证主义在20世纪初期的国际法研究中即占有重要地位，但"法制—道德主义"学派因其热烈的愿景而更具有影响力。参见徐崇利《国际关系理论与国际法学之跨学科研究：历史与现状》，《世界经济与政治》2010年第11期，第91~98页。
② 饶戈平：《论全球化进程中的国际组织》，《中国法学》2001年第6期，第126~127页。
③ 陈一峰：《全球治理视野下的国际组织法研究——理论动向及方法论反思》，《外交评论》2013年第5期，第123~125页。

大的国际组织体系约束和管理的对象。当国际宪政主义者看到了国际组织的"权力",也就看到了它为恶的可能性和"控权"的必要性。

与自然法学派一脉相承的古典自由主义再次发挥作用。国际宪政主义者认为,主权国家通过签订类似社会契约的国家条约转让部分主权给国际组织,其目的在于更为有效地实现自己的利益。国际组织的权力是有限的,其合法性受到国际条约的形式性约束和有效促成其目标的实体性约束。为此,如果国际组织的行为超出了前述限制便失去了其正当性,应当受到约束和纠正。国际宪政主义者将国际组织类比为国家政府机构,主张对其行为进行监督和立法,以确保其合法合规地履行职能,不出现过度官僚化、滥用权力、贪污腐败等传统政治性问题。[1]

20世纪90年代国际组织研究中兴起的委托代理理论虽然不常使用国际宪政主义这一概念,但它的叙事逻辑和国际宪政主义一脉相承。所谓委托代理理论起源于20世纪60年代末70年代初的经济学,并随后传播到政治学及国际政治学之中。委托代理关系主要起源于社会分工和专业化,当委托人和代理人订立契约、前者授予后者执行特定行动的权力时,即产生了委托代理问题。而委托代理关系的核心理论问题在于双方利益的不完全协同和信息的不对称,从而使代理人可能产生机会主义行为,导致委托人利益受到损害,产生代理懈怠(Agency Slack)和代理损耗(Agency Loss)问题。而委托代理理论的核心诉求在于如何通过机制设计减少代理损害,维护委托人权益。[2]委托代理理论在国际组织研究中的应用可以追溯到20世纪90年代。

---

[1] Jan Klabbers, "Constitutional Lite", *International Organization Law Review*, Vol. 1, No. 31, 2004, pp. 31–58; "Contending Approaches to International Organizations: Between Functionalism and Constitutionalism", in Jan Klabbers and Asa Wallendahl eds., *Research Handbook on the Law of International Organizations*, Edward Elgar, 2011, pp. 3–30; Jan Klabbers, "Autonomy, Constitutionalism and Virtue in International Institutional Law", in Richard Collins and Nigel D. White, eds., *International Organizations and the Idea of Autonomy: Institutional Independence in the International Legal Order*, Routledge, 2011, pp. 120–140; 陈一峰:《全球治理视野下的国际组织法研究——理论动向及方法论反思》,《外交评论》2013年第5期,第117~119页。

[2] Darren G. Hawkins, et al., *Delegation and Agency in International Organizations*, Cambridge University Press, 2006.

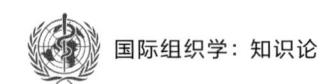

1995 年，杰弗里·加勒特（Geoffrey Garrett）在《欧盟法律一体化的政治》一文中指出研究欧盟法律一体化进程不能仅关注各国政府的政策，欧洲法院也是一个不可忽视的"战略行动者"（Strategic Actor），应将它与各国政府的博弈纳入考虑。[①] 马克·波拉克（Mark Pollack）在 1997 年发表的论文《欧共体中的委托、代理和议程设置》一文中运用委托代理理论分析成员国对欧共体授权中的代理损耗问题，认为各国偏好的差异性和欧共体的信息优势为后者的自主行为提供了空间。[②] 此后，学者也纷纷运用该理论对世界银行、世界贸易组织等国际组织中的授权代理问题进行研究。[③]

国际组织研究法学路径的国际立宪主义、分析实证主义和国际宪政主义这三种思潮分别继承了自然法学派和实证法学派的思想，并用以解释国际组织法问题。其中，国际立宪主义和国际宪政主义参照社会契约论从自然社会到国家社会的叙事逻辑阐述国际组织的本质和功能。国际立宪主义者的观点和霍布斯的社会契约思想更为接近，其观察到的现实世界是一个亟待建立政府和秩序的自然状态，为此其对国际组织抱持着乐观和期待的心态；而国际宪政主义者的看法则和洛克的社会契约思想更为接近，其奉行自由主义思想，强调政府的授权性和力量，对国际组织抱持着警惕的态度，主张约束和规范国际组织的活动。

历史地看，法学路径的国际立宪主义、分析实证主义和国际宪政主义所型构的国际社会概念最深刻的区别在于对国际组织的主体性和力量感的判断，这和 20 世纪国际组织产生、发展、成熟的整体趋势大致吻合。然而就这三者的应用价值而言，它们的产生和流行分别对应着国际社会希望建立国

---

① Geoffrey Garrett, "The Politics of Legal Integration in the European Union", *International Organization*, Vol. 49, No. 1, 1995, pp. 171 – 181.

② Mark Pollack, "Delegation, Agency and Agenda Setting in the European Community", *International Organization*, Vol. 51, No. 1, 1997, pp. 99 – 134.

③ Daniel L. Nielson and Michael J. Tierney, "Delegation to International Organizations: Agency Theory and World Bank Environmental Reform", *International Organization*, Vol. 57, No. 2, 2003, pp. 241 – 276; Manfred Elsig, "Principal-Agent Theory and the World Trade Organization: Complex Agency and 'Missing Delegation'", *European Journal of International Relations*, Vol. 17, No. 3, 2011, pp. 495 – 517.

际组织、理解和运作国际组织、约束国际组织的目标和愿望。由于人们建立国际组织、理解和运作国际组织以及约束国际组织的愿望始终存在,这三种思潮也将长期并列,分别用来应对国际组织成功建立、有效运作、合法运作等问题。

二 组织化社会

国际组织研究的社会学路径倾向于从社会组织的角度观察国际社会和国际组织。研究者视野下的国际环境是一个不断组织化的社会,人们通过建立社会组织来实现功能性目标,并通过优化组织结构来提升效率和功能。早期的社会学路径主要受到结构功能主义的影响,其视野下的国际社会是一个组织化程度不足的社会,其理论目标在于为创建国际组织结构和拓展国际组织功能提供依据。后期的社会学路径受到组织社会学(尤其是其中的管理理论)的影响,其视野下的国际社会是一个组织化程度较高但效率不尽人意的社会,其理论目标在于为优化国际组织结构、提升国际组织效率和权威提供依据。

国际组织研究自始便在国际法学领域和国际政治学领域占有一席之地,但它并不是社会学者的重心工作。国际组织研究的社会学路径主要体现在法学或政治学者借鉴社会学方法理论来完成的。20世纪中期,随着社会学科的充分发展,当时在社会学领域占据主导地位的结构功能主义被引荐到国际政治领域,形成了国际组织研究的社会学路径。

结构功能主义在社会学领域占据着重要的地位。孔德在《实证哲学教程》中首次使用"社会学"这一术语的同时,也确立了实证主义在社会学领域的主导地位。而实证主义社会学的各流派中,功能主义的历史最为悠久,影响也最为深远。孔德关于"社会静力学"(结构、制度)和"社会动力学"(功能、过程)的划分即体现了功能主义思想,其后该思路又经斯宾塞的社会有机体论、迪尔凯姆的社会实在论、布朗等学者的文化人类学的发展,至帕森斯的结构功能主义达到巅峰。帕森斯在《社会行动的结构》中阐述了结构功能主义理论。他认为社会是一个由相互依存的单元组成的复杂系统,内部存在着结构的分工,各单元承担着各自的功能并相互制约,从而

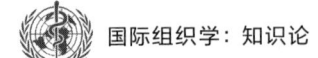

构成一个平衡的系统。当一个单元发生变化，系统的均衡将被打破进入调整状态，在适应环境的过程中出现结构分化，进而达到新的平衡。① 结构功能主义形成于二战前后的美国，其对社会均衡和自适应能力的强调体现了当时美国视角对未来的乐观心态。结构功能主义在战后世界得到广泛的传播，20世纪50年代的学者甚至一度声称在结构功能主义之外便不再有社会学。然而随着美国在20世纪60年代遭遇越战、美元危机等国际国内问题，结构功能主义过度重视社会制度、忽视社会群体冲突的缺陷使它遭遇批评，影响力由此下降。②

20世纪40年代，有着社会学教育背景的大卫·米特兰尼将功能主义引入国际政治领域，发展了国际政治理论的功能主义学派。③ 功能主义学派视野下的国际社会是一个由理性公民构成的世界，技术变迁塑造着人们的公共目标，并促使他们建立或效忠于不同的功能性组织以实现这些目标。社会的发展使旧的功能性组织因为效用不足而丧失其合法性，新的功能性组织将被建立。为此，国际社会始终处于这种由社会需求和功能性组织定义的动态平衡之中。米特兰尼理论的现实基础源自他观察的20世纪40年代的欧洲，即单个主权国家不足以解决诸多重要社会问题、亟待建立超国家组织这一现实处境。为此，他的理论批判了全权国家的合法性，论证了建立超国家组织的必要性。同时他通过批判联邦主义过度重视宪法设计的做法，倡导将技术变革带来的社会需求视为国际社会组织化的依据。但米特兰尼并不试图对国际社会组织化的方向做出预测和判断。根据他的推论，国际社会不太可能出现一个类似"世界政府"的超国家组织——那不过是当时正被批判的全权国家的翻版，更可能的是依据人们在各个领域的不同需求而出现一大批星河式的、结构不同功能各异的国际组织群落。

---

① 〔美〕塔尔科特·帕森斯：《社会行动的结构》，张明德、夏遇南等译，译林出版社2012年版，第834~839页。
② 苏国勋：《新功能主义：当代社会学理论中的一种新的综合视角》，《国外社会科学》1990年第8期，第3~9页。
③ David Mitrany, *A Working Peace System: An Argument for the Functional Development of International Organization*, Royal Institute of International Affairs, 1943.

第七章 空间域·构成论

米特兰尼功能主义的贡献在于揭示了国际组织建立的社会动力。但他同时继承了结构功能主义的缺陷，即将人类社会视为一个同质的整体，从而忽视个体利益过渡到整体利益需要逾越的鸿沟。同时他过度强调人的物质理性以及科技进步对人类需求的塑造作用，忽视了社会内部各社群之间观念和利益冲突所带来的不确定性。忽视社会冲突对社会组织形式的影响，在米特兰尼功能主义中表现为忽视国家间政治对国际社会组织形式的影响。这使得米特兰尼功能主义视野下的社会概念只概括了当时处于一体化起步阶段、同质化程度较高的欧洲社会的基本特征，在广大的亚非拉地区乃至整个国际社会则无法适用。

20世纪60年代兴起的新功能主义一体化理论试图弥补米特兰尼功能主义这一缺陷。[1] 一方面，新功能主义对国际社会的构造和米特兰尼功能主义整体上相同，也将国际社会视为一个组织化的社会，并认为它的组织化程度和组织形式是技术进步和社会需求发展变迁的结果。和米特兰尼功能主义不同的是：新功能主义不只强调组织的机械结构，也将组织视为一个有机系统，借助"外溢"概念强调国际社会自我组织和发展的特征。为此，新功能主义视野下国际社会的组织形式不仅由人们的功能性需求决定，也有着自身的逻辑和目标，国际社会最终将走向一个超国家综合性组织。[2] 另一方面，针对结构功能主义因忽视内部冲突而遭遇批评的现象，新功能主义在其理论叙事中也更重视国家政治精英所具有的独立意志和利益，并认为它们的存在将给国际社会的组织化进程带来不确定性。然而在许多国际政治学者眼中，新功能主义仍旧低估了国家主权对国际秩序的塑造能力，这使新功能主义在20世纪70年代遭遇了挫折。[3] 出于对批评的回应，哈斯等学者在20世纪

---

[1] Ernst B. Haas, *The Uniting of Europe*, Stanford: Stanford University Press, 1958; Ernst B. Haas, "International Integration: The European and the Universal Process", *International Organization*, Vol. 15, No. 3, 1961, pp. 366 – 392; Ernst B. Haas, *Beyond the Nation State: Functionalism and International Organization*, Stanford University Press, 1964.

[2] 房乐宪：《新功能主义理论与欧洲一体化》，《欧洲》2001年第1期，第13~14页。

[3] Stanley Hoffmann, "Obstinate or Obsolete? The Fate of the Nation-State and the Case of Western Europe", *Daedalus*, Vol. 95, No. 3, 1966, pp. 862 – 915.

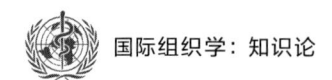

70年代开始全面反思和修正新功能主义一体化理论。[1] 2009年初，美国学者莉斯伯特·霍克和加里·马克斯的后功能主义理论则进一步将国内政治冲突纳入考虑。[2]

无论是米特兰尼功能主义，还是新功能主义以至后功能主义，其所关注的现实领域主要是欧洲一体化，其理论目标主要在国际组织的发生论领域，旨在为国际组织的产生和发展提供解释。它们对结构功能主义所谓的群体冲突问题对整体结构的影响做出了不同的评估，但其国际社会观大体趋同，其理论视野下看到的是一个组织化程度不足、需要通过构建新的功能性组织以促进新公共目标的社会。

这种情况在20世纪80年代开始有所改变。联合国体系的国际组织经过几十年的运作，已经具有相对成熟的经验和完备的官僚机构。20世纪90年代前后，世界银行、国际货币基金组织等国际机构已深入地塑造着国际经济格局，联合国也展示出了较强的自主性，并在国际议程设置上扮演重要角色。国际组织在国际舞台上展示出空前的力量感，同时也使人们对其腐败、官僚化、滥用权力等问题产生忧虑。该背景下，正如法学路径的学者开始引入宪政思想来评估国际组织的合法性，社会学路径的学者开始引入组织社会学中的科学组织理论、人际关系理论、组织协作理论、系统理论、制度学派理论、组织环境理论等来分析其目标、形态、权威、人员、功能、绩效、自主性等要素之间的关系。这种思潮下的国际组织已经是一个个高度官僚化的治理机构，而国际社会也是一个充分组织化的社会，研究者的理论目标在于通过评估其管理系统来优化组织结构、提升组织效能。[3]

---

[1] Ernst B. Haas, *The Obsolescence of Regional Integration Theory*, The Regents of the University of California, 1975; Ernst B. Haas, "Turbulent Fields and the Theory of Regional Integration", *International Organization*, Vol. 30, No. 2, 1976, pp. 173 – 212 at 183.

[2] Liesbet Hooghe and Gary Marks, "A Postfunctionalist Theory of European Integration: From Permissive Consensus to Constraining Dissensus", *British Journal of Political Science*, Vol. 39, No. 1, 2009, pp. 1 – 23. First Published online by Cambridge University Press, 27 October 2008.

[3] Gayl D. Ness and Steven R. Brechin, "Bridging the Gap: International Organizations as Organizations", *International Organization*, Vol. 42, No. 2, 1988, pp. 245 – 273；吴文成：《组织文化与国际官僚组织的规范倡导》，《世界经济与政治》2013年第11期，第96~118页。

国际组织研究社会学路径的功能主义、新功能主义等理论整体上都继承了社会学的结构功能主义强调结构和功能的相关性这一主张,注重通过调整组织结构来促进功能性目标。不同的是,功能主义更注重特定领域内目标、组织结构、功能的直接关联性,其视野下的社会结构是一种类机械结构;新功能主义则强调特定领域内目标、组织结构、功能的外溢效应,其视野下的社会结构是一个一定程度上可以脱离主体意志的有机系统。从时间序列来看,冷战期间国际组织研究的社会学路径更关注国际社会组织化的速度和方向等问题,冷战结束后的社会学路径研究则更关注具体国际组织的功效及其机构改革等问题。

三 无政府社会

国际组织研究的政治学路径从主权国家的角度来观察国际社会和国际组织。其视野下的国际环境是一个由众多国家单元及其相互关系构成的无政府社会。国家是国际社会最为重要的行为主体,它们拥有自由意志、高度理性、雄心勃勃,总是基于自身利益最大化的目标开展对外活动。政治学路径可以细分为现实主义路径、新自由制度主义路径和建构主义路径。尽管各个理论流派对国际社会的基本形态做出了不同描绘,但整体上它们都受到了微观经济学的理性主义理论的影响,强调主权国家在国际社会中的中心地位,权力逻辑是定义国际社会形态的第一要素。国际组织和国际法等国际制度则是国家用以实现自身利益的工具,是国际秩序的次要变量。尽管现实主义、新自由制度主义和建构主义都不否认制度和规范的作用,但它们整体上都同意国际制度对充满行动力和力量感的国家而言,要构成实质性约束并非易事。多数情况下,国际制度的存在和功能都可以还原到主权国家的意志和目标之中。

无政府社会是国际政治学领域的核心概念之一。[①] 同时它也是一个典型

---

① 〔英〕赫德利·布尔:《无政府社会——世界政治中的秩序研究》,张小明译,上海人民出版社 2015 年版,第 113~115 页;〔美〕肯尼思·华尔兹:《国际政治理论》,信强译,上海人民出版社 2017 年版,第 108~110 页。

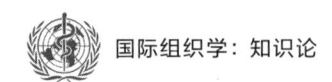

的否定性概念。如康德所言，事物的否定性特征不能告诉人们客体是什么，而只能告诉人们客体不是什么，从而避免某种常见的误会发生。这种试图与某种常见的误会斩断联系的定义方法，常常凸显了某种观念的顽固性。[①] 无政府社会这一概念即是如此。这种否定性陈述首先暗示了一种观念，即作为中央权威的政府对于社会秩序具有至关重要的意义。当社会缺乏作为中央权威的政府时，便接近于秩序真空状态，个体的力量和自助手段成为决定社会形态的关键要素。

强调政府对于秩序供给的决定性意义，暗含着政治学路径强调管制性秩序而忽视自治性秩序的国际秩序观。通常意义上，社会制度可以区分为创设型制度和自发型制度这两个层次。前者通常是由权威机构通过具有明确目的性的立法活动而创立的成文法律规则，后者则是市场主体在自治领域的自发性交往活动中形成的惯例习俗。二者都对主体的行为具有约束作用。前者的约束力主要来自权威机构通过设定奖惩机制来改变市场主体为或不为特定行为的成本收益结构，从而塑造市场主体作为理性行为人的行为模式。后者的约束力来自通过默示的心理强制机制，引导市场主体遵从习惯为或不为特定行为。通过创设型制度塑造管制性秩序，其有效性是基于市场主体是理性经济人这一基本假设；而通过自发型制度形成自治性秩序，其有效性则基于市场主体是具有学习和适应能力的社会人这一基本假设。国际政治理论的基础结构是建立在国家是具有完全自由意志和高度物质理性这一基础假设之上的，一个自然的推论是只有创设型制度和管制性秩序可以塑造国家行为模式，而自发型制度和自治性秩序则不在考虑之列。为此便不难理解，当国际社会缺乏可以通过改变国家行为逻辑的中央权威之时，人们便悲观地将国际社会描述为一个接近秩序真空的无政府社会。

然而通过理性设计建立"有政府社会"的真实性和可行性在历史上已经遭到严肃的批判。18世纪以后，大卫·休谟、亚当·斯密、哈耶克等学者在批判社会契约论关于政治社会起源的唯理主义趋向时，即强调了社会制

[①] 〔德〕康德：《逻辑学讲义》，许景行译，商务印书馆2010年版，第59页。

度的自发生成特征,认为社会契约论强调创设型制度的做法违背历史经验,是唯心主义虚构的哲学幻象。休谟从实践经验角度指出历史上的国家和政府常常通过武力征服或自然发展而来,人们的同意既不是政府产生的原因,也不是其必要条件。[①] 斯密也指出政治权威并非源自基于个体理性的契约建构。人类社会制度是一个自发进化的过程,契约论者所强调的理性设计不仅不真实,而且有害:"在政府中掌权的人,容易自以为非常聪明,并且常常对自己所想象的政治计划的那种虚构的完美迷恋不已……他并没有考虑到:在人类社会这个大棋盘上每个棋子都有它自己的行动原则……如果这两种原则彼此抵触或不一致,这盘棋就会下得很艰苦,而人类社会必然时刻处于高度的混乱之中。"[②] 哈耶克用进化论的理性主义和建构论的理性主义来区分休谟、斯密所倡导的自发型制度与契约论者所强调的创设型制度,认为后者是幼稚且有害的:"许多乌托邦式的建构方案之所倚毫无价值,乃是因为它们都出自那些预设了我们拥有完全知识的理论家之手。"[③]

政治学路径对无政府社会的描绘在否定中央权威存在的同时,也突出强调了中央权威对于国际社会建立秩序的重要性——这与20世纪中期以后整个国际政治理论的建构方式是一脉相承的。在政治学路径之下,现实主义、新自由制度主义、建构主义整体上都基于"国家理性—无政府社会"这一基本结构建立理论叙事。各种理论流派关注的现实领域、创建时期、理论目标的不同,对无政府社会的解读方式也有所不同。政治现实主义创建于20世纪40年代。当时的国际社会刚刚经历了第二次世界大战的破坏,人们对国家间权力斗争的真实性和破坏性,以及国际制度形同虚设的弱势地位具有强烈的感性认识。20世纪初期盛行的理想主义使人们对国际组织维系世界

[①] 〔英〕休谟:《休谟政治论文选》,张若衡译,商务印书馆2010年版,第123页;〔英〕休谟:《人性论》(下),关文运译,商务印书馆1980年版,第530页。

[②] 〔英〕亚当·斯密:《道德情操论》,蒋自强等译,商务印书馆1997年版,第303页;〔英〕坎南编著《亚当·斯密关于法律、警察、岁入及军备的演讲》,陈福生、陈振骅译,商务印书馆1962年版,第38页。

[③] 〔英〕弗里德利希·冯·哈耶克:《自由秩序原理》,邓正来译,生活·读书·新知三联书店1997年版,第20页。

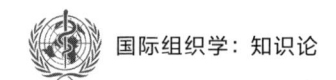

和平与安全的功能怀有过高的期待，此后20余年的政治现实则使人们对国际联盟的厚望落空，而此时以联合国为中心的国际秩序还处于襁褓之中。在这种悲观主义盛行的时代背景下，人们急需一套新的理论来重新认识国际社会。为此，政治现实主义以彻底批判理想主义的形象，填补了当时的理论真空。然而值得注意的是，政治现实主义和理想主义这对"宿敌"，在对国际社会和国际秩序的解读方式上却是一致的，即都将中央权威和管制性秩序视为提供有效社会治理的唯一模式，区别仅在于理想主义认为国际社会有望通过建立准世界政府和管制性秩序而成为一个"有政府社会"，而现实主义的看法则与之相反。现实主义内部虽然有古典现实主义和新现实主义的区分，但各种流派的国际社会理念并无差异。

新自由制度主义发端于20世纪70年代，并在80年代逐步成熟。在当时计算机科技和国际贸易发展迅速的背景下，国际组织在经济领域发挥着日益显著的作用。与此同时，功能主义和新功能主义在解释欧洲一体化实践上遭遇了挫折，历史制度主义在经济学领域逐步产生影响。在此背景下，约瑟夫·奈、罗伯特·基欧汉、约翰·鲁杰等学者基于对功能主义和现实主义的反思以及对国际制度功能的观察，将历史制度主义思想引入国际政治领域，重新定义了国际社会的基本形态。自由制度主义仍旧同意国际社会是一个无政府社会，但认为无政府社会并不意味着秩序真空。一方面，国际社会本身由各种形式的国际制度构成，它们规定着国家间交往的模式，并以其网络形式而获得奖励或处罚特定国家行为人的力量。另一方面，国家在相互交往中基于自身利益需求继续创造和发展国际制度。为此，自由制度主义视野下的国际社会仍旧是一个由高度理性的国家行为体组成的无政府社会。但同时自由制度主义也认为，无政府社会并非无秩序社会，国家间基于合作目的而构建的各种制度不仅能够指引和约束规则遵守者的行为，还能够在实践中获得一定程度的强制力，从而对潜在违规者形成威慑。

建构主义形成于20世纪80年代末90年代初。冷战的结束、苏联的解体，使一大批国家面临身份建构的问题。全球治理议题的兴起也使国际社会的关注重心发生了变化。在这种背景下，国际社会需要一种理论来解释国家的身份定义和价值观变迁等问题。建构主义便在该背景下诞生。对国际社会的再定义是建构主义理论的核心贡献之一。亚历山大·温特在1989年的论文《无政府状态是国家造就的：权力政治的社会建构》和随后出版的《国际政治的社会理论》中对现实主义和自由制度主义强调国家物质理性、忽视文化观念对于国家利益观的塑造的做法进行了批判。建构主义也同意国际社会是一个无政府社会，但这并不意味着它是一个由一个个被物质愿望操控的国家相互交往而构成的机械社会。各种文化和价值观念现实地存在，并塑造着国家的自我身份定义和国家利益观念，影响它们的行为选择和互动模式。和新自由制度主义相同的是，建构主义认同国际社会存在某种独立于中央权威的自治性秩序；和新自由制度主义不同的是，建构主义视野下的国际社会具有完整的历史维度，国际规范乃至国家本身，都在历史的发展过程中相互塑造和改变。

政治学路径的国际组织研究将国际社会视为由高度理性的主权国家构成的无政府社会，主权国家在权力逻辑主导下的互动模式决定着国际社会的基本形态。不同理论学派对国家权力和利益的内涵做出了不同的解释，或者说采用了不同的解释方式。新现实主义项下的利益是刚性的权力，新自由制度主义项下的利益是柔性的物质利益，建构主义则加入了价值观念对利益偏好的影响，为此它们对国际社会基本形态的描述也各不相同。但它们都对国家行为逻辑做了规定，使国家主体像机械系统一样按照指令采取行动，抹去了国家作为社会经验主体的历史记忆功能和学习适应能力。这种行为动力的规定性阻断了个体行为和社会发展的关联，从而决定其理论本质是非历史的。[①] 该理论结构之中，国际组织是国家意志的产物，是国家间逐利性活动的工具和手段。

综上可见，20世纪的国际组织研究者在国际社会本体论上整体持三种观点。一是强调国际社会的法律规范属性，将国际社会视为一个处于历史进

[①] 尽管建构主义观察到了国际关系的历时性要素，但它未在其理论结构中论证这一点，它的论证结构仍旧是非历时性的。

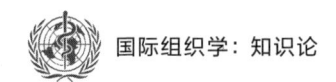

程之中的渐进式法制化社会,经历了从原始族群到民族国家再至国际组织的演进过程。民族国家建立国际组织的过程和个体公民建立国家社会的动力学相同,本质是一次"国际立宪"。20世纪早期兴起的国际立宪主义、中期兴起的分析实证主义和后期兴起的国际宪政主义,整体上都持这一主张。二是强调国际社会的组织化属性,认为生产力的发展变迁和技术变革推动社会发展和新的功能性需求,进而促使人们建立各种不同类型的组织机构来实现这些功能,国际组织便是众多组织形式的一种。20世纪中后期社会学路径的国际组织研究者通常持这种观点。三是强调国际社会的权力政治属性,将国际社会视为一个由权力政治定义的无政府社会,各个国家给予物质利益最大化而形成的互动关系构成了国际社会的基本形态,国际组织只是这一过程的附属产物。20世纪中后期政治学路径的理性主义国际政治理论学者通常持这种观点。

第四节 超越感性的"国际社会":国际组织学的系统与结构

20世纪至今,国际组织研究的各种学科路径的显著差异即是对国际组织活动的场景——国际社会的描述。各个学科路径从自身关注的现实领域和概念体系出发,分别用法律规范、组织功能和权力政治来定义国际社会的基本形态。它们各自视角的局限性使其都只是描摹出了国际社会的一个维度,为此各个学科路径都只能回答和国际组织相关的部分问题。20世纪90年代以来,随着跨学科研究的兴起,各个学科路径在不断的自我反思和相互争鸣中已使这幅图画日趋完整。当前很少有人反对,国际组织所存在和活动的国际社会,是由国际规范、组织功能和权力政治共同定义的,它在不同时期、不同领域更突出地表现出这种或那种特征。例如,国际和平与安全领域的国家间关系更多呈现权力政治属性,而国际经济和贸易领域的国家间关系则更多呈现法律规范属性。

皮亚杰曾表示:"一切有关社会研究的形式,不管它们多么不同,都是

第七章 空间域·构成论

要导向结构主义的：因为社会性的整体或'子整体'，都从一开始就非作为整体来看不可；又因为这些整体是能动的，所以是转换的中枢；还因为这些整体的自我调节，能用社群所强加的各种类型的限制和种种标准或规则这样一个有特殊性的社会事实表现出来。"[1]然而无论法学路径、社会学路径还是政治学路径所分别描绘的国际社会，或是它们的总和，都既不能成为国际组织学空间域下的"系统"，和系统的"结构"更是天渊之别。其根本原因在于国际社会本身是一个实在概念而非逻辑概念，它指向的是国际组织存在和活动的环境，而非国际组织存在和活动的规律和规则。各种学科路径对国际社会的不同定义方式，不过是它们基于不同学科视角来捕捉国际社会的表面特征。无论是法律规范、组织机构还是权力政治，它们表达的是一套定义国际组织和国家等主体互动关系的方式，既不能展示国际组织存在与活动的内外部关系，更未能揭示国际组织内外部关系的转换规律。在国际组织学视野下，各种被定义的国际社会内涵上既不等同于结构主义的"系统"，也不等同于结构主义的"结构"。

过去几十年，国际社会概念与结构主义视野下的"系统"和"结构"概念的差异，已经在国际政治理论的争鸣与批判中得到证实，甚至可以说，将社会等同于系统的错误观念大大限制了国际政治理论的发展。国际政治理论的关注重点在于国家之间的关联性，即敌对或友好关系。相应地，不同的理论派别对国家行为的利益诱因以及由此形成的国家间互动关系做了单一规定，此即国际政治学的单一社会系统论。例如，新现实主义假定国家青睐在国际社会中的相对实力，因此认为各国间始终存在此消彼长的紧张关系；新自由制度主义认为国家青睐自身的绝对利益，各国间存在较大的合作空间；建构主义认为不同的文化形态可能造成国家间或敌对或竞争或友好的关系，看似注意到国家间互动关系的多样性，但由于未从理论建构层面阐述其提出的命题，实质上是几种单一体系图的组合，未从根本上跳出单一体系理论的藩篱。这种单一社会系统论导致几种国际政治理论都放弃了对自身擅长的问

---

[1] 〔瑞士〕皮亚杰：《结构主义》，倪连生、王琳译，商务印书馆1986年版，第81页。

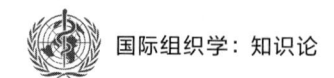

题领域的坚守，而试图发展为全面理论。科学发展史上的理论建构总是以"消除偶然性，实现统一"为目标，而事实上每一种理论能够解释的问题领域又是有限的，故而每一种被创造的理论适宜的解释范围都应当在适用中被逐步界定，即找到它们的"系统"和"结构"。①根据皮亚杰的理论可以推导的是，系统的本质是一个具有内部转换能力的自治领域，这个领域在一整套转换规律的作用下，需要保持自身的守恒而不求助于外界的因素，而结构在内涵上则等同于这些内部转换规律本身。②新现实主义、新自由制度主义和建构主义之间的理论争鸣本有望使它们在相互审视与批判中趋于精确。新现实主义和新自由制度主义在争鸣的过程中趋同，将争议收缩到了相对收益和绝对收益这一个争点之上，便是寻找各自的"系统"和"结构"这一方向上的例证。③然而遗憾的是，国际政治理论的结构思维使各种理论对国家的利益偏好和国家间互动关系做出互斥的单一设定，都以击败对方为目标，而不是通过认识国家间利益关系的多样性而兼容他者。④

单一社会系统论在国际组织研究中的局限性尤为凸显。社会生活是多样的，国家间合作需求和利益关联关系因而多样且异质。相应地，国际组织所服务的合作目标以及适宜的制度结构也存在差别。既有文献已经充分论证，国家在关系自身存亡的安全领域（如裁军）十分谨慎，决议常常通过政治性较强的政府间协商形式达成，国际组织则扮演着协调者的角色。而在各国拥有期待利益而无受损风险的技术性领域，国际组织则可能在制定标准化规则的过程中发挥主导作用。在各国合作收益与风险共存的集体行动领域（如气候治理），国际组织在立法阶段的协调功能，执法阶段的信息收集功能和履约监督机制则非常重要。而在文化相对性较强的领

---

① 〔英〕杰弗里·M. 霍奇逊：《经济学是如何忘记历史的：社会科学中的历史特性问题》，高伟等译，中国人民大学出版社 2008 年版，第 3~15、27 页。
② 〔瑞士〕皮亚杰：《结构主义》，倪连生、王琳译，商务印书馆 1986 年版，第 2 页。
③ 秦亚青：《权力·制度·文化：国际关系理论与方法研究文集》，北京大学出版社 2005 年版，第 120 页。
④ 刘莲莲：《国际组织理论：反思与前瞻》，《厦门大学学报》（哲学社会科学版）2017 年第 5 期，第 19~20 页。

第七章 空间域·构成论

域（如人权保护），国际社会则更倚重国际组织的道德典范作用和价值传播功能。①国际组织学对社会系统和结构的理解必须关注到这些不同的国家间利益关联关系的区别，而这却是单一体系论的国际政治理论所不能包容的。

既有国际政治理论对国际社会中系统和结构的单一设定决定了其视域下无法看到国家间互动动力学的多样性，而只能看到国际组织整体的某个侧影，不能通过区分国际组织的类别来理解国际组织性质和任务之间的差异，进而设定现实的目标，提出合理的建议。既有国际组织研究和实践中，人们曾经不止一次关注到国家间互动关系的多样性和异质性问题，但都未在理论层次取得实质性进展。例如，斯坦利·霍夫曼在探讨欧洲一体化问题时曾经试图通过区分低级政治领域和高级政治领域来阐明国家在不同合作领域的不同表现，也是这一方向上的一次尝试。但由于霍夫曼用经济和福利以及安全、防务这样的实在领域来分别描述低级政治和高级政治概念（这引发了很多争议），他也未能找到"系统"和"结构"本身。② 欧盟制度设计中关于第一、第二、第三支柱的区分，也体现了对国家间互动关系复杂性的意识。然而和霍夫曼一样，欧盟用"经济、社会、环境等政策""共同外交与安全政策""刑事领域警务与司法合作"等实在的社会生活领域作为区分三大支柱的标准，而未找到国家间互动的抽象规律规则本身，这使它近年来在一些被认为政治性较低的第一支柱决策中遭遇了合法性危机。③ 功能主义关于技术性外溢、政治性外溢的细分，理性主义国际政治理论关于国家偏好相对利益还是绝对利益的争论，建构主义关于霍布斯文化、洛克文化、康德文化的探讨，本质上都指向这种国家间互动关系的多样性，但这种描述整体上未摆脱结构实在论的束缚，是粗糙的和不完备的。

---

① 余潇枫、许丽萍:《国际组织的伦理透视》,《世界经济与政治》2002 年第 2 期,第 38~43 页。
② Stanley Hoffmann, "Obstinate or Obsolete? The Fate of the Nation-State and the Case of Western Europe", *Daedalus*, Vol. 95, No. 3, 1966, pp. 862–915 at 874.
③ 《法媒：欧洲议会克服压力批准欧加自贸协定》,《参考消息》2017 年 2 月 17 日, https://baijiahao.baidu.com/s?id=1559552258190642&wfr=spider&for=pc, 最后访问日期：2021 年 1 月 19 日。

国际组织学：知识论

　　国际组织学必须深刻认识到国家间互动关系的多样性，以及其对国际组织机构功能乃至前途命运的深刻影响。过去几十年来，功能主义和新功能主义已经阐明了国际组织存在的意义在于有效回应国家间合作需求，而政治现实主义和新自由制度主义也已经充分说明了国家主权对国家间能否顺利合作的决定性作用。可以说，促进国家间的共同利益目标的实现是国际组织设立的宗旨，也设定了国际组织在促进国家间合作方面可能达到的最佳效果，但国家间存在共同利益目标不足以导致国际组织的构建或有效运作，只有当各国在追求共同目标的过程中存在某种依靠国家间自发协调无法摆脱的合作困境时，国际组织才有存在的必要。在不同问题领域（如安全、经济、发展、人权），国家间利益关联关系不同，合作困境的性质也存在差异，建构国际组织的可能性、国际组织能够和应当发挥的功能也有所区别。例如和平与安全是各国的共同追求，但安全困境的存在使得各国很难通过自发协调行动实现和平与安全的目标，构建国际组织来克服或削弱安全困境的必要性便产生了。鉴于安全困境产生的核心原因是各国安全感的相对性和对彼此信息的匮乏，二战结束后联合国安理会等机构的核心职能便是为各国提供类似中央权威的公力救济渠道，通过信息供给、争端解决等方式削弱安全困境。[1] 在国际贸易领域，整体上各国存在着扩大国际贸易、建立公平竞争市场的需求。但就国家个体而言，各国又存在着保护民族产业的需求，可能导致保护主义并引发规制竞争，出现竞次结果。[2] 为此，世界贸易组织的核心职能便是为各国提供统一的标准和争端解决机制。其能否顺利构建和有效运作取决于能否平衡好构建国际统一市场和尊重各国需求之间的矛盾性。[3] 环境、卫生等公益类组织的重要职能便是改造国家间基于信息不透明而产生的搭便车问题

---

[1] Robert Jervis, "Cooperation under the Security Dilemma", *World Politics*, Vol. 30, No. 2, 1978, pp. 167 – 214.

[2] John J. McCusker, *History of World Trade since 1450*, Thomson/Gale, 2006.

[3] Giorgio Sacerdoti, "A History of Law and Lawyers in the GATT/WTO: The Development of the Rule of Law in the Multilateral Trading System", *World Trade Review*, Vol. 15, No. 3, 2016, pp. 535 – 539.

第七章　空间域·构成论

等。①因此政策制定者在对国际组织的制度结构进行设计时,应以削弱或消除相关合作困境为直接目的。其关注的应是在某一具体问题领域国家间系统性的利益结构所产生的合作困境的性质,并将国际组织定位为削弱该合作困境的工具。②

为此国际组织学空间域研究的一个重要任务便是识别和国际组织构建与设计相关的"系统"和"结构",并将其概念化。布迪厄的"场域"概念可以为我们所借鉴和参考。如前所述,布迪厄认为社会生活分化成了不同的社会空间,即不同的场域。各个场域拥有独立的主客体类型、位置和互动关系,这使得不同场域的内部关系拥有不同的力量型构,由此形成了独特的动力学原则。在给定的场域中,各个能动的行为者将采取策略维持或改善其在场域中的位置,使得场域的力量型构始终处于变化之中,主体的策略也处于变化之中,然而该过程中场域的型构原则和主体的行为逻辑并未发生变化,这使得场域里的动态变化是主体位置和策略的变化,和时间域内的动态变化体现为主客体因相互建构而产生的质变是不同的。整体上看,布迪厄将内部转换规律视为场域的本质并将抽象的场域和实在的社会严格区分开来,这使其场域成为一个完整的、拥有自身运算规则的独立系统。③

国际组织学视野下那些被我们用感性经验所切割划分的安全、经济、文化等社会生活领域,本质上是一个个由不同主体类型、数量及其相互关系和力量型构所表征的合作场域。既有研究通常将国家间公共目标和合作需求视为国际组织得以产生的原动力。而事实上,国际组织作为社会组织的高成本性决定了国际组织不是国家间合作需求的必然选择,国家也可以通过契约、惯例等形式开展合作;集体行动理论也早已表明公共目标的存在未必导致成功的集体行动,集体行动永远面临着搭便车的问题。在不同的合作场域之

---

① Rachel Brewster, "Stepping Stone on Stumbling Block: Incrementalism and National Climate Change Legislation", *Yale Law & Policy Review*, Vol. 28, No. 2, 2010, pp. 245 – 312.
② Mancur Olsen, *The Logic of Collective Action*, 2nd edition, Harvard University Press, 1971, Chapter 1.
③ 〔法〕皮埃尔·布迪厄、〔美〕华康德:《实践与反思:反思社会学导引》,李猛、李康译,中央编译出版社 2004 年版,第 139 页。

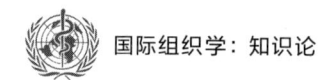

中，国家主体的类型、数量、力量型构存在差别。例如，日本在国际安全领域和国际经济领域的话语权存在显著差异，中国在亚洲议题和南极议题上的话语权也存在显著差异。不同合作场域的属性使得国家间合作在是否存在集体行动困境、困境的性质和程度上也存在差别，而后者直接决定了国际组织能否顺利构建、如何构建等具体问题。

国际组织学引入合作场域概念描述国家主体的力量型构后，研究者便可以据以探讨特定场域内国家间合作目标、合作困境等问题来探讨国际组织的构造和活动逻辑。在宏观层次，只有当国家间存在显著的合作目标，同时因个体短视、信息不畅、缺乏互信等因素造就的合作困境使人们无法通过其他制度形式实现合作时，国家才会采取组织化手段来解决问题。为此研究者可以通过分析特定场域是否存在合作目标与合作困境来探讨建立国际组织的必要性与可行性；在微观层次，由于国家间合作领域、合作需求以及由此产生的合作困境的性质是多样化的，国际组织的制度结构和管理模式是否能有效克服相应的合作困境并促进合作目标，也亟待考证。为此研究者可以通过分析合作困境的性质来探讨如何设计和运作国际组织。场域这一结构概念的引入，能够在宏观层次将既有国际政治理论中"合作目标—国际组织"这一变量关系改造为"合作场域—合作目标/合作困境—制度手段"这一变量关系，即认同有且仅有国际组织能够克服合作困境且是唯一有效手段时，国家才会建立国际组织；同时在微观层次发展"合作场域（特性）—合作目标/合作困境（特性）—组织机构（特性）"这一变量关系，即认同有且仅有国际组织的组织机构设计有效回应了合作场域的特性及克服合作困境的需求，才能成功建立、稳定存续并正常履职。

第八章 价值域·价值论

内容提要

- 国际组织是承载着价值期许的人为创设物,国际组织学因而具有其价值域
- 人们在价值域提出国际组织的合意性问题
- 相关知识成果构成以解释国际组织效用价值为宗旨的价值论
- 国际组织的价值分为本体价值和效用价值
- 本体价值判断要求识别认识论主体;效用价值判断要求识别代位的利益相关者
- 价值研究要区分科学性研究与以科学为表象的"布道"式研究

国际组织作为人为创设物,自产生之初便承载着人们的价值期许,这使得人们不仅关心国际组织是什么、为什么的事实性问题,也关心国际组织对创立者和参与者有什么用这样的合意性问题。人们对国际组织合意性的关注决定了国际组织学在时间域、空间域之外还具有价值域。人们关心国际组织对不同利益相关者的价值。相关知识构成了国际组织学的价值论(Values of International Organization)。

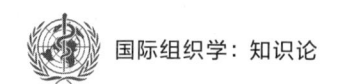

第一节　社会科学的价值域

"价值"（Value）一词起源于古代梵文的"围墙"和拉丁文的"护堤"等词语，意指保护和加固作用，后来进一步具有了"可珍贵、可尊重、可重视"的合意性内涵。①李凯尔特将价值视为人类社会生活的根本，"没有价值，我们便不复'生活'……没有价值，我们便不复意欲和行动，因为它给我们的意志和行动提供了方向"。②关于价值的本质，西方哲学界存在不同的看法。以英国哲学家艾耶尔和美国哲学家培里为代表的主观主义价值论者将价值视为一种主观观念和精神的存在，是人的兴趣、意向、情感、态度等方面的主观感受。文德尔班等客观唯心主义价值论者则将价值实体化，将它视为一种绝对客观存在的现象体系，是"现实世界之上的独立王国""自在的领域"。自然主义者则将价值视为实体的固有属性。③20 世纪以来的价值哲学则认为价值是一种关系范畴，它产生于人有目的的实践活动，和人这一主体密不可分。只有人这一主体存在，价值才有所依附。④

社会科学研究自始便存在价值判断。古代哲学的一个重要范畴便是探讨具有价值负载（Value-Laden）属性的信念与事实间的关系。随着科学哲学的兴起，部分哲学家将价值视为人类的一种精神现象，试图将其从客观中立的科学研究中剔除。而后随着社会科学与自然科学分野并确立自身的方法论，人们逐步认识到社会科学具有天然的价值负载属性。社会科学研究无法也不应该做到传统科学认识论所主张的绝对价值无涉，而应该正视并正确对待研究中存在的价值关联性。⑤德国哲学家狄尔泰强调人类社会生活的意

---

① 李德顺：《简论人类活动的价值原理》，《北方论丛》2017 年第 4 期，第 1 页。
② 〔德〕马克斯·韦伯：《社会科学方法论》，韩水法、莫茜译，商务印书馆 2013 年版，第 xi 页。
③ 李德顺：《简论人类活动的价值原理》，《北方论丛》2017 年第 4 期，第 2~3 页；张军：《价值哲学的存在论基础》，人民出版社 2018 年版，第 1~2 页。
④ 张军：《价值哲学的存在论基础》，人民出版社 2018 年版，第 29~32 页。
⑤ 〔美〕马克·瑞斯乔德、袁继红：《社会科学哲学中的规范性与自然主义——瑞斯乔德教授访谈》，《哲学分析》2019 年第 3 期，第 190~195 页。

第八章 价值域·价值论

义，强调内在于人类生活的实在、价值和目的的关系是精神科学的起点，且使它和自然科学区分开来。①李凯尔特则强调自然和文化的实在性和相对性，认为自然是自生自长的事物之和，而文化是特定预期目的的产品。②

韦伯认同了狄尔泰和李凯尔特对自然科学和社会科学的区分，但他不同意他们对价值、文化现象和社会科学关系的论述。他在《社会科学认识和社会政策认识中的"客观性"》一文中将文化事件定义为社会科学的对象，而文化事件的规定包含着价值和意义这两种基本要素。社会科学和自然科学的对象本身都是实在的，然而社会科学研究者之所以选择以某些而非全部社会现象为研究对象，正是因为这部分社会问题比其他问题更加"重要"。③这意味着社会科学研究自始就寄托着人们的价值期待，具有天然的价值关联属性。然而价值在自然科学和社会科学的区分中并不在存在论意义上发挥作用，而是在方法论意义上发挥作用，价值是社会科学概念形成的先决条件。④ 如韦伯所言："任何文化科学的先验前提，不是指我们认为某种或任何一种一般的'文化'有价值，而是指我们是文化的人类，秉具有意识地对世界采取一种态度和赋予它意义的能力和意志。"⑤

人们认知和改造世界的需求决定了人们对事物的价值判断包含对事物本质的判断和与主体关系的判断这两个维度。在本章语境下，我们将其称为本体价值判断和效用价值判断。所谓本体价值判断是指观察者在哲学本体论意义上对事物的本质做出判断。事物的本体价值源于主体通过想象、联想、比喻和象征等思维活动将自身的观念赋予客体之上，建构出客体的"性质"。⑥

---

① 〔德〕狄尔泰：《狄尔泰文集（第3卷）：精神科学中历史世界的建构》，安延明译，中国人民大学出版社2010年版，第105页。
② 〔德〕H. 李凯尔特：《文化科学和自然科学》，涂纪亮译，商务印书馆1986年版，第15页。
③ 〔德〕马克斯·韦伯：《社会科学方法论》，韩水法、莫茜译，商务印书馆2013年版，第viii页。
④ 在本章语境中，狄尔泰、李凯尔特、韦伯分别所称的精神科学、文化科学、社会科学的内涵相同。
⑤ 〔德〕马克斯·韦伯：《社会科学方法论》，韩水法、莫茜译，商务印书馆2013年版，第35~36页。
⑥ 喻文德：《论本体价值的建构》，《求索》2007年第6期，第160页。

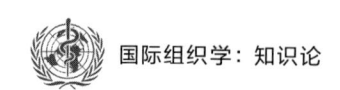

尽管本体价值本身具有观念建构性，但在观察者的认知能力范围内，事物的本体价值是事物基于客观存在本身而具备的、不以时空和外部评价而转移的属性。在观察者的认知能力范围之内，事物的本质独立于观察者本人和他人的立场而存在，对所有人具有客观性和同一性，为此它反映的是主客体之间的一种普遍性认知关系。而所谓效用价值是指事物因与特定主体发生关联而得到的合意性评价。这种合意性既可能源自人们物质利益的满足感，也可能源自道德观念的认同感。这种评价通常随着评价者立场的变化，以及评价者对事物本质认知的变化而变化。人们对事物本体价值的认知，体现了他们对事物的本质判断，决定了他们对事物性能的看法和期待；人们对事物效用价值的认知，体现了他们对事物的合意性判断，决定了他们针对事物的对策方案。

人们对事物的本体价值判断和效用价值判断既具有明确的区分性，也具有密切的关联性。一方面，同一观察者对事物合意性的判断通常建立在该观察者对事物本质的认知基础之上。只有在对事物的本质和自身的立场都有所认知的基础之上，才能对事物的合意性做出判断。在这种意义上，人们对事物的本体价值判断是效用价值判断的前提。另一方面，尽管人们对事物做出本体价值判断时努力回避了自身偏好和立场的干扰，然而主体对客观世界的效用期待本身就是社会科学研究的逻辑起点，人们对事物效用价值的期待通常潜藏在对事物的本体价值判断之中。例如，20世纪初期人们将国际联盟视为准世界政府，其原因在于19世纪后期以来混乱的国际政治局面使人们前所未有地渴望和平与安全，故而期待建立一个"世界政府"来维护国际秩序。而20世纪中后期的现实主义者将国际组织视为大国政治的工具，原因则在于冷战的爆发使人们对国际组织在权力政治面前的行动能力丧失了信心，从而放弃对国际组织的幻想，转而寄望从权力政治格局中寻求世界战争与和平问题的解决方案。[①] 从绝对意义上看，人们对事物本体价值和效用价值的判断都具有时空依赖性，都将随着时间、空间和个人信念、立场的变化

---

① 刘志云：《古典现实主义与冷战时期国际法及国际组织的实践》，《金陵法律评论》2007年第2期，第86~106页。

第八章 价值域·价值论

而改变。但由于人们在判断事物的本体价值时努力摒弃了个体立场的特定性，它常常以意识形态和学术思潮的形式存在，在一定历史时期内具有稳定性，在一定空间范围内具有统一性。而由于人们对事物效用价值的判断还受到主体立场的影响，它的判断结果相比本体价值判断更具有时间维度的变化性和空间维度的多样性。例如，20世纪初期的研究者在20多年的时间内普遍将国际联盟视为具有国际秩序供给职能的准世界政府，然而不同国家对国际联盟的效用认识却存在巨大差异，同一国家的认知态度在20多年的时间跨度内也频繁发生变化。1920年国际联盟成立时，美国总统伍德罗·威尔逊和美国国会对国际联盟的效用价值判断就存在很大差异；英国、法国、意大利、日本4国在国际联盟成立时成为常任理事国，然而后来日本、意大利又以国联的政策不符合自己的利益为由先后退出。[1]

鉴于研究者在价值研究中始终以"主体"的身份"在场"（至少相对于实证研究是如此），我们有必要区分本章语境中的研究者与主体这两个概念并厘清二者的关系。价值研究需要研究者代入"主体"的视角和立场，但价值研究中的研究者不直接等同于价值研究中与事物产生关联的"主体"。任何自然人意义上的研究者在面对一个社会问题时都有着各自的视角和立场。然而只有当作为自然人的研究者完成了对自身的去经验化，真正代入了与事物产生关联的那个"主体"的视角和立场，其价值研究的成果才具有普遍适用性。例如，当一个南非的研究者在研究世界银行对于国际减贫事业的价值时，他在意念中必须要超越自身的国籍、种族、教育工作履历、知识局限等经验性信息，代入一个中立的国际主体立场，他的研究才能与该价值追问本身所匹配。为此，研究者在开展价值研究时，需要尽可能地区分皮亚杰所说的"个别主体"和"认识论上的主体"，以及区分"支离破碎的、时常是歪曲的'初意识到'"和"主体在其智慧活动里所能努力做到的"这两方面内容，把主体的研究者和生活经验中的研究者区分开，以确立一个被除

---

[1] C. G. Fenwick, "The 'Failure' of the League of Nations", *The American Journal of International Law*, Vol. 30, No. 3, 1936, pp. 506–509；贾烈英：《构建和平：从欧洲协调到联合国》，时事出版社2013年版，第99~107页。

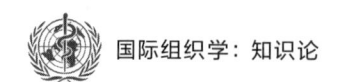

中心化的、符合普遍人性的主体。[①]

　　更进一步，研究者在本体价值研究中所代入的"主体"和效用价值研究中所代入的"主体"在求知目的上也有所差别。在探索事物本体价值的过程中，研究者的目的在于寻求关于研究客体的本质属性。为此研究者需代入"认识论上的主体"视角，切断与客体的直接联系而置身于旁观者的位置。例如一项关于"联合国的本体价值"的研究中，国际社会的大观场始终存在，观察者也始终在场——这是当代社会科学与形而上学的重要区别之一。但观察者的形象始终处于模糊晦暗的位置，而不会直接出现在研究者的论证结构之中。而在探索事物的效用价值的过程中，研究者的目的在于寻求研究客体对主体的合意性，他明确地意识到主体与客体的关系本身就是研究的组成部分。主体的视角和立场不是要被努力遗忘和排除的内容，而是需要被认识和分析的对象。为此研究者需代入"作为利益相关者的主体"视角，确定主体的利益立场，进而确定研究对象对主体的合意性。例如一个关于"联合国的效用价值"的研究中，研究者是站在国际社会还是特定国家的立场来分析问题，是其研究得以进行的逻辑起点，是在选题意义这种"研究前问题"部分需要确定的内容。

　　关于价值判断和研究活动的关系，当今社会已普遍同意，社会科学研究的价值维度不是唯心的和不可知的，而是可以被解释的客观存在。然而社会科学研究的本质决定了任何一项具体的知识创造活动中，研究者都代入了预设的价值判断，无论研究者是否意识到这一点，以及研究者是否把该价值判断代入其论证结构之中。由于价值判断既暗含着某种主观意向性，其发生的过程又具有可论证性，这使得它在社会科学研究中便既可以作为先验的信条而存在，又可以作为待求证的事实存在；既可以作为常量存在，又可以作为变量存在。当研究者对其价值判断处于无意识状态，该价值判断在研究者的研究活动中便以先在信条的形式存在；当研究者对其价值判断具有明确的意识，该价值判断在研究者的知识创造活动中便以给定的常

---

① 〔瑞士〕皮亚杰：《结构主义》，倪连生、王琳译，商务印书馆1986年版，第118页。

量或者待论证的变量而存在。相应地,研究者所创造的知识是否可靠,不在于他们对事物所做出的价值判断是否符合某种绝对标准,而在于该价值判断的内容及其在研究结构中的位置是否与研究者所代入的主体立场和研究目的相符合,以及是否和知识受众的立场和求知目的相符合。如果前者的答案是肯定的,研究者的知识创造活动本身便是可靠的,否则研究本身的科学性便可能受到质疑。如果后者的答案是肯定的,研究者所创造的知识对特定知识受众便具有可适用性,否则研究对知识受众的可适用性便将受到质疑。

具体而言,要判断一项价值研究的可靠性,需要从以下三个层次着手。其一,研究者对于研究对象的价值维度是否具有明确的意识,如果答案是否定的,价值判断是否以先在信条的形式存在于研究者的论证之中;该先在信条作为研究的逻辑前提与研究者所代入的主体立场和研究目的是否一致?如果不一致,研究者的研究便不具有可靠性。例如20世纪60年代新功能主义者将国际组织视为国际合作的功能性机构而忽视其政治工具属性,由此推论出国际社会的一体化进程是持续而不可逆的。而后的国际政治现实验证了新功能主义者先验地将国际组织视为纯粹功能性机构的本体价值判断是不可靠的。[①] 其二,如果答案是肯定的,研究者对研究对象的价值判断在论证结构中被视为给定的常量还是待论证的变量;如果研究者有意识地将国际组织的价值视为常量,该常量理论渊源的适用范围是否涵盖了研究者正在探讨的具体问题;如果研究者所探讨的具体问题超出了该常量理论渊源的适用范围,研究者的研究便不具有可靠性。例如20世纪初期的国际立宪主义根植于古典自由主义的社会契约论思想,认为国际社会可以类比国内社会实现法制化、在主权国家之上建立准世界政府。然而社会契约论关于国家政治社会中对个体力量、社会关系的假设和主权国家构成的国际体系存在重大差别,20世纪上半叶研究者对这类差别的忽视使研究成为赖欣巴哈所批评的"朴素类比法",[②] 为

[①] 参见本书"国际组织研究"一章关于新功能主义理论的评述部分。
[②] 〔德〕H. 赖欣巴哈:《科学哲学的兴起》,伯尼译,商务印书馆1991年版,第11页。

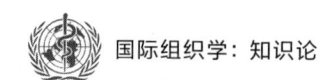

国际立宪主义的破产埋下了伏笔。[①] 其三，如果将研究对象的价值视为变量，除却研究者提问和论证本身的科学性外，研究者对自身的主体立场以及主体与客体之间的关系是否有充分的意识和详细的阐述，如果答案是否定的，研究者的研究成果对知识受众的可适用性便是不确定的；如果答案是肯定的，研究者的研究成果对知识受众的可适用性便是明确的。总而言之，价值论相关的研究中，价值判断在研究者的论述中所处的逻辑位阶、研究者自身所处的立场所决定的主客体关系，是知识受众必须明确的内容，否则他们便无法辨别这些具有价值关联的研究成果是否可靠，以及在怎样的范围内对知识受众具有可适用性。

以博丹在《主权论》中关于国家主权的论述为例。博丹阐述了国家主权至高无上、不可分割和转让的本质，并对这一论点做了详细的论证。作为研究者的博丹对主权的本体价值判断具有明确的意识，且该价值判断在其研究中以待论证的变量的形式存在，即主权既可能是可以分割和转让的，也可能是不可分割和转让的，但他通过论证肯定了后者。从需要为当时日渐成熟的主权国家提供解释的角度，博丹的研究符合他所代入的主体立场和求知目的，该知识创造活动本身便是可靠的。从学习者的角度看，如果学习者求知的目的是理解国家主权的性质，博丹所提供的判断和论证对他们便是有意义的。然而在主权国家刚刚兴起的时代，博丹主权论的经验样本非常稀少，这在很大程度上限制了他对主权本质的抽象。和亚里士多德等先哲一样，博丹未完全区分抽象的主权和具象的行政权，这使得他的主权理论无法完全排斥"主权者"这个概念，这在很大程度上限制了他的主权理论的自洽及现实解释力。[②]

再以霍布斯在《利维坦》一书中关于国家国民关系的论述为例。霍布斯借助自然状态、社会契约、主权者等概念论述了自然状态下人们所处的状态，他们建立国家的动因和过程，以及国家和国民的权利义务关系。作为研究者的霍布斯在博丹的主权论基础上阐述了主权得以产生的原因及其在世俗

---

① 〔日〕筱田英朗：《重新审视主权——从古典理论到全球时代》，戚渊译，商务印书馆 2005 年版，第 73~113 页。该书中的"国际宪政主义"和这里的国际立宪主义内涵相同。

② 〔法〕让·博丹：《主权论》，李卫海、钱俊文译，北京大学出版社 2008 年版，第 25~91 页。

国家中的具体表现形式,将国家权力及国家与国民的关系归因于自然状态下人们的处境与需求。霍布斯对这种因果关系判断具有明确的意识。然而霍布斯在其理论结构中未把国家权力及国家与国民关系视为一个由自然状态下人们的处境与需求这一自变量所决定的因变量。霍布斯对于"自然状态"本身是一个变量缺乏意识,未意识到当社会生产方式、社会结构等"自然状态"特征发生变化时,与之相匹配的国家权力及国家与国民关系也将发生变化,他基于自己所处时代和地区的生产方式、社会结构做出了对社会政治制度的效用价值判断,即最优的国家与国民关系配置方式是国家掌握绝对权力的君主专制制度,国民只保有生存权和极为有限的财产权,同时具有绝对服从国家法律的义务。由于霍布斯在构造理论时对自己受时代和地域特定性影响而代入的先在信条缺乏自觉意识,其理论对自然状态概念的去经验化程度不足,进而损害了理论的普遍适用性。而他所提供的价值判断即君主专制制度是最适宜的政治制度,则具有时代和地域上的局限性。从研究者的角度看,霍布斯的创作目的在于创造一种解释政治社会缘起与合法性的普遍理论,其概念构造上的瑕疵使得这一创作目的并未完全实现。为此研究者的知识创造活动对研究者本身也并非完全可靠,这也是霍布斯的社会契约论在后世遭到批判的众多原因之一。[1]从学习者的角度,霍布斯对非政治社会与政治社会的一元论叙事使得其理论不能完整地帮助知识受众解释不同时代和地域的政治制度,而其关于君主专制制度的价值判断则已被现代社会所摒弃,为此其所创造的知识成果对知识受众而言不具有完整的可靠性,需要进一步修正之后方能适用。

第二节 国际组织学的价值域

国际组织学有其价值域,这是由国际组织的两重属性决定的。其一,国

---

[1] 批评意见参见〔英〕边沁《政府片论》,沈叔平等译,商务印书馆1995年版,第154页;〔英〕休谟:《休谟政治论文选》,张若衡译,商务印书馆2010年版,第123页;〔法〕卢梭:《论人与人之间不平等的起因和基础》,李平沤译,商务印书馆2015年版,第48页。

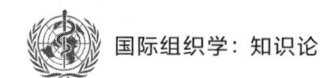

际组织是一种社会实在,具有实在的结构并现实地处于各种政治、经济和文化关系之中。这种实在性使作为社会观察者的人们需要尽力摒除自身的局限性,努力知解其结构和关系上的客观形态。其二,国际组织不是自然产生的,而是由人在特定目的支配下设计构建的"产品",实现人们的期待是它与生俱来的使命。国家、公民等与国际组织的联系也不是自然产生的,而是相关主体在特定目的支配下主动建立的,满足这种目的或效用是它们之间的关系得以存续的基础。这种目的性使作为社会能动者的人们需要准确认识并提升国际组织存在、活动和功能上的合意性。

国际组织的实在性和人为创设性决定了研究者对国际组织的价值判断也有本体价值的判断和关于国际组织效用价值的判断这两重内容。研究者对国际组织的本体价值判断体现在他们对国际组织本质,即"国际组织是什么"的解读之中;而对国际组织效用价值的判断则体现在他们对"国际组织有什么用"这一问题的回答之中。本体价值判断要求研究者摒弃其作为自然人的局限性造就的经验主体立场——至少在主观意识上应努力这么做,将自身置于认识论意义上的主体立场来看待国际组织。但是这种"去经验化"通常是有边界的,研究者作为一个历史和社会中的个体,穷尽其所有也不能彻底剥离一切经验使自身获得上帝视角,就像一个力大无穷的勇士也不能将自己抱离地面一样。实践中研究者对国际组织的本体价值判断常常受到个体所处时代的社会实践、意识形态和理论思潮的影响。例如,20世纪初期人们倾向于将国际组织视为主权国家基于契约而建立的准世界政府,冷战期间受到现实主义影响人们则将国际组织视为大国谋取利益的工具。[①] 效用价值判断要求研究者把自身置于特定利益相关者的立场之中,并由此形成关于特定国际组织对该利益相关者的合意性判断。

[①] 关于将国际组织视为世界政府的学术思潮的介绍,参见本书"术语·研究领域"一章。关于将国际组织视为国家工具的观点,参见 Kenneth W. Abbott and Snidal Duncan, "Why States Act through Formal International Organizations", *Journal of Conflict Resolution*, Vol. 42. No. 1, 1998, pp. 3 - 32; M. Kahler, "Inventing International Relations: International Relations Theory after 1945", in M. W. Doyle and G. J. Ikenberry (eds.), *New Thinking in International Relations Theory*, Westview Press, pp. 20 - 53。

第八章 价值域·价值论

研究者对该利益相关者的偏好、国际组织本体价值的认知对其效用价值判断至关重要。例如在国际联盟建立之时,美国总统伍德罗·威尔逊和美国国会对国际联盟的效用价值判断存在巨大差异,威尔逊将国际联盟视为国际秩序的维护者,国会中的共和党人则认为它限制了美国的主权,这种认知的冲突直接导致总统关于美国加入国际联盟的提议未得到国会的认同。[①]

当国际组织的本体价值和效用价值成为国际组织研究的直接对象,相关研究便可以称为国际组织的价值研究。国际组织的价值研究也可以分为本体价值研究和效用价值研究这两个范畴。值得注意的是,国际组织价值研究所提出的问题和产生的知识并不等同于国际组织学的价值论部分。国际组织学作为独立的科学知识体系,要求其提出的问题和产生的知识具有普遍性,为此研究者在本体价值研究和效用价值研究的过程中都要实现主体的去个性化,站在一个抽象的、具有普遍代表性的主体立场提出和回答问题。本体价值研究和效用价值研究皆是如此,只不过本体价值研究中的主体是认识论意义上的主体,效用价值研究中的主体则是全人类社会整体这一利益相关者的主体立场。前者排斥的是研究者将个体认知上的局限性代入研究,后者排斥的则是研究者将国别、种族、阶级等因素造就的个性化利益相关者代入研究。[②] 代入了个体认知局限性的本体价值研究不能成为可靠的科学研究成果,而代入了个性化利益相关者的效用价值研究则不符合国际组织学价值论对知识普遍适用性的要求,属于价值论项下应用对策研究的范畴。

国际组织学视野下的本体价值研究期待研究者尽可能地突破自身所处时代、地域和个体经验造就的局限性,站在认识论主体的立场揭示研究对象最

[①] 贾烈英:《构建和平:从欧洲协调到联合国》,时事出版社2013年版,第76~79页。
[②] 无论在科学还是学科意义上解读国际组织学这一概念,知识的体系性和普遍性都是它的必要特征。参见〔德〕康德《逻辑学讲义》,许景行译,商务印书馆2010年版,第47~48页;周朝成:《当代大学中的跨学科研究》,中国社会科学出版社2009年版,第20~23页。

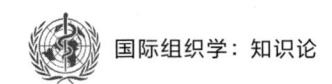

本真的面貌。例如，当研究者以联合国为例来探究国际组织本质上究竟是独立的国际法主体还是大国博弈的工具时，研究者必须尽可能地对联合国成立以来的基本情况做全景式的了解，同时对国际立宪主义、功能主义、理性主义等理论思潮有全面把握，在不断对具体理论思潮"祛魅"的过程中拓展认知。学术实践中我们看到米特兰尼在批判国际立宪主义的基础上确立了国际组织作为功能机构的本质；① 新自由制度主义也是在反思现实主义工具论和新功能主义一体化理论的基础上探讨了国际组织作为功能性、政治性和规范性机构的复合属性。②

和本体价值研究要求主体"利益无涉"不同，效用价值研究中必须引入主体的利益偏好，并据此界定主客体之间的关系。为此，国际组织学视野下的效用价值研究期待研究者尽可能地克服自身作为自然人的个人经验立场而站在人类社会公共利益的立场，公正地对研究对象进行效用价值评价。例如，当研究者在国际组织学的价值域中讨论联合国安理会大国否决权制度的效用价值时，他必须摒弃自身作为自然人的国籍身份、个人信念所造就的立场，而站在人类社会公共利益的立场提出和回答问题。鉴于安理会的职能是维护世界和平与安全，研究者提出研究问题的方式应当是"安理会大国否决权制度是否有利于安理会履行维护世界和平与安全的职能"，而不应当是诸如"安理会大国否决权制度是否符合西方民主原则""安理会大国否决权制度是否符合特定国家的利益"这类的提问方式。再例如，当研究者在国际组织学的价值域中讨论是否应当扩大安理会的常任理事国席位这一问题时，他应当从国际社会的公共利益出发考察安理会扩容是否有利于它的宗旨目标。相应地，他的提问方式应该是，"安理会扩容是否有利于世界和平与安全目标之实现"，或者更具体地说，"安理会扩容是否有利于安理会决策

---

① David Mitrany, "The Functional Approach to World Organization", *International Affairs*, Vol. 24, No. 3, 1948, pp. 350 – 363.
② 〔美〕罗伯特·基欧汉：《霸权之后：世界政治经济中的合作与纷争》（第 2 版），苏长和、信强等译，上海人民出版社 2012 年版，第 49～131 页；秦亚青：《权力·制度·文化：国际关系理论与方法研究文集》，北京大学出版社 2005 年版，第 100～105 页。

效率和执行力的提升",而不应该站在具体国家立场提出诸如"安理会扩容是否有利于增加特定国家在国际舞台的权力"之类的问题,或者站在联合国机构职员的立场来探讨诸如"安理会扩容是否有利于联合国掌握更多的资源与话语权"之类的问题。①

从学习者的角度看,任何人在面对一个具有价值关涉的问题时,都会当然地期待研究者克服自身认识上的局限性和利益上的偏狭性,抛弃身份立场和偏好,秉持科学精神研判问题。然而学术实践中要研究者完全克服自身认识能力和价值立场的局限性,实现完全的去经验化是困难的。研究者的认知能力和价值偏好不可避免地影响他的判断和研究的走向。② 例如,我们很可能会同意冷战期间的美国研究者和苏联研究者、当代作为安理会常任理事国的中国研究者和试图入常而不得的日本研究者或印度研究者将对大国否决权对其维护世界和平与安全这一目标的关联性做出不同的判断。为此学习者在接受价值论研究成果之前,必须审查研究者价值研究中的主体立场,以确认该项研究成果的可靠性及其对自身的可适用性。这种审查整体上包含三个步骤:其一是确定价值判断的类别,即相关价值论研究是本体价值研究还是效用价值研究;其二是确定价值判断的内容,即相关价值论研究如何看待客体的价值问题;其三是确定价值判断的方法,即价值论做出价值判断的依据是什么。20 世纪国际组织价值研究经历了一个内容不断丰富、方法不断科学化的发展过程,设定了国际组织学价值论部分的基本轮廓。

20 世纪先后兴起的各个理论流派关于国际组织本体价值的判断内容可以分为国际组织主体说、国际组织工具说、国际组织机制说三大类别。国际组织主体说肯定国际组织作为国际行为体的自由意志和能动性,肯定其在国际法体系下的法律行为和责任能力,将之视为国际秩序中的立法者、执法

---

① 刘莲莲、王晴:《国际组织中大国否决权的规范价值探析》,《国际政治研究》2018 年第 2 期,第 77~106 页。
② 这里所谓的去经验化困难就像我们每个人写作时难以克服笔误一样,是人作为感性实体所面临的一种盖然性困难。本节之初所谈到的"力大无穷的勇士也不能将自己抱离地面"的去经验化困难则是源自研究者作为历史的、社会的存在而面临的天然局限性。

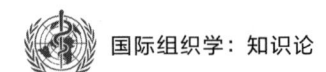

者、司法者、信息供给者等独立主体角色。国际组织工具说，或称国际组织客体说，认为国际组织是国家或公民等主体意志的产物，不具有独立意志和能动性。国际组织的意志和利益都能够还原到作为其创建者的国家或公民的意志和利益之中。国际组织机制说将国际组织视为一种规范约束国际合作的程序机制，或称国际法的立法法，认为其具有普遍的民意基础并以国际公共利益为目标，具有道义的力量，其产生和发挥作用的过程遵循着社会制度的普遍逻辑。关于国际组织本体价值的判断方法主要有唯理主义和实证主义这两种类别。[1]

关于国际组织效用价值的判断内容也可以区分为两个维度。一是对国际组织"有所为"的积极价值判断，即期望国际组织能够发挥能动性，积极作为，以主动追求和实现某种价值目标。这类研究通常集中在国际组织创立前或创立初期，人们对于其积极介入和改变国际秩序的能动性存在较高期待的情况下。例如，20世纪国际联盟建立后，国际社会普遍对其维护世界和平与安全的功能寄予厚望，为此在二战爆发后人们因为失望情绪而普遍认为国际联盟遭遇了"失败"。[2]联合国建立后，人们也期望安理会能够迅速有效地应对国际争端，为此在冷战期间安理会因美苏对抗而无法有效决策时人们将之称为安理会"瘫痪"了。[3] 在此论断基础上，学者纷纷探求国际组织"失败""瘫痪"的原因，以期通过改革使其有效发挥职能。再例如，在亚洲基础设施投资银行创立前后，学界的研究集中在对其在促进基础设施投资领域是否具有独特的优势，和世界银行等既有多边金融机构的区别，是否存在潜在的融资和投资风险阻碍其功效发挥等问题的探讨。[4] 沿袭该思

---

[1] 关于国际组织本体价值判断内容和判断方法的详细讨论参见本书"本体论"一章。

[2] C. G. Fenwick, "The 'Failure' of the League of Nations", *The American Journal of International Law*, Vol. 30, No. 3, 1936, pp. 506 – 509.

[3] Robert S. Snyder, "Reforming the Security Council for the Post-Cold War World", *International Journal on World Peace*, Vol. 14, No. 1, 1997, pp. 3 – 16; Andrew J. Carswell, "Unblocking the UN Security Council: The Uniting for Peace Resolution", *Journal of Conflict and Security Law*, Vol. 18, No. 3, 2013, pp. 453 – 480.

[4] Bin Gu, "Chinese Multilateralism in the AIIB", *Journal of International Economic Law*, Vol. 20, No. 1, 2017, pp. 137 – 158.

第八章 价值域·价值论

路,部分学者概括地基于对国际组织积极价值的推崇来探讨国际法治等理论问题。① 从内容上看,学者对国际组织的积极价值的期待也可以分为两类:一是国际组织如何促进物质利益的实现,② 二是国际组织如何促进价值规范的生成和推广。③

二是对国际组织"有所不为"的消极价值的判断,即期待国际组织作为主体能够自我管束,不违反国际社会的禁止性法律和规范。这类研究通常集中在国际组织已经发展成熟、具有较强的资源调配能力和行动能力的时期或区域,人们对其结构和行为的合法性存在担忧的情况下。④ 例如,20 世纪 90 年代初期联合国机构不断扩大、效率不断降低,引发了学界对其官僚化和滥用权力的忧虑。同一时期,世界银行和国际货币基金组织作为"华盛顿共识"的重要缔造者,其附条件的贷款行为和方案是否损害受援国的利益,也引发了国际社会的普遍关注。⑤ 而国际社会对于联合国教科文组织等

---

① Ian Brownlie, *The Rule of Law in International Affairs*, Martinus Nijhoff Publishers, 1998; Ernst-Ulrich Petersmann, "How to Promote the International Rule of Law? Contributions by the World Trade Organization Appellate Review System", *Journal of International Economic Law*, Oxford University Press, Vol. 1, No. 1, 1998, pp. 25 – 48.

② Michael Lipson, "Transaction Cost Estimation and International Regimes: Of Crystal Balls and Sheriff's Posses", *International Studies Review*, Vol. 6, No. 1, 2004, pp. 1 – 20; Michael J. Leiblein, "The Choice of Organizational Governance Form and Performance: Predictions from Transaction Cost, Resource-based, and Real Options Theories", *Journal of Management*, Vol. 29, No. 6, 2003, pp. 937 – 961.

③ Michael N. Barnett and Martha Finnemore, *Rules for the World: International Organizations in Global Politics*, Cornell University Press, 2004; Erik Gartzke and Megumi Naoi, "Multilateralism and Democracy: A Response to Keohane, Macedo and Moravcsik", *International Organization*, Vol. 65, No. 3, 2011, pp. 589 – 598.

④ Michael N. Barnett and Martha Finnemore, "The Politics, Power and Pathologies of International Organizations", *International Organization*, Vol. 53, No. 4, 1999, pp. 699 – 732; Daniel L. Nielson and Michael J. Tierney, "Delegation to International Organizations: Agency Theory and World Bank Environmental Reform", *International Organization*, Vol. 57, No. 2, 2003, pp. 241 – 276.

⑤ John Williamson, "What Washington Means by Policy Reform", in John Williamson ed., *Latin American Adjustment: How Much Has Happened?* Peterson Institute for International Economics, 1990, p. 15; 曹勇:《国际货币基金组织贷款的政治经济学分析:模型与案例》,《国际政治研究》2005 年第 4 期,第 92 ~ 105 页。

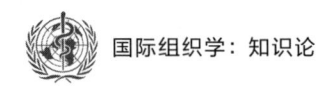

国际组织的政治化问题的探讨始终不绝于耳。①

国际组织效用价值判断的逻辑过程较本体价值判断更加复杂。它首先要求研究者对国际组织的本体价值做出判断，进而在研究者准确认识研究中主体特性和利益偏好的基础上，对国际组织实体的合意性做出判断。为此研究者无论是在本体价值判断还是在主体特性判断上出现偏差，都可能影响其关于效用价值的判断内容。例如，国际组织主体论者和国际组织工具论者对国际组织功能存在不同期待，前者常常期望国际组织发挥独立的主体性作用，后者则更强调国家和公民等主体的能动性。相应地，二者对于国际联盟在其存续20年内的表现，联合国安理会在冷战期间的表现会做出截然不同的判断。再例如，冷战期间和冷战之后的国际社会存在较大差异，人们对世界和平与安全的理解、对联合国安理会和维和行动的期待也有所不同，这直接导致20世纪90年代后安理会和联合国维和行动在维护世界和平与安全的行动中一改冷战期间谦抑保守的状态，变得更加积极和主动。②

第三节　国际组织研究中的价值判断

对于具体的研究者而言，其应该采取唯理主义还是实证主义的判断方法，采取主体说、工具说还是机制说的本体论主张，着眼于积极价值还是消极价值的研究，取决于其拟解决问题的性质。研究者必须首先明确其拟解决的问题是国际组织学价值域中的本体价值问题、效用价值问题，还是国际组织学之外服务特定利益相关者的应用对策型问题。在明确研究问题之后，研究者

---

① Douglas Williams, *The Specialized Agencies and the United Nations: The System in Crisis*, C. Hurst, 1987, pp. 55 – 73; Mark F. Imber, *The USA, ILO, UNESCO and IAEA: Politicization and Withdrawal in the Specialized Agencies*, Palgrave Macmillan, 1989；凌兵：《国际组织的争端解决机制——对国际法院管辖权的考察》，《中国法律评论》2020年第4期，第2~11页；Karen J. Alter, Emilie M. Hafner-Burton and Laurence R. Helfer, "Theorizing the Judicialization of International Relations", *International Studies Quarterly*, Vol. 63, No. 3, 2019, pp. 449 – 463。

② 何银：《中国的维和外交：基于国家身份视角的分析》，《西亚非洲》2019年第4期，第24~49页。

第八章 价值域·价值论

才能定位研究中的主体立场，进而确定主客体之间的关系。如前所述，这里所谓的主体立场并非作为自然人的研究者的立场，而是研究者在开展研究之前进行的自我角色定位。他既可以代入认识论上的主体身份来探问国际组织价值论中的本体价值，也可以代入人类社会整体利益代言人的身份来探问国际组织学价值论中的效用价值问题，还可以代入特定时代、特定立场的利益相关者视角探问国际组织学之外的应用对策性问题。从研究者的角度来看，其所持的主体立场与其研究问题性质的适配性，决定了其研究成果的可靠性。

国际组织学价值论研究期待那些超越时空局限的知识和发现，为此研究者面临的最大挑战是如何在研究中实现去经验化，撇开个体认知局限而站在认识论的主体视角分析问题。然而悖论在于：任何具体的研究者都难以彻底摆脱个体特性所带来的局限而站在上帝视角来获得具有纯粹真理性、客观性和普遍性的知识。[1]从相对意义上说，研究者个人的天赋、智识、经验可以帮助他们尽可能地克服这种局限性。例如，让·博丹《主权论》是在世俗王权对抗教权的时代背景下写作而成，该书的先验价值立场是为世俗政权国家的合法性服务，然而这并不妨碍其关于主权本质的洞见迎合了时代需求，在身后几个世纪之久仍具有积极的意义和影响力。[2]而从绝对意义上说，研究者无法完全摆脱这种局限性，而只有等待时间去检视和修正其个体局限性所造成的后果。再以社会契约论为例。霍布斯是社会契约论基础结构的奠基人。然而霍布斯时代的英国政治以及霍布斯本人的性格，都决定了他视野下的个人形象软弱而缺乏安全感，相应地，其理论结构中的个人对于安全的渴望超越了对于自由的渴望，个人愿意将除了生命和必要财产之外的绝大部分自然权利交付给一个集权的国家，以获得安全的庇护。从今天的视角看，霍

---

[1] Bernard Reginster, "The Paradox of Perspectivism", *Philosophy and Phenomenological Research*, Vol. 62, No. 1, 2001, pp. 217–233；〔德〕尼采：《重估一切价值》，林笳译，华东师范大学出版社 2013 年版，第 340 页。

[2] 其影响参见 Jean Bodin, *On Sovereignty: Four Chapters from the Six Books of the Commonwealth*, Cambridge University Press, 1992；〔美〕乔治·霍兰·萨拜因：《政治学说史》，盛葵阳、崔妙因译，商务印书馆 1986 年版；唐士其：《主权原则的确立及其在当代世界的意义》，《国际政治研究》2002 年第 2 期，第 15~27 页。

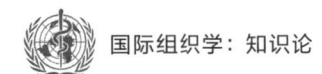

布斯著作中关于个人软弱而缺乏安全感的设定无疑受到研究者时代局限性和个人局限性的影响，但其所贡献的"自然社会—社会契约—政治社会"这一理论结构成为沟通个人与国家政治关系的桥梁。其关于个人特性的设定为洛克、卢梭等后世哲学家所修正，其关于政治社会本质的论述则被后者所继承，并深刻影响了当代国际社会的宪政理念。①

为此，对于秉持科学主义、以追求真理为己任的研究者来说，其在探讨一个本体价值问题时需要首先明确自己作为一个社会人，所处的时代和个人信念、智识、经验都存在局限性，这使得自己的研究视角、假设和理论结构都不可避免地受到影响。研究者除了要努力通过阅读和调研拓展自己的视野、增长自己的见闻，以竭力突破前述局限性之外，还应抱持着审慎的态度清楚地意识到：尽管自己的研究成果以提供超越时代局限性和个人局限性的客观真实为目标，但它无法从根本上杜绝前述局限性。作为补足，研究者一方面要尽可能地认识到自身的局限性，并将其与研究成果一道展示给学习者，以供其审查知识成果的可靠性；另一方面要随着环境和经验的变化不断自我反思和相互切磋。这个过程不仅是对差误和瑕疵的修正，它本身也构成了价值论知识创造的组成部分。②

和国际组织学价值论研究期待成果在科学上的"可靠性"和对学习者的"普遍适用"不同的是，以应用对策为导向的研究期待那些能够为主体带来效益优化的政策方案。即便实践中一些研究并不直接提供方案，其目的也在于为提供方案奠定基础。这类研究要求研究者准确清晰地认识自身所代入的利益相关者的个体特征和利益诉求，基于此进行客体的合意性分

---

① 同理，洛克在《政府论》中对自然状态下的个人快乐、充满力量和渴望自由的设定与他所处时代贵族向王权争取权力的时代主题，以及其个人的出身具有密切的联系。基于《政府论》影响的政治自由主义和政府的守夜人设定也被历史经验所证明不适宜所有国家和文化族群。但是其将社会契约分立为国家契约和政府契约的做法，对于我们理解政权和国家的对立统一关系则具有超越时空的启示意义。

② 如尼采所言，"人的每一次提升都会使之克服比较狭隘的解释，力量的每一次增强都会打开新的视域，以及对新方向的信心"。唐士其：《老子哲学中"无"的三重含义——一个比较哲学的考察》，《哲学研究》2016年第11期，第33页。

析。这类研究者不必试图掩饰自己所代表的利益相关者的立场和诉求,而是要将其立场和诉求代入研究中、成为研究的构成部分,必要情况下还需要在研究框架下对主体真实的立场和利益诉求进行论证。鉴于应用对策性研究是关于政策合意性研究,其工作的逻辑过程包含了三个层次:一是关于客体的认知,二是关于主体立场的认知,三是关于政策工具与主体立场的适配性的认知。①

对于这类研究而言,研究者面临的挑战首先在于如何摒弃作为自然人自身的立场而准确认识自身所代入的主体的立场和利益诉求。以全球气候治理的中国应对为例。在该项研究中,中国在气候变化和气候治理中的得失损益是研究的重要组成部分,同时是需要被严密论证的部分。政府代表和专家在做出赞成或反对的决策之前必须首先认真研判中国的立场和利益诉求,对中国在气候变化和气候治理中的得失损益进行全面评估,计算出中国在激进、渐进和暂缓推进气候治理议题诸多选项中的成本损益,而不能贸然接受国际学界或媒体就气候变化相关利益关涉的"布道"。② 这类研究者面临的另一项挑战是其自身立场与研究议题的适配度。人们通常会期待由与被代入的主体立场接近的观察者来展开一项应用对策性研究。例如人们很难想象中国学者会去探讨美国某个州税务改革的意义,或者欧洲学者关注中国西部某市的扶贫问题。研究者立场偏离其代入的主体立场未必会影响其研究本身的可靠性,却可能影响知识受众对成果的信任。

在前两类研究之外还存在一种非常普遍且值得重视的情形,即部分具有明确价值立场和利益偏好的政治家或智囊团,常常声称站在认识论主体

---

① 以全球气候治理议题为例。当某个国际会议即将表决一项关于气候治理的动议时,我国政府代表和专家在做出赞成或反对的决策之前必须首先认知全球气候变化的真实性、措施的有效性问题,根据中国国情及其在国际社会的角色研判其在该场景中的立场和利益偏好问题,进而研判立场方案。参见解振华、张勇主编《中国应对气候变化的政策与行动:2010年度报告》,社会科学文献出版社 2010 年版;张海滨:《气候变化与中国国家安全》,时事出版社 2010 年版。

② 参见解振华、潘家华《中国的绿色发展之路》,外文出版社有限责任公司 2018 年版;张海滨:《环境与国际关系:全球环境问题的理性思考》,上海人民出版社 2008 年版,第 23 页。

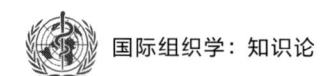

或人类社会整体利益的立场来讨论价值论问题，以科学外衣的形式来包装其论证过程，凭借公众对其研究成果普遍性、科学性的信赖来推行服务特定利益集团的政策。这类研究者是特定利益相关者的代理人，对自己所代表的主体的立场和利益诉求有明确的认识，但他们不会将该立场和利益诉求在研究中公之于众，而是隐晦地将之隐藏在不符合科学精确性的逻辑结构之中，利用社会科学论证过程中的疏漏，以科学的形式来达到"布道"的目的。①

这种研究形式在美国的政府机构内部、国际组织和国际非政府组织、新闻媒体中屡见不鲜。作为特定"价值观"的创造者，这类研究者对下列问题具有清楚的意识（至少客观上能够有清晰的意识）。就研究的目标而言，这类研究者对自身所代表的利益相关者的立场和利益诉求有明确的意识，知道该项研究并非纯粹意义的科学研究，它具有明确的政策导向，其论证的方向具有确定性。就研究的路径而言，这类研究者必须借助科学化的形式，为此其立场和价值诉求必须以科学逻辑推理的形式加以表达，以增进知识受众对其所推行的价值观念的信任度。就研究的受众而言，这类研究具有明确的受众意识，并在逻辑设定上量体裁衣。如果受众是接受了严格的科学训练的同行，其论证的前提设置、理论适用、科学推演必须更符合科学标准和当代的研究习惯。如果受众是并未接受严格的学术训练、习惯用感性思维的普通民众，其论证的过程则更适宜采用夸张、生动、比喻等具有感性色彩的粗线条模式。②

西方国家关于"保护的责任""人道主义干预"的论述即是一个典型示例。20世纪末21世纪初，部分西方学者以客观中立的外表将相关概念上升为国际规范，为部分西方国家干预他国主权、谋图自身利益提供了具有正义外表的工具。但如果从严密的逻辑推理便不难发现，无论"保护的责任"

---

① 黄海涛：《干涉的悖论：冷战后人道主义干涉研究》，南开大学出版社2015年版；杨泽伟：《人道主义干涉在国际法中的地位》，《法学研究》2000年第4期，第127~139页。
② 2017年特朗普政府退出《巴黎协定》后，美国保守媒体反气候治理的叙事策略则生动呈现了这一思路。

还是"人道主义干预"的理论结构中都存在着将国家、政府、人民、人权等概念混用、滥用的问题,未能实现逻辑自洽。① 另一个典型示例是20世纪90年代以来,发达国家和发展中国家在全球气候治理的谈判中产生了分歧。在发展中国家出于发展经济的考虑要求承担低于发达国家的减排义务时,发达国家以及其他试图激进地推进气候治理的主体便利用其学术研究和媒体传播优势,从理论上将气候议题安全化。气候议题安全化将气候议题包装成对所有主体同等重要、应不惜一切代价追求的头号公共问题。这在理论叙事上抹杀了发展中国家在气候治理中的机会成本,增加了发展中国家拒绝不公平义务分配方案的舆论压力。②

"布道"式的研究通常以科学知识的包装来推行某种利益诉求和价值观,这使它具有很强的迷惑性和说服力,实践中它也常常被发达国家用作拓展国家利益的思想工具。站在相对立场的利益相关者和研究者要抵御这类研究的攻势,就必须从前述几个角度对研究者的目的、论证的路径进行解构,将主要精力放在就事实存在与否的"论辩策略"(Arguing Strategy)而非权利义务分配的"议价策略"(Bargaining Strategy)上,以达到"以子之矛攻子之盾"的效果。过去几十年美国政府在试图推行特定国际公共政策时常常对特定研究成果做针对性的背书,为了抵御这种"布道"式的研究在观念层次的攻势,欧洲国家常常用针锋相对的学术研究成果加以回击。跨国腐败治理、臭氧层空洞治理、气候变化治理领域都有类似案例。③

---

① 时殷弘、沈志雄:《论人道主义干涉及其严格限制——一种侧重于伦理和法理的阐析》,《现代国际关系》2001年第8期,第56~61页;金克胜:《国际法发展动向与"人道主义干涉"》,《世界经济与政治》2000年第4期,第62~66页。
② 马建英、蒋云磊:《试析全球气候变化问题的安全化》,《国际论坛》2010年第2期,第8~12页。
③ J. L. Holzgrefe and Robert O. Keohane, eds., *Humanitarian Intervention: Ethical, Legal and Political Dilemmas*, Cambridge University Press, 2003; Fabian Klose, ed., *The Emergence of Humanitarian Intervention: Ideas and Practice from the Nineteenth Century to the Present*, Cambridge University Press, 2015.

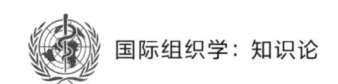

第四节　中国立场的国际组织价值研究

从中国立场出发从事国际组织价值研究的现实意义不言而喻，随之而来的是从事该类研究需要注意的事项。整体上可以从研究主体和研究内容两方面来看待该问题。

从研究主体来看，价值论研究需要具备明确的立场意识、目标意识和受众意识。所谓立场意识是指研究者需要明确自身代入的主体视角，它的重要性源自人们立场和身份的可变化性。特定国家的学者也可能站在国际组织代言人的立场开展研究，为国际组织争取更大的利益，同样，国际组织中的工作人员也可能具有自己的国籍意识，从而在理论研究和对策制定中植入国籍国的利益偏好。为此研究者在开展价值研究之前必须明确该项研究所服务的主体的立场。

所谓目标意识是指研究者需要明确研究旨在解决的社会问题，它的重要性源自主体身份和利益的多元性。实践中同一主体在同一问题领域，其利益诉求也可能因为时间、参与者的变化而发生改变。例如，对于国际组织的发起者而言，在国际组织发展的初期其更看重国际组织能否积极地、有效地实现其目标宗旨，因此其国际组织价值研究应更侧重于对国际组织积极价值的讨论。而随着国际组织的成熟和自主性的增强，作为发起者或主要管理者的国家则应更多地关注其消极价值维度的问题。为此，无论上海合作组织、亚洲基础设施投资银行还是金砖国家新开发银行，中国学者在其发展初期都应该是加强对其行权性研究，关注促进或阻碍其有效运作的因果变量，并提出相应的政策建议，而不应过多关注如何规范其运作等限权性问题。[1] 历史上，美国曾不止一次地采取政治性措施来应对联合国大会、世界银行、世界贸易组织、国际法院、联合国教科文组织等其作为主要发起国的机构中国际

---

[1] 王达：《亚投行的中国考量与世界意义》，《东北亚论坛》2015年第3期，第48~64页；白秀兰、赵非甦：《对亚洲基础设施投资银行的现实分析》，《国际金融》2015年第3期，第75~80页。

第八章 价值域·价值论

组织因自主性增强而出现的"滥用权力"现象。① 如今中国在联合国、世界银行、世界贸易组织、联合国教科文组织等日臻成熟的国际组织中已成为重要的投资者和管理者,为此加强对这些组织机构消极价值维度的研究,已成为当务之急。②

所谓受众意识是指研究者需要明确该项研究"谈话"的对象群体,它的重要性源自受众利益立场的复杂性和矛盾性。以中国学者参与亚洲基础设施投资银行的机构设计和联合国安理会的改革方案为例。当其"谈话对象"是本国的政策制定者或公民时,知识受众与研究者在议题领域具有利益共同体属性,为此研究可以从共同利益出发对客体进行价值论证。而当"谈话对象"与研究者之间利益具有冲突性,研究者便需从更为客观中立的视角出发展开论证。以20世纪80—90年代美国在全球推广打击跨国商业贿赂的法律规范为例。种种国内因素综合导致美国在1977年通过了《反海外腐败法》,约束美国公司海外商业贿赂的行为,进而使美国公司在国际竞争中处于不利地位,为此美国政府自始便具有将该项法律国际化、缓解美国公司不利地位的动力。然而整个20世纪80年代该项工作并未取得实质性进展,其原因之一在于当时作为政策推行者的美国和作为宣讲受众的其他西方发达国家在该议题领域利益具有冲突性,美国政府以"美国公司受损"为由要求其他国家效仿其反海外腐败的举措自然得不到响应。20世纪90年代以后,克林顿政府改变了先前的策略,开始以跨国商业贿赂危害东道国社会发展、破坏全球市场自由竞争为由推行其国际规范。在该价值论述之下,欧洲国家的舆论空间日益狭窄,最终于1997年接纳了美国的建议,通过了《OECD

---

① 参见 Bessma Momani, "American Politicization of the International Monetary Fund", *Review of International Political Economy*, Vol. 11, No. 4, 2004, pp. 880–904; Harold K. Jacobson, "U. S. Withdrawal from UNESCO: Incident, Warning, or Prelude", *Political Science*, Vol. 17, No. 3, 1984, pp. 581–586。
② 吴志成、李冰:《全球治理话语权提升的中国视角》,《世界经济与政治》2018年第9期,第4~21页;王明国:《"一带一路"倡议的国际制度基础》,《东北亚论坛》2015年第6期,第77~90页;张发林:《全球金融治理议程设置与中国国际话语权》,《世界经济与政治》2020年第6期,第106~131页。

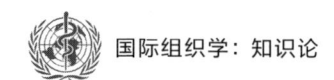

反海外贿赂公约》。① 2017 年特朗普政府退出《巴黎协定》的行为在世界范围内引发广泛的负面舆论。而特朗普政府应对负面舆论的方式便具有明确的受众意识,以生动、活泼、夸张的手法宣传气候变化治理带来的消极后果,以稳固其在广大受教育层次较低的美国公民中的支持度。②

从研究内容来看,中国立场的研究者从事的国际组织研究大致可以分为关于国际组织本体价值的研究和国际组织效用价值的研究。研究的目标又可以按照上节论述区分为基于科学认知目的的国际组织学价值论研究,基于规范传播目的的"布道"式研究和以解决实际问题为目的的应用对策研究三个类别。

基于科学认知目的的研究是应用对策研究得以开展的基础。中国学者从事这类研究的必要性是由中国日益提升的国际地位、日益中心化的国际角色所决定的。纵观世界发展的历史,无论欧洲还是美国,其力量最强大的时候常常是其对世界做出最多普适性理论贡献的时候。这类研究的研究者应尽最大可能突破自身的时代和立场局限性,采取科学主义的态度,发掘关于国际组织产生、形态、活动、功能的真理,以增进和丰富国际社会或全人类关于国际组织的知识。这类研究的成果将提供一套认识和理解世界的方式。中国研究者的中国立场体现在他们作为中国公民所固有的、不以自身意志为转移的视角和信念之中。例如,中国学者在研究国际组织的发生论时,将不可避免地受到马克思历史唯物主义史观、中国大一统思想理念以及中国多边外交经验的影响。从这种意义上看,基于科学认知目的的研究对于服务中国国家利益是根本且重要的。它不是站在割裂中国和他者的视角而言的,而是将中国和他者在人类命运共同体项下统一起来,在服务自身的同时也服务他者。具体操作方法上,研究者应当以西方既有理论成果为基础,以当代中国和其

---

① Lianlian Liu, "The Dynamic of General Compliance with the OECD Anti-Bribery Convention: Two Interpretative Approaches", *Crime, Law and Social Change*, Vol. 96, No. 5, 2018, pp. 615 – 656.
② 肖河:《美国反建制主义和特朗普政策》,《国际政治科学》2017 年第 2 期,第 62~94 页; Martin Eiermann, "How Donald Trump Fits into the History of American Populism", *New Perspectives Quarterly*, Vol. 33, No. 2, 2016, pp. 29 – 34。

第八章 价值域·价值论

他国家的多边外交经验为素材,以严密的逻辑推演为形式,展示自身对国际组织产生、形态、活动和功能相关基本原理的见解。

基于规范传播目的的"布道"式研究通常对应着某种战略性的政策导向。中国学者从事这类研究的必要性是由西方竞争对手的强烈意识形态输出和宣传攻势,以及我国随着国际地位提升和"走出去"战略深入,与其他国家政府和民众深入沟通交流的必要性所决定的。以20世纪美国的全球治理模式为例,美国在推行某项战略性举措之前,其学界、智库、政府部门、国际组织和国际非政府组织、媒体常常多管齐下,将符合其政策取向的信念以科学研究或专家意见的形式传播和植入世界各国人民的心中,进而反过来助推国际公共政策的推行。历史上美国无论是在1997年促成《OECD反海外贿赂公约》,还是关于臭氧层空洞治理、气候治理议程的推进,都普遍采用了这种模式。[①] 当今中国无论是站在被美国视为竞争对手的位置,还是站在美国的批评者和学习者的位置,都有必要梳理这类研究模式的实施逻辑,阻却美国的科学化舆论攻势,向世界各国传递自身的价值理念。从"布道"者的角度,研究者应当明确中国在相关议题领域内的立场和利益诉求,以国际社会所公认的价值信念为逻辑前提,以科学论证推演的结构,以多元化模式,向国际社会中的学界、政府、国际组织、公众等不同受众群体传递中国的思路和方案。而从反"布道"者的角度,研究者则需要因循同一逻辑来解构他者的方案。再以"气候治理的安全化"研究为例。面对这类带有明确的国际公共政策暗示的成果,中国研究者不能不加甄别地接受叙事者的逻辑植入,而必须首先明确自己在全球气候治理议题中的定位和诉求,进而分析气候治理安全化与中国的国家利益是否一致。当我国的自我定位是初级阶段的发展中国家、气候治理在我国国内事务中并非优先事项时,我国的立场和利益诉求便是拒绝气候治理的安全化,进而需要对气候治理议题进行去安全化处理,例如可以通过论证在社会治理资源总量有限的情况下,发展中

---

① Lianlian Liu, "The Dynamic of the Institutionalization of the OECD Anti-Bribery Collaboration", *South Carolina Journal of International Law & Business*, Vol. 11, No. 1, 2014, pp. 24–68 at 43–45.

家在气候治理中承担着更高的机会成本,为此在义务分配时有必要依据各国的实际情况区别对待。①

研究者基于政策导向的研究通常以解决某个具体问题为目的。这是当前中国的国际组织研究中最为普遍、也最为历史悠久的一种研究形式。其重要性和普遍适用性也不言自明。值得说明的是,以具体政策为导向的应用对策研究是建立在特定的本体论和立场自觉基础之上的,后者是前者是否准确、符合预期目标的根基。长期以来,中国国际组织研究中的应用对策研究存在两个普遍的问题。一是本体论上全盘接受西方叙事模式,缺乏中国经验的基础理论,其结果是研究成果常常不符合中国实践,不能解决中国问题。例如在"保护的责任""人道主义干预"等理论叙事的压倒性攻势下,我国在联合国等国际组织中针对美国干预叙利亚等问题的发声过于被动,反击力度不足。② 二是对中国自身立场和价值偏好的研究科学性不足,导致不能准确定位自身。例如,作为安理会常任理事国的中国和作为发展中国家代言人的中国,对国际法的不干涉原则、属地管辖原则究竟该采取怎样的态度,应该从哪里着手以实现自身利益的最大化等问题尚缺乏清晰的认识,从而导致自身在国际社会出现自相矛盾的情况。近年来国际学界关于中国是否要放弃不干涉原则的研究,国际舆论关于中国"债务陷阱"的炮制,都从侧面说明了这种矛盾性。③ 为此,如何在加强中国立场的国际组织基础理论研究的同时,加强对新时代中国国际定位和利益结构的研究,杜绝在国际社会为他人作嫁衣的情况,是合目的的政策导向研究的根基。

---

① 叶江:《"共同但有区别的责任"原则及对 2015 年后议程的影响》,《国际问题研究》2015 年第 5 期,第 102 – 115 页;王小钢:《"共同但有区别的责任"原则的适用及其限制——〈哥本哈根协议〉和中国气候变化法律与政策》,《社会科学》2010 年第 7 期,第 80 ~ 89 页。

② Christopher Holland, "Chinese Attitudes to International Law: China, the Security Council, Sovereignty and Intervention", *New York University Journal of International Law and Politics Forum*, 2012.

③ Miwa Hirono, Yang Jiang, Marc Lanteigne, "China's New Roles and Behaviour in Conflict-Affected Regions: Reconsidering Non-Interference and Non-Intervention", *The China Quarterly*, Vol. 239, 2019, pp. 573 – 593; Daniel Large, "China & the Contradictions of 'Non – Interference' in Sudan", *Review of African Political Economy*, Vol. 35, No. 115, 2008, pp. 93 – 106.

第四部分 | 范式

"范式"一词因为在学术文献中被广泛使用而失去了神秘感。不同学者在使用该术语时,赋予了它不同的含义。多数情况下,我们不需要再对这个概念进行定义,便可以自由地、不妨碍目的地交流。本书的第四部分将范式作为和概念、视域相并列的一个部分独立成篇,有必要严肃地讨论这个概念,给予它一个边界清晰、内涵明确的定义。

在学术领域提及"范式"一词的概念起源时,同行们大都会追溯到托马斯·库恩的《科学革命的结构》一书。历史上对"范式"(Paradigm)这一词语的使用在库恩之前便已非常流行,但库恩在书中对科学哲学的严肃讨论使其关于范式概念的见解具有了特殊的权威性。然而库恩更多的是描述性地介绍他对范式的认知,并未给出一个严肃的定义。他在《科学革命的结构》一书中这样解释范式的内涵:"许多著名的科学经典……都在一段时期内为以后几代实践者们暗暗规定了一个研究领域的合理问题和方法。这些著作之所以能起到这样的作用,就在于它们共同具有两个基本的特征。它们的成就空前地吸引一批坚定的拥护者,使他们脱离科学活动的其他竞争模式。同时,这些成就又足以无限制地为重新组成的一批实践者留下有待解决的种种问题。凡是共有这两个特征的成就,我此后便称之为范式。"[1] 伊安·哈金(Ian Hacking)在该书的导读部分对库恩的观点进行了综述,将范式表述为"为共同体所接受的科学实践(包括定律、理论、应用、实验和仪器)的例子,提供给他们以模型,以创造一种一贯的传统,并被当作由此构成科学共同体第一要素的承诺"。[2] 可见学者视野下的范式在内容上是共同体遵从的一

---

[1] 〔美〕托马斯·库恩:《科学革命的结构》,金吾伦、胡新和译,北京大学出版社2012年版,第8页。

[2] 〔美〕托马斯·库恩:《科学革命的结构》,金吾伦、胡新和译,北京大学出版社2012年版,第16页。

第四部分 范式

套科学实践模式,在功能上则规定了共同体研究的问题或者说提问的方式。

英国教育家肯·罗宾逊对此做了进一步阐述。他认为一个社会或历史阶段的知识视野并非由人们的愿望所规定,而是由根植于社会之中的那些固有理念所规定。在任何知识时代,都有一些先入为主的信念根植在人们的潜意识之中,塑造着他们的提问方式。人们回答问题的方式是逻辑的、理论的,但人们提出问题的方式则是由这些现在的意识形态信念所决定的。罗宾逊引述库恩的观点,认为范式是指一套约定俗成的假设和规则,它定义着人们思考和行动的既定方式。科学时代的范式并非单纯的科学发现,而是科学得以实现的路径。范式深刻地根植于人们思维之中,并因此获得历时的稳定性。然而随着客观世界的发展变迁,越来越多的新谜题进入人们的视野,既有思维架构下的规则和假设渐渐无法充分解释它们。新的思路和假设将逐渐被创造、发布和接受,进而形成新的范式,此即人文社科领域内范式的转换过程。[①]

撇开学科间的现象差异,范式本质上是一种在共同体中具有共享性的知识获取和组织程式。就现象而言,其既可以表现在自然科学或社会科学这样的宏观区分层次,也可以表现在社会学或政治学的学科层次,抑或其下还可以进一步细分。当一个学科范畴内存在多种竞争性的理论范式,如果不是因为学科本身尚未成熟,则说明这个学科的理论视野本身具有多元性或异质性。而当一个成熟的学科范式已经不足以解释其视野下的新现象和新问题,那么有两种可能性:或是该学科本身的理论范式中的部分假设或规则需要被修正,或是出现了一个潜在的新兴学科领域。

和任何其他学科一样,国际组织学的知识也需要以一定的规则和形式组织起来。如果说概念规定了知识的对象,视域规定了知识的范围,那么范式则规定了知识的获取和组织形式。社会科学领域不同学科在知识的获取和组织方式上具有较强的共享性,然而不同学科路径的杂多性又容易使人陷入选择的混乱之中。为此在范式这一部分中,我们将简要地呈现社会科学不同学

---

① Ken Robinson, *Out of Our Minds*, 2nd edition, Capstone, 2011, pp. 87 - 92.

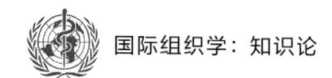

科范式的共享性内容，继而将之与国际组织研究的特定性结合起来，探讨国际组织学领域内获取和组织知识的思路方法。

国际组织学的范式是指被学术共同体普遍用以求解国际组织相关问题的知识获取和组织程式。要确定国际组织学的理论范式，必须首先确定国际组织学需要向学习者提供哪些知识。国际组织是人类历史发展到一定阶段的政治产物，具有历时性、实在性、规范性特征。相应地，人们也围绕着其发生机制、存续状态、效用价值提出和回答问题。这使得国际组织的知识需求可以整体上分为国际组织发生论、构成论和价值论三个部分。发生论主要解释关于国际组织产生、发展的动态过程等历时性问题，其提问方式常常表现为："为什么（某类）国际组织会（在某时某地）产生？""（某类）国际组织产生具有哪些必要前提？""推动（某类）国际组织发展变迁的原因要素有哪些？"试图回答这些问题的学者常常将目光投向社会制度的历史变迁。相关知识成果则可以帮助知识受众进一步解答诸如"为什么在20世纪中期的背景下世界银行和国际货币基金组织能够成功建立，而国际贸易组织却最终破产"等实践中的具体问题。构成论主要解释关于国际组织目标、机构、活动等共时性问题，其提问方式常常表现为："（某类）国际组织的目标、机构、活动具有怎样的关联性？""（某类）国际组织应该采取A种还是B种制度结构？""某类或某个国际组织应该采取A种还是B种决策机制？"试图回答这些问题的学者常常将目光投向国际政治和国际组织的基本特征，从国际组织的目标、机构、活动的关联性中寻求答案，相关知识成果则可以帮助知识受众进一步解答诸如"为什么亚投行需要将决策权集中的门槛设置在75%""金砖国家是否应当扩容""上海合作组织是否应该扩充其职能范围"等实践中的具体问题。价值论主要解释关于国际组织本体价值及效用价值等问题，其提问方式常常表现为："国际组织是大国的工具还是独立主体？""国际组织能否扮演世界政府的角色？""国际社会应当关注国际组织的行权还是控权？"试图回答这些问题的学者常常将目光投向自身所代入的主体立场，从主体对国际组织实体的价值期待中寻求答案。相关知识成果则可以帮助知识受众进一步解答诸如"美国退出联合国教科文组织是后者权力不足还是权力过盛的结果""联合国维和行动应坚守还是放弃哈马舍尔德三原则"等实践中的具体问题。

与之相应,国际组织学的理论范式需要帮助研究者和知识受众回答和理解国际组织发生论、构成论、价值论的相关问题。20世纪国际组织研究的发展历程中至少出现过三类可以称为范式的理论路径。其一是19世纪后期以来法学家主导的法学路径,其下可以细分为国际立宪主义、分析实证主义、国际宪政主义这三种主要思潮。其二是20世纪初期兴起并在20世纪中期长足发展的社会学路径,其下可以细分为功能主义和新功能主义这两种主要思潮。其三是20世纪中期兴起的政治学路径,其下可以细分为现实主义、新自由制度主义和建构主义这三种主要思潮。几种不同路径的国际组织研究展示了不同的世界观——对国际社会的本质做出了不同的定义,本体论对国际组织的本质做出了不同的解读,方法论对国际组织、国家及其他行为体互动发展的逻辑做出了不同的描述。[①]几种理论路径能够从不同学科视角帮助人们回答一些关于国际组织发生论、构成论、价值论的问题。例如,法学路径的国际立宪主义在发生论上将国际组织视为国家授权立宪的结果,构成论上将国际组织类比为联邦式或邦联式政府机构,强调依法履责和有效管理,价值论上强调国际组织的主体性及其作为立法机构的规范功能和积极效用。社会学路径的功能主义在发生论上将国际组织视为作为集体的人民基于物质理性所做出的制度选择,构成论上将组织机构视为实现功能性目标的手段,价值论上强调国际组织的工具价值和积极效用。政治学路径的国家理性主义在发生论上将国际组织视为个体国家基于物质理性所做出的制度选择,构成论上强调国际组织形态和权力政治的关联性,价值论上强调国际组织克服国家间集体行动困境的工具价值。

这几种理论路径从不同角度解释了国际组织学所关心的部分问题,但都未能全面解释国际组织学所关心的所有问题,也常常以对抗性或竞争性的形式出现在学术文献中,未能处理好彼此的解释力和解释领域上的关系。从理

[①] 关于描述国际社会的不同方式,参见本书"空间域·构成论"一章。

国际组织学：知识论

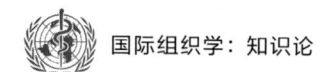

论设置来看，既有理论路径的核心缺陷在于未能有效处理两个问题。第一个是国家和国际组织的主体性问题。国际组织学作为社会科学的支脉，必须设定其视野下作为行动者的主体，以为知识受众理解国际组织的思路提供起点。20世纪国际组织研究的法学路径、社会学路径、政治学路径都对其视野下的行动者做了设定，但设定的内容完全不同。例如，法学路径倾向于将国家和国际组织视为具有完整法人资格的国际主体；社会学路径则倾向于将作为集体的人民视为主体，将国家和国际组织工具化；政治学路径强调国家的完全主体性，进而否认了国际组织的主体资格和行为能力。[①]

各种理论路径的主体观都使其在解释现实中涌现的国际组织问题时遭遇了一些困难。产生困难的原因有二。一是在国际组织研究中，国家和国际组织的主体性不是一个是或非的定性问题，而是一个定量问题；不是一个真伪问题，而是一个在不同场景中的可适用性问题。无论国家还是国际组织，在解释国际组织相关问题时，其主体资格或主体能力都是需要被解释的变量，而不能以假定的形式给定。以欧盟为例。欧盟在G20、IMF、WTO等国际机构中拥有独立的主体地位，在联合国中却没有存续的空间，其原因在哪里？这在国际组织研究中属于非常核心的问题，而既有理论路径却未能对此做出解答。二是既有理论路径以假设的形式确定国际组织研究中的"主体"的做法，不仅源于其理论形成时代的局限性，而且源于其自身所服务理论目标的学科局限性。前者可以修正和完善，后者却不能。[②] 尽管各种理论范式的后来者都基于新的现实做了修正和补充，但受制于各自的学科藩篱，都未能明确论证国家和国际组织的主体能力对于国际组织研究的基础性意义。

第二个是未能有效处理国际多边合作外部环境的多样性和异质性问题。如果一个研究者被问到他是否同意国际组织产生的外部环境和国际组织本身

[①] 这里强调的是理论逻辑结构中所展示出来的推论，而非学者在放弃逻辑自洽后的学术观点。

[②] 20世纪的几种理论路径在解释国际组织问题上都具有一定的时代局限性。例如，国际立宪主义产生于国际组织萌芽前期，缺乏国际组织实践和国际政治理论的支撑，主要是立足于国内经验的法学规范研究。功能主义产生于20世纪国际组织发展中期，立足于欧洲经验，实践经验过于狭隘。国家理性主义产生于20世纪中后期，发展较为充分，但其以解释国家间关系为己任，不以国际组织本身为解释重点。

第四部分 范式

具有广泛的差异性，相信大家都会做出肯定的回答。但当研究者从事一项具体的研究时，常常仍旧倾向于将其所偏好的理论路径直接应用于研究之中，而不对该路径所设定的外部环境与相关研究问题的适配性进行甄别。正如社会学家布迪厄所说："在高度分化的社会里，社会世界是由大量具有相对自主性的社会小世界构成的，这些社会小世界就是具有自身逻辑和必然性的客观关系的空间"，[1]人类所生活的社会是由不同层次的主客体结构和互动关系所定义的异质社会。相应地，我们在分析一个给定的国际组织问题时，也不能简单地将主体存在和活动的外部环境同一化，而应当将其视为一个个特定的场景，一个个不同的主客体结构和互动关系所定义的异质环境。然而社会科学领域追求统一理论的原始愿望使人们总会以偏概全地将部分经验应用到全体。这种现象如此普遍，我们轻易便可以找到例子。例如，国际立宪主义的社会根基是国际社会在连年战争后对国际层次的和平与安全的渴望，进而寄望效法美国联邦主义建立一个超乎国家之上的强力政府来维系国际秩序，其全部目标和设计都局限在国际安全领域。而功能主义的社会根基是欧洲社会的经济协作，欧洲社会的特殊性、经济领域的特殊性，使其理论结构中忽视了对低政治领域和高政治领域的区分，以及国家理性介入程度的区分。国家理性主义内部的现实主义和新自由制度主义，因其分别关注政治领域和经贸领域的国际合作问题，其在设置国家理性偏好是更看重绝对收益还是相对收益时发生了争议，似乎国家只能在两种设定中选择其一。理论构造上的不完备使研究者习惯在面对具体问题时对现实主义、新自由制度主义或功能主义进行自由选择。但在各种理论路径的可适用范围不清、都将自己定义为统一理论的情形下，这种自由选择本身值得推敲。遑论如前所述，在国际组织研究的语境下，各种传统路径的单一主体观就有待商榷。

为此，如果说国际组织学需要确立自己的理论范式，它首先需要着手解决前述两个问题，即国际组织研究中的主体与场域，这二者在既有国际组织

---

[1] 〔法〕皮埃尔·布迪厄、〔美〕华康德：《实践与反思：反思社会学导引》，李猛、李康译，中央编译出版社2004年版，第123页。

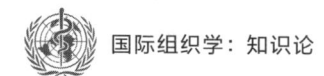

研究中常常表现为"施动者—结构"这对二元关系。① 国际组织学需要将二者视为待论证的变量、而非给定的常量。从理论建构的角度，则有必要在国际组织学项下将这两项内容概念化、术语化。如何准确地标识这两项重要内容非一日之功。在该部分中，我们将主体与场域这两项内容置于国际组织的本体论和方法论这两个范畴之下讨论。"本体论"一章将对国际组织在国际组织学中的逻辑本质进行讨论，以为具体的研究确定其视野下的主客体范围提供依据；"方法论"一章将对国际组织研究中作为整体环境而存在的场域的形态、本质、边界等问题进行讨论，以为具体的研究确定其视野下的主客体和变量范围、变量关系型构提供依据。

---

① 李志永：《国际关系中的施动者—结构问题：论战与启示》，《武汉科技大学学报》（社会科学版）2015年第1期，第15页。

第九章 本体论

内容提要

- 国际组织的本体论假设是理论研究得以开展的前提
- 国际组织的本体论主张可分为主体说(世界政府/国际行为体)、工具说(政治工具/功能工具)、机制说
- 当代学界认同国际组织的主体地位却未实现有效的理论增长
- 国际组织学的本体论宜从主权国家本位转向国际组织本位
- 国际组织学的本体论宜从"主体资格"的是非判断转向"主体性"的定量研究

社会科学和自然科学的重要不同之处在于社会科学是关于人类社会的科学。人类的认识能力和行动能力使其既受到客观世界的影响和约束,又可以能动地改造客观世界,社会科学的视野下也就有了主客体之分。主体是哲学上的重要概念。一般指对客体具有认识和实践能力的实体,主体决定了客体存在的意义。笛卡尔首次明确将主体与客体相对立,并通过"我思故我在"将认知主体提升到本体论和哲学第一原理的高度。[①] 马克思将主体界定为具

[①] 〔法〕笛卡尔:《第一哲学沉思集》,庞景仁译,商务印书馆2009年版;《十六—十八世纪西欧各国哲学》,北京大学哲学系外国哲学史教研室编译,商务印书馆1975年版,第148页。

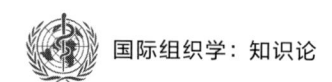

有意志、目的的为我存在，客体则是主体的对象性存在，其本体特征是表现和确证主体的意志和目的。① 社会科学的本质决定了其不能脱离主体而存在，不同学科中主体的外延和内涵也各有不同。以法学为例，民法学视野下的民事主体指代的是享有民事权利和负有民事义务的自然人和法人，刑法学视野下的犯罪主体是指因实施犯罪行为而负有刑事责任的自然人和法人，传统国际法学中的主体则通常指代国家，20世纪以来逐渐及于自然人和机构。鉴于主体内涵的丰富性和其在学界使用上的普遍性，我们在此不对其做深入的探讨。可以确定的是，主体既可以是自然人也可以是法人或机构实体，判断的标准在于其是否具有自由的意志和独立的行为能力。

国际组织学以国际组织的产生、形态、活动和功能为研究对象。和国际法学、国际政治学等学科的核心概念思维建构特征不同，国际组织学的研究对象是一种社会实在物。大到联合国，小到某个非政府组织，都有独立的名号、宪法性文件、工作人员和住所来表征它们的存在。为此学者在探讨关于国际组织的产生、形态、功能相关问题时，需要首先在思维层次解决两个问题。一是国际组织的本体论问题，即明确国际组织在其理论视野下的逻辑本质。只有明确了其视野下的国际组织在国际事务中究竟是主体还是客体，是具有独立意志和行动能力的施动者还是受动者，人们才能在此基础上进一步探索国际组织作为施动者或受动者与其他主客体互动的因果机制。二是确定认识国际组织内外部的关系型构，即通过抽象思维确立其理论视野下的实体及其相互关系所构成的动态图景。19世纪以来的国际组织研究者无论是否明确意识到这一问题，是以先在假定还是论证的方式，都必须就国际组织的本质和关系型构做出规定。本章和下一章将分别就这两个问题展开讨论。

第一节 学界对国际组织本质的不同主张

关于应将国际组织视为国际事务中的主体还是客体，20世纪不同时期、

---

① 《马克思恩格斯全集》第42卷，编译局译，人民出版社1979年版，第161页。

不同学科门类和理论派别的学者存在不同观点和判断方法。他们的观点整体上可以分为国际组织主体说、工具说、机制说三种类别。其中，国际组织主体说将国际组织视为具有自主意志和利益、能以自身名号参与国际事务的独立主体，其下又可分为世界政府说和国际行为体说两类观点。国际组织工具说将国际组织视为国家或其他主体意志的产物，是服务国家或其他主体目的的工具性存在，其下又可分为肯定国际组织工具功能的功能工具说和贬抑国际组织工具功能的政治工具说。国际组织机制说则将国际组织视为一整套规制国家间互动模式的程序性机制，承担着类似国际法律体系中"立法法"的功能，和主权国家处于相互约束、相互构造的动态过程之中。

一　国际组织主体说

国际组织主体说是指将国际组织视为国际社会中具有独立身份、意志和行为能力的主体的观点和理论。该观点早在1815年第一个现代意义的国际组织诞生之前便已经存在，并贯穿整个20世纪至今国际组织的发展历程。从20世纪初期至今，主体说一直有很广泛的支持者群体。国际组织主体说在观点上可以分为世界政府说和国际行为体（人格）说。

1. 世界政府说

所谓世界政府说是指研究者将国际组织视为性质、形态和功能与国内政府大致相同的准世界政府或国际政府。这种观点认为就像个人通过社会契约建立国家和政府一样，主权国家也可以通过国际层面的"社会契约"建立联邦或邦联形式的世界政府。该世界政府基于主权国家自下而上的授权，通过履行立法、执法、司法职能，建立和维护国际秩序。尽管世界政府的职能范围是有限的，但其在授权范围内具有独立的意志和强行为能力，能动地存在于国际社会之中，扮演着立法者、执法者和仲裁者的角色。国际组织研究中法学路径的国际立宪主义者通常持这种观点。

世界政府说的思想渊源在于西方政治哲学的个体主义哲学和自然法传统。早期的政治哲学家霍布斯、洛克等基于唯理主义认识论和个体主义方法论，先验地假定自然人个体拥有天赋的自然权利，并出于保卫自然权利的目

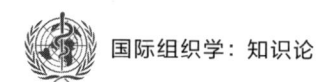

的通过订立社会契约建立国家和政府,人们自此从自然状态步入政治社会。这种通过自下而上建立政府和法律秩序的政治观念在西方社会深入人心,在美国宪法制定和法国大革命中发挥着重要的作用。

随着民族国家的林立和国际社会的形成,这种政治理念被移植到国际层面,人们开始试图通过理性的制度设计来为国际社会建立法律和秩序。早在17世纪,法国国王亨利四世就曾经设计建立一个由15个国家构成的基督教共和国(Christian Republic);圣·皮埃尔于1718年便倡议建立国家间联盟以防止战争。该联盟的大会将通过居间调停解决争端。如果任何国家试图违反协定,其他国家将联合起来对其实施制裁。他还设计了该联盟的决策形式——日常决议以多数决的形式做出,而修改宪章则需要全体一致。同一时代的英国学者威廉·佩恩于1693年写作了《展望欧洲现在与未来和平》一书,该书指出:政府的职能是维持秩序和正义。发动战争的目的是维持、恢复或攫取利益。后者不为正义所允许,前二者是否具有正义性则需要中立的裁决。为此正义的目标要求人们建立一个欧洲议会来防止不义战争并做出公正裁决。佩恩甚至对该议会的结构做了具体规划:该机构将以3/4特别多数的形式做出决策,而国家不享有平等的决策权,其决策份额将和其财富成比例。[①]

随着主权国家的影响力日益凸显,理论家对世界政府的构想中更多地观照到公民、国家和世界政府之间的关系。1795年,康德在《永久和平论》中提出了在国家之上建立永久和平联盟的构想。康德基于社会契约论论述了公民和国家的关系,认为各个国家的公民体制都应该是共和制。鉴于共和国的决策者人民厌恶战争,共和国自然也是和平的爱好者。国家间关系在无法律状态中的和平权利得不到制度性保障,因此必然走向战争。对此康德表示:"国际权利的概念作为进行战争的一种权利,本来就是完全无法思议的,因为那样一种权利并不是根据普遍有效的、限制每一个个体的自由的外

---

① Jessie Wallace Hughan, *A Study of International Government*, Thomas Y. Crowell Company, 1923, pp. 152 – 157.

第九章 本体论

部法律，而只是根据单方面的准则通过武力来决定权利是什么了。"① 只有当国家像自然人一样放弃自己无法律的自由，适应于公开的强制性法律，建立一个包含各民族在内的世界级国家，其才能真正拥有和平的权利。即便由于各国不愿意放弃主权来建立一个世界级国家，它们至少也可以做到建立一个永久的和平联盟来防止战争。这个和平联盟一旦建立，将对周边国家形成向心力，通过加盟的方式使和平联盟不断扩大。②

康德的永久和平论是一种关于世界的应然状态的逻辑推论，其理论逻辑更明确地建立在自然法学说的假设之上。在康德的视野中，人的自然权利是最高、最根本的价值，也是思考一切社会问题的逻辑起点。国家作为社会契约的产物，其宗旨在于保障国民的权利，是一种工具性的存在。为此民族国家、和平联盟或世界性国家具有同质性，可以随着人们和平需求的发展而相互替代。鉴于渴望理性的自由而拒绝疯狂的自由（即渴望和平和秩序）是人的天性，各国将通过结合成一个新的法律权威的方式来维系自身的国际权利，进而实现永久和平。

19世纪的欧洲社会，封建王朝战争逐渐消失。随着工业革命的来临和垄断资本主义的发展，欧洲社会再次面临主权国家扩张带来的战争与和平、权力与正义、主权野心与国际秩序等矛盾问题。该现实背景下，康德的永久和平论及其联邦主义思想获得了很大的影响力，人们很自然地希望通过宪法设计在国际层面建立一个世界政府来提供秩序。和历史上的思想家不同，这一时期的学者充分注意到国家主权的事实性存在，为此其和平方案中未忽视主权国家的地位，主张由主权国家自下而上的授权来建立一个世界联邦。无论是詹姆斯·洛里默、莱纳德·沃尔夫等学者，还是以伍德罗·威尔逊为代表的政治家，都纷纷从和平是人类的普世价值、立宪是维系这一价值的有效手段这一基本假设出发，号召各民族国家通过订立契约来建立一个世界性权威。③ 国际立宪主义的基本主张是将林立的主权国家和民族主义视为战争根

---

① 〔德〕伊曼努尔·康德：《永久和平论》，何兆武译，上海人民出版社2005年版，第23页。
② 〔德〕伊曼努尔·康德：《永久和平论》，何兆武译，上海人民出版社2005年版，第23页。
③ 参见本书"术语·研究领域"一章。

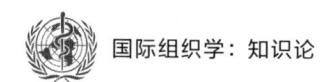

源，要求通过国家权力让渡和设计世界宪法来建立一个超民族的准联邦政府或邦联政府。①

这种思潮在两次世界大战后人们憎恶国家间战争的背景下在欧洲广受推崇。② 尽管各学者就具体制度设计的观点或论证的重心有所差别，但整体上他们都将国际组织视为超国家机构，把它们称为世界政府、世界联邦，认为它们是国际层面当然的秩序供给者和管理者，人们需要做的仅仅是精心设计并成功建立它。在这一时期的国际立宪主义思潮中，国际组织作为准政府的特性是由自然法学说推论而来的结果，是先验给定的而非论证性的。这种缺陷在 20 世纪初期的国际政治著作中的突出表现之一在于：自然法学说对人的自然权利的推崇使学者弱化民族国家和国家主权的自在性，将其视为可以被评价和轻易改造的制度性产物，而非一种客观存在的事实。

在 20 世纪初期的国际组织研究中可以轻而易举地发现这种观点的踪迹。一方面，学者纷纷从人类社会制度化的历史趋势中去"论证"被称为国际政府或国际组织的超国家机构出现的必然性；另一方面，他们又对在现世稳如泰山的国家主权大加挞伐。例如，克莱德·伊格尔顿 1932 年在《国际政府》一书中论证了工业革命造就了一个人们空前相互依赖的国际社会，在国家不能完全满足人们需求的时代背景下，建立国际法和国际政府是人们的必然选择。③ 与此同时他又批判了国家主权教义，认为其逻辑上不能自洽，价值取向上则和人们广为接受的正义观念相矛盾，且和人类社会的实践经验不符，为此有必要破除主权的绝对性以及将国家视为目的的做法。④ 这种建立在价值预判基础之上的研究取向，忽视了国家主权的社会根基及稳固性，从而鼓励一些缺乏可行性的政策方案，导致人们关心的国际问题得不到有效解决。国际立宪主义过于强调法律设计和结果导向、忽视社会政治环境和过程的缺陷

---

① 〔德〕伊曼努尔·康德：《永久和平论》，何兆武译，上海人民出版社 2005 年版，第 19 页；John McCormick, *Understanding the European Union*, Palgrave Macmillan, 2009, pp. 15 – 21。
② 尽管这种假设和逻辑推演在后世遭到了诸多维度的批判，但它所提供的一套简洁的分析框架使它在西方社会深入人心。
③ Clyde Eagleton, *International Government*, The Ronald Press Company, 1932, pp. 10 – 16.
④ Clyde Eagleton, *International Government*, The Ronald Press Company, 1932, pp. 26 – 30.

使它在二战后遭到政治现实主义者、功能主义者和法学家本身的批判，实践中宪政主义者关于建立欧洲防务共同体、欧洲政治共同体的主张也因英、法等大国否决而遇挫。[1] 然而这种观点在欧洲社会始终存在市场，每当欧洲一体化有前进的希望，便会再次引发学界对建立欧洲联邦或邦联的探讨。[2]

2. 国际行为体（人格）说

20世纪中期以后，随着国际组织实践的发展并在国际事务中展示出自主性，国际行为体说逐渐兴起。[3] 二战结束后国家中心主义的强势地位使得世界政府说已失去了市场，人们不再将国际组织看作超国家的世界政府，而将之视为与主权国家并立的国际行为体。这一趋势在国际法学和国际政治学领域各有体现。20世纪中后期的国际组织法学和建构主义将国际组织视为全部或部分独立于主权国家之外的行为体，拥有自身的意志、利益和行动空间，但不具有削弱和干预国家主权的能力。[4] 尽管两个学科概念体系和理论逻辑存在很大差异，但二者都显著受到了20世纪中后期社会科学领域实证主义方法论的影响，对国际组织主体资格的阐述有了更多的论证成分（详见后文第三节关于国际组织主体地位的论述）。

二 国际组织工具（客体）说

20世纪初期人们对国际组织作为国际主体的积极行为能力抱有很高的期待。二战的爆发和国际联盟的软弱使得人们对国际组织能够成为国际秩序供给者和维系者的期待落空，进而开始反思这一期待本身的合理性。人们再次意识到主权国家在国际政治中所展示出的强大能动性，相应地，学界对国

---

[1] 房乐宪：《欧洲政治一体化：理论与实践》，中国人民大学出版社2009年版，第79~91页。
[2] Leon Lindberg and Stuart A. Scheingold, *Europe's Would-Be Polity: Patterns of Change in the European Community*, Englewood Cliffs, Prentice-Hall, Inc., 1970.
[3] 国际行为体，学界又称为非国家行为体、跨国行为体等。鉴于此处笔者旨在强调国际组织和国家作为行为体的相似性而非其对立性，故使用国际行为体这一指称。
[4] Jan Klabbers, *An Introduction to International Institutional Law*, 2nd edition, Cambridge University Press, 2009, pp. 38-52；〔美〕迈克尔·巴尼特、玛莎·芬尼莫尔：《为世界定规则：全球政治中的国际组织》，薄燕译，上海人民出版社2009年版，第3~13页。

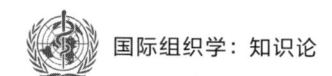

际组织本质的判断在内容上从主体论项下的世界政府说转向了工具说。与此同时，科学主义和实证主义的兴起也带来了认识论和方法论的改变。早在20世纪初，保罗·芮恩施等国际组织研究者就倡导立足国际组织经验来总结其普遍特征和规律。① 国际联盟的建立更为这种实证主义导向提供了素材。但直到20世纪40年代，随着实证主义在整个社会科学领域占据主导地位，国际组织研究领域在认识论和方法论上才从唯理主义和愿景式研究转向，主张避免对照古典政治学理论对国际组织的本质做先验的规定，要求通过以经验事实和科学逻辑为基础的实证研究来分析国际组织的本质。

国际组织工具说，或称国际组织客体说，在20世纪中期二战结束的背景下盛行。这种主张认为国际组织是国家或公民等主体意志的产物，不具有独立意志和能动性。国际组织的意志和利益都能够还原到作为其创建者的国家或公民的意志和利益之中。国际组织工具说可以分为政治工具说和功能工具说。前者从国家间权力政治视角将国际组织视为大国推行国家利益的工具，否定国际组织的独立性和道义性，同时认为其工具性价值是有限的，国际政治理论的现实主义学派通常持有这种观点。后者则从功利主义视角将国际组织视为一种社会生产生活的组织方式，是作为集体的人民为实现公共目标和功能性需求而创设的工具。功能工具说否定国际组织的主体身份，但认同并推崇国际组织的工具性价值。国际政治的功能主义学派通常持有这种观点。

1. 政治工具说

将国际组织视为权力政治工具的观点或许早已有之，但从理论角度得到完整阐述却和国家中心主义的确立密不可分。从这种意义上看，政治工具说的兴起和现实主义国际政治理论的兴起一脉相承。作为政治现实主义的创始人，汉斯·摩根索在《国家间政治：权力斗争与和平》第六编中阐述了他对国际法的看法。② 在国际社会从二战前对国际法的迷信转向质疑甚至否认

---

① 参见本书"国际组织研究"一章。
② 值得注意的是，摩根索的国际法思想中也包含了国际组织，并将二者放在一起谈论。只是20世纪初期的研究习惯是将国际组织视为国际法的功能性机构，为此在摩根索的语境中未对二者做明确的区分。

第九章　本体论

国际法存在的时代背景下，摩根索认为应客观看待国际法的功能，拒绝过度推崇或贬抑。他援引《威斯特伐利亚和约》至当世的国际法历史，认为国际法事实上一直发挥着重要的作用，它只是没有像人们期待的、像国内法那样发挥作用而已。如他所言："在国际法存在的四百年中，绝大多数情况下它都得到严格的遵守。然而当国际法的某一规定遭到践踏时，国际法并不一定总能得到实施；当国际社会果真采取行动实施国际法时，国际法又不一定有效。可是，如果因此全面否定国际法作为有约束力的法规体系的存在，则显然是与事实不符的。""不过，承认国际法的存在，并不等于断言它是像国内法律制度一样有效的法律制度，特别是不能说它能够有效地控制和约束国际舞台上的权力斗争。国际法是一种原始类型的法律，类似某些未开化社会如澳大利亚土著居民或北加利福尼亚州尤洛克人所流行的法律。"①

摩根索主张立足于实证基础判定国际法的性质和功能。布莱尔利指出："对国际法的特性和历史并未做任何严肃的思考，就泛泛地臆断国际法现在是而且一直是虚构的，这样做的人太多了。另外一些人则似乎认为，国际法具备一种内在力量的效力……很难评估无端挖苦和无知妄说谁者价值更低，但两者都犯了同样的错误。两者都设想国际法是一个可以凭直觉做出评价的学科，完全不必像评判其他学科那样，花气力调查有关的事实。"② 为此，摩根索在回顾国际法发展的历史后指出国际法是各种客观社会力量相互作用的结果，权利均衡即是这种社会力量，而利益的一致和互补则是国际法的命脉。③ 基于这一论述，摩根索指出了国际法在立法、司法和执法上的分散性，这是国际法和统一的国内法的本质区别。

摩根索将国际法分散性形成的根本原因——国家主权，视为一种政治事实而非纯粹的法律原则，并分析了20世纪初期国家主权理论不断遭到攻击

---

① 〔美〕汉斯·摩根索：《国家间政治：权力斗争与和平》，徐昕等译，北京大学出版社2006年版，第311页。
② J. L. Brierly, *The Outlook for International Law*, Clarendon Press, 1944, pp. 1-2.
③ 〔美〕汉斯·摩根索：《国家间政治：权力斗争与和平》，徐昕等译，北京大学出版社2006年版，第312页。

的原因。他主张实证地分析国家主权概念。如他所指出的:"许多认识到国际法体系分散性的弱点与主权原则密不可分的人,常常责难主权原则,却很少认真思考和理解主权的性质以及它对现代国家体系所起的作用。""三十年战争结束时,主权作为一定领土内的最高权力成为一种政治事实。"① 摩根索从两个角度分析了当时的学者在国家主权和国际法问题上面临的认知困境。首先,摩根索通过结构国家主权理论的产生过程指出其时代依赖性,从而否认其先验的道德价值。他指出主权学说是威斯特伐利亚体系初期时代背景下学者对政治现实的法律理论化,对国家主权原则的道德赞许和法律必要性外表都是人们赋予的,以为民族国家提供政治武器。但随着国际法的发展,国际法对各个国家的法律限制与国家主权的最高性出现逻辑矛盾。其次,摩根索试图通过分析国家主权的本质属性来重新阐述其规范价值,以化解前述逻辑矛盾。摩根索同意主权是国家拥有的一种至高的、排他性权力,并由此可以推断出国家主权在国际政治中独立、平等等规范性价值,以及全体一致决策规则的合理性。摩根索也进一步分析了独立、平等本身的含义,防止在国际层面对其做泛化理解,从而实现主权理论和国际规范的协调。②

当国家主权被视为解释国际法的起点时,国家便成为这个体系中意志自由、行为高度理性的第一主体,国际法与国际组织就注定将被工具化了。如罗伯特·基欧汉和约瑟夫·奈所描述的:"现实主义国际政治研究一般性地假定国家是唯一重要的行为体;它们像单元那样开展活动;它们的军事安全目标主导着它们的其他目标。基于这一假设便不难得出,国际组织(国际政府间组织)仅仅是政府的工具,它们自身的权利无足轻重。"③ 如果说摩根索的政治现实主义理论从人性出发论证国家理性,这使得他在论述国家的国际人格和理性来源时还稍显犹豫,那么新现实主义代表人物肯尼思·华尔

---

① 〔美〕汉斯·摩根索:《国家间政治:权力斗争与和平》,徐昕等译,北京大学出版社2006年版,第316页。
② 〔美〕汉斯·摩根索:《国家间政治:权力斗争与和平》,徐昕等译,北京大学出版社2006年版,第343~356页。
③ Robert O. Keohane and Joseph S. Nye, "Trans Governmental Relations and International Organizations", *World Politics*, Vol. 27, No. 1, 1974, pp. 33 – 62 at 39.

兹将国际社会建构为"单元—系统"二维关系的做法,则使国家成为理论中不可分解的最小单元,也就将国家的主体性推到了一个新的高度。① 由于国家中心主义中国家的意志和理性是被规定的而非论证的,它成为一切理论叙事的开始,也成为一切理论叙事的归属。基于它而产生的所有推论中,国际法和国际组织都被视为国家尤其是霸权国借以推行其外交政策并为其国家利益服务的工具,国际组织的一切特征都可以还原到国家的意志之中。而新自由制度主义的理论叙事将国际组织定义为国际制度的一种形式,其与国际条约、国际规则类似,只是通过克服集体行动难题、促进国际合作来服务于成员国共同利益的工具。②

2. 功能工具说

和摩根索的政治现实主义同一时期的大卫·米特兰尼的功能主义也体现了这种强调实证主义方法论和国际组织工具价值的趋向。米特兰尼的实证主义取向来源于他的教育背景。米特兰尼自1912年开始在伦敦政治经济学院学习社会学,其两位导师——伦纳德·霍布豪斯(Leonard Hobhouse)和雷厄姆·沃拉斯(Graham Wallas)教给他一种实证主义思想,要求他视政治为科学,努力发现事物的关系,而不是简单地预测。这也是当时社会学和政治学领域科学化浪潮的表现之一。③ 这种实证主义思想首先体现在米特兰尼对联邦主义(国际立宪主义)将国际组织的主体价值作为一种先验的价值追求这一做法的批判之中。

两次世界大战之间的国际社会将和平视为共同的目标和追求,而联邦主义是一种被普遍认同的答案。尽管联邦主义也有不同的理论主张,但整体上

---

① 秦亚青:《权力·制度·文化:国际关系理论与方法研究文集》,北京大学出版社2005年版,第35~37页。
② 刘宏松:《国际组织的自主性行为:两种理论视角及其比较》,《外交评论》2006年第3期,第104页。约翰·米尔斯海默曾对现实主义和自由主义对国际制度的理论认识进行了总结,参见 John J. Mearsheimer, "The False Promise of International Institutions", *International Security*, Vol. 19, No. 3, 1994, pp. 5 – 49。
③ 郭海峰、崔文奎:《功能主义与永久和平:试析戴维·米特兰尼的世界共同体思想》,《国际论坛》2017年第2期,第55页。

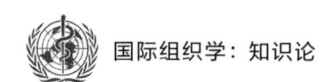

其具有两方面显著特征。一是先验地信任国家和国际组织等政治性机构的主体性和能动性。尽管联邦主义将民族国家视为战争的根源，进而对其采取批判性态度，但这种批判本身是基于其对民族国家主体性和能动性的信赖而展开的。同理，联邦主义将国际组织或超国家政府视为解决战争的答案，对其采取积极追求的态度，这种渴望也是基于对国际组织作为秩序供给者的主体性和行为能力的深刻信任而形成的。在联邦主义的理念中，民族国家和国际组织的主体性和行为能力都是先验给定的。二是将立宪性制度设计视为其工作重点。由于国际组织的主体价值本身无须质疑和论证，为此无论19世纪还是20世纪的联邦主义者，都将理论重心放在了对国际组织宪法性结构的设计上，即如何通过精密的立宪性制度设计来设定各民族国家的互动逻辑，使理性的国家的互动结果符合国际社会的公共利益偏好。[1]

米特兰尼认同国际组织是实现和平的手段，进而将研究目标设置为寻求"如何在不同群体间建立跨越意识形态和政治制度从而以联合的形式解决共同事务"的方法。[2]但是米特兰尼认为将国家视为一个无所不在、无所不能的有机体的做法不符合实际，因此不能依据同样的信念去设计一个无所不在、无所不能的超国家政府。和摩根索对国家主权进行了重新阐释和分析不同，米特兰尼对国家权力做了解构。他认为，国家权力并非绝对的，而是时代背景的产物。20世纪的国家从消极自由主义国家变成积极的管理者和治理者，渗透到社会的每个角落，发展为"全权国家"（Comprehensive State）。国家的权力从根源上看源自其对民众需求的满足，从现象上看则源自民众对其忠诚和响应的程度。为此当20世纪的国家"已经变得软弱得无法保障我们的安全，却强大得总是践踏我们的自由"，[3] 它就不应再是人们满足需求的首要选择，人们的效忠也因此从国家向国际组织转移。他所认为的国际组织

---

[1] 房乐宪：《新功能主义理论与欧洲一体化》，《欧洲》2001年第1期，第19~20页。
[2] David Mitrany, "The Prospect of Integration: Federal or Functional?", *Journal of Common Market Studies*, Vol. 4, No. 2, 1965, pp. 119-149.
[3] 郭海峰、崔文奎：《功能主义与永久和平：试析戴维·米特兰尼的世界共同体思想》，《国际论坛》2017年第2期，第55页。

是一种基于人们的功能性需要来定义的、多元性的国际组织，其指向的是一个具有特定功能的、相互重叠的国际组织网络，而非一个翻版的世界级全权国家。当20世纪60年代新功能主义兴起且对欧洲一体化持日益激进的态度之时，米特兰尼对这种理论主张表示了忧虑并提出了批评。[1]

根据米特兰尼的观点，无论国家还是国际组织，其权力和正当性的终极来源都在于能够满足作为集体概念的民众的功能性需求。由于国际组织的权力和存在的正当性都是需要被解释和论证的对象，这在事实上弱化了它们的主体性，而仅认同它们的工具性价值。而工具性价值是否存在，以何种形式存在，则需要在其所承担的社会功能中加以判断。[2]

摩根索的政治现实主义和米特兰尼的功能主义在理论结构上存在巨大差异，其中最为显著的差异之一在于摩根索以作为个体的国家的主体性为其理论的逻辑起点，体现了个体主义思想，而米特兰尼则以作为整体的民众的主体性为逻辑起点，体现了整体主义思想。但二者在国际组织的价值观上具有很强的相似之处，即都将国际组织工具化，将其视为满足主体功能性需求的产物；其价值大小由其对主体需求的满足程度来衡量和判断。这种思路在20世纪60—80年代国际政治理论变迁的过程中被很大程度地保留了下来。在功能主义领域，尽管以哈斯为代表的新功能主义者用"外溢"概念论证了国际组织权限扩张的趋势和逻辑，且将其视野下的第一主体从民众修改为政治精英，但未从根本上破坏国际组织的价值在于实现主体功能性目标的能力这一基本论断。在现实主义领域，以华尔兹为代表的新现实主义者强化了国家的主体性，并将国际组织还原到国家意志和利益之中，更是强化了关于国际组织工具性价值的论述。

三　国际组织机制说

国际组织机制说将国际组织视为一种规范约束国际合作的程序机制，或

---

[1] 张振江：《米特兰尼的国际合作思想及其对东亚合作的启示》，《外交评论》2009年第2期，第72页。

[2] David Mitrany, *The Functional Theory of Politics*, London School of Economic and Political Science, 1975, p. 118.

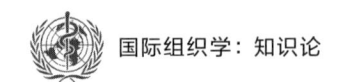

称国际法的立法法，认为其具有普遍的民意基础并以国际公共利益为目标，具有道义的力量，其产生和发挥作用的过程遵循着社会制度的普遍逻辑。国际政治理论的新自由制度主义学派通常持有这种观点。[①] 而国际机制法（International Institutional Law）这一称谓在国际组织法领域的重要程度，体现了该理念在国际法领域的普及度。[②]

20 世纪 60—70 年代，功能主义路径和现实主义路径的争鸣进入了一个新的阶段。一方面，新功能主义一体化理论在 60 年代声名大噪。厄恩斯特·哈斯在 1958 年出版的著作《欧洲的统一》[③]、1961 年发表的论文《国际一体化》[④] 和 1964 年出版的著作《超越民族国家：功能主义和国际组织》[⑤] 中确立了新功能主义的基本结构。如果说米特兰尼侧重强调国际组织的功能性，其后以哈斯为代表的新功能主义者在强调国际组织的功能性同时，也开始强调它的自在性，即认为各国政府在建立国际组织的过程中发挥着主导作用，但并不认为它们对这一过程的走向具有完全的决定能力。国际组织作为一种制度具有自在的逻辑，会通过"外溢"效应形成一种一体化的张力，促使国家间合作从技术性领域向政治性领域扩张。遵照这种逻辑，国际社会一体化的进程是一往无前的，最终将朝着综合性中央权威的方向发展。[⑥]

该理论在 20 世纪 60 年代迅速发酵并引发了学界的热议。另一方面，新功能主义强调国际组织的社会功能而低估国家主权对国际秩序的塑造能力，这使它遭到了来自现实主义的批判。尤其是 20 世纪 70 年代，新功能主义赖

[①] Robert O. Keohane, *International Institutions and State Power*, Westview Press, 1989, pp. 101 – 179.

[②] Henry G. Schermers and Niels M. Blokker, *International Institutional Law：Unity within Diversity*, 4th edition, Martinus Nijhoff Publishers, 2003; C. F. Amerasinghe, *Principles of the Institutional Law of International Organizations*, Cambridge University Press, 1996; Jan Klabbers, *An Introduction to International Institutional Law*, 2nd edition, Cambridge University Press, 2009.

[③] Ernst B. Haas, *The Uniting of Europe*, Stanford University Press, 1958.

[④] Ernst B. Haas, "International Integration：The European and the Universal Process", *International Organization*, Vol. 15, No. 3, 1961, pp. 366 – 392.

[⑤] Ernst B. Haas, *Beyond the Nation State：Functionalism and International Organization*, Stanford University Press, 1964.

[⑥] 房乐宪：《新功能主义理论与欧洲一体化》，《欧洲》2001 年第 1 期，第 13~14 页。

第九章 本体论

以发端的欧洲一体化进程受到挫折，更是引发了学者对其解释力和适用范围的质疑。斯坦利·霍夫曼1966年发表的论文《顽固的还是过时的？民族国家的命运与西欧的个案》批判功能主义关于渐进式一体化的主张，强调民族国家的主导地位，并区分了国际关系的"低政治"领域与"高政治"领域，认为功能主义只适合解释前者。[①] 肯尼思·华尔兹的《国际政治理论》和新现实主义面世后，更是迅速地在国际政治领域取得影响，并辐射到国际法学领域。

20世纪70年代，约瑟夫·奈、罗伯特·基欧汉、约翰·鲁杰等自由主义学者看到新功能主义理论的不足之处，开始强调国家在国际秩序构建中的主导作用。20世纪70年代一体化理论危机的表现之一是部分学者从功能主义以国际社会为单元的方法论整体主义转向理想主义以国家为单元的方法论个体主义，理论建构从"一体化"转向独立主体间的"相互依赖"。美国经济学家理查德·库珀于1968年在《相互依存经济学——大西洋社会的经济政策》[②]一书中提出相互依存理论后，爱德华·莫尔斯于1969年将该理论引入国际政治领域，[③] 随即引发了罗伯特·托利森和托马斯·威利特等学者对"一体化"概念和"相互依赖"概念的对照研究。[④] 罗伯特·基欧汉和约瑟夫·奈在1973—1975年发表的论文中比较并反思了当时具有影响力的摩根索政治现实主义理论和新功能主义一体化理论对国际秩序的解释力，并在1977年出版的《权力与相互依赖》一书中对国家间相互依赖理论做了系统阐述。[⑤]

[①] Stanley Hoffmann, "Obstinate or Obsolete? The Fate of the Nation-State and the Case of Western Europe", *Daedalus*, Vol. 95, No. 3, 1966, pp. 862 – 915 at 874.

[②] Richard N. Cooper, *The Economics of Interdependence: Economic Policy in the Atlantic Community*, Columbia University Press, 1968.

[③] Edward L. Morse, "The Politics of Interdependence", *International Organization*, Vol. 23, No. 2, 1969, pp. 311 – 326.

[④] Robert D. Tollison and Thomas D. Willett, "International Integration and the Interdependence of Economic Variables", *International Organization*, Vol. 27, No. 2, 1973, pp. 267 – 269.

[⑤] Robert O. Keohane and Joseph S. Nye, "Power and Interdependence", *Global Politics and Strategy*, Vol. 15, No. 4, 1973, pp. 158 – 165; Robert O. Keohane and Joseph S. Nye, "International Interdependence and Integration", in Fred I. Greenstein and Nelson W. Polsby, *Political Science: Scope and Theory*, MA. Addison-Wesley Pub. Co., 1975, pp. 363 – 377.

国际组织学：知识论

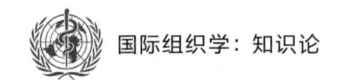

  在偏离一体化理论的方法论整体主义的同时，相关学者也反对政治现实主义过于强调权力政治而忽视制度要素的做法，并基于对二者的反思创立了国际机制理论，国际组织成为国际机制的子概念。1975 年，约翰·鲁杰首次在国际政治研究中引入"国际机制"概念后，[1] 厄恩斯特·哈斯[2]、奥兰·扬[3]等自由主义学者在 20 世纪 80 年代初都对国际机制理论做了回应和发展。1975 年约翰·鲁杰首次将国际机制概念引入国际政治研究时将它定义为"由一组国家所接受的一系列相互的预期、规则与规章、计划、组织的能力以及资金的承诺"。[4] 奥兰·扬将国际机制视为在一个给定国际关系领域汇聚行动者期待的社会制度安排，机制通过概括的指示或明确的指令来确定国家行为的范围。[5] 1982 年，约翰·鲁杰在《国际机制、交易和变迁：战后经济秩序中的嵌入式自由主义》一文中指出国际机制由原则、规范、规则和程序构成，能够对其问题领域内的行动单元就特定事务做出决策和开展行动的自由裁量权产生约束和塑造的能力。[6] 厄恩斯特·哈斯则将机制解释为一系列相互协调的规则与规范。[7] 斯蒂芬·克拉斯纳作为现实主义的代表人物也承认国际机制作为干预变量的价值，将机制界定为"特定国际关系领域的一整套明示或默示的原则、规范、规则以及决策程序，行为体的预

---

[1] John G. Ruggie, "International Responses to Technology: Concepts and Trends", *International Organization*, Vol. 29, No. 3, 1975, pp. 557 – 583 at 571.

[2] Ernst Haas, "Technological Self-Reliance for Latin-America: The OAS Contribution", *International Organization*, Vol. 34, No. 4, 1980, pp. 541 – 570 at 553.

[3] Oran R. Young, "International Regimes: Problems of Concept Formation", *World Politics*, Vol. 32, No. 3, 1980, pp. 331 – 356.

[4] John G. Ruggie, "International Response to Technology Concepts and Trends", *International Organization*, Vol. 29, No. 3, 1975, pp. 557 – 583 at 570.

[5] Oran R. Young, "International Regimes: Problems of Concept Formation", *World Politics*, Vol. 32, No. 3, 1980, pp. 331 – 356 at 331.

[6] John G. Ruggie, "International Regimes, Transactions and Change: Embedded Liberalism in the Postwar Economic Order", *International Organization*, Vol. 36, No. 2, 1982, pp. 379 – 415 at 380.

[7] Ernst Haas, "Technological Self-Reliance for Latin America: The OAS Contribution", *International Organization*, Vol. 34, No. 4, 1980, pp. 541 – 570 at 553.

第九章 本体论

期以之为核心汇聚在一起"。① 罗伯特·基欧汉则将国际机制解释为存在于国际关系诸多领域中的若干使行动者期待得以汇聚的默示或明示的原则、规范、规则和决策程序,② 同时认同这套程序规则的权威性、惩罚和服务功能、自组织能力及自在性。所谓权威性是指使国际制度拥有使作为被约束对象的国家自动遵从的道义性力量;所谓惩罚和服务功能是指国际制度可以通过提高不合作者交易成本,通过信息收集和分配功能化解各国信任赤字问题;所谓自组织能力是指国际制度对国家在特定领域的合作具有路径锁定效果,不同问题领域的制度之间可以形成一个制度网络,从而产生网络效应;所谓自在性是指尽管国际制度是国家意志的产物,但其一旦产生就具有自我发展的逻辑,即便霸权国衰退,国际制度也会继续存续并独立地发挥作用。③

尽管不同学者对国际机制的表述存在差异,但整体上可以看出国际机制的六点特征。一是多边性,即它是由三个及以上国家和同等资质的主体创设和参与的程序性规则。二是合意性,即它是由各国基于在特定问题领域内持续开展合作的共同愿望而共同创设和允诺遵守的互动规则,各国参与的意愿是它效力的基础。三是程序性,即它是一套关于各国在特定问题领域内持续开展合作目的而设定的"程序法"。四是功能性,即它通过设定各国互动的规则而将各国互动的结果引向预定的功能性目标。五是历时性,"程序法"的属性决定了它在可预见的一段时间内将长期有效,使各国的互动方式具有了确定性。六是规范性,国际机制的合意性和历时性使得"程序法"不仅仅是成员理性选择的结果,也因为路径依赖而获得一种内生的规范性的约束力。各国乃至国际社会遵从它不仅因为它是"有效的",还因为惯性地相信它是"正

---

① Stephen D. Krasner, "Structural Cause and Regime Consequences: Regimes as Intervening Variable", *International Organization*, Vol. 36, No. 2, 1982, pp. 185 – 205 at 186; Stephen D. Krasner, *Structural Conflict: The Third World against Global Liberalism*, University of California Press, 1985, p. 28.
② Robert O. Keohane, "The Demand for International Regimes", *International Organization*, Vol. 36, No. 2, 1982, pp. 325 – 355 at 325.
③ 秦亚青:《权力·制度·文化:国际关系理论与方法研究文集》,北京大学出版社 2005 年版,第 100 ~ 105、108 页。

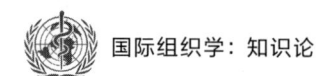

确的"。① 上述特征使得各国和国际机制之间的关系复杂化，它们不再是单向度的主客体关系，或称施动受动关系，而是互为施动者和受动者，互相建构和约束。国家主体和国际机制之间的相互塑造能力使得国家的身份、利益和价值观随着时间的推移而变化，进而改造国际秩序本身。

值得特别说明的是，新自由制度主义代表人物罗伯特·基欧汉和建构主义代表人物亚历山大·温特都注意到了国家主体和国际秩序在历史进程中的互构特征，在一定程度上跳出了国际政治理论片面强调国家意志和利益的理性主义框架。然而遗憾的是二人都未能明确阐述这一点。② 基欧汉采纳了肯尼思·华尔兹新现实主义的"国家理性—无政府社会"的理性主义概念框架，并基于"国际制度"（International Institutions）这一中心概念发展了新自由制度主义学派。③ 新自由制度主义试图发展为与新现实主义比肩的科学化国际政治理论的目标使其论述集中在"制度"层次，国际组织被从国际机制的内涵中剥离了出来，与国际机制、国际惯例共同构成了国际制度的子概念。国际制度理论探讨了作为国际组织上位概念的国际制度产生的社会条件和政治基础，制度结构和功能的关联性，以及国际制度与国家理性的互动关系。然而国际制度理论的直接对象是国际制度而非作为其下位概念的国际组织和国际机制，其关注重点在国际组织、国际机制、国际惯例等制度类别的共性上，而无法对国际组织的"组织"属性和国际机制的"机制"属性做深入讨论。这使得它在现象层次观察到国际机制的历时性、自在性特征以及国际组织的历时性、自在性、主体性特征的同时，却未能在理论层次系统阐释这一点。④

和新自由制度主义在现象层次"观察"到国家理性和国际秩序的互构特性不同，20 世纪 90 年代兴起的温特建构主义旗帜鲜明地指出无政府国际

---

① Douglass C. North, *Institutions, Institutional Change and Economic Performance*, Cambridge University Press, 1990, p. 45.
② 刘莲莲：《国际组织理论：反思与前瞻》，《厦门大学学报》（哲学社会科学版），第 16 ~ 17 页。
③ Robert O. Keohane, *International Institutions and State Power*, Westview Press, 1989, pp. 3 – 4.
④ 这也是本章使用"国际机制"而不是"国际制度"来表达国际组织的第三种本质的原因。

第九章　本体论

体系和国家理性具有相互建构的特征,并将其视为建构主义和以新现实主义和新自由制度主义为代表的理性主义的本质区别。温特建构主义将无政府国际体系和国家理性视为由文化观念决定的因变量,并将文化区分为霍布斯文化、洛克文化、康德文化三种形态,提出霍布斯文化导致冲突、洛克文化导致竞争、康德文化导致合作的观点,认为三者存在历史承继关系。这表明建构主义特别强调理性主义忽视的国家间互动关系的多样性以及国际社会的历史演进性。为论证这一点,温特主张引入社会学方法以说明无政府国际体系和国家理性选择之间的互构关系以及国际社会的历史进程特性。[1] 作为国际政治理论,温特建构主义提出了有价值的主张,但未在理论层次完成论证工作。温特建构主义试图将文化观念视为国际政治理论的核心变量,就必须阐明文化观念的内涵及其对无政府国际体系、国家理性的互构机制。但温特建构主义只解决了文化对国家理性的单项建构,其所提出的霍布斯文化、洛克文化和康德文化三种文化模式相互区别且存在承继关系这一命题,也未得到论证,这使得其历史进程理论的线条发生断裂。[2] 温特建构主义未能完成前述工作的重要原因之一就在于其理论缺少了国际组织、国际机制等制度性要素的位置。事实上,温特所主张的文化观念和共有知识不是凭空产生的,而是实践的产物。不同国家对同一问题的理解也并非自然形成,而是以国际法、国际惯例、交易习惯等正式或非正式制度形式贮存等。国际制度作为世界共有知识和国家价值观念互构等介质,应是建构主义不可或缺的变量,否则建构主义所提出的命题就得不到完整论述。不过,温特建构主义在理性主义理论基础之上观察到了国家间互动关系的多元性和历史演进性,对国际组织和国际机制产生和运行的社会背景有了更丰富的描述,这为后来者更全面地认识国际组织的性质留下了空间。20世纪90年代以后,越来越多的学者在建构主义提供的思维框架下观察到国际组织的主体性和建构、传播世界公

---

[1] Alexander Wendt, "Anarchy Is What States Make of It: The Social Construction of Power Politics", *International Organization*, Vol. 46, No. 2, 1992, pp. 391–425.
[2] 秦亚青:《权力·制度·文化:国际关系理论与方法研究文集》,北京大学出版社2005年版,第22页。

共知识和价值观的规范功能。例如巴尼特和芬尼莫尔在《为世界定规则：全球政治中的国际组织》中强调国际组织独立的身份和脱离创造者意愿的偏好和行为逻辑。① 芬尼莫尔在《国际社会中的国家利益》一书中以联合国教科文组织为例，对国际组织如何传播国际规范并影响国家身份和利益做了分析。② 盖尔·纳斯和史蒂芬·布里金则指出国际组织具有自身的生命力和行为逻辑，这些特点根植于其"组织"而非"国际"特点之中。③

第二节 国际组织本质的判断方法

关于国际组织本质的判断依据主要可以分为唯理主义和经验主义两个类别。就前者而言，研究者先验地引入了当世人们普遍奉行的意识形态和伦理观念来预设国际组织的本质，主张通过设计者的智慧来设计、应用、修正国际组织的形态，规范国际组织的活动，以使国际组织的表现尽可能地符合人们的预期或要求。就后者而言，研究者反对预设对国际组织性质和功能的期待，主张将国际组织的本质视为待确证的变量，以经验数据和科学法则为基础来研究国际组织的性质和功能，使人们可以据以合理设置自己的期待，并相应调整策略。④

正如哲学家们就唯理论和经验论展开了旷日持久的争论而相持不下，这两种关于国际组织本质的认知模式在国际组织研究的发展中都具有其现实意义。通常情况而言，在国际政治经济格局发生重大变化的变革时期，人们对国际秩序和治理模式的需求也相应地发生变化，社会制度需要大刀阔斧的改

---

① Michael N. Barnett and Martha Finnemore, *Rules for the World: International Organizations in Global Politics*, Cornell University Press, 2004.
② 〔美〕玛莎·芬尼莫尔：《国际社会中的国家利益》，袁正清译，上海人民出版社2012年版。
③ Gayl D. Ness and R. Brechin, "Bridging the Gap: International Organizations as Organizations", *International Organization*, Vol. 42, No. 2, 1988, pp. 245–273.
④ Bob Reinalda, "International Organization as a Field of Research since 1910", *Routledge Handbook of International Organization*, Routledge, 2013, pp. 27–50; José E. Alvarez, "International Organizations: Then and Now", *American Journal of International Law*, Vol. 100, No. 2, 2006, pp. 324–347.

第九章　本体论

革。这种情况下,唯理主义的认识论有助于人们在宏观层面设立改革方向、制定改革方案。例如在 19 世纪至 20 世纪初国际政治波诡云谲的背景下,时兴的古典自由主义思潮与国际社会向往和平与安全这一现实需求汇聚,进而催生了国际立宪主义的理论思潮。国际立宪主义预设了国际联盟等国际组织作为"准世界政府"职能,假定它和国内政府一样可以通过"社会契约"建立并享有与国内政府一样的权力和威望,进而以此为基础设计国际组织的形态和功能。

国际联盟的失败验证了唯理主义认识论的谬误之处。然而在学界对国际社会的本质认知不足的情况下采用朴素的类比法将国内治理经验借鉴到国际层面,并在实践中对其纠偏,这符合人类认知和改造世界的规律。对此爱德华·H. 卡尔在《20 年危机(1919 - 1939):国际关系研究导论》中做过详细的论述。卡尔认为,人们运用社会生活经验探索新问题领域的做法是任何科学领域发展的常见现象,其价值在于使社会转型时期的人们关注一个新兴领域的生成。尽管国际联盟的实际表现和预设效果有较大偏差,但它本身是人们基于既有经验和现实需求发挥能动性的产物,它将人们的世界主义理想从想象变成现实,为后世研究者的"纠偏"准备了条件。其因科学性不足所带来的"不精确性",一定意义上是在一个新领域内构建知识的必经之路。[①]

而在国际政治经济格局相对稳定的时期,人们需要更精确地认识和改造既有国际秩序和治理模式的规律。这种情况下,经验主义的认识论有助于人们客观地认识现状,从而在微观层面设计出精密的改革方案和应对策略。例如 20 世纪中期,国际联盟、联合国、欧共体等具体国际组织的运作为人们从经验中理解国际组织的本质提供了案例。功能主义、新功能主义、现实主义、新自由制度主义等理论思潮不再先验地设定国际组织的本体价值,而将国际组织的本质视为变量并在其理论结构中加以论证,人们对国际组织的认知也在各种经验研究与理论交锋中日趋完整。

---

① Edward Hallett Carr, *The Twenty Years' Crisis, 1919 - 1939: An Introduction to the Study of International Relations*, Perennial, 1964, pp. 5 - 9.

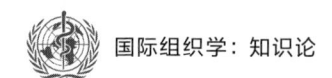

此外，关于国际组织本质的判断究竟采用唯理主义认识论还是经验主义认识论，不同学科路径也存在差别。如前章所述，20世纪的国际组织研究主要是依据政治学、社会学和法学路径推进的，相应地，国际组织的本质判断也可以分为政治学路径、社会学路径和法学路径。无论哪种理论路径的研究，其认识国际组织本质的方式既可能是唯理主义的，也可能是经验主义的。例如，19世纪后期至20世纪初期的国际立宪主义即是法学领域唯理主义研究的代表，而理想主义即是政治学领域唯理主义研究的代表。20世纪中后期以来，随着政治学和社会学在方法论上转向实证主义，相关领域的国际组织研究者也更倾向于采用经验主义认识论来看待国际组织，总是试图摆脱对国际组织本体价值的预判，而试图在研究结论中证实它。而法学家是天生的规范探索者，为此他们常常以先在给定的形式将国际组织的本体价值代入国际组织研究之中，将之视为分析国际组织效用价值的逻辑起点。[1]

第三节 国际组织的主体地位之辨

关于国际组织主体地位的探讨首先起源于法学领域中关于国际组织"法人资格""法律人格"的讨论。法学领域的"法人资格""法律人格"主要指国际组织以自己的名义在国际法上独立承担权利义务、开展活动并对后果负责的资格。在讨论国际组织的国际法人资格或国际法律人格之前，首先有必要厘清人格、法律人格概念的起源和内涵。英文中"人格"（Personality）一词源于拉丁语的Persona，其原意是指戏剧中的面具和演员。经古罗马哲学家和中世纪经院哲学的发展后，"人格"一词开始被用来表示

---

[1] Jan Klabbers, "Two Concepts of International Organization", *International Organizations Law Review*, Vol. 2, No. 2, 2005, pp. 277–293; José E. Alvarez, *International Organizations as Law-Makers*, Oxford University Press, 2005; Jan Klabbers, "The Relative Autonomy of International Law or the Forgotten Politics of Interdisciplinary", *Journal of International Law and International Relations*, Vol. 1, No. 1–2, 2004, pp. 35–48.

理性的个体存在。① 1794年出台的《普鲁士一般邦法》首次规定了"法律人格"来指代作为法律权利义务主体的自然人,其第一编第一条指出:"人(Mensch)在市民社会中只要享有一定权利,便被称为法律人格(Person)。"《奥地利民法典》也规定:"任何人生来就因理性而获有明确的天赋的权利,故得作为(法的)人格被看待。"②这时的"法律人格"因循自然法强调个体自然权利的传统,内涵上等同于权利能力,指代的是"理性的存在,只有在决定自己的目的,并具有自发地予以实现的能力时,才被称为人格(Person)"。③早期关于法律人格的阐述主要因循自然法理论,法律人格的承受者主要是自然人。《德国民法典》首创了"法人"(Juristische Person)概念,规定符合一定条件的团体也可以赋予权利能力,成为民事主体。自此,非自然人的社团、财团等机构团体也可以拥有法律上的权利能力,获得"法律人格"。自此法学界便围绕着法人所具有的法律人格的本质展开了讨论,具体可以分为"法人拟制说"和"法人实在说"。19世纪的德国法学家萨维尼提出了法人拟制学说,认为法人的人格是依法律规定拟制而成,而非实然存在,为此主张对自然人和法人有所区分。汉斯·凯尔森(Hans Kelsen)则更为明确地反对社会现实中有共同体或团体存在这种看法,认为国家只是一个因法律秩序拟制而成的人格化概念。④另一方面,黑格尔、费迪南·托尼斯等哲学家则证明了人类社会团体现象的实然存在。⑤后世关于法人实在说的讨论又可以分为社会有机体说和社会组织体说,即认为非自然

---

① 周枏:《罗马法原论》(上册),商务印书馆1996年版,第97页;〔俄〕尼古拉·别尔嘉耶夫:《人的奴役与自由——人格主义哲学的体认》,徐黎明译,贵州人民出版社1994年版,第16页。

② 秦伟、刘保玉:《略论法律人格的内涵变迁及立法评判》,《河北法学》2000年第6期,第38页。

③ 〔日〕星野英一:《司法中的人》,王闯译,载《民商法论丛》第8卷,法律出版社1997年版,第163页。

④ 江平、龙卫球:《法人本质及其基本构造研究——为拟制说辩护》,《中国法学》1998年第3期,第71~74页。

⑤ 〔美〕彼得·斯坦等:《西方社会的法律价值》,王献平译,中国人民公安大学出版社1990年版,第25页。

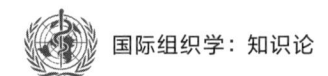

人主体的权利能力源自其作为有机体和组织体而形成的意志。① 时至今日，法学界对法律人格的本质仍存在争议，它既被用来支撑具有独立法律地位的民事主体，又被用来指代作为民事主体所具备的权利能力和行为能力。就后者而言，对主体权利能力和行为能力的来源又存在法律授权说和客观存在说等不同观点。②

近代国际法诞生后，法律人格概念很自然地移植到了国际法领域。学界对国际法律人格没有统一的定义，有学者将之界定为"国际人格者在国际法上具有法律人格，是指它是国际法的主体，从而它本身享有国际法上所确定的权利、义务或权力"，③ 有学者认为"法律人格者是指，得到习惯法承认而能够享有权利和承担义务，并能提起国际诉讼，以及具有赋予其这些能力的实体"。④ 饶戈平教授则认为"国际人格系指具有独立参加国际关系并直接承受国际法上的权利和义务等能力的集合体"。⑤ 尽管这些表述各有不同，但总体上都指出它是主体参与国际关系、享有权利并承担义务的资格。⑥

20 世纪初期之前，国际习惯法将主权国家视为国际法的唯一主体，即只承认主权国家的国际法人格，其他实体则被排除在外。⑦ 20 世纪初期，随着国际联盟等国际组织产生并参与国际事务，国际组织的国际法主体资格逐渐纳入学界的讨论。⑧ 20 世纪中期以后，国际组织在数量、权能上的提升使得越来越多的国际法学者和国际政治学者逐渐认同国际组织独立承担国际权

---

① 李飞：《论董事对公司债权人负责的法理正当性——从法人组织体说的局限性及其超越之路径展开》，《法制与社会发展》2010 年第 4 期，第 39 页。
② 刘再辉：《上海合作组织法律人格探微》，《外交评论》2009 年第 3 期，第 96 页。
③ 〔英〕詹宁斯、瓦茨修订《奥本海国际法》，王铁崖等译，中国大百科全书出版社 1995 年版，第 92 页。
④ 〔英〕伊恩·布朗利：《国际公法原理》，曾令良等译，法律出版社 2003 年版，第 69 页。
⑤ 饶戈平主编《国际组织法》，北京大学出版社 1996 年版，第 101 页。
⑥ 刘再辉：《上海合作组织法律人格探微》，《外交评论》2009 年第 3 期，第 96~97 页。
⑦ David J. Bederman, "The Souls of International Organizations: Legal Personality and the Lighthouse at Cape Spartel", *Virginia Journal of International Law*, Vol. 36, No. 2, 1996, pp. 275 – 277.
⑧ John Fischer Williams, *Chapters on Current International Law and the League of Nations*, Longmans, Green & Co., 1929, pp. 477 – 500; Christian N. Okeke, *Controversial Subjects of Contemporary International Law*, Rotterdam University Press, 1974, Chapters 10 – 11.

利和义务的能力,并就此开展实证研究。21世纪的今天,国际组织的国际主体资格在国际法学界和国际政治学界都已逐渐成为一个得到公认的命题。

如汉斯·凯尔森所指出的,在讨论权利义务之前必须首先明确承担权利义务的主体,[①] 在国际法领域,国际组织在国际法的缔造和执行中的显著作用,使得国际组织的主体资格自始便是一个绕不开的话题。[②] 20 世纪国际组织的实践引发了几次关于国际组织国际人格的讨论。其中最有影响力的是 1949 年国际法院就伯纳多特伯爵被害案向联合国大会所提供的咨询意见。1948 年 9 月 17 日,联合国派往巴勒斯坦调解纠纷的伯纳多特伯爵在耶路撒冷以色列控制区被暗杀,随后引发了联合国在国际法上是否有权以自己的名义提出赔偿主张的问题。传统国际法只承认国家在国际法上的主体地位,当一国公民在其他国家遭遇侵害时,国家有权以自己的名义提出赔偿要求,而国际组织是否拥有类似权利则并不明确。为此联合国大会根据《联合国宪章》第 96 条规定要求国际法院就此提供法律意见。[③] 1949 年 4 月 11 日,国际法院在"关于执行联合国公务中所受伤害的补偿案的咨询意见"中指出,国际法院要回答联合国是否有权主张赔偿的问题,必须首先解决国际政治是否拥有国际人格这一问题。1945 年联合国建立之时《联合国宪章》已明确规定其宗旨目标和活动原则,联合国的国际人格对实现前述宗旨目标而言不可或缺,为此可以推断会员国在授权联合国履行宪章规定之职能之时已经赋予了它相应的权利和义务资格,为此可以得出结论:"联合国拥有国际人格。"[④] 1980 年,国际法院在解释世界卫生组织与埃及 1951 年协定的"咨询意见"中也明确指出:"国际组织是国际法的主体,受国际法一般规则、这些组织的组织法或它们

[①] Hans Kelsen, *General Theory of Law and State*, Wedberg trans., Russell & Russell, 1945, p. 93.
[②] 参见 José E. Alvarez, *International Organizations as Law-Makers*, Oxford University Press, 2005; 饶戈平主编《国际组织与国际法实施机制的发展》,北京大学出版社 2013 年版。
[③] International Court of Justice, *Reparation for Injuries Suffered in the Service of United Nations* (Advisory Opinion), I. C. J. Reports 174, 1949.
[④] Frederic L. Kirgis Jr., *International Organizations in Their Legal Setting: Documents, Comments and Questions*, West Publishing Co., 1977, pp. 7 – 10.

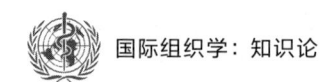

作为缔约方的国际协定的约束。"[1] 1985 年国际锡理事会的债务承担问题再次引发了学界对国际组织是否具有独立承担国际责任的能力的争议,英国法院判决认为国际锡理事会具有区别于成员而存在的独立人格,成员不应为组织承担连带和补充责任。[2] 联合国国际法委员会在该问题上则表现出非常谨慎的态度。1950 年国际法委员会在编纂条约法时将国际组织订立的条约列入条约法条款草案,而后又将这类条约排除在外。[3] 在 1959 年提交的条约法草案中,国际法委员会再次将国际组织视为拥有条约制定能力的国际法主体:"所谓的其他国际法主体是指什么呢? 显然是指联合国这种被国际法院在案例中确认了国际人格和缔约能力的国际组织。"[4]在 1974 年发表的一份报告中则进一步指出"国际组织制定条约的资格由组织相关规则确定"。[5] 2011 年出台的一份联大决议中则直接将国际组织界定为"根据条约或受国际法制约的其他文书建立的具有独立国际法律人格的组织"。[6] 1966 年,国际法学者格里高利·滕金(Grigory I. Tunkin)在《联合国的法律性质》一文中探讨了联合国的国际法地位。[7] 亨利·谢默思在其《国际机构法》的早期版本中未谈及这个问题,在 1995 年的更新版中开始强调国际组织的"独

---

[1] ICJ Reports, *Advisory Opinions*, Switzerland, 1949, p. 174,转引自周晓明《欧盟国际人格的演进——从〈马斯特里赫特条约〉到〈里斯本条约〉》,《国际政治研究》2012 年第 3 期,第 106 页。

[2] Romana Sadurska and Christine Chinkin, "The Collapse of the International Tin Council: A Case of State Responsibility?", *Virginia Journal of International Law*, Vol. 30, No. 4, 1990, pp. 845 – 890.

[3] "United Nations Audiovisual Library of International Law", https://legal.un.org/avl/pdf/ha/vcltsio/vcltsio - c. pdf,最后访问日期:2021 年 1 月 21 日。

[4] UN International Law Commission, *Yearbook of the International Law Commission 1959*, Volume II, p. 96, https://www.legal - tools.org/doc/f94486/pdf/,最后访问日期:2021 年 1 月 21 日。

[5] "The Capacity of An International Organization to Conclude Treaties Governed by the Relevant Rules of That Organization", Report of the International Law Commission on the Work of Its 26th Session, Doc. A/9610/Rev. 1, at p. 298, 6 May – 26 July 1974, https://legal.un.org/ilc/documentation/english/reports/a_ 9610. pdf,最后访问日期:2021 年 1 月 21 日。

[6] 联大决议编号 A/Res/66/100,第 2 条,Dec. 9, 2011, https://undocs.org/pdf? symbol = zh/A/RES/66/100,最后访问日期:2021 年 1 月 20 日。

[7] Grigory I. Tunkin, "The Legal Nature of the United Nations", *Collected Courses of the Hague Academy of International Law*, Vol. 119, No. I, 1966.

立意志",2003 年版则明确将"法人身份"纳入国际组织的概念。① 大卫·阿姆斯特朗强调国际组织的独立性,即拥有全部或部分独立于成员国的身份和利益,并认为缺少这一点国际组织将沦为帝国或霸权国。②

国际法学者也对国际组织的国际主体资格或称国际法律人格做了归因分析。他们通常从成员国通过国际条约对国际组织的授权以及国际组织的建立目的来分析国际组织的法律人格来源,并就此形成了授权说、目的说和实在说三种不同的观点。其中授权说将主权国通过国际条约的授权视为国际组织法律人格的来源,目的说认为国际组织具有法律人格是成员国建立国际组织并寄予期望的必然推论。戴维·莱克等学者即认为国际组织的自主性来源于国家授权,自主性的价值在于克服集体行动困境。③ 在宪法性文件缺乏明确规定时,国际法院在 1949 年关于"伯纳多特伯爵被害案"的咨询意见中倾向于做目的解释,指出"必须认为在国际法上,联合国在其宪章没有明示规定时,也应拥有由必然默示所赋予的各项权限"。④ 在 1954 年 7 月 13 日关于"联合国行政法院所作赔偿裁定的效果"的咨询意见和 1962 年 7 月 20 日关于"联合国某些经费"的咨询意见中则指出"国际组织具有为执行其职务和实现其宗旨所必需的缔约能力","当联合国在采取某种措施,而该措施得到政党承认,被认为适于达到明文规定的宗旨时,可以推论该措施并未逾越权限"。⑤

---

① Henry G. Schermers, *International Institutional Law*, Sijthoff & Noordhoff, 1980, p. 8; Henry G. Schermers and Niels M. Blokker, *International Institutional Law: Unity within Diversity*, 3rd edition, Martinus Nijhoff Publishers, 1995, p. 33; Henry G. Schermers and Niels M. Blokker, *International Institutional Law: Unity within Diversity*, 4th edition, Martinus Nijhoff Publishers, 2003, p. 26.

② David Armstrong, Lorna Lloyd and John Redmond, *International Organization in World Politics: The Making of the 21st Century*, 3rd edition, Palgrave Macmillan, 2004. p. 1.

③ David A. Lake and Mathew D. McCubbins, "The Logic of Delegation to International Organizations", in Darren G. Hawkins et al., *Delegation and Agency in International Organizations*, Cambridge University Press, 2006, p. 343.

④ Reparation for Injuries Suffered in the Service of the United Nations (Advisory Opinion), I. C. J. Reports 174, 1949.

⑤ 国际法院:《联合国某些经费》(《联合国宪章》第十七条第二项),1962 年 7 月 20 日咨询意见,《1962 年国际法院案例汇编》,第 151 页,https://legal.un.org/avl/pdf/ha/vcltsio/vcltsio-c.pdf,最后访问日期:2021 年 1 月 21 日。

国际组织学：知识论

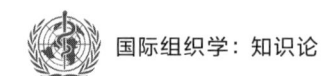

政治学和社会学路径的国际组织研究者自 20 世纪中期开始观察到国际组织在国际事务中拥有其独立的名号、身份、利益和价值偏好，能够缔结契约、与主权国家以平等的地位进行交涉并建立法律关系，在国际事务中扮演着"知识经纪人""意见领袖""政策倡导者""协调者"等角色。[①] 在实证主义思潮的影响下，相关研究者倾向于从国际组织的机体结构和实践活动中而非法律规范中论证国际组织的主体资格。罗伯特·考克斯和哈罗德·雅各布森通过对国际劳工组织、联合国教科文组织等国际组织的比较研究，认为国际组织的行为表现出不同程度的自主性（Autonomous Behavior），而不同组织自主性的差异可以归因为组织的功能类型（论坛型或服务型）及议题的显著程度两方面。[②] 罗伯特·基欧汉和约瑟夫·奈 1974 年在《跨政府关系和国际组织》一文中引述约翰·鲁杰关于传统国家间政治将国际组织视为超国家实体的观点限制了人们的制度想象，指出国际组织在诸多国际问题领域已变得不可或缺，它们的政治角色和影响力值得高度重视和认真研究。[③] 20 世纪 90 年代后委托代理理论在国际组织研究中的兴起即是这一趋势的一个例证。[④]

与此同时，随着国际组织的国际主体资格渐渐成为公论，研究者日益关注国际组织自主性的来源和范围问题。乔治·罗斯（George Ross）等学者通过田野调查证实欧共体的官员拥有独立于成员国意志的意志和角色。[⑤] 马克·波拉克通过比较欧洲法院、欧洲议会、欧洲委员会，认为前二者具有更大的自主性，

[①] Ronald S. Burt, "The Social Capital of Opinion Leaders", *The ANNALS of the American Academy of Political and Social Science*, Vol. 566, No. 1, 1999, pp. 37 – 54; Christoph Knill, Steffen Eckhard and Stephan Grohs, "Administrative Styles in the European Commission and the OSCE-Secretariat: Striking Similarities Despite Different Organizational Settings", *Journal of European Public Policy*, Vol. 23, No. 7, 2016, pp. 1057 – 1076.

[②] Robert Cox and Harold Jacobson, *The Autonomy of Influence Decision Making in International Organization*, Yale University Press, 1973.

[③] Robert O. Keohane and Joseph S. Nye, "Trans Governmental Relations and International Organizations", *World Politics*, Vol. 27, No. 1, 1974, pp. 33 – 62 at 62.

[④] 关于委托代理理论的介绍参见本书"空间域·构成论"一章的"法制化社会"部分。

[⑤] George Ross, *Jacques Delors and European Integration*, Oxford University Press, 1995; Stacia Zabusky, *Lauching Europe*, Princeton University Press, 1995.

而其自主性的来源在于成员国对欧洲议会和欧洲委员会缺乏控制机制。① 莉萨·马丁研究了国际货币基金组织的自主性并将其归因于成员的专业知识及因工作必须而获得的信息优势。② 妮娜·科勒克（Nina Kolleck）等学者强调国际组织在政策网络中的中心位置是其自主性的力量来源。③ 鲍勃·雷纳尔达通过分析国际官僚机构内部的经验传承，侧面论证了国际组织独立性的力量来源。④ 迈克尔·巴尼特和玛莎·芬尼莫尔等学者通过借鉴韦伯的科层组织理论来解释国际组织自主性的来源，并指出国际组织的自主性体现在组织信息知识、界定关键概念、阐述和扩散新规范、原则和行动者等权能之中。⑤ 威廉·阿彻（William Ascher）等学者研究了国际组织任务的特质、组织规模、决策数量、成员声誉等要素对国际组织自主性的影响。⑥ 吴文成等中国学者研究了组织文化在国际组织规范倡导中的作用。⑦

第四节 学科视野下的本体论：从"主体地位"走向"主体性"

尽管国际组织具有主体地位的说法逐渐成为公论，这一观点却未对理论和实践产生实质性的影响。无论理论上还是实践中都仍旧充斥着国际组织工

---

① Mark Pollack, "Delegation, Agency and Agenda Setting in the European Community", *International Organization*, Vol. 51, No. 1, 1997, pp. 99–134.

② Lisa L. Martin, *Distribution, Information and Delegation to International Organizations: The Case of IMF Conditionality*, Cambridge University Press, 2006.

③ Nina Kolleck et al., "The Power of Social Networks: How the UNFCCC Secretariat Creates Momentum for Climate Education", *Global Environmental Politics*, Vol. 17, No. 4, 2017, pp. 106–126.

④ Bob Reinalda, *Routledge History of International Organizations: From 1815 to the Present Day*, Routledge, 2009, p. 9.

⑤ Michael N. Barnett and Martha Finnemore, "The Politics, Power and Pathologies of International Organizations", *International Organization*, Vol. 53, No. 4, 1999, pp. 699–732 at 707–710.

⑥ William Ascher, "New Development Approaches and the Adaptability of International Agencies: The Case of the World Bank", *International Organization*, Vol. 37, No. 3, 1983, pp. 415–439.

⑦ 吴文成：《组织文化与国际官僚组织的规范倡导》，《世界经济与政治》2013年第11期，第96页。

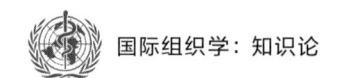

具说与国际组织主体说的二元对立。每当全球化进展顺利、国际组织在国际事务中取得积极进展的时期，人们便倾向于相信国际组织的能动性，而当全球化受到挫折、国际组织的活动遭遇困难的时期，人们便倾向于相信权力政治对国际组织的主导作用。理想主义理念的持有者对国际合作的前景非常乐观，故而对国际组织的能动性持开放态度，现实主义理念的持有者对国际合作的前景较为悲观，故而对国际组织的功能也始终持怀疑态度。这两种针锋相对的观点在20世纪中期先后遭遇国际政治学者和国际法学者的批判，但它们的影响力却始终顽固地存在。[1]

我们无意在此描绘一幅20世纪理想主义主张和现实主义主张如何对立的历史图景，更试图关注的是：这两种针锋相对的主张为何能在国际组织研究中长期并立。究其原因，二者都从不同视角捕捉到国际组织的部分特质：在特定的历史时期或问题领域，人们看到了国际组织在国际事务中的能动性和影响力，而在其他的历史时期或问题领域，人们又看到了国际组织在权力政治面前如何软弱和无计可施。这意味着国际组织本质上既具有"工具"属性，也具有"主体"属性，二者只有强弱之别，而无是非之分。既有文献着眼于国家行为体，将国际组织本质这一复杂问题简化为一个主体地位"是与非"的二元判断，从而将国家和国际组织视为单向建构和制约的关系，忽视了国家和国际组织在历史进程中相互建构和制约的动态过程，以及不同领域的国际组织在目标、形态、活动和功能上的差别。

当国际法学领域将中心问题设置为"国际组织是否具有法人资格"，而国际政治学领域将中心问题设置为"国际组织是否是国际行为体"时，人们便倾向于用工具性和主体性二元对立的眼光看待国际组织的本质，进而不得不在国际组织的工具性和主体性中选择其一。大家开始这样做时，也就舍弃了对国际组织兼具工具性与主体性这两重属性的认同，这与实践不符，也大大限制了后续理论探讨的深度。

---

[1] 参见〔美〕汉斯·摩根索《国家间政治：权力斗争与和平》，徐昕等译，北京大学出版社2006年版，第311页；A. LeRoy Bennett, *International Organizations: Principles and Issues*, 5th edition, Prentice-Hall, 1991, p. 2。

第九章 本体论

20世纪90年代以来学界对国际组织"病态"行为的研究即是"是非"二元判断制约国际组织理论深度的一项例证。1999年,巴尼特和芬尼莫尔在《国际组织的政治、权力和病理》一文中即在将国际组织视为"目标明确的行动者"(Purposive Actors)的前提下,论证了国际组织在国际活动中可能出现的病态行为及其原因要素。巴尼特和芬尼莫尔的论证主要分为三个步骤。其一,他们驳斥了现实主义和自由主义将国际组织视为被动的政治产物的本体论观点,认为国际组织是国际事务中独立自主的行为体,进而预设了国际组织作为理性行为体应积极促成其自身宗旨目标和成员国利益这一"正常"行为逻辑。其二,作者借鉴韦伯的科层组织理论和社会学制度主义,认为国际组织在从成员国获得法理性权威的同时,其官僚机构通过制定规则和创造公共知识来实然地获得权力和自主性,例如国际组织在履职过程中可以通过设置共同的国际任务(例如"发展")、创设新的国际行为体(例如"难民")以及国际行为体的新利益类型(例如"促进人权")、改造世界范围内的政治组织形式(例如"市场和民主")等形式来独立地影响国际社会的走向。其三,巴尼特和芬尼莫尔指出了国际组织官僚机构特征与其失能、病态行为的关联性。巴尼特和芬尼莫尔认为,传统现实主义者和自由主义者都重点关注国际组织在帮助国家克服集体行动困境上的积极功能,然而国际组织的行动效果并非完全是"积极的",也可能是无效甚至病态的,其病因恰恰在于赋予国际组织权力和自主性的官僚机构。官僚机构中引导和规范国际组织履职的通用规则也可能使国际组织失去对环境的应变能力,过于关注它们自身的规则以至忽视了它们的根本使命,从而在国际事务中"舍本逐末"。巴尼特和芬尼莫尔进一步指出国际组织官僚机构运作过程中"非理性的理性化"(Irrationality of Rationalization)、"官僚普遍化"(Bureaucratic Universalism)、"反常行为常态化"(Normalization of Deviance)、"孤立"(Insulation)、"文化论争"(Cultural Contestation)等可能导致组织失能、病态的多种因素。[①]

[①] Michael N. Barnett and Martha Finnemore, "The Politics, Power and Pathologies of International Organizations", *International Organization*, Vol. 53, No. 4, 1999, pp. 699–732.

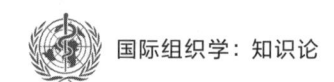

巴尼特和芬尼莫尔对国际组织自主性的强调及其"失能、病态"行为的关注，在国际政治学现实主义和自由主义围绕着国际组织克服国家间集体行动困境的积极功能展开论辩的时代背景下，为国际组织研究者提供了一个全新的规范性视角，这本身具有重要的积极意义。然而其将国际组织视为"目标明确的行动者"，假设了一个国际组织行为符合帕累托累进的理想状态，进而将国际组织与其宗旨相悖的行为视为"病态"的做法，本质上仍然陷入了"工具说"和"主体说"二元判断的窠臼，将国际组织的本质简化为一个"是"或"非"主体的定性问题。

这种二元论解释路径在帮助人们将国际组织所谓的"病态"行为归因于官僚机构的同时，不能进一步帮助人们查明病因并对症下药。既有文献关于国际组织"失能""病态"行为的研究不可谓不多。例如，《柳叶刀》(The Lancet) 就曾经指控过世界银行在全球根治疟疾行动中存在虚假财务和统计账目以及医疗事故等不法行为。[1] 以联合国为代表的国际组织频频遭到内部机构官僚化的批评，多项研究指出它在人力资源管理上存在激励机制僵化、机构臃肿低效、官僚滥用权力等问题。[2]国际劳工组织、联合国教科文组织、世界贸易组织、世界卫生组织等联合国专门机构也时常遭到关于其机构和议程不断政治化的指控。[3] 历史发展到 21 世纪，在越来越多的学者和实务工作者将国际组织的低效、不法行为视为一种正在发生的客观现实，进

---

[1] Amir Attaran et al., "The World Bank: False Financial and Statistical Accounts and Medical Malpractice in Malaria Treatment", *The Lancet*, Vol. 368, No. 9531, 2006, pp. 247–252.

[2] Matti Koskenniemi, "The Politics of International Law—20 Years Later", *European Journal of International Law*, Vol. 20, No. 1, 2009, pp. 7–19；潘兴明：《战争与现代国际社会——基于联合国应对战争路径的研究》，《外交评论》2008 年第 4 期，第 89~96 页。

[3] "United States Letter Containing Notice of Withdrawal from the International Labour Organisation", *International Legal Materials*, Vol. 14, No. 6, 1975, pp. 1582–1584; Clare Wells, *The UN, UNESCO and the Politics of Knowledge*, Palgrave Macmillan, 1987, pp. 1–8; Victor-Yves Ghebali, "The 'Politicization' of UN Specialized Agencies: The UNESCO Syndrome", in D. Pitt and T. G. Weiss, eds., *The Nature of United Nations Bureaucracies*, Routledge, 1986, p. 118；余锋：《专业性国际组织的政治化：以 GATT/WTO 为例的分析》，《外交评论》2008 年第 1 期，第 81~87 页；晋继勇：《试析联合国专门机构的政治化——以世界卫生组织为例》，《国际论坛》2009 年第 1 期，第 12~17 页。

第九章 本体论

而在宏观层次主张通过制度优化、机构改革等方式来纠正类似行为时，所有人却似乎找不到一个准确的着力点。[①]这种无可奈何突出体现在国际组织的改革上。当成员对国际组织的"官僚化""政治化"现象已经感到不可忍耐，那些在国际组织官员主持下费尽心力的改革却常常被认为是隔靴搔痒。[②] 换言之，国际组织"病态行为论"为成员在国际组织表现不佳时提供了一套声讨国际组织官僚机构的话语，却未能告诉成员和国际组织中的积极改革者应该怎么做才能纠正"病态"，回归"正轨"，避免成员与国际组织双输的局面。

为此，我们是时候将目光从主权国家本位转向国际组织本位，将对国际组织主体地位的讨论从"是与非"的定性窠臼中解放出来，将它视为一个"多"与"寡"的定量问题。正如本书国际组织"定义·理论范畴"一章所讨论的，无论国际组织作为"政治工具"的属性，还是其作为"独立主体"的属性，都已经内置在国际组织多边性、程序性、常设性的基本特征之中。我们不必在缺乏具体语境的情况下纠结于对国际组织主体地位的是非判断，而应进一步去探索特定国际组织基于自身意志、利益开展活动的权能，以及由此衍生的在国际法上享有权利、承担义务、履行责任的资格，即国际组织的主体性。只有了解了国际组织在哪些范畴、何种程度上具有主体性，我们才能够判断哪些未达到帕累托最优的"病态"行为应当归责于官僚机构，哪些应当归责于作为设计者的成员，或者归责于国际多边合作的本质。

将国际组织的主体性视为一个定量概念，意味着我们在肯定国际组织拥有主体特性的同时，认同其主体性是"不完备"的。实践中民族国家通常

[①] 陈一峰:《全球治理视野下的国际组织法研究——理论动向及方法论反思》,《外交评论》2013 年第 5 期,第 115~116 页。

[②] 参见 1984 年美国退出联合国教科文组织前夕联合国教科文组织所进行的内部改革。U. S. Congress, *Assessment of U. S. – UNESCO Relations, 1984: Report of a Staff Study Mission to Paris-UNESCO to the Committee on Foreign Affairs House of Representatives*, U. S. Government Printing Office, 1985; William Preston JR. , Edward S. Herman and Herbert I. Schiller, *Hope and Folly: The United States and UNESCO: 1945–1985*, University of Minnesota Press, 1989.

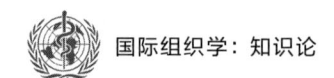

被视为拥有完整的主体性。这种论断既来自国际法的资质确认，也来自实践中主权国家作为政治共同体所拥有的形成独立意志、识别自身利益、开展独立行动、承担行动后果的实际能力。这种实际能力使得主权国家可以像一个健康的自然人一样去开展连贯自洽的活动，也使得它们像自然人那样在互动过程中学习和反思。主权国家身份、意志和行动的整体性早已为人们所认知。霍布斯在《利维坦》中即将国家视为一个有机整体，是"运用全体的力量和手段的一个人格"。[①] 普芬道夫（Pufendorf）更完整地阐述了国家主体性，他将国家描述为一个"拥有智力和意志并能够独立开展行动"的个体，是一个有别于单纯自然人格的复合团体人格（Group Personality）。[②] 随着自然法个体主义传统被移植到国际维度，国家的主体资格既符合人们对国际问题的感性想象，也不断为国际法所确认。[③] 主权国家的主体性和主权本身的不可渗透性具有密切联系。20世纪以后，全球化和西方个体人权理论的发展从事实和规范层次对国家主权的不可渗透性造成冲击，主权国家的自主性从一个不容置疑的假设变成可以被挑战和推翻的命题。[④]

随着国际法的发展，学界在认同主权国家是国际法上的主体的同时，也倾向于认同国际组织拥有类似的国际法人资格。[⑤] 然而不同于国家所拥有的"严格意义上的、完整的法人主体资格"，学界普遍认同国际组织所拥有的主体资格是不完备的。20世纪中期学者逐渐放弃国际联邦主义和"世界政

[①] 〔英〕霍布斯：《利维坦》，黎思复、黎廷弼译，商务印书馆1985年版，第132页。

[②] Samuel Pufendorf, *De Iure Naturae et Gentium*, Libri Octo, in J. B. Scott ed., *The Classics of International Law*, Vol. I, text of 1688; Introduction by Walter Simons, Vol. II., Translation by C. H. and W. A. Oldfather, with a translation of the Introduction of Walter Simons (Oxford, London, 1934), 转引自 Hans Aufricht, "Personality in International Law", in Fleur Johns ed., *International Legal Personality*, Routledge, 2010, p. 36。

[③] 〔荷〕胡果·格劳秀斯：《战争与和平法》，〔美〕A. C. 坎贝尔英译、何勤华等译，上海人民出版社2013年版，第39页。

[④] 刘连莲：《国家海外利益保护机制论析》，《世界经济与政治》2017年第10期，第133页。

[⑤] 1922年希腊德国混合仲裁庭的一份判例中明确将国际组织视为和私法上的公司社团类似的法人。Hans Aufricht, "Personality in International Law", in Fleur Johns ed., *International Legal Personality*, Routledge, 2010, p. 39.

第九章 本体论

府"的说法即是一个例证。① 20 世纪的国际组织实践也表明,不同国际组织、国际组织在不同历史时期和问题领域,其所展示出的主体性各不相同。例如,上海合作组织、金砖国家新开发银行这种独立的国际组织最初是由国家间对话机制发展而来,联合国开发计划署前身是 1949 年成立的技术援助扩大方案和 1958 年设立的旨在向较大规模发展项目提供投资前援助的特别基金,今天的联合国、世界银行、世界卫生组织、联合国教科文组织、欧盟等国际机构也远比成立之时拥有更多的自主性。② 国际组织的自主性在不同历史时期、不同问题领域所体现出来的差异,也说明国际组织拥有的主体性本身是不完备的,是一个受到内外部因素影响、处于发展变化之中的变量。

部分学者旗帜鲜明地指出国际组织具有不完备主体性的特征,并将它与国际组织外部环境和内部机构特性联系在一起。1977 年,弗里德里克·柯吉斯将典型意义的国际组织与国际会议机制、行政组织做了比较研究后认为国际组织具有一定的国际法上的身份行为能力,但认为其身份的独立性和行为的完整性远逊于国家。③克莱伯斯肯定了国际组织的国际法主体地位的同时又指出国际法上的"主体"是一个相对概念,不同个体在国际法上承担权利义务的资格存在显著差别,为此有必要引入"主体性"(subjectivity)这一概念对不同主体承担权利义务的能力进行衡量和区分。④

这种区分将国际组织的主体资格从一个定性概念转变为一个定量概念,为后续的研究打开了大门。然而由于国际法领域法人人格拟制说的普遍影响

---

① 参见本书"术语·研究领域"一章。
② 刘再辉:《上海合作组织法律人格探微》,《外交评论》2009 年第 3 期,第 95~106 页;张海冰:《新开发银行的发展创新》,《国际展望》2015 年第 5 期,第 20~31 页;周晓明:《欧盟国际人格的演进——从〈马斯特里赫特条约〉到〈里斯本条约〉》,《国际政治研究》2012 年第 3 期,第 104~121 页;周逸江:《国际组织自主性与全球气候治理中的联合国——聚焦 2019 年联合国气候行动峰会》,《国际论坛》2020 年第 5 期,第 76~96 页;汤蓓:《伙伴关系与国际组织自主性的扩展——以世界卫生组织在全球疟疾治理上的经验为例》,《外交评论》2011 年第 2 期,第 122~132 页。
③ Frederic L. Kirgis, Jr., *International Organizations in Their Legal Setting: Documents, Comments and Questions*, West Publishing Co., 1977, pp. 1-29.
④ Jan Klabbers, *An Introduction to International Institutional Law*, 2nd edition, Cambridge University Press, 2009, pp. 38-40.

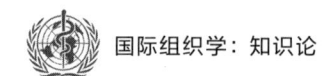

力，国际组织的法律人格被视为源自法律授权，为此法律人格本身被视为一个具有有限范围的概念，即国际组织基于宪法性文件的授权在某些领域具有法律人格，而在另一些领域则不具备。例如，克莱伯斯教授从国际法的视角进一步阐述了衡量国际组织"主体性"的三个指标：参与缔结国际协议、派出和接受公使馆、提出和受到国际索偿的资格。① 后续其他的国际法学者在衡量国际组织的法律人格时也倾向于运用缔约权、参加国际组织、派遣或接受使节、在裁判机关出庭、进行国际求偿、承担国际责任、享有特权与豁免权等标准来衡量国际组织是否具有法律人格及其量度。② 有学者指出，国际组织法律人格的有限性主要表现在"国际组织不能从事章程中明文禁止的行为，而且扩展后的法律人格必须符合其宗旨与目的，或者说，要在国际政治行使职能必要的范围之内，延伸出宪法性文件中所未列举的权能"。③ 有学者则区分了国际组织的法律人格与权能（Competence）这两个概念，认为国际组织的法律人格本身是一个有或无的定性概念，不存在多寡之分。但一个具有法律人格的国际政治由于成员国授权范围不同，其权能范围也有所不同。④

然而无论主张国际组织法律人格的有限性还是具体权能的有限性，二者的差异本质上只是措辞问题。真正值得关注的是，关于国际组织法律人格研究在认同国际组织具有不完备主体性时，将它视为一个随法律授权领域而变化的、断裂的、不连续的变量。这种解释方法的一大缺陷在于它把主权国家的意志视为国际组织自主性活动的力量来源，忽视了主权国家意志本身的环境决定性以及国际组织一经建立即获得的自在性。当主权国家通过宪法性文件授权的领域成为国际组织法律人格的来源并决定了它的范围，国际组织主

---

① Jan Klabbers, *An Introduction to International Institutional Law*, 2nd edition, Cambridge University Press, 2009, pp. 38–40.
② 参见刘再辉《上海合作组织法律人格探微》，《外交评论》2009年第3期，第99~106页；周晓明：《欧盟国际人格的演进——从〈马斯特里赫特条约〉到〈里斯本条约〉》，《国际政治研究》2012年第3期，第113~119页。
③ 刘再辉：《上海合作组织法律人格探微》，《外交评论》2009年第3期，第97页。
④ Rames A. Wessel, *The European Union's Foreign and Security Policy: A Legal Institutional Perspective*, Kluwer Law International, 1999, p. 248；周晓明：《欧盟国际人格的演进——从〈马斯特里赫特条约〉到〈里斯本条约〉》，《国际政治研究》2012年第3期，第106页。

体能力的实在性便遭到了否定。从现实层面来看,这既不符合我们对国际组织实践的观察,也无法为主权国家在订立公约之前决定是否向国际组织授权、如何授权提供科学指南。其后果是当国际组织建立后的行为决策日渐违背成员建立它的初衷,使成员之间、成员与国际组织之间矛盾丛生,却找不到一条出路来纠正这一切。

发展国际组织学的目的是阐明国际组织产生、存续和活动的基本原理,进而为成员设计和运作国际组织提供指南。为此,我们需要在肯定国际组织实在性的基础上肯定国际组织主体性本身的实在性。同时又需要认识到这种主体性是不完备的,和自然人的主体性存在质的差别,和公司、国家等机构团体的主体性则存在量的不同。只有在质的规定上将国际组织的主体性视为一种客观存在,在量的规定上将国际组织的主体性视为一个处于0—1的开区间的连续变量,学者才能进一步实证分析那些决定国际组织主体性大小的原因要素。

既有政治学文献和社会学文献已经从法人理论、组织社会学理论的视角探讨了国际组织的主体性,并从国际环境、成员授权和官僚机构等多个方面讨论了国际组织的主体性来源。到目前为止,既有关于国际组织主体性的研究存在三方面的问题。第一个问题在于,如前所述,政治现实主义和自由制度主义的强大影响力使其关于国际组织本质的工具说和机制说得到广泛传播,因此,冷战结束后以巴尼特和芬尼莫尔为代表的学者不得不花费很大的笔墨,采用建构主义和社会学制度主义的方法来论证国际组织具有主体资格这一基本命题,也因此未能展示国际组织主体性生成的因果机制全貌。

第二个问题在于,随着国际组织具有主体资格渐渐成为公论,部分学者在这一前提之下将国际组织的自主性视为一个变量,开始从国际组织的对外交往、宪法性文件授权的语焉不详和官僚机构的制度惰性等不同角度探讨国际组织在某个具体议题领域的自主权。这种做法将国际组织参与国际事务的权利和责任能力与国际组织在具体国际事务中的职权混为一谈。就像国家主权这种抽象的内在属性与外交、司法等国家处理内政外交等具体职权之间是本质与形态的关系一样,国际组织的主体属性与具体工作中的自主权是本质与形态的关系。将二者混同无疑会妨碍人们真正掌握国际组织主体性的真实

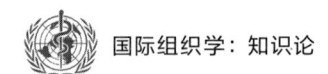

面貌和决定要素。在国家主权理论发展的历程中，早期的理论家常常将主权与国家治理的具体职权混淆，这使得其无法摆脱对"主权者"这一权力施动者的构想，进而常常在推理中把作为主权载体的国家和具体权能运用者的君主混淆。直到让·博丹在《主权论》中揭示国家主权的抽象本质，这一问题才得到些许缓解。[①] 目前关于国际组织主体性的研究面临着同样的问题。由于学界尚未厘清国际组织主体性的实在性和抽象本质，学者常常将国际组织主体性与它们在具体事务中的自主权混淆，从而导致他们的论证推理中常常将作为主体性载体的国际组织概念与作为国际组织具体职权行使者的国际组织官员相混淆。

第三个问题在于，既有关于国际组织主体性因果机制的研究缺乏系统性与科学性。恰如尼采将人的主体性归因于人的身体，而拥有"意志之手"的身体是一个承担生命活动的自我管理体系，[②] 马克思将主体界定为"具有意志、目的的为我存在"，[③] 实践依赖并敞开了身体的主体性，[④] 主体的形态及其内部关系决定了主体的自然本质，赋予了它形成意志和开展活动的能力，而其外部关系则决定了它的社会本质，决定了它意志的内容和活动的形式。就国家而言，其主体性的自然本质在于它具有稳定而独立于他者存在的领土、资源、居民、政治制度和法律文化，这为它识别自身身份和利益偏好提供了物质基础；而其主体性的社会本质则在于个体在与他者的互动交往过程之中，明确了自身身份和利益偏好的具体内容。实践中我们看到国家在基本的生存权和发展权之外的利益界定，其内涵常常是对象性、关系性的。具体到国际组织也是如此。其主体性的自然本质在于国际组织具有相对确定的

[①] 需要注意的是，这也仅仅是得到"缓解"而已。博丹对主权的阐述并未真正摆脱"主权者"的魅影和将主权实体化的趋向。〔法〕让·博丹：《主权论》，李卫海、钱俊文译，北京大学出版社2008年版，第25~91页。

[②] 主体性并非隐匿于内部，依附于不变的灵魂，而是属于身体。承担生命活动的身体不断向外投射自己的计划，对世界发号施令。Friedrich Nietzsche, *Thus Spake Zarathustra*, Hertfordshire: Wordsworth, 1997, p. 273.

[③] 《马克思恩格斯全集》第42卷，编译局译，人民出版社1979年版，第161页。

[④] Karl Marx, *Economic and Philosophic Manuscripts of 1844*, Dover Publications, 2007, p. 71.

成员、宗旨目标、组织结构和活动规则,这构成了它定位自身身份和利益偏好的物质基础;而其主体性的社会本质则在于国际组织在与成员、非成员或其他国际行为体互动交往的过程中,明确了自身身份和利益偏好的内容。例如,联合国基于《联合国宪章》关于联合国机关和决策机制规定了它形成集体意志并开展活动的规程,这在事实上和法律上赋予了联合国参与解决国际争端的主体身份。然而联合国在何种意义上明确自己的国际身份,例如联合国应如何处理自身与大国、主要出资国的关系,是国际争端的裁判者还是协调人,应否保有常规部队等,在何种意义上明确自身利益偏好,例如应优先确保宗旨目标的实现还是自身的国际影响力,则是在联合国与成员国、非成员国及其他国际行为体的实践交往中不断塑造和成形的。

以此来看,国际组织主体性的研究需要区分国际组织的内部关系和外部关系。以国际组织成员中的大国为例,大国通过组织内部机制表达愿望、施加影响力的行为属于国际组织内部关系的自然结果,是国际组织独立意志和利益偏好的外在表达。以联合国安理会常任理事国否决权为例,特定常任理事国行使否决权的行为展示的并非成员国个体的意志,而是作为联合国安理会集体决策机制的一环,和其他成员国一起展示了联合国本身的意志——当大国对特定问题存在重大意见分歧时,联合国在该问题上倾向于保持静默和克制。这种意志的复合性及其所附带的道义正当性使它有别于任何一个成员国的单独意志,即便从表面上看来,那个投否决票的常任理事国似乎决定了这一切。而当大国在组织机制之外与国际组织互动时,国际组织的常设秘书机构便成为国际组织身份、意志和利益的载体,由此便产生了真正的"委托—代理"问题。正如不能将国家工作人员滥用职权的行为视为国家本身的违法行为,常设秘书机构的工作人员明显偏离国际组织宗旨和规程的违法行为应被视为工作人员本身的违法,而不应当是国际组织整体的违法。真正值得讨论的是国际组织工作人员在制度规程范围内忠实履行职务且效果归于国际组织本身的行为。如既有研究所揭示的,国际规范语焉不详所带来的解释优先权,[1] 作为

---

[1] 参见饶戈平、蔡文海《国际组织暗含权力问题初探》,《中国法学》1993年第4期,第96页。

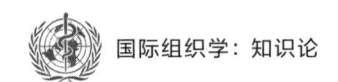

国际社交网络中心所获得的信息优势,[①] 作为多边机构代言人所获得的道德优势,[②] 都给予了国际组织官员在国际事务中独立的议价权和活动空间,从而动态地塑造着国际组织在国际社交网络中的身份和利益。

在这种情形下,国际组织官员对于国际组织身份和利益的理解便显得尤为重要。为此我们看到联合国70多年的历史上,不同秘书长对于联合国的工作重心是国际安全或是经济发展有着不同的理解,而世界卫生组织、联合国教科文组织等专门机构的工作人员对国际组织在国际事务中应保持进取抑或谦抑的态度也有不同的看法,他们都对国际组织的走向产生了重大影响。而学界关于国际组织的知识理论创造、媒体和非政府组织的宣介、国际组织人才培养与输送的渠道、国际组织制度设计和文化培育、主权国家的外交手段等要素,都可能影响国际组织工作人员对国际组织身份和利益的认知。实践中那些基于国际组织机构特征而展示的主体性通常是成员主动授权并可以预见的,为此实践中成员常常表现出很强的服从性,较少引发政治性后果。而那些基于国际组织工作人员代理而展示的主体性则常常超出了成员的预见范围,其在实践中需要被不断认知、判断甚至纠偏,否则往往可能引发不利于各方的政治性后果(例如首任联合国秘书长赖伊即因激进的行事风格而在第二届任期中被迫辞职)。无论从主权国家利益的角度还是国际社会整体利益的角度,都有必要区分国际组织的内部关系和外部关系,并由此把握国际组织的自然本质和社会本质。既有研究未区分二者,进而常常将国际组织的主体性和具体事务中的自主权、国际组织职员的行为和国际组织的行为混为一谈。这使得人们不能准确把握国际组织那些未达到帕累托最优的"病态"行为的本质并进行归因,也就无法开出应对的良方。

[①] Daniel L. Nielson and Michael J. Tierney, "Delegation to International Organizations: Agency Theory and World Bank Environmental Reform", *International Organization*, Vol. 57, No. 2, 2003, pp. 241-276; Manfred Elsig, "Principal-Agent Theory and the World Trade Organization: Complex Agency and 'Missing Delegation'", *European Journal of International Relations*, Vol. 17, No. 3, 2011, pp. 495-517.

[②] 余潇枫、许丽萍:《国际组织的伦理透视》,《世界经济与政治》2002年第2期,第38~43页。

第十章 方法论

内容提要

- 国际组织学需超越既有多学科路径，确立独立的理论范式
- 国际组织学视野下的主客体类别判断应从国家本位向国际组织本位转变
- 国际组织学视野下的主客体关系判断应从个体主义走向结构主义，从观念结构主义走向方法论结构主义
- 国际组织学的理论范式应超越感性层次的社会概念，转向抽象层次的场域概念
- 国际组织学的理论范式要区分场域的形态、本质、边界
- 可用场域禀赋来指代场域的本质，进而确定场域的边界及其外部关系

理论范式本质上是对一个抽象问题领域的要素及其关系的型构。[①] 现实世界是由无限丰富的要素及其相互关系所构成的。理论对这些无限丰富的要素进行筛选，保留那些更为重要的要素并阐述其相互关系，进而帮助人们迅

---

① 肯尼思·华尔兹指出："理论是头脑中形成的一幅关于某一有限领域或范围内的行动的图画。理论描述某一领域的组织形式及其各组成部分之间的联系。"〔美〕肯尼思·华尔兹：《国际政治理论》，信强译，上海人民出版社2017年版，第9页。

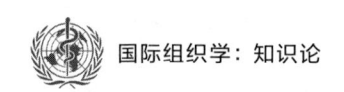

速有效地理解他们所关注的那些社会问题。无论研究者是否有明确的意识或这样标榜自身,借助某种理论范式关于要素及其相互关系的规定来对感性世界进行抽象解读,常常是其研究的逻辑起点。

理论范式是知识创造的前提。无论研究者试图解决的具体问题是什么,他在选取实证或规范、定量或定性等具体方法之前,需要首先确定其开展研究的理论范式,对其视野下的关键要素及其相互关系做出原始的规定。这种规定至少包含三个层次的内容。一是确定特定领域内的关键要素的类别和范围,将理论视为重要的要素与感性世界的杂多成分区别开来,从而实现抽象思维世界和感性真实世界的分野。二是确定关键要素间的关联性,即设定各个关键要素在特定领域中的关系性质及型构法则。三是确定关键要素得以发生的领域,即设定这种要素关系型构得以适用的边界。这种由特定领域的关键要素类别、要素关系、该领域的范围边界所构成的思维图景即理论范式。在广阔的社会科学领域,尽管不同学科对范式的解读存在差别,但本质上强调的也都是特定领域中所存在的关键要素范围及其相互关系。

社会科学领域通常是从在特定领域引发变化的主体入手来确定该领域的关键要素及其相互关系。社会科学研究的本质决定了它不能脱离社会实体而存在。所谓社会实体,是指那些作为客观存在的、具有真实形态或结构的事物,如国际政治研究中的国家、国际法研究中的条约、民法研究中的自然人和法人、组织社会学研究中的社会组织等。① 实体又有主客体之分。所谓主体是指具有认识和实践能力的实体,它们是具有意志和目的的为我存在;所谓客体则是主体的对象性存在,不具有独立的认识和实践能力。社会科学研究关注主体的类别和范围,它们常常是一切变化得以发生的动力之源;社会科学也关注主体存在和活动的外部环境,因为它规定了主体的关联关系和互动逻辑。无论社会学"个体—社会"的认知模式,② 还是国际政治学关于

---

① 〔古希腊〕亚里士多德:《范畴篇 解释篇》,方书春译,译林出版社2016年版,第12~20页。
② 〔法〕皮埃尔·布迪厄、〔美〕华康德:《实践与反思:反思社会学导引》,李猛、李康译,中央编译出版社2004年版,第14页。

"施动者—结构"的探讨,① 都是这种认知路径的体现。

国际组织学也是如此,无论指导研究活动的开展还是组织知识的方式,它都需要从认识视野下那些具有能动性、能够引发改变的主体入手,阐述它们之间的互动逻辑,以及该逻辑适用的领域范围。19世纪中后期至今的国际立宪主义、功能主义、新功能主义、现实主义、自由制度主义乃至建构主义都是隶属于国际法学或国际政治学的学科理论,拥有学科特性所决定的解释任务和适用范围,而并不是完整的国际组织理论。② 它们之所以在很长时间内能够引导和支持国际组织研究,不在于它们的适用范围能够涵盖国际组织的所有重要问题,而在于它们各自都提供了一套和国际组织相关的主体类别及其互动关系的原始规定,能够帮助解释国际组织产生、存续、活动中的部分重要问题。

例如,国际立宪主义继承自然法个体主义理念,将国家视为拥有自然权利的理性行为体,它们应当也可以出于自我利益最大化的目的订立契约、让渡主权,建立超国家政府。该叙事逻辑中,国家被设定为拥有独立意志和行动力的主体,自然权利被设定为可以让渡的客体,国家捍卫自然权利的自利属性塑造了彼此互动的规则,而无政府状态下主权国家数量众多、力量大体相当且拥有均等的自然权利的假设,确定了主客体之间的关系型构。这一套基础规定可以对人们设计国际组织的结构和功能起到指导作用。③ 再例如,现实主义将国际社会界定为无政府社会,将国家视为以追求权力为宗旨的理性行为体。该叙事逻辑中,国家被设定为拥有独立意志和行动力的主体,国家求取霸权或追求安全的自利属性塑造了彼此互动的规则,而无政府状态下主权国家数量众多、相互独立且重视国家安全的假设,则确定了主客体之间的关系型构。这一套基础规定可以解释国家选择特定国际组织政策

---

① Alexander E. Wendt, "The Agent - Structure Problem in International Relations Theory", *International Organization*, Vol. 41, No. 3, 1987, pp. 335 - 370.
② 刘莲莲:《国际组织理论:反思与前瞻》,《厦门大学学报》(哲学社会科学版)2017年第5期,第18~20页。
③ 〔德〕伊曼努尔·康德:《永久和平论》,何兆武译,上海人民出版社2005年版,第19页。

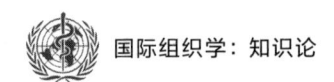

的基本逻辑。① 又例如，功能主义从社会发展所催生的新需求、新目标出发解释世界各国建立国际组织的原因。其叙事逻辑中，作为集体的公民而非国家被设定为拥有独立意志和行动力的主体，无论国家还是国际组织都被客体化为人们实现功能性目标的工具。人们追求物质利益最大化的自利属性塑造了他们的行动规则，而一个永恒发展变动的物质世界塑造了功能性目标，进而塑造了人们对社会组织形式的偏好，确定了主客体之间的关系型构。这一套基础规则可以解释近代历史中国际组织发展的积极趋势及其形态功能的变迁等问题。②

上述各种理论流派就国际组织相关主体类别及互动规则所做的原始规定本身，而非它们所寄居的理论外壳，构成了既往国际组织研究的理论范式。为此国际组织学项下关于理论范式的探讨不是对各种理论路径的组装和整合，而是对它们的解构、融汇和进一步抽象、再概念化。确立国际组织学的理论范式需要首先对各种传统理论外形"祛魅"，解构其关于主体类别及其关系的基本规定，并能够对这种规定的适当性进行评价，才能真正摆脱学科局限性并超越学科壁垒，找到自己的出路。本章从三个步骤来讨论这项工作：一是通过反思既有学科理论对主客体类别的规定方法与国际组织研究的不适配性，探讨国际组织研究应如何设置主体类别；二是通过反思既有学科理论对主客体关系的规定方法与国际组织研究的不适配性，探讨国际组织研究应如何设置主体关系；三是通过反思既有学科理论中行为体、利益、国际社会等概念所处的抽象层次与国际组织研究的不适配性，探讨国际组织研究应如何在进一步的抽象层次上确定其理论视域中的关键要素和场域动力学。

---

① 参见基欧汉与奈对现实主义的评述。Robert O. Keohane and Joseph S. Nye, "Trans Governmental Relations and International Organizations", *World Politics*, Vol. 27, No. 1, 1974, pp. 33 – 62 at 62.

② 郭海峰、崔文奎：《功能主义与永久和平：试析戴维·米特兰尼的世界共同体思想》，《国际论坛》2017 年第 2 期，第 55 页。

第十章 方法论

第一节 主客体类别判断：从国家本位到国际组织本位

社会科学理论视野下的主体判断是一个逻辑问题，而非事实问题；是规定性的，而非论证性的。抽象思维对感性世界的简化使它滤去了事物的自然本质而仅保留了其逻辑本质，并以概念的形式加以表达。[1] 被概念化的实体是以主体还是客体的形式存在于某个学科理论之中，不在于它的自然本质，而取决于它在该理论场中所处的位置。具有自然认知和行为能力的未成年人未必能以主体的形式存在于立法者所型构的法律关系之中，不具有自然认知和行为能力的公司法人却可能获得法律上的主体资格。[2] 在国际法领域，具有自然认知和行为能力的自然人在很长时间不被视为国际法的主体，而不具有自然认知和行为能力的国家在很长时间内则被视为国际法的唯一主体。[3] 在国际政治领域，具有自然认知和行为能力的自然人的主体性时而得到肯定，时而又被国家的主体性所吸收，成为后者的构成部分。[4]

社会科学研究的主客体判断内容上以学科求知目的为导向，形式上则以学科理论范式为载体。不同学科所关注的问题领域各不相同，其理论视野下的主体的类别和范围也各不相同。如前所述，社会科学研究通过抽象的概念来认识现实世界。这种抽象过程内在地包含了我们认识世界的目的，抽象行为的价值不在于对真实的完美反映，而在于它在多大程度上能够服务于该项行动的目的。抽象行为的目的则是形成学科理论范式，通过建构抽象概念和

---

[1] 〔德〕康德：《逻辑学讲义》，许景行译，商务印书馆2010年版，第60~61页。
[2] 参见《中华人民共和国民法典》第2~3章，2020年5月28日第十三届全国人民代表大会第三次会议通过，http://www.npc.gov.cn/npc/c30834/202006/75ba6483b8344591abd07917e1d25cc8.shtml。
[3] 江国青：《论国际法的主体结构》，《法学家》2003年第5期，第144~149页。
[4] Cedric Ryngaert, "Non-State Actors: Carving out a Space in a State-Centred International Legal System", *Netherlands International Law Review*, Vol. 63, No. 2, 2016, pp. 183–195.

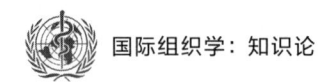

概念间关系的形式表达我们对客观世界的认识。①

在社会科学分支中，和国际组织学最具有亲缘关系的是国际政治学、国际法学和组织社会学，这种亲缘关系表现在国际组织学和各个学科理论的主客体判断具有一定的共享性，例如国际政治学视野下的主权国家、国际法学视野下的法律规范、组织社会学视野下的组织，都是国际组织学主客体类别和范围判断的重要组成部分。然而这几个学科领域所具有的独立学术任务决定了它们的主客体判断内容和展现形式并不完全适应国际组织学的需求。②这种不适配性已经一定程度桎梏了我们对国际问题的理解和国际组织研究的推进。如前文所述，就英国脱欧、美国退出联合国教科文组织这类和国际组织密切关联的事件，国际政治学的理论范式是以个体国家为本位的主体判断方法，为此其常常引导人们提出"英国（美国）为何退出国际组织"这类问题，进而从民族主义、民粹主义等角度回答问题。而国际组织研究者则需要从国际组织本位来回答问题，提出诸如"英国（美国）退出国际组织的结构性原因是什么"这类问题，进而从欧盟、联合国教科文组织的宗旨目标、成员机构、决策机制等角度寻找答案。

国际组织学作为关于国际组织产生、存续、活动、功能等实在性问题的学问，涉及自然人、利益集团、企业法人、非政府组织、国际政府间组织等众多主客体之间的复杂关系。无论是作为知识体系的国际组织学，还是作为知识单元的国际组织研究，都需要首先明确其视野下主客体的内容和范围。这就需要独立的学科理论范式加以支持。当前尚不存在任何独立的国际组织理论范式，但我们可以通过分析国际组织学视野下的主客体类别判断来为理论范式的创建提供思路。

国际组织学的主客体类别和范围的判断应当从传统国际政治理论的国家本位走向国际组织本位，从个体主义视角走向多边主义视角，从对个体特征的关注走向对整体结构的关注。国际组织本位要求在定性上认同国际组织的

---

① 如华尔兹所言，理论的价值不在于反映真相，而在于其解释力。〔美〕肯尼思·华尔兹：《国际政治理论》，信强译，上海人民出版社2017年版，第9页。
② 参见本书"第一部分：绪论"相关论述。

第十章 方法论

主体地位，同时在定量上重视国际组织的主体性研究。多边主义理念要求多边主体意识，认识到国际组织并非国际组织理论中的当然主体，也并非唯一主体。作为个体、团体的公民（如利益集团），以及作为机构的公司和非政府组织、政府间组织、国家，乃至国际组织本身，都可能成为国际组织研究中的主体。结构主义思维要求整体意识和场域特征意识。国际组织学视野下的主客体判断依据不在于该实体或某类实体是否能够概括地展示出能动性，而在于其在特定场域中是否能够形成自己的意志并将之贯彻在行动之中，进而引发改变。①

这首先意味着，国际组织本身的主体身份或主体能力需要和国际组织在特定问题领域中所扮演的角色联系起来。如果研究者研究的对象涉及国际组织的内部关系，例如其试图研究的是关于国际组织全体机构、执行机构、秘书机构的关系问题，国际组织在其理论视野下便不具有整体性和统一性，不应被视为主体或客体，而是由主客体及其互动关系所构成的复合系统。以联合国教科文组织关于巴勒斯坦会员国身份的提案为例。如果研究者关注的是提案通过的过程，提案的发起者、执行局的会员国代表以及总干事等秘书机构工作人员都发挥着主体性作用，而联合国教科文组织本身在该过程中不具有意志和行动能力的整体性，仅以主客体互动博弈场所和规则复合体的形式而存在。如果研究者研究的对象涉及国际组织的外部关系，例如其试图研究国际组织在国际社会中的角色与功能，国际组织在其理论视野下便具有了整体性和统一性，则可以被视为独立的主体或客体。仍以联合国教科文组织关于巴勒斯坦会员国身份的提案为例。如果研究者关注的是提案通过在国际社会造成的政治效应，联合国教科文组织便作为一个整体具备了自身的独立意志和行动能力，成为整个动态过程的发起者。再以欧盟的国际主体资格为例。欧盟作为一个国际组织，在国际安全领域和国际贸易领域的行动能力截然不

---

① 值得说明的是，此处所谓的引发改变的力量并非物理学意义的力量，而是社会学意义上的在关系中对他者施加影响的能力。它的内容和量度需要在具体的场景中去加以考量。例如在国际政治体系中，美国和一个太平洋岛国的力量不可相提并论，而在联合国大会或联合国教科文组织之中，二者的力量差距则大大缩减。

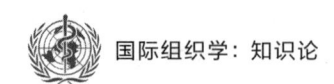

同，这使它无法以自己的名义参与国际安全事务，却能够在国际经济贸易领域开展活动并与他者建立互动关系。再以中国香港特别行政区为例。香港作为中国主权下的一个独立法域，不具备国际安全、外交、军事领域的独立行为能力，但它所享有的高度自治权使它能够独立发行货币、制定金融和贸易政策。为此它无论是在事实上还是法律上都不能成为联合国的成员，却可以以中国香港的名义加入世贸组织、国际货币基金组织、亚投行等国际组织。

这还意味着要重视国际组织学视野下的主客体判断不是自然意义上的能动性判断，而需要与特定问题领域的特征以及实体在该问题领域引发的改变结合起来。首先以国际组织的产生为例。国际组织产生的过程中，主权国家是当然的主体，且数量上具有群体属性，国际组织则是被创造的对象。同时需要认识到不同国家在国际组织产生阶段和存续阶段所能够发挥的作用存在差异。作为筹建者的大国和作为追随者的普通成员国存在显著的差异，应当作为异构的主体分而视之，而不应将之放在主权国家这个范畴中将之同质化。在国际组织存续阶段，成员国无论大小强弱，在国际组织的规则项下其行为逻辑具有很强的相似性。[1]

再以全球气候治理国际公共政策的制定为例。全球气候治理政策的形成可以分为议题的形成及政策的形成两个阶段。在气候议题形成阶段，作为知识权威的科学家发布研究结果，证实气候治理的必要性；在该领域具有利益关联性的美国政府部门为之背书，将之构建为一个"客观事实"；以传播信息为己任的国际媒体将之传播到世界各地；作为观念和利益共同体的非政府组织和联合国环境署等国际组织则努力将之上升为国际议程。该过程中，科学家、美国政府部门（非美国整体）、媒体、非政府组织、政府间组织都基于自身的认知开展行动并推动议程的产生，为此都应当被视为具有能动性的主体。美国之外的其他国家作为被动接受"布道"的对象，则可以被视为该过程中的客体。其中，由于各国政府和公民接收信息的渠道和应对外界压力的方式存在差异，它们不应被"国家"标签包裹起来，而应被视为独立

---

[1] 此处并不否认在规则之外大国可能施加更强的政治影响力。

第十章　方法论

的客体类别。而当全球气候治理议题进入以形成政策为重点的谈判阶段，主客体的内容和范围将再次发生变化，各国政府将成为引发改变的主体，其内部又分为发达国家、非洲国家、小岛屿国家等不同利益团体，媒体、公民则可能"退场"，不以主体或客体的身份存在于理论视野之中。①

第二节　主客体关系判断：从个体主义到结构主义

如华康德所指出的，在社会科学领域习惯类似单元与系统、行动者与结构等二分法之际，方法论的一元论者常常强调要么单元要么系统、要么行动者要么结构在本体论上的先在性，为此有了方法论的个体主义或整体主义之分。如果说以洛克观点为代表的古典自由主义是方法论个体主义的典型事例，那么米特兰尼功能主义国际政治理论则体现了方法论整体主义思想。20世纪以后，方法论的关系主义开始受到重视，学者开始强调主客体关系在本体论上的实在性，以及它们对于解释和理解现象的重要价值。②从学术源流来看，涂尔干、马克思以及皮亚杰、列维-斯特劳斯等学者的结构主义著述都体现了对关系本体地位的强调。马克思曾明确表示："社会并不只是由个人所组成；它还体现着个人在其中发现自己的各种联结和关系的总和。"③奥尔曼（Bertell Ollman）指出，"在马克思关于现实的概念中，关系是所有单位都不可化约的最小单位……在马克思那里，研究主题不是只作为单一实体的社会，而是从'关系性'的角度理解的社会。"④

---

① 中华人民共和国常驻联合国日内瓦办事处和瑞士其他国际组织代表团经贸处：《全球气候新协议：〈巴黎协议〉》，2016年4月13日，http://genevese.mofcom.gov.cn/article/wjysj/201604/20160401295687.shtml。
② 〔法〕皮埃尔·布迪厄、〔美〕华康德：《实践与反思：反思社会学导引》，李猛、李康译，中央编译出版社2004年版，第14页。
③ 〔法〕皮埃尔·布迪厄、〔美〕华康德：《实践与反思：反思社会学导引》，李猛、李康译，中央编译出版社2004年版，第15页。
④ Bertell Ollman, *Alienation: Marx's Conception of Man in Capitalist Society*, Cambridge University Press, 1976, p.14, 转引自〔法〕皮埃尔·布迪厄、〔美〕华康德《实践与反思：反思社会学导引》，李猛、李康译，中央编译出版社2004年版，第65页。

· 285 ·

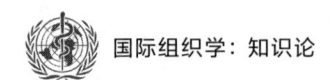

方法论的关系主义使理论型构中的主客体不再孤立地存在,使人们对社会问题的描绘更趋于准确。然而"关系"一词本身的内涵非常有限,它在告诉我们主客体之间存在着某种联系的同时,无法表达这种联系的形态,以及其相互作用可能产生的影响。在绝大部分的社会生活中,具有行动能力的主体是多元而异质的,这使得它们相互间构成的关系网络异常复杂,孤立地关注有限主客体之间的线性关系能给予我们的启迪将非常有限,在国际组织活动领域尤其如此。为此在方法论的关系主义基础之上,我们还需要对作为关系集合的"关系网络"的形态及本质进行型构,关注各种主客体及其相互关系所构成的整体特征。

这既意味着我们需要从个体出发的线性关系转向群体间的关系网络,也意味着我们需要将成分混杂的社会生活分解成一个个由关系网络连接而成的独立领域、系统或称动力场。韦伯关于"生活秩序"的论述也体现了类似主张,他认为社会生活本身并非同一逻辑可以囊括的整体,而可以分割为政治、经济、知识、审美等不同生活领域或秩序。[1]

社会学家布迪厄是方法论关系主义的支持者,他的一个重要理论贡献即是戳穿了社会学、国际政治学领域广泛应用的"社会"概念,认为该概念外延杂糅而内涵空泛,无法体现一个情境之中主客体之间关系的具体形态和相互差异。对此他指出:

> 在高度分化的社会里,社会世界是由大量具有相对自主性的社会小世界构成的,这些社会小世界就是具有自身逻辑和必然性的客观关系的空间,而这些小世界自身特有的逻辑和必然性也不可化约成支配其他场域运作的那些逻辑和必然性。例如,艺术场域、宗教场域或经济场域都遵循着它们各自特有的逻辑:艺术场域正是通过拒绝或否定物质利益的法则而构成自身场域的;而在历史上,经济场域的形成则是通过创造一

---

[1] Hans Gerth and C. Wright Mills, eds., *From Max Weber: Essays in Sociology*, Oxford University Press, 1946, pp. 331-359, 转引自〔法〕皮埃尔·布迪厄、〔美〕华康德《实践与反思:反思社会学导引》,李猛、李康译,中央编译出版社2004年版,第16页。

个我们平常所说的"生意就是生意"的世界才得以实现的,在这一场域中,友谊与爱情这种令人心醉神迷的关系在原则上是被摒弃在外的。①

类似的类分法在政治学领域也不乏先例。古典政治学家霍布斯和洛克对自然状态及自然权利的不同描述,其本质就在于两人对个体间相互关系的解读存在差异,尽管洛克并没有明确意识到这一点。②在国际政治学领域,20世纪60年代现实主义和新功能主义的论争中,以斯坦利·霍夫曼为代表的学者对于人们对欧洲社会一体化前景的乐观态度提出了质疑,指出各国仍是明确追求私利的实体,在经济和福利政策等低政治领域更愿意进行合作,而在外交、安全、防务等高政治领域则不会接受失去控制权的情况。主权国家在"低政治领域"和"高政治领域"的外交政策遵照着截然不同的行为逻辑。③这意味着,依据"政治"的高低,可以将国际政治领域区分为不同的领域空间。莫顿·卡普兰在《国际政治的系统和过程》一书中将国际政治系统分为均势系统、松散的两极系统、牢固的两极系统、全球性系统、等级系统、单位否决系统六个类型,并用系统的基本规则、转换规则等概念来描述系统。这种类分法也体现了对同一个感性问题领域内存在不同动力学逻辑的认知。④20世纪80年代以后,新现实主义和新自由制度主义围绕着国家更注重"相对收益"还是"绝对收益"展开论争。此处的"相对收益"和"绝对收益"表面上在谈个体国家的利益偏好,实则都是关系性概念,这种二分法本质上正是对主权国家在不同议题领域互动关系的差异性的描绘。⑤新功能主义关于技术性外溢、功能性外溢、政治性外溢的划分更是在认

---

① 〔法〕皮埃尔·布迪厄、〔美〕华康德:《实践与反思:反思社会学导引》,李猛、李康译,中央编译出版社2004年版,第123页。
② 洛克在《政府论》(下篇)中提到霍布斯的论述时将它视为一种需要纠正的错误。〔英〕洛克:《政府论》(下篇),叶启芳、瞿菊农译,商务印书馆1964年版,第12页。
③ 房乐宪:《政府间主义与欧洲一体化》,《欧洲》2002年第1期,第81~112页。
④ 〔美〕莫顿·卡普兰:《国际政治的系统和过程》,薄智跃译,上海人民出版社2008年版,第56~91页。
⑤ 秦亚青:《权力·制度·文化:国际关系理论与方法研究文集》,北京大学出版社2005年版,第109~110页。

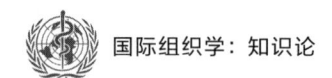

可各个领域国家间互动逻辑存在差异的基础上指出了它们可以联通。① 亚历山大·温特在《国际政治的社会理论》一书中将国际社会类分为"霍布斯文化""洛克文化""康德文化"三种类型，并用竞争关系、合作关系、共同命运关系来描述它们，所体现的也正是不同社会空间内主体关系型构的不同。②

现实主义、新自由制度主义、建构主义等传统国际政治理论范式在主客体类别判断上具有趋同性，但在主客体关系判断上存在差异。各种理论本可以通过进一步探讨自己所描绘的主客体关系的性质来界定其理论适用的范围，却并未做到这一点。华尔兹早在阐述新现实主义理论时就曾明确指出理论是关于"有限领域"的思维图画，是着眼国际社会整体的结构性理论，却并未明确指出如何确定该"有限领域"的边界。为此我们看到现实主义、新自由制度主义、建构主义都试图发展成无所不包的国际政治理论，却都没有对国际社会的异质性进行分解，都在使用无政府社会这一概念来表达他们的理论所适用的范围，都对无政府社会概念做出特别规定以保证自己理论的逻辑自洽，同时将其他理论视为不精确或不完整的。一定意义上可以说，无政府社会概念中的"社会"，或是"无政府社会"概念本身，无论在自足性上还是抽象层次上都不足以成为独立的理论概念。它在国际政治理论中的重要性反过来阻碍了国际政治理论在更深的抽象层次向精确化方向发展。

社会学家们不止一次地试图分解"社会"，并试图从中抽象出一个更精确的概念来表达不同类别的主客体关系型构。然而，尽管如上所说韦伯、布迪厄都阐明了社会生活可以被分解为具有不同行动逻辑的社会空间这一总命题，国际政治学各理论流派关于"高政治—低政治""绝对收益—相对收益""竞争—合作—共同命运"的类分法也侧面体现了这一思路，但既有研究用经济、政治、文化、审美或是安全、防务等实际社会生活领域来区分不

---

① John McCormick, *Understanding the European Union*, Palgrave Macmillan, 2009, pp. 9 – 11; Phillippe C. Schmitter, "A Revised Theory of Regional Integration", *International Organization*, Vol. 24, No. 4, 1970, pp. 836 – 868.

② 〔美〕亚历山大·温特：《国际政治的社会理论》，秦亚青译，北京大学出版社2014年版，第244~298、334~341页。

第十章 方法论

同社会空间的做法,既不详尽,也不精确。例如,霍夫曼关于低政治领域与高政治领域的划分就曾经引发争议。霍夫曼将经济问题视为低政治领域,然而在国家主义盛行、个人和社会生活被国家全面侵蚀的时代,很多"低级"的事务都会因国家安全的理由在所谓的低政治和高政治两个领域间可上可下。爱德华·H.卡尔即指出军事和经济武器只是权力的不同工具,2018—2020年中美经贸摩擦更形象地说明了这一点。[1] 世界卫生组织、国际劳工组织等专业性国际组织在日常工作中也常常无法避免权力政治的逻辑,功能主义者所关注的很多经济和社会问题都越来越政治化,米特兰尼所偏好的纯粹技术组织越来越少见。[2] 欧盟依据经济社会环境、外交防务、内政等不同领域做了三大支柱的划分,不同领域采用不同的决策机制。其做这样规定的前提假设也是可以通过这种类分法来表达各国在不同议题领域的利益关系的差异。然而过去20余年的实践表明,这种类分法正在失去它的功能,被视为低政治的第一支柱领域也可能引发欧洲国家和公民强烈的主权关切。[3]

换言之,经济、政治、外交、防务这类社会生活领域标签不足以帮助我们精确描述主客体关系网络的特征和边界。我们需要放弃在社会生活的经验层次对国际社会概念进行解构,而需要在更进一步的抽象层次来界定和区分主客体关系网络的特性。布迪厄用"场域"概念来表达特定空间范围中的主客体关系型构。[4]根据布迪厄的描述,场域是由特定空间内各个位置及其相互关系构成的一个网络(Network)或型构(Configuration),不同位置对应着不同类型的权力(或资本)并由不同主客体占据。这种权力资本的客观性和位置分配的客观性决定了各个实体在该场域中与他者的关系类型

---

[1] E. H. Carr, *The Twenty Years' Crisis*, *1919–1939：An Introduction to the Study of International Relations*, Palgrave Macmillan, 2001, pp. 117–120.

[2] Gene M. Lyons, David A. Baldwin and Donald W. McNemar, "The Politicization Issue in the UN Specialized Agencies", *Proceedings of the Academy of Political Science*, Vol. 32, No. 4, 1977, pp. 81–92.

[3] 《欧盟峰会千人抗议游行 称欧美贸易谈判不够透明》,中国新闻网,2013年12月20日,https://www.chinanews.com/gj/2013/12-20/5642712.shtml。

[4] 尽管布迪厄在介绍场域概念时常常用到一些经验层次的示例,但他对场域概念主要的阐述仍脱离了社会经验层次,具有较强的理论启示意义。

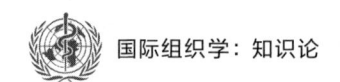

（如冲突、合作、依附、支配等）及它们实然或潜在的处境。[①] 布迪厄并不认为场域中的关系型构对每个实体的命运作为机械化的规定，因为改变了各种权力（或资本）形式的分布和相对分量即改变了场域的结构，赋予了场域历时性的动态变化和调适能力，任何场域"都将自身体现为各种可能性——报酬、获益、利润乃至制裁的可能性——的结构，但也始终隐含了某种程度的不确定性……即使是在那些充满各种普遍规则和法规的领域，玩弄规则、寻求变通也是游戏规则的重要组成部分"。[②]

换言之，特定权力（或资本）的实质及它的分布方式构成了场域中的关系网络。具有能动性的主体只是权力（或资本）的载体，也是权力（或资本）分布变动的动力来源，而不是关系网络和场域本身的构成要素。场域内部权力（或资本）的分布方式将影响主体行为，而主体行为在绝对意义上的不确定性又决定了场域内部权力（或资本）的分布存在不确定性，动态变化便得以发生。然而这种变化主要是场域内权力（或资本）分布形态的变化，而非权力（或资本）实质的变化。这样一来，场域形态的永恒变化性和场域性质的恒定性便有机地统一在一起。这就好像我们看到二战以来塑造秩序的国际组织一样，国际安全领域、金融领域、贸易领域的国家间实力对比随着社会的发展不断变化，相应地，联合国、国际货币基金组织、世界贸易组织中各个国家的权力结构在随之变化，但这几个不同的国际组织内部权力结构变化的规则却保持着自身的恒定性并与他者相区别。对这种变化性和恒定性的统一把握，对于我们理解国际组织的原理至关重要。

第三节　变量及变量关系判断：从观念结构主义到方法论结构主义

皮亚杰结构主义可以帮助我们超越主客体的感性认识，更精确地认知国

[①] 〔法〕皮埃尔·布迪厄、〔美〕华康德：《实践与反思：反思社会学导引》，李猛、李康译，中央编译出版社2004年版，第122~123页。
[②] 〔法〕皮埃尔·布迪厄、〔美〕华康德：《实践与反思：反思社会学导引》，李猛、李康译，中央编译出版社2004年版，第16~17页。

际组织研究中变量关系网络的特征。皮亚杰用系统和结构这两个概念来阐述他的结构主义理念，并指出了结构的三个特征：整体性、转换性、自身调整性。整体性特征是相对个体性而言，是指人们在社会科学的发展过程中认识到了研究对象并非组成成分的简单叠加，组成成分的关系和秩序使得整体具有了自身的性质。如果我们将皮亚杰对整体性特征的强调移植到本章的语境之下，它意味着对主体实在论以及主体关系实在论这两个命题的认同，具有认识论层面的意义。而皮亚杰对转换性及转换规律的强调则使其结构主义在认识论层面之上具有了方法论意义。转换性特征是指结构并非僵化的整体现象，而是依据特定规律运作的转换体系，这种规律或计算法则，而非感性层次的组分及其联系，构成了结构的本质。

如果我们将皮亚杰对结构转换性的强调与布迪厄的场域理论结合起来观察，尽管布迪厄关于关系网络中权力（或资本）和位置客观性的描述已经通过抽象超越了直接感性认识层次，但它在方法论结构主义视野之下仍属于现象层次的内容，因为它表达的仍是一个整体中成分及其相互关系的形态，而非成分及其关系在这个整体中的变化规律。而方法论的结构主义要求揭示整体中的这种变化规律或法则本身，它要求进一步的抽象工作。

在整体性、转换性之外，皮亚杰强调结构的第三个特性——自身调整性，这个术语本身有些令人困惑，为此需要从其原文中来解读它的含义。皮亚杰指出：

> 结构的第三个基本特性是能自身调整；这种自身调整性带来了结构的守恒性和某种封闭性。……一个结构所固有的各种转换不会越出结构的边界之外，只会产生总是属于这个结构并保存该结构的规律的成分。……这些守恒的特性，以及虽然新成分在无限地构成而结构边界仍然具有稳定性质，是以结构的自身调整性为前提的。毫无疑问，这个基本性质，加强了结构概念的重要性，并且加强了它在各个领域里所引起的希望。因为，当人们一旦做到了把某个知识领域归结为一个有自身调

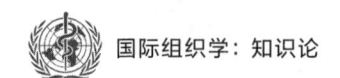

整性质的结构时，人们就会感到已经掌握这个体系内在的发动机了。①

综合以上观之，"结构"一词在布迪厄和皮亚杰的论述中的内涵各不相同，在他们各自的论述中也常常存在差异，容易造成观点传递上的误解。为此我们必须基于二者的理论又跳出二者的理论，来厘清各个概念的关系。整体上，皮亚杰的系统概念和布迪厄的场域概念都是抽象层次的形态概念，或称现象概念。而结构则更像是对系统或场域形态转换规律的表达。换言之，系统或场域更适宜被视为一个存在于抽象层次的整体的、可转换的、自足的空间，结构并非发生转换的载体，而更适宜用来表达该系统或场域的转换律本身，和系统场域是不同性质的概念。

这样一来，我们便可以这样阐述整个结构主义的逻辑：一个场域是具有自身恒定结构的空间。②结构之于场域，如同主权之于国家。后者是前者所寄托的形态，前者是后者的本质和灵魂。相应地，场域而非结构，是整体性、转换性、自身调整性的载体。如果方法论结构主义所指的整体性是对一个动态场域的形态规定，转换性则是对这个动态场域的转换规则的规定，自身调整性则是对这个动态场域的边界的规定，其表达的是这个场域与那个场域的界分，以及这个结构和那个结构的差异。认识到作为关系集合的场域的边界就好像天下国家观念中的人们认识到民族国家的边界一样。在此基础上他们将发现自己和他者的不同，并在自己与他者的联系和差异中更清晰地认识自身。整体性、转换性和自身调整性使得一个由结构 A 构成的场域 A 的运作规律是独立的、稳定的、可识别的。结构 A 和结构 B 之间不会混同或互斥，也不会存在任何隶属关系，就像牛顿第一定律和第二、第三定律不会混同或互斥，也不会存在任何隶属关系一样。它们的独立存在使得场域 A

---

① 〔瑞士〕皮亚杰：《结构主义》，倪连生、王琳译，商务印书馆1986年版，第10页。
② 系统和场域都是抽象层次的现象概念。这里我们选用场域而非系统来表达国际组织理论范式中的现象概念，原因在于"系统"一词内涵过于庞杂，且在国际政治理论中已被普遍使用，在本章语境下的思想传递过程中容易引起误解。为了避免这个问题，故而本章使用场域概念来做阐述。

和场域 B 不会混同或互斥。但作为形态现象层次的内容，场域 A 和场域 B 等可以以并列、隶属、无涉等关系结合起来。

第四节　国际组织学的场域："态""质"之分

构建国际组织学的理论范式需要围绕着场域概念展开。鉴于场域具有整体性、转换性、自身调整性三个特性，我们可以从整体形态、转换法则、适用边界这三个角度来看待国际组织学理论范式中的主客体关系网络的型构问题。更准确地说，国际组织学视野下的场域概念需要是一个形态、本质、边界完备清晰的概念。完成这项工作需要超越既有文献中"社会""系统""结构"等表象概念所停留的形态层次，去探索场域的本质与边界。

一　场域的整体形态

所谓整体形态是指特定场域中由主客体分布及其相互联系所展示出来的基本图式。这种图式有感性认知层次的图式和理性认知层次的图式之分。[1] 感性认知层次的图式是指从历史真实的角度认识特定问题领域内的主客体分布及它们的互动过程。以国际安全机制为例。二战结束后，美、苏、英、法、中作为最重要的战胜国，在国际安全秩序中发挥着举足轻重的作用，因此也理所当然地成为安理会五大常任理事国，并拥有对重要事项的一票否决权。然而随着英国、法国综合国力的下降，其在国际安全治理体系中不再具有独立于美国的战略性利益，为此冷战结束后英国和法国也几乎不再在安理会的公开决议中行使否决权。[2] 再以国际发展领域的多边机制为例。二战后以美国为首的西方发达国家在国际发展领域拥有绝对的话语权，为此它们既

---

[1] 这里所称的"形态"和现象学上的"现象"一词具有相似的含义。如同现象学上的现象不仅包含客观存在的经验事实或感性材料，也包含想象判断等理性意识形式。这里使用了"形态"一词而没有使用"现象"一词的原因在于日常生活中"现象"这一名词具有强烈的感性色彩，出现在上下文中可能导致误解。

[2] 刘莲莲、王晴：《国际组织中大国否决权的规范价值探析》，《国际政治研究》2018 年第 2 期，第 84 页。

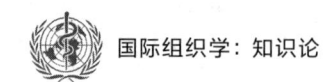

是以布雷顿森林体系为起点的国际发展机制的设计者,也是相应国际机制中的主要管理者。这既体现在国际货币基金组织和世界银行的股权分配上,也体现在执行董事和行政长官的选任上。日本作为世界第三大经济体,在以联合国为中心的国际安全治理体系中处于相对边缘化的位置,而在国际货币基金组织、世界银行、亚开行等国际金融机构却长期占据着第二把交椅的位置。随着中国经济实力的增长,其在国际发展领域可调配的资本也相应增加。为此世界银行等以通过提供贷款促进国际发展的国际组织需要进行相应的改革来赋予中国更多的决策权,各国也通过参与亚投行和"一带一路"倡议来确认中国在国际发展领域的话语权。[①] 这种以经验事实为载体的主客体分布及其权力关系即是形态维度的感性认知图式。

理性认知层次的图式则是指在思维层次对经验事实材料进行抽象,滤去经验层次的偶然性要素,指出决定主客体相互关系的关键要素。这些要素依附于经验实体存在,但并非经验实体本身,而是经过抽象思维加工后的概念。例如权力、利益概念以及它们项下的军事实力、经济实力、制度性权力等概念依附于个人或国家实体而存在,但它们本身并非经验实体,而是以抽象概念的形式存在于理性思维之中。从这里开始,这些抽象的关键要素及其关联关系共同构成了华尔兹所言的头脑中的行动图画,而它们所依附的实体则成为不承担实际功能的"符号"。

再回到国际安全和国际发展领域的两个案例之中。国际安全领域的理性认知图式中,国家实体本身只具有符号意义,该领域的关键要素是以国家为载体的物质性权力和制度性权力,理论研究要考察的正是物质性权力与制度性权力之间的关联关系或转换规律。从二战后联合国安理会权力格局的设计及变迁可以看出,特定国家在安理会是否拥有常任理事国席位及否决权,和该国的军事实力具有相关性,和该国的经济实力则不具有直接的相关性。然而这一陈述仅仅指明了军事实力和制度话语权之间具有联系,并不能表达这

---

① 关雪凌:《全球治理体系变革与"一带一路"话语权构建》,《人民论坛》2018年第22期,第87~89页;张尔升:《亚投行启动与中国国际金融话语权构建》,《财政研究》2015年第10期,第66~72页。

种联系的性质。进一步探究常任理事国地位和大国否决权的本质会发现,特定国家的军事实力和安理会制度话语权之间的转换法则并非正相关关系。安理会制度话语权和该国在国际安全治理中是否拥有使安理会决策无效或实施相反行动的军事实力有关。换言之,国家军事实力和安理会权力结构具有相关性,但并非连续的正相关关系,而是一种离散的、断裂的相关关系。[①] 和国际安全领域相比,各国在国际发展领域的制度性权力和其经济实力的消长具有更为直接的关联性,这种关联性的转换规则更接近连续的正相关关系。其原因在于,国际安全领域对军事实力的需求并非连续和无边界的,而国际发展领域对经济投入的需求则是连续无边界的。[②]

二 场域的转换法则

转换法则维度要求识别那些主导不同场域中的关键要素之间的联动关系的基本法则,例如上文所述的军事权力与安理会制度性权力的转换法则。感性认知层次的图式中,大到整个国际社会,小到特定国际组织,都处于长期的发展变动之中。理性认知层次的图式也肯定其视域中各个关键要素之间的联动关系,或称变量关系。无论是布迪厄的场域理论还是皮亚杰的结构主义理论,也都肯定一个场域或系统在形态上的动态变化属性。

这种感性层次的变动状态和理性层次的变量关系必须得到关注与表达。既有国际组织研究重视在经验层次收集特定问题领域的感性经验材料,或是在理性层次查找该问题领域的变量并建立联系,却很少进一步探究主导变量间引起和被引起变化的基本法则。换言之,既有国际组织研究常常重视形态维度的变化关系,而忽视从结构维度去探索那些主导变化走向的变化机制,即转换法则。

布迪厄将这种转换法则称为支配场域运作的逻辑和必然性,并指出社会

[①] 刘莲莲、王晴:《国际组织中大国否决权的规范价值探析》,《国际政治研究》2018 年第 2 期,第 96~101 页。

[②] 唐丽霞、李小云:《国际发展援助体系的演变与发展》,《国外理论动态》2016 年第 7 期,第 46~54 页。

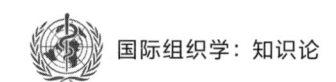

是由大量具有相对自主性的"社会小世界"——场域构成的，这些场域是具有自身逻辑和必然性的客观关系的空间，它们自身特有的逻辑和必然性也不可化约成支配其他场域运作的那些逻辑和必然性。[1]尽管布迪厄没有明确阐述如何识别这种逻辑和必然性，但他明确指出了它们的存在。皮亚杰区分整体性结构主义和方法论结构主义时的话语对我们理解和探究这种结构法则的方法论意义或有所启示。

> 这种整体性结构主义比起真正的方法论上的结构主义来，至少有两个差别：第一个差别在于从涌现过渡到组成规律：例如，在涂尔干那里整体性概念还只是涌现出来的……莫斯在关于天赋的研究中，寻求并发现了有转换性质的相互作用的细节。第二个差别是从第一个差别中引出来的，整体性结构主义只限于把可以观察的联系或相互作用的体系看作是自身满足的；方法论结构主义的本质，乃是要到一个深层结构里去找出对这个经验性体系的解释，这个深层结构可以使人们对这个体系做出在某种程度上是演绎性的解释，而且要通过建构数理逻辑模型来重建这个深层结构。在这种情况下，而这是有根本性的，结构是不属于能观察到的"事实"范围之内的，尤其是对于所研究的那个社群中个别成员来说，结构仍然是出于"无意识"状态中的（列维-斯特劳斯经常强调这一方面）。[2]

如皮亚杰所言，缺少了对转换法则的研究将使我们既不能准确认知变量的关系，也不能对感性认知层次和理性认知层次的图式做出准确的解释。对一个特定问题领域而言，无论多么关注形态层次的变量如何变化，如果不能认识主导变化的基本法则，就不能判断变化的持续性和走向。如果不能找到主导变化发生和走向的恒定法则，我们甚至不能确定我们正在探讨的是一个

---

[1] 〔法〕皮埃尔·布迪厄、〔美〕华康德：《实践与反思：反思社会学导引》，李猛、李康译，中央编译出版社2004年版，第123页。
[2] 〔瑞士〕皮亚杰：《结构主义》，倪连生、王琳译，商务印书馆1986年版，第82页。

真实的、自足的"问题领域",我们的研究也很可能变成对现实层面的变化的被动响应。这时的科学研究便失去了它的旨趣。

针对转换法则的探究对国际组织学的发展是至关重要的。其原因在于我们过去的国际组织研究通常停留在形态层次,而忽视了对结构层次的转换规则的关注。然而如果缺少了对特定场域动力学运算法则的说明,我们对变量关系的理解便显得大而化之,我们对现象的解释就变得粗浅,在社会生活层次也就无法准确地制定对策。例如,当我们仅认识到无论国际安全领域还是国际发展领域,国家所拥有的军事实力或经济实力都可以转换为制度性权力,而忽视探究这种转换本身的规律性以及不同领域内转换规律的差异性,我们便只能得出国家物质性权力和制度性权力呈正相关关系这一符合现实主义政治逻辑的结论,而忽视了国际组织实践中复杂的制度逻辑。[①]

恒定的转换法则是国际组织学的理性之锚。为此国际组织学的理论范式必须超越纯粹的形态层次研究(包括理性认知层次),超越对探求变量及变量间关系的迷恋,而要更深入地挖掘主导变量关系转换的原始法则。具体路径上,研究者需要探索这种恒定的转换法则,将之概念化,并使之成为我们理解特定场域的动力学,以及从纷繁复杂的社会领域去识别和分解场域的关键视角。

第五节 国际组织学的场域本质:场域禀赋

我们可以借用国际贸易理论中的"资源禀赋"(Resource Endowment)这一概念来表达国际组织学理论范式中的场域转换法则。资源禀赋是瑞典经济学家赫克歇尔(Heckscher)和俄林(Ohlin)为了解释李嘉图的比较优势理论所提出的概念,本意指的是一国拥有的劳动力、资本、土地、技术、管理经验等各种生产要素。资源禀赋的差异是各国生产参与国际贸易等商品具

[①] 刘莲莲:《国际组织理论:反思与前瞻》,《厦门大学学报》(哲学社会科学版)2017年第5期,第22页。

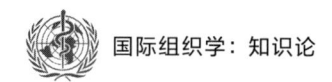

有比较成本优势的原因。① 布迪厄也试图用禀赋概念来指代场域的差异,将之称为"一个各自不同和彼此相轻的禀赋系统"。②

在国际组织产生与活动的各个场域中,各个主体拥有一定形式的、具有互通性的资源是它们联系和互动的基础。我们把这种特定场域内在主体间具有互通性的资源称为该场域的资源禀赋或直接称为该场域的禀赋。和经济学领域内的资源禀赋概念用来表达不同主体所占有的生产要素的独特性不同,国际组织学领域用禀赋概念来表达不同场域中具有互通性的资源本质及其分布规律的独特性。就像欧元主要在欧洲的监管体系下以一定的规则流通,人民币主要在中国的监管体系下以一定的规则流通一样,国际组织学视野下特定场域的禀赋即是由该场域内的互通性资源的本质及流通方式所决定的。如果说经济学领域的国家资源禀赋是一个具有国家间相对性的概念,国际组织学视野下的场域禀赋便是一个具有场域相对性的概念。资源禀赋是该场域的中心概念,因为该场域中主体的行为逻辑、互动关系以及由此而形成的权力结构都需要从它出发来加以探究。从这种意义上看,国际政治理论中的权力/利益概念在内涵上都与这里的资源禀赋概念有所不同。因为前者被用来概括地表述国家间互动的资源本身,而未区分它们互动的领域。进一步可以说,资源禀赋概念可以帮助我们解决常常困扰国际政治学者的权力/利益概念的内涵问题。如果我们了解了一个互动场域的资源禀赋,我们便能更精确地界定该领域内国家所追求的权力/利益的具体内容究竟是什么,也能更精确地界定我们在前章所描述的国家间在多边场景中所面临的合作困境的特性,并给出相应的制度方案。③

一个场域的资源禀赋是由该场域中具有互通性的资源的本质属性及其在场域中的分布规则这两个要素共同决定的。所谓资源的本质属性是指该场域内具有互通性的资源具体是什么。国际组织学视野下,不同场域的资源本质

---

① B. Ohlin, *Interregional and International Trade*, Cambridge, Harvard University Press, 1933.
② 〔法〕皮埃尔·布迪厄、〔美〕华康德:《实践与反思:反思社会学导引》,李猛、李康译,中央编译出版社 2004 年版,第 130 页。
③ 参见本书"空间域·构成论"一章。

第十章　方法论

上可以是军事实力、经济实力、知识和规范的生产传播能力，乃至特定身份、信誉或声望等非物质性利益。如前所述，在国际和平与安全领域，国家的军事实力而非其他形式的权力是影响该领域内国家间关系的关键要素。为此国际安全机制的设置和制度性权力的分配也应当体现这一宗旨。那些军事实力强大的国家对于国际安全治理的立场必须被予以重视和关注。一战结束后国际联盟建立之时，美国、德国、苏联等重要国家未加入国际联盟是国际联盟归于失败的重要因素之一。而联合国建立初期，安理会在苏联、中华人民共和国不在场的情况下通过涉及朝鲜战争的决议，导致了二战结束后军事大国直接在战场上兵戎相见的局面。这是国际安全治理必须引以为戒的教训。再如前所述，全球气候治理等国际公共议程的形成可以分为共识的形成和政策的形成这两个阶段。在共识形成阶段，规范的生产传播能力而非军事、经济等物质实力成为该场域内关键的互通性资源。20世纪70年代以来关于臭氧层空洞治理、气候变化治理、跨国腐败治理的各种国际公共政策的制定过程中，美国科学家的科研创造能力、美国科学院和国务院的规范塑造能力、媒体和非政府组织的规范传播能力，发挥了至关重要的作用。[1]

更为特殊的情况下，一国的身份也可能成为特定问题领域中的资源禀赋。以金砖国家新开发银行为例。和世界银行、亚开行、亚投行等国际金融机构采用加权投票和多数决的决策规则不同，金砖国家新开发银行采用了金砖五国一国一票、全体一致的决策机制。金砖国家新开发银行自诞生以来，其独特的决策模式的合理性吸引了众多学者的讨论。而我们从金砖国家对话机制的发展历程便不难看出，金砖国家及新开发银行的首要属性并不是一个独立的多边开发机制，而是新兴经济体代表构成的反二战后旧经济秩序的联盟。[2] 就新旧经济秩序之争而言，议题领域内的利益相关者不仅包括金砖五国，还包括美欧西方国家、国际货币基金组织、世界银行等不在场主体。为此，推动金砖国家

---

[1] Lianlian Liu, "The Dynamic of the Institutionalization of the OECD Anti-Bribery Collaboration", *South Carolina Journal of International Law & Business*, Vol. 11, No. 1, 2014, pp. 29 – 86.

[2] Li Li, "BRICS: A Limited Role in Transforming the World", *Strategic Analysis*, Vol. 43, No. 6, 2019, pp. 499 – 508.

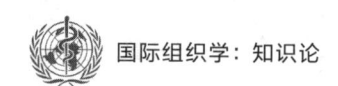

及新开发银行建立的资源禀赋并非单纯的经济实力,而是在二战结束后国际金融体系旧格局要求改变现状这一身份。在这种意义上,金砖五国在综合国力和出资能力上的差距便被抹平。作为新兴经济体的代表,中国与俄罗斯、印度、巴西、南非在金砖国家对话机制中处于同一位阶。为此我们便能够理解为何中国在综合国力和出资能力远高于印度、俄罗斯、巴西、南非的情况下却与它们在新开发银行中拥有同样的决策权。我们也因此能更好地回答金砖国家对话机制是否需要扩容、吸纳更多的发展中国家加入这一问题。

然而判断一个场域的资源禀赋不仅要识别该场域中互通性资源的本质属性,还要识别资源在该场域内的分布和流通规则,否则我们便会陷入纯粹权力政治逻辑的窠臼。所谓资源的分布规则是指特定问题领域中的资源在不同主体间分布和转换的基本原理。首先需要把资源的分布规则和某个特定时间范围内资源在不同主体间分布的基本形态相区别。以国际安全领域为例,军事实力是国际安全领域最重要的资源。军事实力这种资源在国际安全领域内的分布规则是不同国家军事实力的大小转换为制度性权力的计算法则,而非各个国家所拥有的军事实力或制度性权力的强弱之别。

具体而言,各国军事实力的大小和各国在国际安全领域内的话语权具有一定的相关性,但并非完全的正比例关系,同时这种相关性也是离散的而非连续的。我们都会倾向于认同军事实力在一定程度上可以叠加和累计这一观点。事实上关于多个弱国联合起来可以抗衡一个强国的假设正是国际联盟和联合国集体安全制度的思想渊源。而这种假设的理论渊源则在于霍布斯、洛克的社会契约论关于自然状态下的公民团结起来便可以制止一切不法行为的假说。然而国际安全领域内资源的可累加性是不完全的。国际社会的情况和国家社会存在诸多不同。霍布斯所描述的自然状态下个人的体力和智力相差不大,为此无论一个人多么强壮和聪明,他都很难敌过多个人形成的联盟,而个人在整个国家面前则更显得渺小。也正因如此,任何个人在政治社会中都被一视同仁,不拥有任何特殊的权利。[①] 国际社会的情况则不一样。和一

---

① 〔英〕霍布斯:《利维坦》,黎思复、黎廷弼译,商务印书馆1985年版,第92页。

个社会的自然人数量相比,国家的总量非常有限,同时国家间实力的差距非常之大,少数国家凭一己之力就可以搅弄整个国际社会的风云,其他国家即便全部联合也未必能形成压倒性的力量。

这种情况下要最大限度地维系国际和平与安全,就必须对大国和小国进行区分,并给予前者在国际安全管理中特殊的话语权,联合国安理会中的常任理事国之所以拥有特殊的决策权,其原因首先在于各国拥有强大的绝对军事实力,这使得它们在国际安全领域的协调行动能够阻却国际社会一切潜在的侵略者(例如,在苏伊士运河危机中,美苏两国的协调一致甚至能对英国和法国这两个常任理事国侵略埃及的行动构成威慑),这是集体安全机制能够发挥功效的根本保障。而大国获得特殊决策权的另一个更为重要的原因在于它们拥有在国际安全领域开展独立行动的能力,忽视了它们的意见可能使得安理会维系国际和平与安全这一根本目标无法顺利实现。换言之,只有一国的军事实力强大到忽视它的意见可能使国际社会处于不安状态之中,它的军事实力才能转换为国际安全领域中的特殊话语权。而对那些拥有一定的军事实力但不足以在国际社会独立进行相反行动的国家而言,它们与其他国家在军事实力上的差异在国际安全领域便很难直接转化为话语权上的差异。这就使得国际社会中各国军事实力和制度性权力的转换规律发生了断裂。21世纪以来关于联合国和安理会改革的各项动议中,不乏有观点主张依据德国、日本、印度、巴西等国在联合国维和行动财政和人员上的贡献将其纳入安理会常任理事国的结构之中。这种以维和行动贡献为依据的观点本身与国际安全这一场域内的资源本质属性和分布规则不符,不具有合理性。[①]

一国的经济实力是国际金融领域最为重要的资源,这既是英国在与美国争夺二战后国际金融秩序主导权的过程中败下阵来的原因,也是冷战结束后以中国为代表的新兴经济体在国际金融秩序中话语权不断上升的原因。和国际安全领域相比,国际金融领域的资源禀赋具有更显著的可量化性。国际货

---

① 刘莲莲、王晴:《国际组织中大国否决权的规范价值探析》,《国际政治研究》2018年第2期,第90~106页。

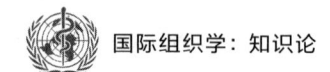

币基金组织、世界银行及区域性开发银行等国际金融机构都采用了加权制决策权分配规则,在国家经济实力与制度话语权之间建立了直接的正相关关系。美国虽然可以凭借其在国际货币基金组织、世界银行等机构中的事实性一票否决权阻碍中国获得与第二大经济体相匹配的话语权,但它无法抑制中国在亚投行和"一带一路"倡议中的出色表现。其原因在于,国际安全领域对军事实力的需求并非连续和无边界的,而国际发展领域对经济投入的需求则是连续和无边界的。为此在国际安全领域很难也不必建立多中心的治理体系,国际发展领域则不然。[①]

而即便是在国际金融领域,以国际货币基金组织为中心的货币金融体系和以世界银行为中心的国际发展体系的资源分配规则也存在差异。世界银行和国际货币基金组织同作为布雷顿森林体系的组成部分,其宗旨目标、组织结构、业务活动具有很强的关联性。但和国际货币基金组织仅在各地区设立办事处不同,世界银行在世界范围内形成了以亚洲开发银行、非洲开发银行、欧洲复兴开发银行等地区性金融机构为主体的国际组织群落。与此同时我们还看到,1997年亚洲金融危机之后,日本作为当时的全球第二大经济体倡导建立亚洲货币基金组织的努力迅速归于失败,而2009年次贷危机之后,中国作为全球第二大经济体倡导建立亚洲基础设施投资银行的努力则取得了成功。[②] 以上差异产生的根本原因在于国际货币金融领域和国际发展领域的资源分配规则存在差异。国际货币金融领域的合作要求全球行动高度协同一致,各主体所占有的资源对于整体目标具有不可拆分性,拟建中的亚洲货币基金组织在活动中很难和国际货币基金组织相互支持,甚至可能相互掣肘。而国际发展领域的目标则具有很强的可拆分性,各主体所占有的资源也可以叠加和累计,因此亚投行与世界银行、亚开行的业务不但不相互冲突,而且相互支持、互为补充。基于此便不难想见:与国际发展

[①] 唐丽霞、李小云:《国际发展援助体系的演变与发展》,《国外理论动态》2016年第7期,第46~54页。

[②] 余永定:《货币基金组织亚洲化尝试——〈亚洲货币基金〉和亚洲经济合作》,《国际贸易》1999年第8期,第17~19页。

第十章 方法论

领域相比,甚至和国际安全领域相比,国际货币金融领域内的权力转换具有更强的零和博弈特征,任何权力分布的变化都将面临来自既得利益者的巨大阻力。为此,人民币国际化要走的路也注定比"一带一路"倡议和亚投行更为艰辛。①

综上,场域内互通性资源的本质属性和分布规则共同构成了该场域独特的资源禀赋。为此,确定一个特定场域内主体间互动关系动力学要和该场域的资源本质属性和分布规则结合起来,不能简单地以军事实力或经济实力、硬实力或软实力、核心利益或非核心利益、绝对收益或相对收益这样的类分法来概括论之。以全球臭氧层空洞治理、全球气候治理、跨国腐败治理等国际公共议程的政策形成阶段为例。尽管这几个领域在经验层面存在差异,但作为国际公共政策的酝酿阶段,它们属于同一个场域中不同的经验事实部分,遵守着同样的动力学原则,规范创造和传播能力占据着核心地位。而在国际公共政策的谈判阶段则遵循着另一套动力学原则,各国通过独立决策推进公共目标实现的能力成为该领域的互通性资源。在全球臭氧层空洞治理谈判中,这一能力既和一国能够用于臭氧层空洞治理的资金技术实力有关,也和一国在氟氯烃相关产业的市场份额有关。由于20世纪80—90年代西方发达国家几乎占据了氟氯烃相关产业的全部份额,各国较为顺利地便达成了相关协议。② 全球气候治理谈判阶段,互通性资源表现为各国通过独立决策改变气候治理进程的能力,它同样与一国能够用于气候治理的资金技术实力和碳排放总量等多种要素相关。为此20世纪90年代全球气候治理进入磋商阶段后,美国等发达国家常常以谈判主体中发展中国家参与度不足为由中止谈判。③

---

① 马德功、罗雨柯、张洋:《人民币国际化对中国金融风险的影响》,《金融论坛》2020年第3期,第7~17页;张礼卿:《新冠疫情背景下人民币国际化的新机遇》,《金融论坛》2020年第5期,第3~6页。

② Nadra Hashim, "Free Riders, Side Payments and International Environmental Agreements: Is Kyoto Failing Because Montreal Succeed?", *The Whitebead Journal of Diplomacy and International Relations*, Winter/Spring, 2009, pp. 91-109.

③ 史军、胡思宇:《确定应对气候变化责任主体的伦理原则》,《科学与社会》2015年第2期,第111~120页。

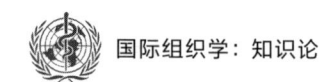

而在全球跨国腐败治理领域，互通性资源则由各国在国际贸易投资中所占据的份额决定。为此美国在1977年推出《反海外腐败法》打击跨国商业腐败之后，不遗余力地敦促其他国家加入该公共议程之中，不但通过一系列经济政治措施促使欧洲国家于1997年在经合组织框架下通过了《反对国际商务交易中贿赂外国公共官员公约》（即《OECD反海外贿赂公约》），还努力通过G20等平台将中国等经合组织之外的重要国际贸易投资行为体纳入其中。[①]

第六节　国际组织学的场域边界与外部关系

如前所述，一个场域内的要素关系图式决定了场域的形态，要素关系转换法则决定了场域的本质，二者共同构成了场域的内部关系。而这套要素关系图式和要素关系转换法则适用的范围，便决定了场域的边界。认识到场域的边界意味着在更宏观的视野下观察到了场域要素关系图式和要素关系转换法则适用范围的有限性，看到了不同场域的联系，由此便产生了场域的外部关系。

可以用国家主权所产生的内外部关系来类比场域的内外部关系。国家主权在内部关系上具有至高无上、不可分割转让等特征。只有在威斯特伐利亚体系的视野下厘清不同主权国家间的关系，才能把握国家主权所及的范围和边界，进而认识到国家主权在外部关系上所具有的独立平等的性质。一个独立场域拥有自身的资源禀赋，就像一个独立主权国家拥有自身的政治法律文化一样。所不同的是，主权国家是感性层次可观察、可感知的实体存在，场域则存在于人的抽象思维之中，其形态和结构需要被建构和证实。

另一个重要的不同之处在于，主权的至高无上属性决定了主权国家是国

[①] Lianlian Liu, "The Dynamic of the Institutionalization of the OECD Anti-Bribery Collaboration", *South Carolina Journal of International Law & Business*, Vol. 11, No. 1, 2014, pp. 29–86 at 78.

际社会的最高权威。而在抽象思维层次的场域之间除了存在同位关系,也存在包容与被包容关系,场域之外可能有更宏观的场域。布迪厄在探讨场域的外部关系时不仅涉及了场域的并置关系,即前述关于经济场域、审美场域的提法,还提出了子场域的概念。

> 每一个子场域都具有自身的逻辑、规则和常规,而在场域分割的每一个阶段(比如文学创作的场域),都需要一种真正的质的飞跃(比如你从文学场域的层次降至小说或戏剧的子场域的层次)。每一个场域都构成一个潜在开放的游戏空间,其疆界是一些动态的界限,它们本身就是场域内斗争的关键。……场域的概念可以在不同的聚集层次上使用:在大学里,人文科学的学科总体或院系总体;在住宅建设经济中,包含所有房屋建造者的市场或单个建筑公司"都可以被视为一个相对自主的单位"。①

然而布迪厄仅指出了场域间存在包含与被包含关系本身,而未更精确地说明母场域和子场域在结构上的关系。这可能和社会学的研究需要有关,也可能和场域概念本身的抽象性使得布迪厄不止一次采用"游戏"(Game)、"运动场"(Field)等感性实体来类比场域有关。这种类比法损耗了概念的精确性,阻碍了它被进一步分析的可能。②

皮亚杰在谈及结构的自身调整性时阐述了这一点。他指出结构具有守恒性、封闭性,同时指出这种特性和结构之间的包含关系并不矛盾。

> 一个结构所固有的各种转换不会越出结构的边界之外,只会产

---

① 〔法〕皮埃尔·布迪厄、〔美〕华康德:《实践与反思:反思社会学导引》,李猛、李康译,中央编译出版社2004年版,第130、277页。
② 布迪厄指出,"场域内产生的各种效应……正是游戏的结构""场域同时也是一个冲突和竞争的空间,这里可以将其类比为一个战场"。这种类比法损耗了概念的精确性,阻碍了它进一步分析的可能。〔法〕皮埃尔·布迪厄、〔美〕华康德:《实践与反思:反思社会学导引》,李猛、李康译,中央编译出版社2004年版,第16~17、123~124页。

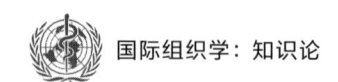

生总是属于这个结构并保存该结构的规律的成分。……正是在这种意义上，结构把自己封闭了起来；但这种封闭性丝毫不意味着所研究的这个结构不能以子结构的名义加入一个更广泛的结构里去。只是这个结构总边界的变化，并未取消原先的边界，并没有归并现象，仅有联盟现象。子结构的规律并没有发生变化，而仍然保存着。……这个基本性质，加强了结构概念的重要性，并且加强了它在各个领域里所引起的希望。因为，当人们一旦做到了把某个知识领域归结为一个有自身调整性质的结构时，人们就会感到已经掌握这个体系内在的发动机了。[1]

然而如前所述，皮亚杰的结构概念本质上究竟是形态层次的系统，还是指代转换法则本身是不清晰的，甚至存在混用的可能。上文表述中的"不会越出结构的边界"中的结构，似乎是在形态层次使用这一概念，语义上等同于本章语境下的系统或场域。为此，如果我们在本章语境下将上文中的结构概念修正为场域概念，似乎一切便有了明确的答案。我们再次得出上一部分的推论：一个场域是具有自身恒定结构的空间。场域而非结构，是整体性、转换性、自身调整性的载体。如果方法论结构主义所指的整体性是对一个动态场域的形态规定，转换性则是对这个动态场域的结构（资源禀赋）的规定，自身调整性则是对这个动态场域的边界的规定，其表达的是这个场域与那个场域的界分，以及这个场域的结构（资源禀赋）与那个场域的结构（资源禀赋）的差异。

结构的恒定性使作为其载体的场域具有了稳定的边界，场域作为一个抽象层次的形态概念便具有了自在性。如前所述，无论在感性认知层次还是理性认知层次，场域的要素关系网络都处于长期的变动之中。各个国家的军事、经济、文化实力和知识创造力每一天都在发生改变，今天的国际格局和昨天的总是不同。这种变化是人类社会生活丰富性的主要来源，也是理论研

---

[1] 〔瑞士〕皮亚杰：《结构主义》，倪连生、王琳译，商务印书馆1986年版，第10页。

究者试图探索和认知的对象。当人们在某个问题领域内发现了主导变化发生的转换法则，他便发现了复杂社会生活中的不同结构。结构是一套独一无二的运算规则，它所适用的范围则界定了这个场域的边界。边界的存在使得场域具有范围和性质上的稳定性，成为一个自足自在的整体，并与其他场域之间产生包含、并置等逻辑联系。当两个场域之间存在包含关系，它们便可以归于同一个理论知识体系之下；而当两个场域之间存在并置关系，它们便可归于不同学科或是构成同一学科的不同流派。

对于国际组织学而言，认识场域自足性的意义在于它能够帮助我们理解国际组织学理论范式与作为其源流的邻近学科——国际政治学、国际法学、组织社会学等学科理论范式的关系，从而帮助我们判断这个新兴学科如何基于传统学科的成就来做出自己的努力。以国际组织学与国际政治学的关系为例。华尔兹、基欧汉等学者确立的以主权国家的自由意志、物质利益、理性选择等基本概念为基础的理性主义国际政治理论构成了解释国家间互动关系动力学的基本范式（图1区域A所示）。国际组织学项下关于国际组织生成的研究，以国家间基于多边合作目的的互动为研究对象，它是国家间互动关系的众多表现形式之一。为此理性主义国际政治理论所确立的国家间互动关系动力学原则对于解释国际组织生成动力学仍是必要的，同时又是不充分的。在国际组织生成动力学项下，国家理性和利益偏好需要在多边关系网络中被进一步界定，国家个体性与社会性的关系、个体目标和公共目标的关系，都需要被进一步阐述（图1区域a所示）。而在国际组织生成动力学项下，国际安全组织、贸易组织、金融组织等具体问题领域的国际组织生成动力学之间又存在差异，仍需要被进一步细分［图1区域（a）所示］。而图1区域（a）还可以继续依国际组织生成、管理、活动细分场域，每个细分场域都对应着一套独立的关系网络转换法则，即具有独立的场域禀赋。而国际组织学项下关于国际组织机构的研究，以国际组织体系内部各主体之间的互动关系为研究对象，该领域的动力学原则便超出了国家间互动关系动力学所能包容的范围。这也是国际政治理论不能成为全面的国际组织理论的原因所在。而国际组织的发生、机构、活动、价值相关问题的异质性，也要求国际

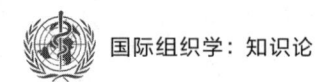

组织学对不同的动力场域进行分解、识别其场域禀赋，从而分门别类地为国际组织研究提供指引。

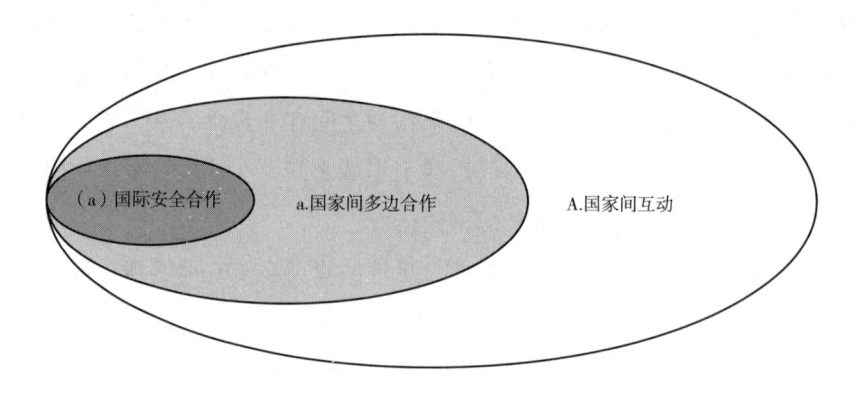

图 1　场域和结构关系

结论　国际组织研究的学科化进路

本书认为，国际组织研究有必要也有条件发展为一个具有独立内在逻辑的学科知识体系，并对国际组织学的研究对象、知识范围及获取知识的路径做了较为详细的阐述。如本书"第一部分：绪论"所述，将国际组织研究视为一门独立学科的必要性与可行性是由19世纪后期以来相关实践和学术研究活动的历史发展轨迹所决定的。国际组织是19世纪欧洲民族国家体系基本成形、工业革命兴起背景下的产物。它首先起源于欧洲的社会生活领域，随后扩展到世界各国并在20世纪初成功建立全球范围的安全组织。与实践相适应，国际组织相关学术活动自19世纪中后期开始在英美国家和欧洲大陆兴起。及至第一次世界大战结束前，在欧美国家已经产生多部以国际组织的产生、形态、活动、功能为论述对象的学术专著。不过这一时期的学术研究以描述性工作为主，经验样本匮乏，且缺乏理论深度。1920年国际联盟的建立将国际组织研究推向了新的高峰。20世纪20年代开始，国际组织相关课程、教材、研究机构和专职研究人员先后出现。及至30年代，部分学者已经开始持续探讨国际组织研究的概念化、科学化、学科化等问题，国际组织学的称谓也随之诞生。此后不乏有学者开始试图建立独立的国际组织科学，发展独立的国际组织学科。然而70年代以后，国际组织研究的学科化进程受到冷战现实的制约，加之未能处理好自身与当时蓬勃兴起的国际政治理论的关系，它始终没有找到自身在社会科学谱系中的体系性位置，也未能发展成独立的概念关系。此后，国际组织研究长期以国际关系学科、国

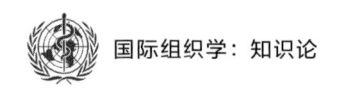

际法学科的次级研究领域的面貌而存在。

本书认为，21世纪的今天需要再次提及发展国际组织学这一话题。当今世界正处于百年未有之大变局。无论是前些年世界范围内普遍兴起的保守主义、民粹主义，还是全球气候变化、新冠肺炎疫情给人类社会带来的重大危机，都对社会科学研究的重点和方法形成了巨大的挑战。各种社会科学理论在接受新的国际形势检验的同时，也在不断地反思和调整自身。在这场重大变局中，国际社会前所未有地需要和依赖国际组织来帮助解决世界性难题。然而与此同时，人们对国际组织的产生、运作、功能等相关知识的严重匮乏又使得他们对国际组织的角色充满了偏见、误会以及不切实际的期待。例如，人们常常将联合国安理会的大国否决权视为大国恣意挥舞权力大棒的象征而加以鞭挞，忽视它的规范价值；人们也常常因为缺乏对国际非政府组织独特行为逻辑的认知而未能使其充分发挥作用；对国际组织内部制度权力与国际政治领域物质性权力的混同更是使部分国家常常做出有悖于自身利益的决策。21世纪的今天，人们前所未有地需要深度的、系统的国际组织理论知识。中国学界无论是从服务国家多边外交的现实需求出发，还是从丰富人类社会科学知识的智识目标出发，都有必要大力推动国际组织研究的概念化、理论化、学科化，发展融入中国视角和经验的国际组织学。

本书在"第一部分：绪论"中回溯了国际组织研究的发展历程并探讨了构建国际组织学科的必要性、可行性和基本方向。此外本书还认为，我们要在国际组织学这一概念在国际学界并未普遍流行、国内学界鲜有谈及之际来探讨国际组织学的发展问题，需要从宏观处着眼，在观念层次上处理好以下三个问题。

其一是要明确区分国际组织学与国际政治学的提问方式。实践层次的国际组织是国际政治的产物，其存续与活动始终受到国际政治的影响。研究层次的国际组织研究离不开国际政治理论的支持，需要从现实主义、功能主义、自由制度主义、建构主义等各种理论流派中汲取养分。但在知识体系层面，国际组织学和国际政治学的分野却非常明显。国际组织学是解释国际组织产生和发展、形态与活动、价值与功能的学问，以国际组织本体为中心概念。和国际政治学从主权国家的特性出发提出和回答问题不同，国际组织学需要从国际组织本体的特性出发提出和回答问题，问题的答案需要帮助人们理解国际组织本体运作的基本原理。如书中前言所述，当人们提问"英国为什么脱欧"时，他们在试图回答一个国际政治学问题，而当人们提问"欧盟为何面临成员国的认同危机"时，他们才在试图回答一个国际组织学的问题。当人们提问"美国为何退出联合国教科文组织"时，他们在试图回答一个国际政治学问题，而当人们提问"联合国教科文组织与美国之间的矛盾何以发展至不可调和"时，他们才在试图回答一个国际组织学的问题。当人们提问"中国为何要建立亚洲基础设施投资银行"时，他们在试图回答一个国际政治学问题，而当人们提问"亚洲基础设施投资银行何以能够成功建立"时，他们才在试图回答一个国际组织学的问题。

其二要区分国际组织学与关联学科的中心概念。国际组织学的知识架构不是空中楼阁，它既无法脱离于作为国际政治学中心概念的主权国家实体而存在，也无法脱离作为国际组织法学中心概念的国际法律规范而存在，更无法脱离各关联学科对国际社会的整体性描绘。但这并不代表国际组织学的概念体系无法独立于关联学科而存在，国际组织学的目标就是要建立一套系统描述和解释国际组织基本原理的抽象概念体系。就像化学学科视野下的"水"和物理学视野下的"水"具有不同的内涵一样，即便国际组织学的概念和关联学科的概念指向现实社会中同一客体，它们在抽象层次的内涵也因为在各自学科体系中具有独特的地位、关联关系和文辞表达而有所不同。以主权国家为例。主权国家概念在国际政治学中居于中心地位，是国际社会中独立而理性的自由行为体，物质利益偏好决定了它们的行动逻辑，它们的行动对国际关系的型构具有始发意义。而在国际组织学的逻辑之下，主权国家被视为国际组织的附属概念或衍生概念，它的外延内涵依附于国际组织概念而存在，它的特征也在国际组织的活动场域中被界定。它指向的实体也不再被单纯地视为独立的、同质的国际行为体，而将依据这些实体在国际组织成立、运作中所扮演的不同角色被区分为创始成员国和普通成员国等子类别，或是根据它们对国际组织发展的不同作用被归于国际组织的引领者、追随

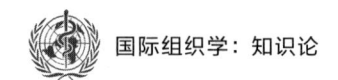

者、旁观者、反对者等不同概念之下。国际社会也不再被统一地定义为无政府社会，而将根据不同国际组织的宗旨目标、成员结构、合作方式的差异被区分为不同层次、具有不同内生动力学的社会活动空间。在国际组织学的视野下，国际组织所运作的外部环境不再是同质的国家行为体所构成的同一"社会"，而是不同角色和不同动力学法则主导的不同"场域"。

其三需要区分国际组织学和"与国际组织有关"的知识，避免对跨学科研究概念的误用。这一命题是在学界普遍认同跨学科研究对国际组织研究的重要性这一背景下提出的。对发展国际组织学而言，推崇跨学科研究是必要的，但需要认识它对发展国际组织学的价值是工具性的、辅助性的，而非目标本身。"跨学科研究"，就其字面来看能够传递出一种外延丰富、无所不包的积极观感，因此在开拓新研究领域、发展新学科的过程中常常受到青睐。然而如果处理不当，这种丰富性也可能成为内容杂糅、内在逻辑不清的代名词。在国际组织学与国际政治学、国际组织法学、组织社会学的关系尚未厘清之际，强调跨学科方法的重要性有利于研究者从单个学科的藩篱中脱离出来，更全面地认识国际组织的性质，更充分地吸纳不同理论路径的既有研究成果。但如果我们的工作仅限于此，所谓的国际组织学便成了一个多学科知识的"大杂烩"，并不能成为真正的科学。国际组织学不是既有社会科学研究中与国际组织相关的学科知识成果的简单叠加，不能被解释为"和国际政治相关"的知识集合。它的发展和完善需要对跨学科研究所产生的经验性知识进行全面的整合与更深层次的抽象，直至确立自身的假设和核心概念。

就国际组织学的具体内容而言，本书认为，国际组织学至少包含中心概念、研究视域和理论范式这三项基本元素。其中，中心概念规定了知识的对象，研究视域规定了知识的范围，理论范式则规定了知识的获取和组织形式。人们在中心概念的界定、研究视域的组成、理论范式的建构上可能见仁见智，但这三项基本元素本身是发展国际组织学所不可或缺的。

本书在"第二部分：概念"中探讨了国际组织学的中心概念——"国际组织"术语的形成、特征的确定和定义的精确化这三个不同层次的问题。

国际组织概念是国际组织实体在人的抽象思维中的表象。作为人类智力活动的产物，其产生和发展成形对国际组织学的发展具有重要的里程碑意义。从客体视角看，国际组织概念具有三方面的知识功能：一是规定国际组织学的客体范围，为人们区分国际组织和非国际组织提供标准；二是阐明国际组织客体的一般特征，使人们据以理解国际组织的属性和活动规律；三是遵照逻辑法则将各项特征组织成一个有序的整体，使人们能够对国际组织的产生、存续、活动和功能予以系统的理解。国际组织概念作为国际组织学中心概念，需要经受社会科学法则的检验，具有确定的概念范围、清晰的概念内容、完备的概念逻辑。所谓确定的概念范围是指人们在使用"国际组织"这一指称来指代客体时，清楚地意识到了该指称在客观世界中所对应的客体范围；清晰的概念内容是指人们在使用概念时，清楚地意识到了概念所指涉的客体的特征；完备的概念逻辑是指人们在使用概念时，清楚地意识到了概念作为一个特征复合物的内部关系，以及作为一个整体的外部界限。从主体视角看，学界对国际组织概念所指涉客体范围的共识度，体现了学界是否普遍认同国际组织作为一个研究领域的社会意义；学界对国际组织概念一般特征的共识度，体现了学界是否普遍认同国际组织作为一个研究领域的目标和任务；学界对国际组织概念逻辑秩序的共识度，则体现了学界是否普遍认同国际组织作为一个独立学科知识体系的价值和前景。

历史地看，20世纪上半叶及之前，除却皮特曼·波特等少数学者，学界很少严肃地探讨国际组织的定义问题。20世纪中期以后的国际组织研究开始试图给予国际组织一个精确的定义，但不同学者各有表述，且通常未给出做出这种或那种表述的理由。这种做法在研究者普遍将国际组织研究视为国际政治研究的一个分支的时代背景下是可以理解的。但在发展国际组织学这一目标的指引下，国际组织需要得到精确的定义。随之而来的问题即是定义国际组织所依据的基本原则。本书认为，定义国际组织的基本原则包括三个方面：一是回应国际社会的核心关切，即定义所指涉的客体范围需要能够囊括当代国际组织实践所亟待解决的核心矛盾；二是填补社会科学的理论空白，即定义所指涉的客体范围必须是既有学科理论未能解释的"留白"之处，从而避免越俎代庖，浪费智力成果；三是特征要件的表达符合社会科学的基本法则。本书认为，当代国际组织实践的核心矛盾由国际社会的权力属性与规范属性、主权国家的个体性和社会性、国际组织的工具性和自主性这三大对立统一关系构成；国际组织学所解释的社会现象和所提供的知识应与国际政治学的国际机制理论、国际法学的国际组织法理论、社会学的组织社会学理论相区别；科学的国际组织定义需要在内部关系上完备自洽，区分基本特征与派生特征，并以适宜的文辞表达它们，在外部关系上能够支撑国际组织学的核心理论范畴。因此，本书建议以多边成员、协定程序、常设机构这三项构成要素来界定国际组织概念，以分别对应多边主义、国际法治、国际主体性这三大学科理论范畴。国际组织的规范性、独立性等派生特征也都能在前述构成要素中得到解释。

本书在"第三部分：视域"中探讨了国际组织学所包含的时间、空间、价值这三大研究视域。所谓国际组织学的研究视域是指研究者在理性思维层次"观察"国际组织的角度和范围。探讨国际组织学的研究视域的意义在于它规定了研究者提出和回答问题的入口和整体思路，从而决定了国际组织学知识体系的整体范围。如果说概念是人们头脑中关于实体的思维简图，视域则是研究者头脑中所呈现的与中心概念相关联的概念群落，它明示或默示地规定了中心概念的外部关系和社会意义。

和其他社会科学门类一样，国际组织学可以从时间、空间、价值三个维度观察和定位国际组织。其一，国际组织是人类历史发展到一定阶段的产物，其存续和活动根植于人类历史的发展进程之中，故而国际组织学有其时间视域。研究者可以基于求知目的，在时间视域中提出国际组织相关的历时性问题，并确定其历时范围。就现阶段国际组织研究的具体目标来看，国际组织学的历时性视角宜从历史必然论向历史制度主义发展，历时范围则宜从全人类历史、威斯特伐利亚体系历史向后封建时期历史收缩。国际组织学时间视域的知识成果构成了解释国际组织要素和性质变化的国际组织发生论。其二，国际组织是一经创造便实际存在的社会实体，其存续和活动根植于人类社会的整体环境之中，因此国际组织学有其空间视域。研究者可以在空间视域提出关于国际组织的目标、形态、内外部关系等共时性问题。国际组织学的空间视域构成方式上存在个体主义、整体主义、结构主义之争。既有研究用以描述国际组织活动外部空间的概念，如法制化社会、组织化社会、无政府社会等，都不能有效支持国际组织空间视域的研究。国际组织学空间视域的构造需要超越对感性的"国际社会"概念的依赖，转向抽象的场域，运用新概念来描述场域的形态、性质及边界。国际组织学空间视域的知识成果构成了解释要素关系及要素间权力转换的国际组织构成论。其三，国际组织是政治家和法律专家理性设计的产物，其形态蕴含着人类的智慧，其存续和活动根植于人们对其社会功能的期待之中，国际组织学因而具有其价值视域。研究者可以在价值视域提出关于国际组织客体的合意性的问题。国际组织的价值可以有本体价值和效用价值之分。研究者做出关于国际组织本体价值的判断需要识别认识论意义上的主体，关于效用价值的判断则需要识别研究者在研究中所代位的利益相关者。而在判断一项具体的价值研究的现实或理论价值时，需要区分严格遵照科学法则的科学性研究与以科学为表象的"布道"式研究，防止部分带有政治立场或利益立场所设置的"话语陷阱"。国际组织学价值视域的知识成果构成了以解释国际组织对特定立场的观察者的效用为宗旨的国际组织价值论。

本书在"第四部分：范式"中探讨了建立国际组织学科理论范式的基本思路。学界对理论范式这一概念的解读存在较大差异，本书将国际组织学的学科理论范式界定为学术共同体普遍采用以求解国际组织相关问题的基本程式。要确定国际组织学的理论范式，需首先确定国际组织学要向学习者提供哪些知识。如前所述，国际组织的知识需求整体上可以分为发生论、构成论、价值论三个部分。与之相应，国际组织学的理论范式需要帮助研究者和学习者回答和理解国际组织发生论、构成论、价值论的相关问题。20世纪国际组织研究的发展历程中至少出现过三类可以称为范式的理论路径：19世纪后期在国际法学者主导下产生的法学路径，20世纪初期兴起并在20世纪长足发展的社会学路径，20世纪中期随着国际政治理论的发展而发展的政治学路径。这三种理论路径都从自身的学科视角回答了一些国际组织学所关心的问题，但任何一种都没能系统解释国际组织学所关心的所有问题。此外它们也常常以竞争性的关系出现在学术文献中，未能相互协调，处理各自在国际组织议题领域的解释力和解释范围等问题。本书认为，既有理论路径的主要缺陷在于未能有效处理两个问题：一是国际组织的主体性，二是国际社会的异质性。既有理论在前一个问题上的缺陷在于它常常简略地用"工具—主体"的二分定类法来定位国际组织；既有理论在后一个问题上的缺陷则在于它们常常将国际社会这个感性层次的描述性概念视为一个理性层次的规定性概念，把社会这个杂糅的概念视为一个可以作为理论变量的整体性概念，从而关闭了在相关理论路径之下对不同类型的国际组织生存的外部环境进行类型化和抽象描述的空间。

本书认为，国际组织学自身的理论范式需要破除关于国际组织本质和国际社会本质的一元论思维，将它们视为待论证的变量，而不是视为由假设给定的常量。本书将这两项内容置于国际组织的本体论和方法论这两个范畴讨论。对国际组织的本体论假设是理论研究得以开展的前提，本书在"本体论"一章中探讨了国际组织这一概念在国际组织学中的逻辑本质。20世纪以来，学界关于国际组织的本体论主张可以分为国际组织主体说（世界政府/国际行为体）、工具说（政治工具/功能工具）、机制说这三类观点。20世纪90年代以来，学界普遍认同国际组织的主体地位，但未在该方向上实现有效的理论增长。其根本原因在于既有理论路径将国际组织视为边缘概念而非中心概念，进而只能用标签化的定类概念来描述国际组织的逻辑本质，将国际组织的主体资格视为一个"是"或"否"的二元问题。国际组织学项下的国际组织本体论需要从国家本位转向国际组织本位，需要从对国际组织"主体资格"的是非判断转向国际组织"主体性"的定量研究。"方法论"一章首先从当前国际组织研究中通用的主客体类别判断和主客体关系判断入手，指出国际组织学视野下的主客体类别判断也应从国家本位向国际组织本位转变，主客体关系判断应从个体主义走向结构主义、从认识论上的结构主义走向方法论的结构主义。"方法论"一章更进一步探讨了超越主客体（或行为体）、社会这种浅层次抽象概念，在更高的抽象层次上确定国际组织学的核心变量、型构变量关系的可行性。本书认为,国际组织学的理论范式应超越感性层次的国际社会概念,转向使用抽象层次更高、由主体间互动动力学所界定的场域概念。本书亦特别指出,将社会学上的场域概念引入国际组织学并非这项工作的终点。国际组织学项下的场域概念需要被进一步精确界定,才能达到帮助人们求解国际组织学问题的目的。具体而言,国际组织学的理论范式要进一步区分场域的形态、本质、边界这三个不同的要素,运用场域禀赋或其他类似概念来指代场域的本质,进而确定场域的边界及其外部关系。

国际组织学研究任重道远。笔者在 21 世纪第二个十年开启之初推出这部粗陋之作,深感惭愧,却又充满期待。希望本书的呼声能为学界所听见;希望未来十年,学界会产出众多关注国际组织原理、致力于完善国际组织学科知识体系的理论佳作。

参考文献

一 中文著作

陈昌曙：《技术哲学引论》，科学出版社1999年版。

房乐宪：《欧洲政治一体化：理论与实践》，中国人民大学出版社2009年版。

黄海涛：《干涉的悖论：冷战后人道主义干涉研究》，南开大学出版社2015年版。

贾烈英：《构建和平：从欧洲协调到联合国》，时事出版社2013年版。

梁西：《梁著国际组织法》（第6版），武汉大学出版社2011年版。

刘金质、梁守德等主编《国际政治大辞典》，中国社会科学出版社1994年版。

秦亚青：《权力·制度·文化：国际关系理论与方法研究文集》，北京大学出版社2005年版。

渠梁、韩德主编《国际组织与集团研究》，中国社会科学出版社1989年版。

饶戈平主编《国际组织法》，北京大学出版社1996年版。

饶戈平主编《国际组织与国际法实施机制的发展》，北京大学出版社2013年版。

饶戈平主编《全球化进程中的国际组织》，北京大学出版社2005年版。

《十六—十八世纪西欧各国哲学》，北京大学哲学系外国哲学史教研室编译，商务印书馆1975年版。

王利明、崔建远：《合同法新论·总则》，中国政法大学出版社2000年版。

王逸舟主编《磨合中的建构：中国与国际组织关系的多视角透视》，中国发展出版社2003年版。

解振华、潘家华：《中国的绿色发展之路》，外文出版社有限责任公司2018年版。

解振华、张勇：《中国应对气候变化的政策与行动：2010年度报告》，社会科学文献出版社2010年版。

邢悦、詹奕嘉：《国际关系：理论、历史与现实》，复旦大学出版社2008年版。

叶宗奎、王杏芳主编《国际组织概论》，中国人民大学出版社2001年版。

于永达编著《国际组织学》，清华大学出版社2006年版。

张海滨：《环境与国际关系：全球环境问题的理性思考》，上海人民出版社2008年版。

张海滨：《气候变化与中国国家安全》，时事出版社2010年版。

张军：《价值哲学的存在论基础》，人民出版社2018年版。

张丽华主编《国际组织概论》，科学出版社2015年版。

郑启荣主编《国际组织》，高等教育出版社2017年版。

周朝成：《当代大学中的跨学科研究》，中国社会科学出版社2009年版。

周枏：《罗马法原论》（上册），商务印书馆1996年版。

二　中文译著

〔英〕C. W. 克劳利编《新编剑桥世界近代史（第9卷）——动乱年代的战争与和平（1793—1830年）》，中国社会科学院世界历史研究所组译，中国社会科学出版社1992年版。

〔德〕E. 胡塞尔：《经验与判断》，李幼蒸译，中国人民大学出版社2019

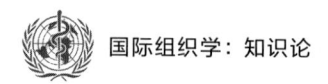

年版。

〔德〕H. 赖欣巴哈：《科学哲学的兴起》，伯尼译，商务印书馆1991年版。

〔德〕H. 李凯尔特：《文化科学和自然科学》，涂纪亮译，商务印书馆1986年版。

〔美〕阿尔文·托夫勒、海迪·托夫勒：《未来的战争》，阿笛、马秀芳译，新华出版社1996年版。

〔美〕艾拉·卡兹内尔松：《比较政治中的结构与格局》，载〔美〕马克·I. 利希巴赫等编《比较政治：理性、文化和结构》，储建国等译，中国人民大学出版社2008年版。

〔美〕艾·塞·马汉：《海军战略》，蔡鸿幹、田常吉译，商务印书馆1999年版。

〔美〕奥菲欧·菲奥雷托斯等：《政治学中的历史制度主义》，黄宗昊译，《国外理论动态》2020年第2期。

〔美〕奥利弗·E. 威廉姆森、西德尼·G. 温特编《企业的性质》，姚海鑫、邢源源译，商务印书馆2010年版。

〔美〕彼得·斯坦等：《西方社会的法律价值》，王献平译，中国人民公安大学出版社1990年版。

〔英〕边沁：《政府片论》，沈叔平等译，商务印书馆1995年版。

〔美〕道格拉斯·C. 诺思：《经济史中的结构与变迁》，陈郁、罗华平等译，上海三联书店1991年版。

〔美〕道格拉斯·C. 诺思：《制度、制度变迁与经济绩效》，杭行译，格致出版社、上海三联书店、上海人民出版社2008年版。

〔法〕笛卡尔：《第一哲学沉思集》，庞景仁译，商务印书馆2009年版。

〔德〕狄尔泰：《狄尔泰文集（第3卷）：精神科学中历史世界的建构》，安延明译，中国人民大学出版社2010年版。

〔瑞士〕费尔迪南·德·索绪尔：《普通语言学教程》，高名凯译，商务印书馆1980年版。

〔英〕弗里德利希·冯·哈耶克：《自由秩序原理》，邓正来译，生活·读书·新知三联书店1997年版。

〔美〕汉斯·摩根索：《国家间政治：权力斗争与和平》，徐昕等译，北京大学出版社2006年版。

〔英〕赫德利·布尔：《无政府社会——世界政治中的秩序研究》，张小明译，上海人民出版社2015年版。

〔美〕何塞·E. 阿尔瓦雷斯：《作为造法者的国际组织》，蔡从燕等译，法律出版社2011年版。

〔荷〕胡果·格劳秀斯：《战争与和平法》，〔美〕A. C. 坎贝尔英译，何勤华等译，上海人民出版社2013年版。

〔英〕霍布斯：《利维坦》，黎思复、黎廷弼译，商务印书馆1985年版。

〔英〕杰弗里·M. 霍奇逊：《经济学是如何忘记历史的：社会科学中的历史特性问题》，高伟、马霄鹏、于宛艳译，中国人民大学出版社2008年版。

〔英〕杰弗里·M. 霍奇逊：《制度经济学的演化：美国制度主义中的能动性、结构和达尔文主义》，杨虎涛等译，北京大学出版社2012年版。

〔英〕坎南编著《亚当·斯密关于法律、警察、岁入及军备的演讲》，陈福生、陈振骅译，商务印书馆1962年版。

〔德〕康德：《逻辑学讲义》，许景行译，商务印书馆2010年版。

〔美〕肯尼思·华尔兹：《国际政治理论》，信强译，上海人民出版社2017年版。

〔美〕莉萨·马丁、贝斯·西蒙斯：《国际制度的理论与经验研究》，载〔美〕彼得·卡赞斯坦等编《世界政治理论的探索与争鸣》，秦亚青等译，上海人民出版社2006年版。

〔法〕卢梭：《论人与人之间不平等的起因和基础》，李平沤译，商务印书馆2015年版。

〔美〕罗伯特·基欧汉：《霸权之后：世界政治经济中的合作与纷争》（第2版），苏长和、信强等译，上海人民出版社2012年版。

〔美〕罗伯特·基欧汉：《局部全球化世界中的自由主义、权力与治

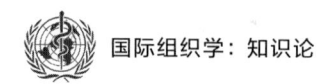

理》，门洪华译，北京大学出版社 2004 年版。

〔美〕罗伯特·基欧汉编《新现实主义及其批判》，郭树勇译，北京大学出版社 2002 年版。

〔美〕罗伯特·基欧汉、约瑟夫·奈：《权力与相互依赖》，门洪华译，北京大学出版社 2012 年版。

〔美〕罗伯特·肖尔斯：《结构主义——批评的理论与实践》，高秋雁审译，台北：结构出版社 1989 年版。

〔英〕洛克：《政府论》（下篇），叶启芳、瞿菊农译，商务印书馆 1964 年版。

〔德〕马克思、恩格斯：《马克思恩格斯全集》第 16 卷，编译局译，人民出版社 1963 年版。

〔德〕马克思、恩格斯：《马克思恩格斯全集》第 30 卷，编译局译，人民出版社 1974 年版。

〔德〕马克思、恩格斯：《马克思恩格斯全集》第 42 卷，编译局译，人民出版社 1979 年版。

〔德〕马克斯·韦伯：《社会科学方法论》，韩水法、莫茜译，商务印书馆 2013 年版。

〔美〕玛莎·芬尼莫尔：《国际社会中的国家利益》，袁正清译，上海人民出版社 2012 年版。

〔美〕迈克尔·巴尼特、玛莎·芬尼莫尔：《为世界定规则：全球政治中的国际组织》，薄燕译，上海人民出版社 2009 年版。

〔美〕莫顿·卡普兰：《国际政治的系统和过程》，薄智跃译，上海人民出版社 2008 年版。

〔德〕尼采：《重估一切价值》，林笳译，华东师范大学出版社 2013 年版。

〔俄〕尼古拉·别尔嘉耶夫：《人的奴役与自由——人格主义哲学的体认》，徐黎明译，贵州人民出版社 1994 年版。

〔法〕皮埃尔·布迪厄、〔美〕华康德：《实践与反思：反思社会学导引》，李猛、李康译，中央编译出版社 2004 年版。

〔瑞士〕皮埃尔·德·塞纳尔克朗：《规制理论与国际组织研究》，陈思译，《国际社会科学杂志》（中文版）1994 年第 4 期。

〔瑞士〕皮亚杰：《结构主义》，倪连生、王琳译，商务印书馆 1986 年版。

〔美〕乔治·霍兰·萨拜因：《政治学说史》，盛葵阳、崔妙因译，商务印书馆 1986 年版。

〔法〕让·博丹：《主权论》，李卫海、钱俊文译，北京大学出版社 2008 年版。

〔美〕入江昭：《全球共同体：国际组织在当代世界形成中的角色》，刘青等译，社会科学文献出版社 2009 年版。

〔美〕塔尔科特·帕森斯：《社会行动的结构》，张明德、夏遇南等译，译林出版社 2012 年版。

〔美〕托马斯·库恩：《科学革命的结构》，金吾伦、胡新和译，北京大学出版社 2012 年版。

〔日〕筱田英朗：《重新审视主权——从古典理论到全球时代》，戚渊译，商务印书馆 2005 年版。

〔日〕星野英一：《司法中的人》，王闯译，载《民商法论丛》第 8 卷，法律出版社 1997 年版。

〔英〕休谟：《人性论》（下），关文运译，商务印书馆 1980 年版。

〔英〕休谟：《休谟政治论文选》，张若衡译，商务印书馆 2010 年版。

〔英〕亚当·斯密：《道德情操论》，蒋自强等译，商务印书馆 1997 年版。

〔古希腊〕亚里士多德：《范畴篇 解释篇》，方书春译，译林出版社 2016 年版。

〔美〕亚历山大·温特：《国际政治的社会理论》，秦亚青译，上海人民出版社 2014 年版。

〔英〕伊恩·布朗利：《国际公法原理》，曾令良等译，法律出版社 2003 年版。

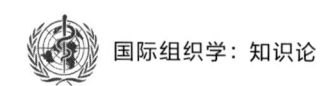

〔美〕伊恩·赫德：《联合国安理会与国际法治》，付炜译，《浙江大学学报》（人文社会科学版）2013年第5期。

〔德〕伊曼努尔·康德：《永久和平论》，何兆武译，上海人民出版社2005年版。

〔比利时〕尤利·德沃伊斯特、〔中国〕门镜：《欧洲一体化进程——欧盟的决策与对外关系》，门镜译，中国人民大学出版社2007年版。

〔美〕约翰·鲁杰：《对作为制度的多边主义的剖析》，载约翰·鲁杰主编《多边主义》，苏长和等译，浙江人民出版社2003年版。

〔美〕约翰·鲁杰主编《多边主义》，苏长和等译，浙江人民出版社2003年版。

〔美〕约瑟夫·拉彼德、弗里德里希·克拉托赫维尔主编《文化和认同：国际关系回归理论》，金烨译，浙江人民出版社2003年版。

〔美〕詹姆斯·A.卡帕拉索：《国际关系理论和多边主义：根本原则之探寻》，载约翰·鲁杰主编《多边主义》，苏长和等译，浙江人民出版社2003年版。

〔英〕詹宁斯、瓦茨修订《奥本海国际法》，王铁崖等译，中国大百科全书出版社1995年版。

〔俄〕兹比格涅夫·布热津斯基：《竞赛方案——进行美苏竞争的地缘战略纲领》，刘晓明等译，中国对外翻译出版公司1988年版。

三　中文论文

白秀兰、赵非甦：《对亚洲基础设施投资银行的现实分析》，《国际金融》2015年第3期。

蔡春林、李计广：《欧盟在WTO中的地位与角色》，《国际经贸探索》2010年第6期。

蔡拓：《全球学：概念、范畴、方法与学科定位》，《国际政治研究》2013年第3期。

蔡玉辉、杨豫：《欧洲精神与欧盟制度析论》，《欧洲研究》2006年第

1 期。

曹刚:《人类命运共同体与全球伦理和国际法治》,《北京大学学报》(哲学社会科学版) 2019 年第 2 期。

曹勇:《国际货币基金组织贷款的政治经济学分析:模型与案例》,《国际政治研究》2005 年第 4 期。

常欣欣:《政府间国际组织与霸权主义国家的挑战》,《中共中央党校学报》2010 年第 6 期。

陈一峰:《全球治理视野下的国际组织法研究——理论动向及方法论反思》,《外交评论》2013 年第 5 期。

陈映霞:《历史唯物主义和哈贝马斯的社会进化观》,《天津社会科学》2003 年第 5 期。

范畅:《历史唯物主义阐释中的达尔文进化论问题》,《武汉科技大学学报》(社会科学版) 2011 年第 4 期。

房乐宪:《新功能主义理论与欧洲一体化》,《欧洲》2001 年第 1 期。

房乐宪:《政府间主义与欧洲一体化》,《欧洲》2002 年第 1 期。

关雪凌:《全球治理体系变革与"一带一路"话语权构建》,《人民论坛》2018 年第 22 期。

郭海峰、崔文奎:《功能主义与永久和平:试析戴维·米特兰尼的世界共同体思想》,《国际论坛》2017 年第 2 期。

何俊志:《结构、历史与行为——历史制度主义的分析范式》,《国外社会科学》2002 年第 5 期。

何银:《发展和平:联合国维和建和中的中国方案》,《国际政治研究》2017 年第 4 期。

何银:《中国的维和外交:基于国家身份视角的分析》,《西亚非洲》2019 年第 4 期。

何志鹏:《超越国家间政治——主权人权关系的国际法治维度》,《法律科学(西北政法大学学报)》2008 年第 6 期。

黄德明: 《略论欧洲共同体与欧洲联盟的法律人格》,《法学评论》

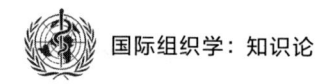

1998 年第 6 期。

黄志瑾：《我国台湾地区"国际空间"法律模式初探——以两岸法律关系为视角》，《法学评论》2012 年第 3 期。

贾浩：《论美国对国际刑事法院的政策》，《美国研究》2011 年第 4 期。

江国青：《论国际法的主体结构》，《法学家》2003 年第 5 期。

江河：《从大国政治到国际法治：以国际软法为视角》，《政法论坛》2020 年第 1 期。

江平、龙卫球：《法人本质及其基本构造研究——为拟制说辩护》，《中国法学》1998 年第 3 期。

金克胜：《国际法发展动向与"人道主义干涉"》，《世界经济与政治》2000 年第 4 期。

晋继勇：《试析联合国专门机构的政治化——以世界卫生组织为例》，《国际论坛》2009 年第 1 期。

雷建锋：《大湄公河合作开发与综合治理——兼论国际水法理论的发展》，《太平洋学报》2014 年第 8 期。

李德顺：《简论人类活动的价值原理》，《北方论丛》2017 年第 4 期。

李东燕：《试论联合国与主权国家关系的演变》，《世界经济与政治》2000 年第 5 期。

李飞：《论董事对公司债权人负责的法理正当性——从法人组织体说的局限性及其超越之路径展开》，《法制与社会发展》2010 年第 4 期。

李杰豪：《国际组织与主权国家互动关系新探》，《当代世界与社会主义》2005 年第 6 期。

李志永：《国际关系中的施动者—结构问题：论战与启示》，《武汉科技大学学报》（社会科学版）2015 年第 1 期。

凌兵：《国际组织的争端解决机制——对国际法院管辖权的考察》，《中国法律评论》2020 年第 4 期。

刘城晨：《论历史制度主义的前途》，《国际观察》2019 年第 5 期。

刘宏松：《国际组织的自主性行为：两种理论视角及其比较》，《外交评论》2006年第3期。

刘军:《从现实主义到建构主义——安全观的演变与冷战后北约生存的合理性》,《社会科学》2004年第2期。

刘莲莲:《国际公共政策研究与范式创新》,《学术月刊》2017年第6期。

刘莲莲:《国际组织理论:反思与前瞻》,《厦门大学学报》(哲学社会科学版) 2017年第5期。

刘莲莲:《国家海外利益保护机制论析》,《世界经济与政治》2017年第10期。

刘莲莲:《专题研究:国际法治建设与中国的角色》,《国际政治研究》2018年第2期。

刘莲莲、王晴:《国际组织中大国否决权的规范价值探析》,《国际政治研究》2018年第2期。

刘再辉:《上海合作组织法律人格探微》,《外交评论》2009年第3期。

刘志云:《古典现实主义与冷战时期国际法及国际组织的实践》,《金陵法律评论》2007年第2期。

刘志云:《国际机制理论与国际法学的互动:从概念辨析到跨学科合作》,《法学论坛》2010年第2期。

吕大吉:《论机械唯物主义》,《哲学研究》1980年第11期。

罗杭、杨黎泽:《国际组织中的权力均衡与决策效率——以金砖国家新开发银行和应急储备安排为例》,《世界经济与政治》2019年第2期。

马德功、罗雨柯、张洋:《人民币国际化对中国金融风险的影响》,《金融论坛》2020年第3期。

马建英、蒋云磊:《试析全球气候变化问题的安全化》,《国际论坛》2010年第2期。

〔美〕马克·瑞斯乔德、〔中国〕袁继红:《社会科学哲学中的规范性与自然主义——瑞斯乔德教授访谈》,《哲学分析》2019年第3期。

苗红娜:《国际政治社会化:国际规范与国际行为体的互动机制》,《太

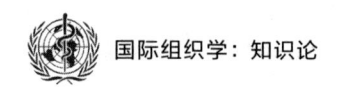

平洋学报》2014 年第 10 期。

潘庆中等：《"新开发银行"新在何处——金砖国家开发银行成立的背景、意义与挑战》，《国际经济评论》2015 年第 2 期。

潘兴明：《战争与现代国际社会——基于联合国应对战争路径的研究》，《外交评论》2008 年第 4 期。

齐飞：《WTO 争端解决机构的造法》，《中国社会科学》2012 年第 2 期。

秦伟、刘保玉：《略论法律人格的内涵变迁及立法评判》，《河北法学》2000 年第 6 期。

秦亚青：《多边主义研究：理论与方法》，《世界经济与政治》2001 年第 10 期。

秦亚青：《国际体系的延续与变革》，《外交评论》2010 年第 1 期。

饶戈平：《本体、对象与范围——国际组织法学科基本问题之探讨》，《国际法研究》2016 年第 1 期。

饶戈平：《论全球化进程中的国际组织》，《中国法学》2001 年第 6 期。

饶戈平、蔡文海：《国际组织暗含权力问题初探》，《中国法学》1993 年第 4 期。

邵沙平：《论国际法治与中国法治的良性互动——从国际刑法变革的角度透视》，《法学家》2004 年第 6 期。

时殷弘、沈志雄：《论人道主义干涉及其严格限制——一种侧重于伦理和法理的阐析》，《现代国际关系》2001 年第 8 期。

史军、胡思宇：《确定应对气候变化责任主体的伦理原则》，《科学与社会》2015 年第 2 期。

宋智勇：《西方制度分析中的整体主义与个体主义》，《当代经济研究》2011 年第 8 期。

苏国勋：《新功能主义：当代社会学理论中的一种新的综合视角》，《国外社会科学》1990 年第 8 期。

汤蓓：《伙伴关系与国际组织自主性的扩展——以世界卫生组织在全球疟疾治理上的经验为例》，《外交评论》2011 年第 2 期。

汤蓓：《试析国际组织行政模式对其治理行为的影响》，《世界经济与政治》2012年第7期。

唐丽霞、李小云：《国际发展援助体系的演变与发展》，《国外理论动态》2016年第7期。

唐士其：《老子哲学中"无"的三重含义——一个比较哲学的考察》，《哲学研究》2016年第11期。

唐士其：《主权原则的确立及其在当代世界的意义》，《国际政治研究》2002年第2期。

田野：《作为治理结构的正式国际组织：一种新制度经济学的视角》，《教学与研究》2005年第1期。

〔韩〕田镒旭：《探索国际组织研究Paradigm的演变》，《国际政治研究》2000年第4期。

王传剑、孔凡伟：《东盟在南海问题上的作用及其限度——基于国际组织行为能力的分析》，《当代世界与社会主义》2018年第4期。

王传兴：《现代历时性/共时性国际体系变迁中的结构性权力变化分析》，《欧洲研究》2012年第1期。

王达：《亚投行的中国考量与世界意义》，《东北亚论坛》2015年第3期。

王联合：《美国国际组织外交：以国际刑事法院为例》，《国际观察》2010年第2期。

王明国：《单边与多边之间：特朗普政府退约的国际制度逻辑》，《当代亚太》2020年第1期。

王明国：《国际制度理论研究新转向与国际法学的贡献》，《国际政治研究》2013年第3期。

王明国：《"一带一路"倡议的国际制度基础》，《东北亚论坛》2015年第6期。

王小钢：《"共同但有区别的责任"原则的适用及其限制——〈哥本哈根协议〉和中国气候变化法律与政策》，《社会科学》2010年第7期。

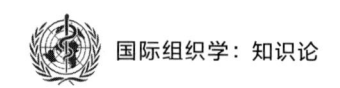

王逸舟：《中国与国际组织关系研究的若干问题》，《社会科学论坛》2002年第8期。

王志坚、邢鸿飞：《国际河流法刍议》，《河海大学学报》（哲学社会科学版）2008年第3期。

王卓：《1972年美国降低其联合国会费比额的政策》，《清华大学学报》（哲学社会科学版）2009年第6期。

吴文成：《组织文化与国际官僚组织的规范倡导》，《世界经济与政治》2013年第11期。

吴志成、李冰：《全球治理话语权提升的中国视角》，《世界经济与政治》2018年第9期。

吴志成、朱旭：《新多边主义视野下的全球治理》，《南开学报》（哲学社会科学版）2012年第3期。

伍俐斌：《论美国退出国际组织和条约的合法性问题》，《世界经济与政治》2018年第11期。

武广震：《欧盟共同外交和安全政策的由来、机制及问题》，《国际关系学院学报》2003年第1期。

夏路：《联合国维和：集体安全？》，《国际政治研究》2006年第3期。

肖河：《美国反建制主义和特朗普政策》，《国际政治科学》2017年第2期。

徐崇利：《国际关系理论与国际法学之跨学科研究：历史与现状》，《世界经济与政治》2010年第11期。

薛力：《从结构主义到国际关系理论：一项系统的考察——兼论华尔兹结构观的局限性》，《世界经济与政治》2007年第10期。

杨光斌：《中国政治学的研究议程与研究方法问题》，《教学与研究》2008年第7期。

杨光斌、高卫民：《历史唯物主义与历史制度主义：范式比较》，《马克思主义与现实》2011年第2期。

杨广、尹继武：《国际组织概念分析》，《国际论坛》2003年第3期。

杨泽伟：《人道主义干涉在国际法中的地位》，《法学研究》2000 年第 4 期。

叶江：《"共同但有区别的责任"原则及对 2015 年后议程的影响》，《国际问题研究》2015 年第 5 期。

叶静：《浅析多边主义的历史演变与当代发展》，《理论月刊》2008 年第 10 期。

余锋：《专业性国际组织的政治化：以 GATT/WTO 为例的分析》，《外交评论》2008 年第 1 期。

余敏友：《二十世纪的国际组织研究与国际组织法学》，《法学评论》1999 年第 2 期。

余潇枫、许丽萍：《国际组织的伦理透视》，《世界经济与政治》2002 年第 2 期。

余永定：《货币基金组织亚洲化尝试——〈亚洲货币基金〉和亚洲经济合作》，《国际贸易》1999 年第 8 期。

喻文德：《论本体价值的建构》，《求索》2007 年第 6 期。

袁继红：《方法论个体主义—整体主义的二维分析》，《自然辩证法研究》2014 年第 7 期。

张尔升：《亚投行启动与中国国际金融话语权构建》，《财政研究》2015 年第 10 期。

张发林：《全球金融治理议程设置与中国国际话语权》，《世界经济与政治》2020 年第 6 期。

张海冰：《新开发银行的发展创新》，《国际展望》2015 年第 5 期。

张礼卿：《新冠疫情背景下人民币国际化的新机遇》，《金融论坛》2020 年第 5 期。

张丽华：《非零和博弈——国家主权和国际组织关系的再思考》，《社会科学战线》2004 年第 2 期。

张丽华：《国家和国际组织的权力功能比较分析》，《学习与探索》2010 年第 1 期。

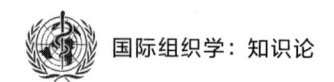

张明：《世界银行性质的演变及发展趋势——兼论发展经济学的发展》，《社会科学》2002年第4期。

张卫彬：《国际组织法律人格滥用与成员国的责任》，《时代法学》2010年第1期。

张小波：《国际组织研究的发展脉络和理论流派争鸣》，《社会科学》2016年第3期。

张晓静：《布雷顿森林机构的合法性困境及其反思》，《厦门大学学报》（哲学社会科学版）2014年第5期。

张振江：《米特兰尼的国际合作思想及其对东亚合作的启示》，《外交评论》2009年第2期。

赵伯英：《主权观念和欧盟成员国的主权让渡》，《中共中央党校学报》1999年第2期。

赵骏：《全球治理视野下的国际法治与国内法治》，《中国社会科学》2014年第10期。

赵可金：《从旧多边主义到新多边主义——对国际制度变迁的一项理论思考》，《世界经济与政治》2006年第7期。

赵洋：《国际干涉中的合法性与有效性研究——基于联合国与地区性组织合作视角》，《国际政治研究》2019年第6期。

周晓明：《欧盟国际人格的演进——从〈马斯特里赫特条约〉到〈里斯本条约〉》，《国际政治研究》2012年第3期。

周逸江：《国际组织自主性与全球气候治理中的联合国——聚焦2019年联合国气候行动峰会》，《国际论坛》2020年第5期。

朱仁显、唐哲文：《欧盟决策机制与欧洲一体化》，《厦门大学学报》（哲学社会科学版）2002年第6期。

四 英文著作

Alvarez, José E., 2005, *International Organizations as Law-Makers*, Oxford University Press.

参考文献

Amerasinghe, C. F., 1996, *Principles of the Institutional Law of International Organizations*, Cambridge University Press.

Amerasinghe, C. F., 2005, *Principles of the Institutional Law of International Organizations*, 2nd edition, Cambridge University Press.

Armstrong, D., L. Lloyd, and J. Redmond, 2004, *International Organization in World Politics: The Making of the 21st Century*, 3rd edition, Palgrave Macmillan.

Balch, Thomas Willing, 1916, *International Courts of Arbitration*, 7th edition, Philadelphia Allen, Lane and Scott.

Barnett, Michael N. & Matha Finnemore, 2004, *Rules for the World: International Organizations in Global Politics*, Cornell University Press.

Bennett, A. LeRoy, 1977, *International Organizations: Principles and Issues*, Prentice Hall.

Bennett, A. LeRoy, 1991, *International Organizations: Principles and Issues*, 5th edition, Prentice Hall.

Bennett, A. LeRoy, 1995, *International Organizations: Principles and Issues*, 6th edition, Prentice Hall.

Bodin, Jean, 1992, *On Sovereignty: Four Chapters from the Six Books of the Commonwealth*, Cambridge University Press.

Bowett, Derek W., 1963, *The Law of International Institutions*, F. A. Praeger.

Brandeis Programs in International Justice and Society, 2010, *What Is International Rule of Law?*

Brierly, J. L., 1944, *The Outlook for International Law*, Clarendon Press.

Brownlie, Ian, 1998, *The Rule of Law in International Affairs*, Martinus Nijhoff Publishers.

Buzan, Barry et al., 1993, *The Logic of Anarchy: Neorealism to Structural Realism*, New York: Columbia University Press.

Carr, Edward Hallett, 1939, *The Twenty Years' Crisis, 1919 – 1939: An Introduction to the Study of International Relations*, Macmillan and co., limited.

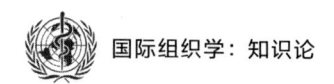

Carr, Edward Hallett, 1964, *The Twenty Years' Crisis, 1919 – 1939: An Introduction to the Study of International Relations*, Perennial.

Carr, E. H., 2001, *The Twenty Years' Crisis, 1919 – 1939: An Introduction to the Study of International Relations*, Palgrave Macmillan.

Claude, Inis L., JR., 1956, *Swords into Plowshares: The Problems and Progress of International Organizations*, Random House.

Committee for Economic Development, 1949, *The International Trade Organization and the Reconstruction of World Trade*, Committee for Economic Development.

Cooper, Richard N., 1968, *The Economics of Interdependence: Economic Policy in the Atlantic Community*, New York: Columbia University Press.

Cox, Robert W., 1997, *The New Realism: Perspectives on Multilateralism and World Order*, United Nations University Press.

Cox, Robert W. and Harold K. Jacobson, eds., 1973, *The Anatomy of Influence: Decision Making in International Organization*, Yale University Press.

Deutsch, Karl W. and Stanley Hoffmann, eds., 1968, *The Relevance of International Law: Essays in Honor of Leo Gross*, Schenkman Publishing Company, Inc.

Durkheim, E., 1982, *The Rules of Sociological Method*, Translated by W. D. Halls, 1st American Edition, The Free Press.

Eagleton, Clyde, 1932, *International Government*, The Ronald Press Company.

Eagleton, Clyde, 1948, *International Government* (revised version), The Ronald Press Company.

Feld, Werner J. et al., 1994, *International Organizations: A Comparative Approach*, 3rd edition, Praeger.

Frantz, Konstantin, 1879, *Der Föderalismus, als das leitende Prinzip für die sociale, staatliche und internationale Organisation unter besonderer Bezugnahme auf Deutschland, Tritisch nachgewiesen und konstruktiv dargestellt*, Franz Kirchheim.

Gerth, Hans and C. Wright Mills, eds., 1946, *From Max Weber: Essays in Sociology*, Oxford University Press.

Gilpin, Robert G., 1975, *U. S. Power and the Multinational Cooperation: The Political Economy of Foreign Direct Investment*, Basic Books.

Haas, Ernst, et al., 1977, *Scientists and World Order: The Uses of Technical Knowledge in International Organizations*, University of California Press.

Haas, Ernst B., 1958, *The Uniting of Europe*, Stanford University Press.

Haas, Ernst B., 1964, *Beyond the Nation State: Functionalism and International Organization*, Stanford University Press.

Haas, Ernst B., 1964, *Functionalism and International Organization*, Stanford University Press.

Haas, Ernst B., 1975, *The Obsolescence of Regional Integration Theory*, The Regents of the University of California.

Hawkins, Darren G., et al., 2006, *Delegation and Agency in International Organizations*, Cambridge University Press.

Hay, Peter, 1966, *Federalism and Supranational Organizations: Patterns for New Legal Structures*, University of Illinois Press.

Hayek, F. A., 1967, *Studies in Philosophy, Politics and Economics*, Routledge and Kegan Paul.

Hill, Norman L., 1931, *International Administration*, MaGraw-Hill Book Co..

Hobson, John A., 1915, *Toward International Government*, George Allen & Unwin Ltd..

Holzgrefe, J. L. and Robert O. Keohane, eds., 2003, *Humanitarian Intervention: Ethical, Legal and Political Dilemmas*, Cambridge University Press.

Holzner, Burkhard, 1972, *Reality Construction in Society*, Schenkman Pub. Co..

Hughan, Jessie Wallace, 1923, *A Study of International Government*, Thomas Y. Crowell Company.

Imber, Mark F., 1989, *The USA, ILO, UNESCO and IAEA: Politicization and *Withdrawal in the Specialized Agencies*, Palgrave Macmillan.

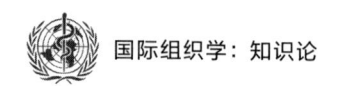

Jellinek, Georg, 1882, *Die Lehre von den Staatenverbindungen*, Haering, Berlin.

Jenks, C. Wilfred, 1962, *The Proper Law of International Organizations*, Stevens & Sons Limited.

Kalplan, Morton A., 1964, *System and Process in International Politics*, Wiley.

Kelsen Hans (Anders Wedberg trans), 1945, *General Theory of Law and State*, Harvard University Press.

Keohane, Robert O., 1989, *International Institutions and State Power: Essays in International Relations Theory*, Westview Press.

Kirgis, Frederic L. Jr., 1977, *International Organizations in Their Legal Setting: Documents, Comments and Questions*, West Publishing Co..

Klabbers, Jan, 2009, *An Introduction to International Institutional Law*, 2nd edition, Cambridge University Press.

Klabbers, Jan and Asa Wallendahl, eds., 2011, *Research Handbook on the Law of International Organizations*, Edward Elgar.

Klose, Fabian, ed., 2015, *The Emergence of Humanitarian Intervention: Ideas and Practice from the Nineteenth Century to the Present*, Cambridge University Press.

Krasner, Stephen D., 1983, *International Regimes*, Cornell University Press.

Krasner, Stephen D., 1985, *Structural Conflict: The Third World against Global Liberalism*, University of California Press.

Krause, Keith and W. Andy Knight, 1995, *State, Society and the UN System: Changing Perspectives on Multilateralism*, United Nations University Press.

Kuhn, Thomas, 1962, *The Structure of Scientific Revolution*, University of Chicago Press.

League of Nations, 1929, *Handbook of International Organizations*.

Lindberg, Leon and Stuart A. Scheingold, 1970, *Europe's Would-Be Polity: Patterns of Change in the European Community*, Englewood Cliffs, Prentice-Hall, Inc..

Lindberg, Leon N., 1962, *The Political Dynamics of European Economic Integration*, Ph. D Dissertation, University of California, Berkeley.

Lorimer, James, 1884, *The Institutes of the Law of Nations: A Treatise of the Jural Relations of Separate Political Communities*, W. Blackwoods and Sons.

Lorimer, James, and Ernest Nys, 1885, *Principles de Droit International*, C. Muquardt.

Lorimer, James, and Robert Flint, and Gustave Rolin-Jaequemyns, 1890, *Studies National and International*, Edingburgh William Green and Sons.

Martin, Lisa L., 2006, *Distribution, Information, and Delegation to International Organizations: The Case of IMF Conditionality*, Cambridge University Press.

Marx, Karl, 2007, *Economic and Philosophic Manuscripts of 1844*, Dover Publications.

McCormick, John, 2008, *Understanding the European Union: A Concise Introduction*, Palgrave Macmillan.

McCormick, John, 2009, *Understanding the European Union*, Palgrave Macmillan.

McCusker, John J., 2006, *History of World Trade since 1450*, Thomson/Gale.

Mitrany, David, 1943, *A Working Peace System: An Argument for the Functional Development of International Organization*, Royal Institute of International Affairs.

Mitrany, David, 1975, *The Functional Theory of Politics*, London School of Economic and Political Science.

Montaigne, Michel de, 1936, *The Essays of Michel de Montaigne*, edited and translated by Jacob Zeitlin, Alfred A. Knopf.

Moravcsik, Andrew, 1998, *The Choice for Europe, Social Purpose and State Power from Messina to Maastricht*, Cornell University Press.

Mower, Edmund C., 1931, *International Government*, D. C. Health and Company.

Nagel, Ernest, 1961, *The Structure of Science*, Routledge and Hackett

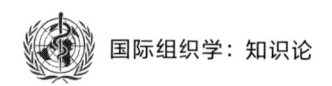

Publishing.

Nietzeche, F., 1968, *The Will to Power*, trans. by W. Kaufmann, Random House, Inc..

Nietzeche, F., 1997, *Thus Spake Zarathustra*, Wordsworth.

Nietzeche, F., 2001, *On the Genealogy of Morality*, trans. by C. Diethe, Cambridge University Press.

North, Douglass C., 1990, *Institutions, Institutional Change and Economic Performance*, Cambridge University Press.

Nye, Joseph S., 1971, *Peace in Parts, Integration and Conflict in Regional Organization*, Little, Brown.

Ohlin, B., 1933, *Interregional and International Trade*, Harvard University Press.

Okeke, Christian N., 1974, *Controversial Subjects of Contemporary International Law*, Rotterdam University Press.

Ollman, Bertell, 1976, *Alienation: Marx's Conception of Man in Capitalist Society*, Cambridge University Press.

Olsen, Mancur, 1971, *The Logic of Collective Action*, 2nd edition, Harvard University Press.

Pease, Kelly-Kate S., 2000, *International Organizations: Perspectives on Governance in the Twenty-First Century*, Prentice Hall.

Pease, Kelly-Kate S., 2014, *International Organizations*, 5th edition, Pearson.

Polanyi, Karl, et al., 1957, *Trade and Market in the Early Empires*, The Free Press.

Potter, Pitman B., 1928, *An Introduction to the Study of International Organization*, 3rd edition, The Century Company.

Preston, William JR., Edward S. Herman, and Herbert I. Schiller, 1989, *Hope and Folly: The United States and UNESCO: 1945 – 1985*, University of Minnesota Press.

Reinalda, Bob, 2009, *Routledge History of International Organizations: From*

1815 to the Present Day, Routledge.

Reinisch, August, 2000, *International Organizations Before National Courts*, Cambridge University Press.

Reinsch, Paul S., 1911, *Public International Unions: Their Work and Organization*.

Rittberger, Volker et al., 2006, *International Organization: Polity, Politics and Policies*, Palgrave Macmillan.

Robinson, Ken, 2011, *Out of Our Minds*, 2nd edition, Capstone.

Rosecrance, Richard N., 1963, *Action and Reaction in World Politics: International Systems in Perspective*, Little, Brown.

Ross, George, 1995, *Jacques Delors and European Integration*, Oxford University Press.

Sayre, Francis Bowes, 1919, *Experiments in International Administration*, Harper & Brothers Publishers.

Schücking, Walther, 1907, *Modernes Weltbürgertum*, Die Zukunft.

Schücking, Walther, 1909, *Die Organisation der Welt*, A. Kröner.

Schücking, Walther et al., 1918, *The International Union of the Hague Conferences (1911)*, Clarendon Press.

Schermers, Henry G., 1972, *International Institutional Law*, A. W. Sijthoff.

Schermers, Henry G., 1980, *International Institutional Law*, 2nd edition, Sijthoff & Noordhoff.

Schermers, Henry G., and Niels M. Blokker, 2011, *International Institutional Law*, 5th edition, A. W. Sijthoff.

Schermers, Henry G. and Niels M. Blokker, 1995, *International Institutional Law: Unity within Diversity*, 3rd edition, Martinus Nijhoff Publishers.

Schermers, Henry G. and Niels M. Blokker, 2003, *International Institutional Law: Unity within Diversity*, 4th edition, Martinus Nijhoff Publishers.

Schiavone, Guiseppe, 2005, *International Organizations: A dictionary and a* directory, 6th edition, Palgrave MacMillan.

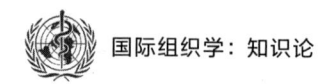

Skocpol, Theda, 1979, *States and Social Revolutions: A Comparative Analysis of France*, Cambridge University Press.

Slapin, Jonathan B., 2011, *Veto Power: Institutional Design in the European Union*, University of Michigan Press.

Steinmo, Sven, et al. eds., 1992, *Structuring Politics: Historical Institutionalism in a Comparative Perspective Analysis*, Cambridge University Press.

Stone, Randall W., 2011, *Controlling Institutions: International Organizations and the Global Economy*, Cambridge University Press.

UIA, 2017, *The Yearbook of International Organizations*.

UIA, 1993–1994, *Yearbook of International Organizations*.

UIA, 1964–1965, *Yearbook of International Organizations*.

Villoro, Luis, 1998, *Belief, Personal, and Propositional Knowledge*, Rodopi Bv Editions.

Wells, Clare, 1987, *The UN, UNESCO, and the Politics of Knowledge*, Palgrave Macmillan.

Wessel, Rames A., 1999, *The European Union's Foreign and Security Policy: A Legal Institutional Perspective*, Kluwer Law International.

Williams, Douglas, 1987, *The Specialized Agencies and the United Nations: The System in Crisis*, C. Hurst.

Williams, John Fischer, 1929, *Chapters on Current International Law and the League of Nations*, Longmans, Green & Co..

Woolf, L. S., 1916, *International Government: Two Reports*, George Allen & Unwin Ltd.

Young, Oran R., 1989, *International Cooperation: Building Regimes for National Resources and the Environment*, Cornell University Press.

Young, Oran R., 1999, *Governance in World Affairs*, Cornell University Press.

Zabusky, Stacia, 1995, *Lauching Europe*, Princeton University Press.

Ziring, Lawrence, 1995, *International Relations: A Political Dictionary*, the 5th edition, Abc-clzo. Inc. .

五 英文论文

Abbott, Kenneth and Duncan Snidal, "Why States Act through Formal International Organizations", *Journal of Conflict Resolution*, Vol. 42, No. 1, 1998.

Abbott, Kenneth W. , "Modern International Relations Theory: A Prospectus for International Lawyers", *Yale Journal of International Organizations*, Vol. 14, No. 2, 1989.

Alter, Karen J. , Emilie M. Hafner-Burton, and Laurence R. Helfer, "Theorizing the Judicialization of International Relations", *International Studies Quarterly*, Vol. 63, No. 3, 2019.

Alvarez, José E. , "International Organizations: Then and Now", *American Journal of International Law*, Vol. 100, No. 2, 2006.

Anonymous, "The International Bureau of Weights and Measures", *Nature*, Vol. 28, 13 September 1883.

Ascher, William, "New Development Approaches and the Adaptability of International Agencies: The Case of the World Bank", *International Organization*, Vol. 37, No. 3, 1983.

Attaran, Amir et al. , "The World Bank: False Financial and Statistical Accounts and Medical Malpractice in Malaria Treatment", *The Lancet*, Vol. 368, No. 9531, 2006.

Aufricht, Hans, "Personality in International Law", in Fleur Johns ed. , *International Legal Personality*, Routledge, 2010.

Bailey, Sydney D. , "U. N. Voting: Tyranny of Majority?", *The World Today*, Vol. 22, No. 6, 1966.

Barnett, Michael N. and Martha Finnemore, "The Politics, Power, and Pathologies of International Organizations", *International Organization*, Vol. 53,

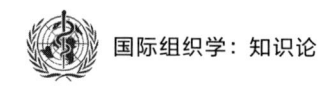

No. 4, 1999.

Bederman, David J. , "The Souls of International Organizations: Legal Personality and the Lighthouse at Cape Spartel", *Virginia Journal of International Law*, Vol. 36, No. 2, 1996.

Bernhardt, Rudolf ed. , "International Organizations in General", *Encyclopedia of Public International Law*, Vol. 5, North Holland, 2003.

Bodendiek, Frank, "Walter Schücking and the Idea of 'International Organization'", *The European Journal of International Law*, Vol. 22, No. 3, 2011.

Bogdandy, Armin von , "General Principles of International Public Authority: Sketching a Research Field", *German Law Journal*, Vol. 9, No. 11, 2008.

Brewster, Rachel, "Stepping Stone on Stumbling Block: Incrementalism and National Climate Change Legislation", *Yale Law & Policy Review*, Vol. 28, No. 2, 2010.

Bulmer, Simon, "Domestic Politics and EC Policy-Making", *Journal of Common Market Studies*, Vol. 21, No. 4, 1983.

Burt, Ronald S. , "The Social Capital of Opinion Leaders", *The ANNALS of the American Academy of Political and Social Science*, Vol. 566, No. 1, 1999.

Caporaso, James A. , "International Relations Theory and Multilateralism: The Search for Foundations", *International Organization*, Vol. 46, No. 3, 1992.

Carswell, Andrew J. , "Unblocking the UN Security Council: The Uniting for Peace Resolution", *Journal of Conflict and Security Law*, Vol. 18, No. 3, 2013.

Cox, Robert W. , "Multilateralism and World Order", *Review of International Studies*, Vol. 18, 1992.

Dunoff, Jeffrey L. and Mark A. Pollack, "International Law and International Relations: Introducing an Interdisciplinary Dialogue", in Jeffrey L. Dunoff, and Mark A. Pollack, eds. , *Interdisciplinary Perspectives on International Law and International Relations: The State of the Art*, Cambridge University Press, 2012.

Eiermann, Martin, "How Donald Trump Fits into the History of American

Populism", *New Perspectives Quarterly*, Vol. 33, No. 2, 2016.

Ellis, Davis, "The Organizational Turn in International Organization Theory", *The Journal of International Organizations Studies*, Vol. 1, No. 1, 2010.

Elsig, Manfred, "Principal-Agent Theory and the World Trade Organization: Complex Agency and 'Missing Delegation'", *European Journal of International Relations*, Vol. 17, No. 3, 2011.

Fenwick, C. G., "The 'Failure' of the League of Nations", *The American Journal of International Law*, Vol. 30, No. 3, 1936.

Fioretos, Orfeo, "Historical Institutionalism in International Relations", *International Organization*, Vol. 65, No. 2, 2011.

Galtung, Johan, "A Structural Theory of Integration", *Journal of Peace Research*, Vol. 5, No. 4, 1968.

Garrett, Geoffrey, "The Politics of Legal Integration in the European Union", *International Organization*, Vol. 49, No. 1, 1995.

Gartzke, Erik and Megumi Naoi, "Multilateralism and Democracy: A Response to Keohane, Macedo, and Moravcsik", *International Organization*, Vol. 65, No. 3, 2011.

Ghebali, Victor-Yves, "The 'Politicization' of UN Specialized Agencies: The UNESCO Syndrome", in D. Pitt and T. G. Weiss, eds., *The Nature of United Nations Bureaucracies*, Routledge, 1986.

Goorich, Leland, "From League of Nations to United Nations", *International Organization*, Vol. 1, No. 1, 1947.

Gu, Bin, "Chinese Multilateralism in the AIIB", *Journal of International Economic Law*, Vol. 20, No. 1, 2017.

Haas, Ernst B., "Turbulent Fields and the Theory of Regional Integration", *International Organization*, Vol. 30, No. 2, 1976.

Haas, Ernst B., "Technological Self-Reliance for Latin America: The OAS Contribution", *International Organization*, Vol. 34, No. 4, 1980.

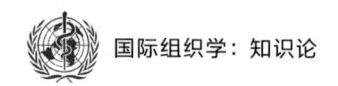

Haas, Peter, "Introduction: Epistemic Communities and International Policy Coordination", *International Organization*, Vo. 46, No. 1, 1992.

Hall, Peter and Rosemary C. R. Taylor, "Political Science and the Three New Institutionalisms", *Political Studies*, Vol. 44, No. 5, 1996.

Hashim, Nadra, "Free Riders, Side Payments, and International Environmental Agreements: Is Kyoto Failing Because Montreal Succeed?" *The Whitebead Journal of Diplomacy and International Relations*, Winter/Spring, 2009.

Hay, Colin, "Introduction: Political Science in an Age of Acknowledged Interdependence", in Colin Hay, ed., *New Directions in Political Science: Responding to the Challenges of an Interdependent World*, New York: Palgrave Macmillan, 2010.

Hirono, Miwa, Yang Jiang, and Marc Lanteigne, "China's New Roles and Behaviour in Conflict-Affected Regions: Reconsidering Non-Interference and Non-Intervention", *The China Quarterly*, Vol. 239, 2019.

Hoffmann, Stanley, "International System and International Law", *World Politics*, Vol. 14, No. 1, 1961.

Hoffmann, Stanley, "Obstinate or Obsolete? The Fate of the Nation-State and the Case of Western Europe", *Daedalus*, Vol. 95, No. 3, 1966.

Holland, Christopher, "Chinese Attitudes to International Law: China, the Security Council, Sovereignty, and Intervention", *New York University Journal of International Law and Politics Forum*, 2012.

Hooghe, Liesbet and Gary Marks, "A Postfunctionalist Theory of European Integration: From Permissive Consensus to Constraining Dissensus", *British Journal of Political Science*, Vol. 39, No. 1, 2009.

Hurd, Ian, "Choices and Methods in the Study of International Organizations", *Journal of International Organizations Studies*, Vol. 2, No. 2, 2011.

Jacobson, Harold K., "U. S. Withdrawal from UNESCO: Incident, Warning, or Prelude", *Political Science*, Vol. 17, No. 3, 1984.

Jervis, Robert, "Cooperation under the Security Dilemma", *World Politics*, Vol. 30, No. 2, 1978.

Jessup, Philip C., "Reviewed Works: International Administration by Norman L. Hill", *The American Journal of International Law*, Vol. 26, No. 4, 1932.

Kahler, M., "Inventing International Relations: International Relations Theory after 1945", in M. W. Doyle and G. J. Ikenberry, eds., *New Thinking in International Relations Theory*, Westview Press.

Kahler, Miles, "Multilateralism with Small and Large Numbers", *International Organization*, Vol. 46, No. 3, 1992.

Keohane, Robert O., "Institutionalization in the United Nations General Assembly", *International Organization*, Vol. 23, No. 4, 1969.

Keohane, Robert O., "The Demand for International Regimes", *International Organization*, Vol. 36, No. 2, 1982.

Keohane, Robert O., "International Institutions: Two Approaches", *International Studies Quarterly*, Vol. 32, No. 4, 1988.

Keohane, Robert O., "Multilateralism: An Agenda for Research", *International Journal*, Vol. 45, No. 4, 1990.

Keohane, Robert O., "Power and Governance in a Partially Globalized World", *American Political Science Review*, Vol. 95, No. 1, 2001.

Keohane, Robert O., "Introduction: From Interdependence and Institutions to Globalization and Governance", in Robert O. Keohane, ed., *Power and Governance in a Partially Globalized World*, Routledge, 2002.

Keohane, Robert O. and Joseph S. Nye, "Power and Interdependence", *Global Politics and Strategy*, Vol. 15, No. 4, 1973.

Keohane, Robert O. and Joseph S. Nye, "Trans Governmental Relations and International Organizations", *World Politics*, Vol. 27, No. 1, 1974.

Keohane, Robert O. and Joseph Jr. Nye, "International Interdependence and Integration", in Fred I. Greenstein and Nelson W. Polsby, *Political Science: Scope* and Theory, Addison-Wesley Pub. Co. , 1975.

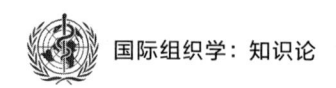

Keohane, Robert O. and Stanley Hoffaman, "Conclusions: Community Politics and Institutional Change", in Williams Wallace, ed. , *The Dynamics of European Integration*, Pinter, 1990.

Kilmann, Ralph H. , "The Cost of Organization Structure: Dispelling the Myths of Independent Divisions and Organization-Wide Decision Making", *Accounting, Organizations and Society*, Vol. 8, No. 4, 1983.

Klabbers, Jan, "Constitutional Lite", *International Organization Law Review*, Vol. 1, No. 31, 2004.

Klabbers, Jan, "The Relative Autonomy of International Law or the Forgotten Politics of Interdisciplinary", *Journal of International Law and International Relations* Vol. 1, No. 1 - 2, 2004.

Klabbers, Jan, "Two Concepts of International Organization", *International Organizations Law Review*, Vol. 2, No. 2, 2005.

Klabbers, Jan, "The Bridge Crack'd: A Critical Look at Interdisciplinary Relations", *International Relations*, Vol. 23, No. 1, 2009.

Klabbers, Jan, "Autonomy, Constitutionalism and Virtue in International Institutional Law", in Richard Collins and Nigel D. White, eds. , *International Organizations and the Idea of Autonomy: Institutional Independence in the International Legal Order*, Routledge, 2011.

Knill, Christoph, Steffen Eckhard, and Stephan Grohs, "Administrative Styles in the European Commission and the OSCE-Secretariat: Striking Similarities Despite Different Organizational Settings", *Journal of European Public Policy*, Vol. 23, No. 7, 2016.

Kolleck, Nina et al. , "The Power of Social Networks: How the UNFCCC Secretariat Creates Momentum for Climate Education", *Global Environmental Politics*, Vol. 17, No. 4, 2017.

Koskenniemi, Matti , "The Politics of International Law—20 Years Later",

European Journal of International Law, Vol. 20, No. 1, 2009.

Krasner, Stephen D. , "Structural Cause and Regime Consequences: Regime as Intervening Variables", *International Organization*, Vol. 36, No. 2, 1982.

Krill de Capello, H. H. , "The Creation of the United Nations Educational, Scientific and Cultural Organization", *International Organization*, Vol. 24, Issue 1, 1970.

Lake, David A. and Mathew D. Mccubbins, "The Logic of Delegation to International Organizations", in Darren G. Hawkins et al. , *Delegation and Agency in International Organizations*, Cambridge University Press, 2006.

Langenhove, Luk Van, "The Transformation of Multilateralism Mode 1.0 to Mode 2.0", *Global Policy*, Vol. 1, No. 3, 2010.

Large, Daniel, "China & the Contradictions of 'Non-Interference' in Sudan", *Review of African Political Economy*, Vol. 35, No. 115, 2008.

Lee, Yong Wook, "Japan and the Asian Monetary Fund: An Identity-Intention Approach", *International Studies Quarterly*, Vol. 50, No. 2, 2006.

Leiblein, Michael J. , "The Choice of Organizational Governance Form and Performance: Predictions from Transaction Cost, Resource-based, and Real Options Theories", *Journal of Management*, Vol. 29, No. 6, 2003.

Li, Li, "BRICS: A Limited Role in Transforming the World", *Strategic Analysis*, Vol. 43, No. 6, 2019.

Lipson, Michael, "Transaction Cost Estimation and International Regimes: of Crystal Balls and Sheriff's Posses", *International Studies Review*, Vol. 6, No. 1, 2004.

Liu, Lianlian, "The Dynamic of the Institutionalization of the OECD Anti-Bribery Collaboration", *South Carolina Journal of International Law & Business*, Vol. 11, No. 1, 2014.

Liu, Lianlian, "The Dynamic of General Compliance with the OECD Anti-Bribery Convention: Two Interpretative Approaches", *Crime, Law and Social*

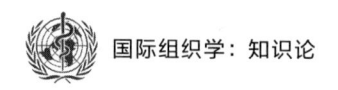

Change, Vol. 96, No. 5, 2018.

Lorimer, James, "Proposition d'un Congres International, Base Sur le Principe de Facto", *Revue de Droit International et de Législation Comparée*, Vol. 3, 1871.

Lyons, Gene M., David A. Baldwin, and Donald W. McNemar, "The Politicization Issue in the UN Specialized Agencies", *Proceedings of the Academy of Political Science*, Vol. 32, No. 4, 1977.

Martin, Charles E., "An Introduction to the Study of International Organization by Pitman B. Potter", *American Political Science Review*, Vol. 43, No. 4, 1949.

Mearsheimer, John J., "The False Promise of International Institutions", *International Security*, Vol. 19, No. 3, 1994.

Mitrany, David, "The Functional Approach to World Organization", *International Affairs*, Vol. 24, No. 3, 1948.

Mitrany, David, "The Prospect of Integration: Federal or Functional?", *Journal of Common Market Studies*, Vol. 4, No. 2, 1965.

Momani, Bessma, "American Politicization of the International Monetary Fund", *Review of International Political Economy*, Vol. 11, No. 4, 2004.

Moravcsik, Andrew, "Negotiating the Single European Act: National Interests and Conventional Statecraft in the European Community", *International Organization*, Vol. 45, No. 1, 1991.

Morse, Edward L., "The Politics of Interdependence", *International Organization*, Vol. 23, No. 2, 1969.

Morse, Julia C. and Robert O. Keohane, "Contested Multilateralism", *Review of International Organization*, Vol. 9, 2014.

Ness, Gayl D. and R. Brechin, "Bridging the Gap: International Organizations as Organizations", *International Organization*, Vol. 42, No. 2, 1988.

Nielson, Daniel L. and Michael J. Tierney, "Delegation to International Organizations: Agency Theory and World Bank Environmental Reform",

International Organization, Vol. 57, No. 2, 2003.

Nye, Joseph S., "Patterns and Catalysts in Regional Integration", *International Organization*, Vol. 19, No. 4, 1965.

Nye, Joseph S., "Comparative Regional Integration: Concept and Measurement", *International Organization*, Vol. 22, No. 4, 1968.

Penn, William, "An Eaasy towirds the Present and Future Peace of Europe", The *American Peace Society*, 1912, pp. 13 – 17.

Petersmann, Ernst-Ulrich, "How to Promote the International Rule of Law? Contributions by the World Trade Organization Appellate Review System", *Journal of International Economic Law*, Oxford University Press, Vol. 1, No. 1, 1998.

Petersmann, Ernest-Ulrich, "International Rule of Law and Constitutional Justice in International Investment Law and Arbitration", *Indiana Journal of Global Legal Studies*, Vol. 16, No. 2, 2009.

Pollack, Mark, "Delegation, Agency and Agenda Setting in the European Community", *International Organization*, Vol. 51, No. 1, 1997.

Potter, Pitman B., "The Classfication of International Organizations I", *The American Political Science Review*, Vol. 29, No. 2, 1935.

Potter, Pitman B., "Origin of the Term International Organization", *The American Journal of International Law*, Vol. 39, No. 4, 1945.

Potter, Pitman B., "Contemporary Problems of International Organization", *The American Political Science Review*, Vol. 59, No. 2, 1965.

Powell, Lindsey, "In Defense of Multilateralism", Working Paper, Yale Center for Environmental Law and Policy, New Haven, 2003.

Reginster, Bernard, "The Paradox of Perspectivism", *Philosophy and Phenomenological Research*, Vol. LXII, No. 1, 2001.

Reinalda, Bob, "International Organization as a Field of Research since 1910", *Routledge Handbook of International Organization*, Routledge, 2013.

Rochester, J. Martin, "The Rise and Fall of International Organization as a

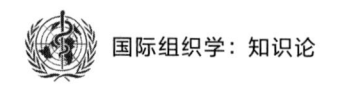

Field of Study", *International Organization*, Vol. 40, No. 4, 1986.

Ruggie, John G., "International Response to Technology Concepts and Trends", *International Organization*, Vol. 29, No. 3, 1975.

Ruggie, John Gerard, "International Regimes, Transactions, and Change: Embedded Liberalism in the Postwar Economic Order", *International Organization*, Vol. 36, No. 2, 1982.

Ruggie, John Gerard, "Multilateralism: The Anatomy of an Institution", *International Organization*, Vol. 46, No. 3, 1992.

Ryngaert, Cedric, "Non-State Actors: Carving out a Space in a State-Centred International Legal System", *Netherlands International Law Review*, Vol. 63, No. 2, 2016.

Sacerdoti, Giorgio, "A History of Law and Lawyers in the GATT/WTO: The Development of the Rule of Law in the Multilateral Trading System", *World Trade Review*, Vol. 15, No. 3, 2016.

Sadurska, Romana and Christine Chinkin, "The Collapse of the International Tin Council: A Case of State Responsibility?", *Virginia Journal of International Law*, Vol. 30, No. 4, 1990.

Sandholtz, Wanye and John Zysman, "1992: Recasting the European Bargaining", *World Politics*, Vol. 42, No. 1, 1989.

Schmitter, Philippe C., "Three Neo-Functional Hypotheses about International Integration", *International Organization*, Vol. 23, No. 1, 1969.

Schmitter, Philippe C., "A Revised Theory of Regional Integration", *International Organization*, Vol. 24, No. 4, 1970.

Schmitter, Phillippe C., "A Revised Theory of Regional Integration", *International Organization*, Vol. 24, No. 4, 1970.

Schmitter, Philippe C., "Neo-Neo-Functionalism", in Antje Wiener and Thomas Diez, eds., *European Integration Theory*, Oxford University Press, 2004.

Schücking, Walther, "Modernes Weltbürgertum", *Die Zukunft*, 1907.

Shanks, Chery et al. , "Inertia and Change in the Constellation of International Governmental Organizations, 1981 – 1992", *International Organization*, Vol. 50, No. 4, 1996.

Snyder, Robert S. , "Reforming the Security Council for the Post-Cold War World", *International Journal on World Peace*, Vol. 14, No. 1, 1997.

Sohn, Louis B. , "The Growth of the Science of International Organizations", in Carl Deutsch and Stanley Hoffman eds. , *The Relevance of International Law: Essays in Honor of Leo Gross*, Harvard University Press, 1968.

Thelen, Kathleen, "Historical Institutionalism in Comparative Politics", *Annual Review of Political Science*, Vol. 2, No. 1, 1999.

Thompson, Alexander and Duncan Snidal, "International Organization: Institutions and Order in World Politics", in Boudewijn Bouckaert and Gerrit De Geest, eds. , *Encyclopedia of Law and Economics*, Edward Elgar Publishing, 2011.

Tollison, Robert D. and Thomas D. Willett, "International Integration and the Interdependence of Economic Variables", *International Organization*, Vol. 27, No. 2, 1973.

Trofimov, Ivan D. , "The Failure of the International Trade Organization (ITO): A Policy Entrepreneurship Perspective", *Journal of Politics and Law*, Vol. 5, No. 1, 2012.

Tunkin, Grigory I. , "The Legal Nature of the United Nations", in *Collected Courses of the Hague Academy of International Law*, Vol. 119, No. I. .

Volgy, Thomas J. et al. , "Identifying Formal Intergovernmental Organizations", *Journal of Peace Research*. Vol. 45, No. 6, 2008.

Wallace, Michael and J. David Singer, "Intergovernmental Organization in the Global System, 1815 – 1964: A Quantitative Description", *International Organization*, Vol. 24, No. 2, 1970.

Wendt, Alexander, "The Agent-Structure Problem in International Relations Theory", *International Organization*, Vol. 41, No. 3, 1987.

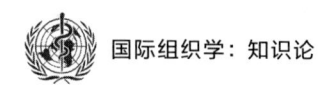

Wendt, Alexander, "Anarchy Is What States Make of It: The Social Construction of Power Politics", *International Organization*, Vol. 46, No. 2, 1992.

Williams, Benjamin H., "Reviewed Works: International Administration by Norman L. Hill", *Journal of Political Economy*, Vol. 40, No. 3, 1932.

Williamson, John, "What Washington Means by Policy Reform", in John Williamson ed., *Latin American Adjustment: How Much Has Happened?* Peterson Institute for International Economics, 1990.

Young, Oran R., "International Regimes: Problems of Concept Formation", *World Politics*, Vol. 32, No. 3, 1980.

Young, Oran R., "Regime Theory and the Quest for Global Governance", in Alice D. Ba and Matthew J. Hoffmann, eds., *Contending Perspectives on Global Governance: Coherence, Contestation and World Order*, Routledge, 2005.

Zangl, Bernhard, "Is There an Emerging International Rule of Law?", *European Review*, Vol. 13, No. 1, 2005.

Zeng, Lingliang and Deyuan Huang, "International Rule of Law and Rule of Law Construction in China", *Social Sciences in China*, Vol. 38, No. 3.

六 网络资料、判例及其他资料

A/RES/1991 (XVIII), https://www.un.org/zh/ga/18/res/.

Cambridge University Press's introduction, https://www.cambridge.org/core/journals/international-organization.

Conference of Translation Services of European States ed., *Recommendations for Terminology Work*, 2nd edition, Media Center of the Confederation CH-3003 Berne, http://www.cotsoes.org/sites/default/files/CST_Recommendations_for_Terminology_Work.pdf.

https://apps.who.int/iris/bitstream/handle/10665/82405/cwha551.pdf?sequence=1&isAllowed=y.

https://www.itu.int/zh/about/Pages/default.aspx.

https：//www. who. int/archives/fonds_ collections/bytitle/fonds_ 1/en/.

International Court of Justice, *Reparation for Injuries Suffered in the Service of United Nations* (Advisory Opinion), I. C. J. Reports 174, 1949.

Reinalda, Bob, "Routledge History of International Organizations", Routledge, 2009, https：//www. ccr - zkr. org/11010100 - en. html.

"The Capacity of An International Organization to Conclude Treaties Governed by the Relevant Rules of That Organization", Report of the International Law Commission on the Work of Its 26th Session, Doc. A/9610/ Rev. 1, at 298, 6 May - 26 July 1974, https：//legal. un. org/ilc/ documentation/english/reports/a_ 9610. pdf.

The International Joint Commission of the U. S. and Canada, https：// www. ijc. org/en.

UIA, https：//uia. org/yearbook.

UN International Law Commission, "Yearbook of the International Law Commission 1959", Volume II, https：//www. legal - tools. org/doc/ f94486/pdf/.

United Nations Audiovisual Library of International Law, https：//legal. un. org/avl/pdf/ha/vcltsio/vcltsio - c. pdf.

"United States Letter Containing Notice of Withdrawal from the International Labour Organisation", *International Legal Materials*, Vol. 14, No. 6, 1975.

U. S. Congress, "Assessment of U. S. - UNESCO Relations, 1984：Report of a Staff Study Mission to Paris-UNESCO to the Committee on Foreign Affairs House of Representatives", Washington：U. S. Government Printing Office, 1985.

WTO, https：//www. wto. org/english/thewto _ e/history _ e/history _ e. htm.

《法媒：欧洲议会克服压力批准欧佳自贸协定》,《参考消息》2017 年 2 月 17 日, https：//baijiahao. baidu. com/s? id = 1559552258190642&wfr =

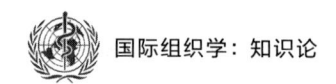

spider&for = pc。

《非洲三国缘何退出国际刑事法院》,新华网,2016 年 10 月 30 日,http://www.xinhuanet.com/world/2016-10/30/c_1119814663.htm。

国际电信联盟官方网站:https://www.itu.int/zh/about/Pages/default.aspx。

国际法院:《联合国某些经费》(《联合国宪章》第十七条第二项),1962 年 7 月 20 日咨询意见,《1962 年国际法院案例汇编》,https://legal.un.org/avl/pdf/ha/vcltsio/vcltsio-c.pdf。

《国际联盟卫生组织与两次世界大战期间的抗疫合作》,《光明日报》2020 年 4 月 13 日,https://wap.peopleapp.com/article/rmh12715470/rmh12715470。

联大决议编号 A/Res/66/100, Dec. 9, 2011, 第 2 条, https://undocs.org/pdf?symbol = zh/A/RES/66/100。

联合国网站:https://www.un.org/en/sections/about-un/funds-programmes-specialized-agencies-and-others/index.html。

《欧盟峰会千人抗议游行 称欧美贸易谈判不够透明》,中国新闻网,2013 年 12 月 20 日,https://www.chinanews.com/gj/2013/12-20/5642712.shtml。

万国邮政联盟(Universal Postal Union):https://www.upu.int/en/Home/。

万国邮政联盟官方网站:https://www.upu.int/en/Home/。

中华人民共和国常驻联合国日内瓦办事处和瑞士其他国际组织代表团经贸处:《全球气候新协议:〈巴黎协议〉》,2016 年 4 月 13 日,http://genevese.mofcom.gov.cn/article/wjysj/201604/20160401295687.shtml。

《中华人民共和国民法典》第 2~3 章,2020 年 5 月 28 日第十三届全国人民代表大会第三次会议通过,http://www.npc.gov.cn/npc/c30834/202006/75ba6483b8344591abd07917e1d25cc8.shtml。

图书在版编目(CIP)数据

国际组织学：知识论 / 刘莲莲著. -- 北京：社会科学文献出版社，2021.10
ISBN 978-7-5201-8536-3

Ⅰ.①国… Ⅱ.①刘… Ⅲ.①国际组织-知识论-研究 Ⅳ.①D813

中国版本图书馆 CIP 数据核字（2021）第 114597 号

国际组织学：知识论

著　　者 / 刘莲莲
出 版 人 / 王利民
责任编辑 / 高明秀
责任印制 / 王京美

出　　版 / 社会科学文献出版社·国别区域分社（010）59367078
　　　　　　 地址：北京市北三环中路甲 29 号院华龙大厦　邮编：100029
　　　　　　 网址：www.ssap.com.cn
发　　行 / 市场营销中心（010）59367081　59367083
印　　装 / 三河市龙林印务有限公司

规　　格 / 开本：787mm×1092mm　1/16
　　　　　　 印　张：23　字　数：350 千字
版　　次 / 2021 年 10 月第 1 版　2021 年 10 月第 1 次印刷
书　　号 / ISBN 978-7-5201-8536-3
定　　价 / 128.00 元

本书如有印装质量问题，请与读者服务中心（010-59367028）联系

版权所有 翻印必究